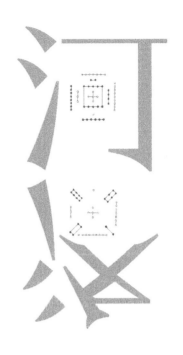

河洛文化研究丛书

河洛文化的对外传播与交流

薛瑞泽　徐金星　许智银　著

河南人民出版社

图书在版编目（CIP）数据

河洛文化的对外传播与交流／薛瑞泽,徐金星,
许智银著. — 郑州：河南人民出版社,2018.2
（河洛文化研究丛书）
ISBN 978 – 7 – 215 – 10219 – 4

Ⅰ.①河… Ⅱ.①薛… ②徐… ③许… Ⅲ.①地
方文化—文化传播—研究—河南 Ⅳ.①G127.61

中国版本图书馆 CIP 数据核字（2018）第 027206 号

河南人民出版社出版发行
（地址：郑州市经五路 66 号　邮政编码：450002　电话：65788063）
新华书店经销　　北京虎彩文化传播有限公司印刷
开本　710 毫米×1000 毫米　　1/16　　印张　21
字数 260 千字
2018 年 2 月第 1 版　　2018 年 2 月第 1 次印刷
定价：144.00 元

目　　录

绪　　论

作为中华民族历史发展中的首善地区,河洛地区在中国社会经济发展进程中具有重要的历史地位。综观中国历史的风云变幻可以发现,自中华文明诞生以后,河洛地区就以其独特的地理位置,在相当长的历史时期发挥过重要的作用。

一、河洛文化对外传播与交流的基本问题

研究河洛地区的对外交往史,需要对与本课题相关的基本问题加以界说。

其一,确定本课题研究的河洛地区的地域范围。我们在这里所说的河洛地区采用了学术界已经基本定论的观点,即河洛地区地域范围是指以洛阳为中心,东至郑州、中牟一线,西抵潼关、华阴,南以汝河、颍河上游的伏牛山脉为界,北跨黄河以汾水以南以及济源、焦作、沁阳一线为界。① 这一地域范围的划分经过众多学者的论证,已经为学术界普遍接受,我们研究的河洛地区范围基本上是以此为界的,间或选材有溢出的现象,也多是为了论述的方便。

其二,确定河洛地区对外交流的国家和地区。本课题研究以河洛地区为中心来确定目前在中国境外的地区和国家。当然,因为研究的需要,有时还包括目前中国境内的一些地区,如传统所说的西域地区和交趾地区。域外的国家和地

①　薛瑞泽、许智银:《河洛文化研究》,民族出版社 2007 年 10 月第 1 版,第 64—75 页。

区,东部地区包括朝鲜半岛和日本列岛所建立的国家和政权,南部地区包括东南亚地区的国家和政权,西部地区则主要以丝绸之路为线索加以考察。通过对这些国家和地区与河洛地区交往的历史考察,可以进一步明了河洛地区在历史上的东亚地区乃至世界文明进程中的地位。

其三,文化交往的双向性是我们在本课题研究中关注的又一个重点。我们知道,文化交流虽然说在某个历史时期单向性的特色很明显,但如果忽视文化交流的双向性问题,即先进地区的文化在相当长的历史时期传播和影响到相对偏远地区的同时,这些地区的文化亦可能回馈先进的文化,使先进地区的文化内涵更加丰富多彩。如果不对这一文化交流的双向性加以关注,就无法真正理解先进文化的内涵日趋扩大的重要原因,即吸取周边地区的文化使自己的内涵更加丰富。鉴于上述指导思想,我们在研究河洛地区的对外交往时,不仅要研究周边地区的国家和地区到河洛地区"朝贡"的历史,进而显示河洛文化强大的辐射力和向心力,同时还要涉及河洛地区的文化通过不同的方式传播到周边地区的过程及其结果。由于河洛地区的独特政治地位和文化影响力,从总的方面来讲,对外交往以河洛地区的对外影响占主导地位。但我们同时也不忘记用一定的篇幅关注周边地区文化对河洛地区的影响,庶几才能反映出历史的全貌,进而明白河洛文化发展壮大的过程也同样离不开吸收周边地区的文化丰富自己文化内涵的历史真实。只有这样才能更加全面地反映出文化之间交流的双向性,才能够明白河洛地区的文化为何能在历史上发扬光大。

其四,考察河洛地区的对外交往,必须与河洛地区社会经济发展的历史进程紧密联系起来。用马克思主义的历史向世界历史转变的著名理论,来认识河洛地区的发展史和河洛地区的对外交往不难发现,河洛地区的发展历史有一个逐步演进的过程。而这一演进过程也是河洛地区社会化的过程,即从早期区域的历史发展成为全民族历史的核心,乃至最后发展成为全球历史的重要组成部分。这一进程的实现大体可以划分为多个历史阶段。具体来讲,先秦时期河洛地区的发展历史主要是以本地区的社会经济发展为主,并逐步扩大其影响力,开始具备了代表中国历史发展主序列的文化要素。主要表现为,在夏朝时期,河洛地区社会经济的发展及社会制度虽然走在全国的前列,但仍然是以区域为主,且其影响有限。到了商朝,随着商朝社会经济的发展及势力的扩大,黄河中下游的主要地区已经为商人所控制,所以商代文化的影响力要远远超过夏代。及至周武王灭商以后,黄河中下游地区都为周王朝所控制,其自身社会经济的发展已经远超前代,文化的影响力开始跨越黄河流域,扩展到了长江中下游地区,这从楚、吴越等国的建立即可略知一二,而且远在域外的朝鲜半岛和东南亚地区的政权也到河洛地区进行"朝贡",显示出文化影响开始逐步扩大的趋势。这一历史时期可以看作河洛地区区域历史由萌生到壮大的历史时期,而且其所影响的地域在逐步扩大,由黄河流域逐步扩展到长江流域,并开始影响到域外地区。这也显示出河洛文化自产生以后就以文化的强大辐射力在东亚地区产生了广泛的影响,并进而奠定了河洛文化的领先地位。

秦汉时期是封建制度在河洛地区巩固和发展时期,也是河洛地区社会经济快速发展的时期,表现为封建制度得到广泛推行,封建经济得以全面发展,河洛地区的社会经济发展既代表着中国经济发展的先锋,也促成了河洛地区成为中国经济的重要组成部分,加上与境外其他国家和地区的频繁往来,如日本列岛从汉光武帝时期开始朝贡,交趾地区在二征起义被镇压下去之后也纳入汉朝的版图,汉政府在这里设置官吏进行管理。丝绸之路的开通,特别是东汉时期以洛阳为起点的丝绸之路线路的延伸,将河洛地区纳入进了东西文化交流的序列之中,成为东西方文化交流的中心之一,使深居中原腹地的河洛地区通过这条道路与亚欧其他地区建立起广泛的联系,文化交流也更加频繁。虽然说在魏晋南北朝时期建都河洛地区的封建王朝的国力大小有所变化,对外的交往也时断时续,但从总的趋势来看,自秦汉以后,河洛地区的对外交往呈现出日趋频繁的态势,显现出河洛地区社会化的程度日趋提高,并且使文化的影响力及于域外。

隋唐时期,河洛地区作为当时的政治中心之一,其社会经济发展已经达到该地区封建社会的顶峰,因为国都相继在东西二京之间摆动,对河洛地区产生了广泛影响,河洛文化不仅在全国范围内具有崇高的地位,而且波及周边地区和国家,以至于在日本列岛出现了影响深远的遣隋使和遣唐使,这些遣隋使和遣唐使有的就是以洛阳为目的地的。沟通欧亚大陆的丝绸之路在唐代则达于极盛,出现了西域客商往来频繁的繁盛景象。与东南亚地区的国家和地区的往来也更加密切。所有这一切都表明在隋唐时期河洛地区已经完成了社会化的进程,成为世界历史的重要核心,引领着世界文化的潮流,成为东亚地区的重要文化圣地。

二、河洛文化对外传播与交流的特点

统观河洛地区漫长的对外交往历史过程,从早期的初步交往到隋唐盛世的频繁交往,显现出河洛地区影响逐步扩大的总体趋势,而且各个阶段在发展过程中也形成了不同的特色。

先秦时期,河洛地区因为社会经济尚处在逐步形成阶段,所以,河洛地区的对外交往带有主动的色彩较少,且呈现出间断性或被动的色彩。先秦时期河洛地区与朝鲜半岛的交往,从初期的传说开始,到箕子东走朝鲜,都显示了河洛地区对朝鲜半岛情况的认识过程。而这些不同史书的记载无不表明了这样一种趋势,即随着河洛地区社会经济的发展及变动,河洛地区的社会文化开始通过民众的迁移传播到朝鲜半岛,随着河洛地区文化的传入,促使朝鲜半岛的社会发展进入新的发展阶段,而以箕子为代表的河洛地区人的回返,又将朝鲜半岛的信息带回河洛地区,从而使遥远异域的传说变成了真实的历史印象。这也印证了文化的交流是双向的,河洛地区的文化影响到了朝鲜半岛,朝鲜半岛的文化同样也传到了河洛地区。又如,南越地区与河洛地区的交往,从西周初年开始的"越赏贡"开始,到西周时期昭王南游的书写,都表明了黄河流域与南越地区交往的事实。再如周穆王西行的历史传说,虽然有后人附会的因素在内,但其间所反映的先秦时期开拓西域的理想与实践,应当说是符合当时历史实际的。总而言之,在先秦时期河洛地区与周边地区的国家和政权的交往还处在初始阶段,所有现象都表现出稚嫩的特色。

秦汉时期,随着大一统中央集权制度的建立,秦汉王朝已经成为东亚地区最强有力的政权,河洛地区与周边地区的文化交流也进入兴盛时期。这一时期河洛地区的对外交流呈现出全方位的态势,文化交流的频率较之先秦时期逐步加快,交流的内容也日益增多,表现为与河洛地区交流的国家和地区在增多,信使往来接连不断。除此之外,商业往来开始占据双方交往的重要地位。当然,在这一阶段因政治的原因促使河洛地区对外交往的因素仍然很多。在朝鲜半岛地区,汉武帝灭卫右渠以后,郡县制开始在朝鲜半岛确立,形成了以汉文化为特色的全面传入的时期,促使了朝鲜半岛的快速向前发展。在西域地区,丝绸之路的开通无疑成为沟通河洛地区与欧亚大陆其他国家往来的通道,西域地区的物产、风俗开始传入河洛地区,河洛地区以丝绸为代表的物产也传向西域地区,而且西域的各种情况开始为内地所知悉。尽管在东汉时期因为种种原因出现了西域"三通三绝",但以班超为代表的使臣出使西域,特别是甘英远达波斯湾沿岸,无疑拓展了人们的视野。而东汉和帝时大秦使者到达东汉首都洛阳,使东西两大文明通过接触有了新的认识,这应当是两汉时期东西文化交流的新收获。

　　魏晋南北朝时期,黄河流域的社会陷于稳定和混乱交替存在的历史时期。曹魏西晋近百年的社会稳定,使东汉末年遭受兵燹之灾的黄河流域的社会经济逐步恢复,为与境外地区和国家的交流奠定了物质基础。虽然在曹魏时期收缩了对西域地区的控制,但在东北亚地区与朝鲜半岛的交流则因为阻碍较少而比较频繁。十六国时期黄河流域再次陷于战乱,对外交往停顿。在北魏占据黄河流域以后,特别是孝文帝迁都洛阳以后,洛阳再次成为北方地区对外交往的重心,向东虽然与朝鲜半岛仍有战争冲突,但从总的趋势来看河洛地区与朝鲜半岛的诸侯国仍然建立起了频繁的联系。在西域地区的交往则日趋繁盛,杨衒之《洛阳伽蓝记》所描写的情况就反映了河洛地区在东亚地区文明中的核心地位。此间河洛地区的对外交往呈现出间断性和不稳定性的特点,而且文化交往的恢复与发展较快,尤其是经历十六国的大乱之后,河洛地区的对外交往能够迅速恢复应当得益于河洛地区深厚的文化内涵和河洛文化强大的复兴能力。

　　北魏末年因为尔朱荣所发动的河阴之变与农民起义的打击,黄河流域分裂为东西魏并最终形成东西对峙的局面,在北齐末年,北周统一了黄河流域,隋代周之后,又统一了全国,河洛地区又一次成为全国经济文化与社会的中心之一,特别是隋炀帝迁都洛阳以后,重新确定了洛阳政治的核心地位,对外交往所演绎出的丰富多彩的篇章,再次显示出中外交往的辉煌历史。从裴矩西行,到唐玄奘周游印度各地,都将西域地区的社会风情、民俗物产介绍到了中国,而且这些人都与河洛地区有着千丝万缕的联系,如唐玄奘就是洛阳附近偃师人,历经千难万险回到洛阳,唐太宗也是在洛阳接见了他。对于东部的朝鲜半岛,隋唐两朝在早期曾经与朝鲜半岛有过多次战争,但在社会太平之后,河洛地区与朝鲜半岛的交往开始呈现出繁荣的局面,不仅信使往来不断,而且河洛地区成熟的社会制度开始影响到朝鲜半岛,引起了朝鲜半岛的巨大变化。与日本列岛的交往也同样如此。通观这一时期河洛地区与周边地区的国家和地区的交往可以看出其所具有的特点已经与前期明显不同,呈现出全方位、多层次的特点。

综观河洛地区与周边国家和地区的交往可以这样认为:河洛地区的社会发展和经济的日益壮大,为河洛地区的对外交往奠定了坚实的基础,正是河洛地区社会化程度的加深和影响的日益扩大,加速了河洛地区成为东亚地区的文化中心,与周边地区交往呈现出逐步增长的势头,提高了河洛地区的文化品位,其各个时期所形成的特点也与中国历史的进程相伴随,再次彰显了河洛地区在中国历史上的地位。

三、河洛文化对外传播与交流的历史地位

对河洛地区对外交往所拥有历史地位的认识,应当站在世界历史的高度来进行考察。只有将河洛地区放在世界历史的序列中加以考量,才能够把握历史发展的脉络,认识到河洛地区在世界文明发展史上的重要地位。

为了弄清河洛地区在世界文明发展进程中的地位,我们有必要首先弄清在与河洛地区交往过程中周边地区的发展状况。我们知道,当河洛地区的社会经济已处在萌生和发展阶段时,周边地区的许多地方尚处在混沌未开发的历史阶段,河洛地区的发展远远超越当时周边地区和国家的历史进程。在东北亚地区,当河洛地区已经进入有阶级有国家的奴隶社会时,朝鲜半岛的社会历史进程还处在传说时代,而且其社会进入阶级社会以后的发展还是以箕子为代表的黄河流域民众进入朝鲜半岛传入先进文化的结果。其社会历史的进程较之于河洛地区要落后数个世纪。日本列岛的情况也是如此,见诸史书记载的日本列岛在东汉末年还处在原始社会的母系氏族社会阶段,及至汉文化传入后,才使日本列岛的社会发生了很大的改变。在东南亚地区,先秦时期仅仅只有传说的内容流传于世,到了两汉时期,才由封建政府在此建立起可以控制的政权。西域地区出现了周穆王西行的传说,但对于西域地区的认识及真正发生大规模联系则是在张骞开通西域以后,从西域所流传到内地的一些情况来看,这一地区的社会发展要

远远落后于河洛地区。从河洛地区所交往的国家和地区来看,河洛地区的社会发展水平要高于周边国家和地区,并且以文化的绝对优势影响了周边国家和地区,这再次证明河洛地区在世界文明的进程中具有领先的地位。

河洛地区的对外交往还表明,河洛地区与周边地区和国家的文化交流是不对等的,可以说在整个河洛地区的对外交往过程中,河洛地区的对外影响占据了主流,也就是说河洛地区以其先进的文化传播到周边地区,影响了周边的地区和国家,使其社会发展迅速摆脱落后的局面,走上了与河洛地区封建政权一样的道路。这从日本的大化改新即可看出。日本的大化改新,使日本通过学习唐王朝的政治制度,并将其移植到日本社会,促使日本社会迅速摆脱原有的社会制度而走上新的社会发展道路。目前学术界关于日本大化改新之后社会发展的道路,即大化改新之后日本是封建制度抑或是奴隶制度还有争议,但不可否认的是,日本通过大化改新,改变了原有的社会制度。加以此后连续不断的遣唐使派往唐朝学习先进的文化,日本社会从此迈上了一条不同于以往的道路。这一切都应当归功于以河洛地区为代表的文化的影响力。从文化交流的主导地位也可以使我们充分认识到河洛地区主流文化的区域位置。

在本书研究过程中,我们将按照不同的地区方位,对河洛地区与周边的国家和地区进行研究,采取先朝鲜半岛,然后是日本列岛,再着眼东南亚的次序进行。因为丝绸之路作为中西文化交流的代名词已经引起学术界的广泛认同,所以我们以"河洛文化与丝绸之路"作为研究的题目,关注东西文化交流。在具体研究过程中,各个地区都采取按照历史发展的基本脉络加以考察。

第一章　河洛文化在朝鲜半岛的传播

地处东北亚地区的朝鲜半岛与中国大陆的文化交流可以上溯到商王朝时期,在这一时期,黄河流域的文化发展已经呈现出逐步向外拓张的趋势,周边地区的文化也开始逐步萌生发展起来。东北亚地区的社会文化状况在当时还比较落后,社会经济还没有实现全面的发展。为了更好地论述河洛文化的对外影响,我们在这里将河洛文化对朝鲜半岛的影响放到东亚地区发展的整体环境中去考察。

一、箕子朝鲜——河洛文化传入朝鲜半岛的初始状况

据学术界研究,朝鲜半岛的早期文化发展也经历过原始社会的各个阶段,即在朝鲜半岛上也有原始群和母系氏族社会、父系氏族社会。进入文明社会以后,朝鲜半岛的发展与其毗邻的中国辽东地区有着紧密的联系,可以说中国东北地区的发展史在某种意义上影响了朝鲜半岛的发展。

朝鲜半岛的远古居民在经历过数百年的融合中,逐步发展成为各有所据的民族集团,这些集团与中国东北地区的少数民族有着千丝万缕的联系,为了说明古朝鲜民族的发展过程,我们有必要对中国古籍中的与古朝鲜有关的少数民族作一考证。这些少数民族的部落有涉貊、韩等民族。

涉貊部落主要活动在中国的东北和朝鲜北部。前 1000 年初,在朝鲜伴随着原始氏族公社的崩溃,先后出现了"朝鲜"、"乐浪"、"真番"、"临屯"、"玄菟"、

"扶余"、"沙"、"貊"、"沃沮"、"马韩"、"辰邪"、"弁韩"等种族建立的许多"小国"。后来经过激烈的征服战争,逐渐形成了朝鲜历史上第一个奴隶制国家——古朝鲜;不久,在朝鲜半岛中南部又出现了奴隶制国家——辰国。从此,朝鲜社会结束了原始公社制度,进入了奴隶制时代。① 而沙作为一个少数民族在东北地区的活动也频繁出现在史籍中。汉武帝时所设的玄菟、乐浪等郡,"皆朝鲜、沙貊、句骊蛮夷"②,说明这时沙仍然活动在朝鲜半岛。"汉东拔沙貊、朝鲜以为郡"③说得也是这个意思。杜佑认为:"沙亦朝鲜之地,南与辰韩,北与高句丽、沃沮接,东穷大海,西至乐浪。"④顾炎武《日知录》卷三《韩城》云:"汉时所谓沙貊者,皆在东北。"这些都反映了朝鲜半岛早期居民的情况。

关于朝鲜早期情况,在中国早期的史书中有零星的记载。《山海经》卷十二《海内北经》云:"朝鲜在列阳东,海北山南。"同书卷十八《海内经》云:"东海之内,北海之隅,有国名曰朝鲜、天毒,其人水居,偎人爱之。"朝鲜与中国早期交往的历史,在中国史书上有箕子朝鲜的记载,最早见于汉初伏生的《尚书大传》,《尚书大传》卷二《洪范》云:

> 武王胜殷,继公子禄父,释箕子囚。箕子不忍周之释,走之朝鲜。武王闻之,因以朝鲜封之。箕子既受周之封,不得无臣礼,故于十三祀来朝。

从《尚书大传》的记载可以看出,箕子东走朝鲜是在周武王灭商以后的特殊历史环境之下的个人行为,因为周武王灭商以后释放箕子的行为受到人们的许多称赞,如孔子在《论语·尧曰》中说周武王"举逸民",使天下归心。朱熹《论语章句》卷十《尧曰》云:"举逸民,谓释箕子之囚,复商容之位。"并认为周武王此举为"人心之所欲也"。而箕子作为商朝的遗民,不忍心看到商的天下最后归于周朝,所以才有东走朝鲜的举动,究其实就当时的历史背景来看,箕子东走朝鲜,既捡回了自己的颜面,又不使周武王陷于不义,周武王也正好顺水推舟,封箕子于

---

① 姜孟山:《朝鲜通史》第一卷,延边大学出版社,1992年12月第1版,第43页。
② 《汉书》卷二十八下《地理志下》。
③ 《汉书》卷九十四上《匈奴传》。
④ 《通典》卷一百八十五《边防一·东夷上·朝鲜》。

朝鲜。金履祥《通鉴前编》注云："诛我君而释己,嫌苟免也。"大概道出了箕子东走朝鲜的真实心理。

　　关于箕子被周武王封于朝鲜的史料,中国与朝鲜半岛的史学家认识多有不同,有的朝鲜学者认为这些记载是真实的。朝鲜史籍中有许多箕子东走朝鲜的记载,《三国遗事》卷一《纪异》云："周虎(武)王即位,己卯,封箕子于朝鲜。"《三国史记》卷二十九《年表上》云："海东有国家久矣,自箕子受封于周室,卫满僭号于汉初,年代绵邈,文字疏略,固莫得而祥焉。"有的朝鲜学者否认"箕子东来说",他们认为:"比这更早的中国文献《论语》微子篇、《竹书纪年》周武王条、《韩诗外传》武王条中也有关于箕子的记载,都根本没有箕子东来朝鲜。根据这些事实,可以肯定'箕子东来说'是中国史学家在公元前三世纪末二世纪初伪造的。"①有的朝鲜学者认为这是历史事实。韩国学者也有人认为箕子是存在的,并要求在历史中加以记述,但仍有人否定这一说法,认为中国华北地区的文化传入朝鲜半岛,并不是和哪个特定的人物相关联的。中国学术界的观点大致与上述观点相类似。明朝史桂芳撰文认为"周武王无封箕子事,说亦甚辩"。但是他的提法受到了纪昀的批评:"然史传炳然,古无异论,安可悬断其诬也?"②究竟上述两种不同的看法哪一个更为可信,在没有新的史料发现的情况下,草率地下结论是不科学的。

　　在日本史学界,学者之间的看法大体也与上述中朝史学家类似。其中部分学者将箕子开国的传说一笔抹杀。朱云影先生说:

　　　　稻叶岩吉主张由于汉代学者以东北和朝鲜在天文分野上为箕星方位,此种学说传至朝鲜,因而孕育了箕子东来之说;三品彰英主张箕子传说完全是中国的,而非朝鲜的;李朝箕子崇拜的流行,乃由丁李朝儒教政治的确立,和感激明军壬辰、丁酉二役之援助,亦即基于李朝事大慕华精神的昂扬;青柳南溟否认箕子朝鲜在朝鲜半岛,主张箕子的国都在辽宁境内,谓平壤的箕子庙,必出于唐宋策士的怀疑朝鲜政策,而也是朝鲜儒生谄媚大国的产

---

① 《朝鲜通史》,吉林人民出版社1973年5月第1版,第59页。
② 《四库全书总目提要》卷三十三《五经总义类·十一经问对》。

物。①

  吉备西郖丰则对箕子朝鲜持肯定的态度,他将箕子朝鲜称为前朝鲜,并且胪列了不同的观点,即箕子朝鲜一种可能是直接到朝鲜半岛,定都平壤,另一种可能是先活动在辽河之东即所谓辽东,其后代迁到朝鲜半岛,定都平壤。他甚至认为:"今游平壤之地,观其人民敦厚,风俗淳良,犹彬彬有礼义焉,其田野经界,秩序井然,是殆当日井田之遗迹也。"②从这一论述足以看出以箕子为代表的商文化对朝鲜半岛的影响之深远。

  在此后的中国史书中多次提到箕子和箕子东走朝鲜半岛的历史事实。《通志二十略·氏族略》"夏、商以前国"记载:"箕氏:子姓。箕子之国,商畿内诸侯。杜预云:太原阳邑县南有箕阳邑。隋改曰大谷,今隶太原。武王克商,改封箕子于朝鲜,其地后为晋邑。汉有西华令箕堪。臧荼相箕肆。"这说明早在商朝时期已经存在箕氏,箕子乃其后人。《史记》卷三十八《宋微子世家》载周武王灭商后,"于是武王乃封箕子于朝鲜,而不臣也"。这里说箕子没有到周朝来朝贡。《汉书》卷二十八下《地理志下》云:"殷道衰,箕子去之朝鲜,教其民以礼义,田蚕织作。"与《史记》所记述的箕子被周武王封于朝鲜有差异。《朝鲜鲜于氏奇氏谱牒》云:"武王克殷,箕子耻臣周,走之朝鲜,今平壤也。殷民从之者五千人。"《史记》卷四《周本纪》云:"武王已克殷,后二年,问箕子殷所以亡。箕子不忍言殷恶,以存亡国宜告。武王亦丑,故问以天道。"关于"天道"的内容在《史记》卷三十八《宋微子世家》有详细的记载,兹不赘。正因为箕子特殊的地位,说明箕子并没有在商王朝灭亡以后立即到朝鲜半岛,而是可能在周初大分封时被分封到朝鲜半岛的。《晋书》卷十四《地理志》"乐浪郡"下辖的朝鲜时有"周封箕子地"的记载,说明箕子被封朝鲜在此后人们的记忆中是真实的。司马迁进一步写道:"其后箕子朝周,过故殷墟,感宫室毁坏,生禾黍,箕子伤之,欲哭则不可,欲泣为其近妇人,乃作《麦秀之诗》以歌咏之。其诗曰:'麦秀渐渐兮,禾黍油油。彼狡僮兮,不与我好兮。'所谓狡童者,纣也。殷民闻之,皆为流涕。"③《汉书》卷四十

---

① 朱云影:《中国文化对日韩越的影响》,广西师范大学出版社 2007 年 9 月第 1 版,第 234 页。

② 吉备西郖丰著,独头山熊译:《朝鲜史》(上卷),点石斋书局光绪二十九年七月第 1 版,第 6 页。

③ 《史记》卷三十八《宋微子世家》。

五《伍被传》伍被云:"臣闻箕子过故国而悲,作《麦秀》之歌,痛纣之不用王子比干之言也。"如果说箕子没有到过朝鲜,司马迁和班固所记这一史实就没有任何意义。可见箕子不但到过朝鲜,而且还回到周。《竹书纪年》云:"十六年,箕子来朝。"《史记》卷三十八《宋微子世家》:"其后箕子朝周。"就是箕子回到故里的记述。这表明在周朝建立后,箕子朝鲜与周朝保持着朝贡关系。

关于朝鲜半岛箕子的史迹遗存最为典型的是平壤牡丹峰的箕子陵。《高丽史》卷六十三《礼志五》云:肃宗七年(1102 年)"十月壬子朔,礼部奏:我国教化礼仪,自箕子始,而不载祀典。乞求其坟茔,立祠以祭"。肃宗接受了礼部的建议。忠肃王十二年(1324 年)十月"令平壤府立箕子祠以祭","先代陵庙,官禁樵牧,毋令践踩。箕子始封本国,礼乐教化自此而行,宜令平壤府立祠以祭"。① 恭愍王五年(1356 年)六月,"令平壤府修营箕子祠宇以时致祭"。恭愍王二十年(1371 年)十二月,"命平壤府修箕子祠宇以时祭之"。同书卷五十八《地理志三》还记载:"箕子墓,在府城北兔山上。"此外还有"古城基二,一箕子时所筑城内。区用井田制,一高丽成宗时所筑"。今平壤市原箕林过去还有"箕子墓斋室碑"等古迹,均可以证明箕子朝鲜所留存给后人的记忆。正因为箕子在周初对朝鲜半岛的开发作出了重大的贡献,所以后人对其加以纪念也是符合情理的。至于说箕子死后埋于何处,学者有人认为在朝鲜平壤的箕子陵可能是其衣冠冢,在河南境内曾有箕子的墓冢存在,杜预曰:"梁国蒙县有箕子冢。"②梁国蒙县即今河南商丘。伏韬《北征记》曰:"博望城内有成汤、伊尹、箕子冢,今皆为丘。"③乐史《太平寰宇记》卷十二《河南道十二·宋州·宋城县》云:"箕子冢,在县北四十一里二十步,古蒙城内。……箕子之冢墓皆为丘墟。"虽然说箕子冢的具体方位有所争议,但箕子的墓冢存在于今商丘一带当是事实。这表明箕子在晚年回到中土并在死后埋葬于此。

箕子到朝鲜后,首先将河洛地区日益成熟的文化习惯略作变通后在这一地区实行,因为箕子所处的时代,朝鲜半岛较之于大陆还处在相对落后的状态。据

① 《高丽史》卷三十五《世家·忠肃王》。
② 《史记》卷三十八《宋微子世家》司马贞《索隐》与裴骃《集解》均引用杜预之说,另外,《水经注》卷二十三《汳水》亦云:"杜预曰:梁国蒙县北有薄伐城,城中有成汤冢,其西有箕子冢。"
③ 《太平御览》卷五十三《地部十八·丘》。

唐代人追述："箕子处其地,世有君长,北方之强欤?"①《汉书》卷二十八下《地理志》云:

> 箕子去之朝鲜,教其民以礼义,田蚕织作。乐浪朝鲜民犯禁八条:相杀以当时偿杀;相伤以谷偿;相盗者男没入为其家奴,女子为婢,欲自赎者,人五十万。② 虽免为民,欲犹羞之,嫁取无所雠,是以其民终不相盗,无门户之闭,妇人贞信不淫辟。其田民饮食以笾豆,都邑颇放效吏及内郡贾人,往往以怀器食。郡初取吏于辽东,吏见民无闭臧,及贾人往者,夜则为盗,俗稍益薄。今于犯禁浸多,至六十余条。可贵哉,仁贤之化也! 然东夷天性柔顺,异于三方之外,故孔子悼道不行,设浮于海,欲居九夷,有以也夫!

对于这一事实,此后的史书多次引用。《三国志》卷三十《魏书·乌丸鲜卑东夷传》亦载,"昔箕子既适朝鲜,作八条以教之,无门户之闭而民不为盗",可能为后人追记,但也由之可见,朝鲜半岛文化的形成与中国大陆的影响是密不可分的。《通典》卷一百八十五《边防一·东夷上·朝鲜》云:"朝鲜,周封殷之太师之国。太师教以礼义、田蚕,作八条之教,无门户之闭,而人不为盗。"究其实,箕子到达朝鲜后,正如孔颖达所说:"乃箕子之处朝鲜,大伯之在勾吴,皆能教之礼仪,使同中国,是有可改者也。但有不可改者,不强改之耳。"③箕子为了在朝鲜半岛生存下来,只有顺应了当地的民俗才能站稳脚跟。元代周致中《异域志》卷上《朝鲜国》云:"古朝仙(鲜),一曰高丽,在东北海滨,周封箕子之国,以商人五千从之。其医巫卜筮、百工技艺、礼乐诗书皆从中国。"《文献通考·自序》云:"箕子之为朝鲜,其初不过自屏于荒裔之地,而其后因以有国传世。窃意古之诸侯者,虽曰受封于天子,然亦由其行义德化足以孚信于一方,人心翕然归之,故其子孙因之,遂君其地;或有灾否,则转徙他之,而人心归之不能释去,故随其所居,皆成都邑。"这也说明了箕子到达朝鲜后,用河洛地区的"义"、"德"教化百姓,使

---

① 《全唐文》卷四百二十三《唐剑南东川节度使鲜于公经武颂》。
② 《高丽史》卷八十五《刑法志》云:"昔箕子封朝鲜设禁八条:'相盗者没入为其家奴婢。'东国奴婢盖始于此。"
③ 《毛诗正义》卷十三《谷风之什诂训传》。

"人心翕然归之",最终发展壮大。在箕子到达朝鲜后,还出现了以"鲜于"为姓者,"鲜于氏。武王封箕子于朝鲜,其子食采于朝鲜,因氏焉"①。唐代有鲜于晋官至剑南东川节度使,于邵有《唐剑南东川节度使鲜于公经武颂》称述其事。箕子东走朝鲜带去了黄河流域的文化,清代翁洲老民《海东逸史》引《三才图会》亦载:"箕子率五千人入朝鲜,其诗书礼乐,医药卜筮,皆从而往,教以诗书,使知中国礼乐之制,衙门官制衣服,悉随中国。"《东国史略》云:"周武王克商,箕子率东国五千人入朝鲜,武王因封之,都平壤,是为后朝鲜,教民礼仪,设八条之教。"《高丽史》卷五十八《地理志三》云:"平壤府本三朝鲜旧都,唐尧戊辰岁,神人降于檀木之下国人立为君,都平壤,号檀君,是为前朝鲜。周武王克商,封箕子于朝鲜,是为后朝鲜。"这些记载都表明箕子朝鲜在后世的记忆中影响深远。

即使后来朝鲜半岛的文明,在后人看来也是箕子影响的结果,梁代有"东夷之国,朝鲜为大,得箕子之化,其器物犹有礼乐云"②的说法。《隋书》卷八十一《倭国传》亦云:"箕子避地朝鲜,始有八条之禁,疏而不漏,简而可久,化之所感,千载不绝。今辽东诸国,或衣服参冠冕之容,或饮食有俎豆之器,好尚经术,爱乐文史,游学于京都者,往来继路,或亡没不归。非先哲之遗风,其孰能致于斯也?"《旧唐书》卷一百九十九上《东夷·高丽传》:"国人衣褐戴弁,妇人首加巾帼。好围棋投壶之戏,人能蹴鞠。食用笾豆、簠簋、尊俎、罍洗,颇有箕子之遗风。"在高丽太祖王建(癸巳)十六年(892年)春三月辛巳,后唐昭宗遣王琼杨昭业册封王诏书中有"踵朱蒙启土之祯为彼君长,履箕子作蕃之迹宣乃惠和"③之语,足以反映箕子时代流传到朝鲜半岛生活习俗传承的历久绵长。

在宋代高丽王朝也能"习箕子之余风,抚朱蒙之旧俗"④。包括兴起于东北地区的辽朝,也因蒙受箕子的余风而备受关注。《辽史》卷四十九《礼志一》云:"辽本朝鲜故壤,箕子八条之教,流风遗俗,盖有存者。自其上世,缘情制宜,隐然有尚质之风。遥辇胡刺可汗制祭山仪,苏可汗制瑟瑟仪,阻午可汗制柴册、再生仪。其情朴,其用俭。敬天恤灾,施惠本孝,出于恻忱,殆有得于胶瑟聚讼之表

① 《后汉书》《第五伦传》李贤注。
② 《梁书》卷五十四《东夷传》。
③ 《高丽史》卷二《世家·太祖》。
④ 《宋史》卷四百八十七《外国三·高丽传》。

者。太古之上,椎轮五礼,何以异兹。"《水经注》卷十四《浿水注》说得就很有道理:"朝鲜,故箕子国也。箕子教民以义,田织信厚,约以八法,而不知禁,遂成礼俗。"如此看来,朝鲜半岛长期以来约定俗成的民风民俗与箕子早期东走朝鲜有很大的关系。柳宗元《箕子碑》赞颂他说:"及封朝鲜,推道训俗,惟德无陋,惟人无远,用广殷祀,俾夷为华,化及民也。"①盖非誉词。《高丽史》卷三十八《世家·恭愍王》记载,恭愍王(壬辰)元年(1330年)"箕子受封于此,教化礼乐遗泽至今,宜令平壤府修祠奉祀"。虽然说箕子用礼乐教化百姓影响及于后世,但后人的这些表述无疑包含了对箕子的敬仰之情。

随着箕子东走朝鲜,河洛地区所流传的古典文献也被传到朝鲜半岛。元周致忠《异域志》卷上云:"古朝鲜,一曰高丽,在东北海滨,周封箕子之国。以商人五千从之。其医巫卜筮、百工技艺、礼乐诗书,皆从中国。"《四库全书总目提要》卷十三《书类存目一》记载,明丰坊撰六卷本《古书世学》,其《序》中有明正统六年朝鲜使臣妁文卿到京师,谈及《尚书》时说:"吾先王箕子所传,起《神农政典》至《洪范》而止。"纪昀考证云:"至曰箕子传《书》古文,自《帝典》至《微子》,则不应别无一篇《逸书》,而一一尽同于伏生、孔安国之所传。"《四库全书总目提要》卷三十三《经部·五经总义类》记载元人何异孙撰《十一经问封》:"《大学》、《中庸》、《论语》、《孟子》大致用《章句集注》,而小有异同。如'君子居之,何陋之有?'则以为箕子曾居其地,至今礼义教化与中州同,不可谓之为陋。"此亦说明先秦典籍传播朝鲜半岛的过程。

随着时代的推移,箕子在朝鲜人心目中的地位迅速提高。杨炯《左武卫将军成安子崔献行状》中有"朝鲜旧壤,歌箕子之风谣"②。唐代箕子已被神化,高丽所祭祀的神有灵星神、日神、可汗神和箕子神,箕子神的出现说明了箕子在朝鲜人心目中的地位。宋朝徽宗大观三年,中书舍人张邦昌定算学:"封风后上谷公,箕子辽东公。"③进一步抬高了箕子的地位。到清代又有"平壤城,箕子名藩"④的说法。朝鲜史籍中有不少歌颂箕子的礼乐,如《西京》是因为"西京古朝

---

① 《柳宗元集》卷五《古圣贤碑·箕子碑》。
② 《全唐文》卷一百九十六。
③ 《宋史》卷一百五《礼志》。
④ 《清史稿》卷一百《乐志七》。

鲜即箕子所封之地,其民习于礼让,知尊君亲上之义,作此歌,言仁恩充畅,以及草木虽折败之柳亦有生意也"。《大同江》是因为"周武王封殷太师箕子于朝鲜,施八条之教,以兴礼俗,朝野无事,人民悦,以大同江比黄河,永明岭比嵩山,颂祷其君,此入高丽以后所作也"①。朝鲜人甚而有"先圣箕子"②之说。

综合上文所论我们认为,箕子东走朝鲜半岛虽然有复杂的历史原因,但是,箕子的到来,将河洛地区日益成熟的文化带到边陲地区,促使了这一地区的迅速发展。箕子首先带来了中原地区日益成熟的社会生活习惯,并以之感染和熏陶这一相对落后的地区,使这里的民众迅速走上发展的道路。另外,箕子东走朝鲜,将河洛地区已经成熟的文化典籍传播到这一地区,使这里的民众受到河洛文化的浸染。

二、商周时期河洛文化的东传

随着箕子东走朝鲜的实现,河洛文化对朝鲜半岛产生了深远的影响,是后,关于朝鲜的历史信息不断地被传到河洛地区,成为人们了解东方地区的重要渠道。

关于箕子之后朝鲜半岛的社会发展状况,《文献通考·自序》云:"箕子之为朝鲜,其初不过自屏于荒裔之地,而其后因以有国传世。窃意古之诸侯者,虽曰受封于天子,然亦由其行义德化足以孚信于一方,人心翕然归之,故其子孙因之,遂君其地;或有灾否,则转徙他之,而人心归之不能释去,故随其所居,皆成都邑。"这说明朝鲜半岛在箕子之后,其后代在朝鲜半岛开始发展起来。箕子之后,有关朝鲜的记载不断出现在中国古籍中。《尚书·虞书·尧典第一》中有"宅嵎夷"之说,清代蒋廷锡《尚书地理今释》云:"据《后汉书》定为朝鲜,正薛季宣、于钦之误。"③《山海经》卷十二《海内北经》云:"朝鲜在列阳东,海北山南。列阳属燕。"袁珂先生校注引郭璞云:"朝鲜今乐浪县,箕子所封也。列亦水名

---

① 《高丽史》卷七十一《乐志》。
② 《高丽史》卷七十八《食货志》。
③ [清]纪昀等:《四库全书总目提要》卷十二《经部十二·书类二》。

也,今在带方,带方有列口县。"郝懿行云:"(《汉书》)《地理志》云:'乐浪郡朝鲜又吞列分黎山,列水所出,西至黏蝉入海。'又云:'含资带水,西至带方入海。'又带方列口并属乐浪郡。《晋书·地理志》列口属带方郡。"同书卷十八《海内经》云:"东海之内,北海之隅,有国名曰朝鲜。"《山海经》所提供的信息无疑反映了箕子东渡朝鲜以后河洛地区人们对朝鲜的了解。春秋初年,齐桓公曾问管仲:"吾闻海内玉币有七策,可得而闻乎?"管仲在解释"七策"中有"发、朝鲜之文皮,一策也",综观管子所述的其他六策包括"阴山之礝碈","燕之紫山白金"、"汝、汉水之右衢黄金"、"江阳之珠"、"秦明山之曾青"、"禺氏边山之玉"等①,这些地点大多在河洛地区的边缘地带,管子举出这些地点的特产资源,表明当时黄河中下游地区对这些偏远地区的了解,否则他不可能有此说法,也证明了黄河流域的河洛地区民众对这些地点的知晓,多种文化的交流之频繁于此可见一斑。

《诗经》中也透露了一些朝鲜的早期情况。《韩奕》就反映了西周初年分封韩的境况。韩侯入朝,觐见天子,接受爵命,周天子对其赏赐丰厚。韩侯还迎娶姞蹶父之女,当时韩国的境况是:"川泽訏訏,鲂鱮甫甫,麀鹿噳噳,有熊有罴,有猫有虎。"因为韩、姞两家结亲,所以"溥彼韩城,燕师所完",燕国因为是姞姓,帮助韩国扩建了都城。"以先祖受命,因时百蛮。王锡韩侯,其追其貊。奄受北国,因以其伯。实墉实壑,实亩实藉。献其貔皮,赤豹黄罴。"虽然关于这首诗历来解释多不相同,但韩国作为燕国东北地区的一个国家则是事实。《水经注》卷十二《圣水》:"圣水又东南,径韩城东。《诗·韩奕》章曰:'溥彼韩城,燕师所完。王锡韩侯,其追其貊,奄受北国。'郑玄曰:'周封韩侯,居韩城,为侯伯,言为獩夷所逼,稍稍东迁也。'王肃曰:'今涿郡方城县有韩侯城,世谓之寒号城,非也。'圣水又东南流,右会清淀水,水发西淀,东流注圣水,谓之刘公口也。"顾炎武《日知录》卷三《韩城》云:"况'其追其貊'乃东北之夷,而蹶父之靡国不到,亦似谓韩土在北陲之远也。又考王符《潜夫论》曰:'昔周宣王时,有韩侯,其国近燕。故《诗》云:"普彼韩城,燕师所完。"其后韩西亦姓韩,为卫满所伐,迁居海中。'汉时去古未远,当有传授,今以《水经注》为定。"说明从西周初年开始,韩已经作为当时一个国家活跃在中国的东北地区。

---

① 《管子·揆度》。

《战国策》卷二十九《燕一·苏秦将为从北说燕文侯》记载,苏秦在即将行合纵之策前,北行游说燕文侯曰:"燕东有朝鲜、辽东。"①由此可见战国时期朝鲜已经为来自河洛地区的苏秦所熟知,否则他不会有此说法。司马迁在谈到战国燕国的形势时说:"东绾涉貊、朝鲜、真番之利。"②也反映了战国时期人们对朝鲜半岛形势的认识。流传至今的箕子朝鲜有一个明确的世系,《桓檀古记》甚至列出了从箕子到箕准时共有四十一世,其真实性虽然往往令人怀疑,但是到战国末年,朝鲜侯仍然姓箕也足以证明在周王朝时期,朝鲜半岛是以箕姓为主的政权时期。因而有"周武王克商,封箕子于朝鲜,子孙因而氏焉"③的说法。关于箕子之后朝鲜的发展史书有简略的记载,《三国志》卷三十《魏书·东夷传附韩传》裴松之引《魏略》云:

> 昔箕子之后朝鲜侯,见周衰,燕自尊为王,欲东略地,朝鲜侯亦自称为王,欲兴兵逆击燕以尊周室。其大夫礼谏之,乃止。使礼西说燕,燕止之,不攻。后子孙稍骄虐,燕乃遣将秦开攻其西方,取地二千余里,至满番汗为界,朝鲜遂弱。及秦并天下,使蒙恬筑长城,到辽东。时朝鲜王否立,畏秦袭之,略服属秦,不肯朝会。否死,其子准立。二十余年而陈、项起,天下乱,燕、齐、赵民愁苦,稍稍亡往准,准乃置之于西方。

从这条材料也可以看出,在战国末年,乘中原大乱之际,朝鲜趁势发展壮大起来,成为东北边疆强大的割据势力,甚而在燕国"欲东略地"时有向西进攻燕国计划。《盐铁论》卷七《备胡》大夫曰:"往者,四夷俱强,并为寇虐:朝鲜逾徼,劫燕之东地。"这大概就反映了当时的真实情况。关于燕将秦开进攻朝鲜西部向东拓展势力的事实,《史记》卷一百十《匈奴列传》云:"燕有贤将秦开,为质于胡,胡甚信之。归而袭破走东胡,东胡却千余里。"这里的东胡可能就包括有箕氏朝鲜的势力。战国末年,随着燕国的不断向东拓展,与朝鲜曾经发生战争,

---

① 《史记》卷六十九《苏秦列传》亦云:"(苏秦)说燕文侯曰:燕东有朝鲜、辽东。"
② 《史记》卷一百二十九《货殖列传》。
③ 《魏故处士王(基)君墓志铭》,赵超《汉魏南北朝墓志汇编》,天津古籍出版社1992年6月第1版,第138页。

"赵武灵王逾句注,过代谷,略灭林胡、楼烦。燕袭走东胡,辟地千里,度辽东而攻朝鲜"①。这些事实说明在战国末年,因为赵国的压迫,燕国向西发展的趋势被遏制,不得不向东拓展以逼迫朝鲜。为了防止包括朝鲜在内的"东胡"的进攻,"燕亦筑长城,自造阳至襄平。置上谷、渔阳、右北平、辽西、辽东郡以拒胡"。秦灭燕后,筑长城至辽东,箕否害怕秦朝进攻,"略服属秦,不肯朝会"。当时秦朝的疆域就与朝鲜接壤。秦始皇二十六年(前221年),分天下为三十六郡,"地东至海暨朝鲜",《正义》云:"东北朝鲜国。《括地志》云:'高骊治平壤城,本汉乐浪郡王险城,即古朝鲜也。'""自始全燕时尝略属真番、朝鲜,为置吏,筑鄣塞。"②《资治通鉴》卷二十一《汉纪十三·世宗孝武皇帝下之上》元封二年(前109年)条记载,"全燕之世,尝略属直番、朝鲜,为置吏,筑障塞。秦灭燕,属辽东外徼"。这说明在战国时期,燕国强盛的时候,朝鲜隶属于燕国。《通典》卷一百八十五《边防一·东夷上·朝鲜》云:"(箕子)其后四十余代,至战国时,朝鲜侯亦僭称王。始全燕时尝略属焉,为置吏,筑障塞。"箕否死后,其子"朝鲜侯准僭号称王。陈胜等起,天下叛秦,燕、齐、赵民避地朝鲜数万口"③,朝鲜国势又逐渐强盛起来。箕准继位二十余年,陈胜、吴广农民起义爆发后,天下大乱,燕、赵、齐等地的民众逃往朝鲜半岛依附于箕准,箕准将其安置在朝鲜的西部。箕氏所建立的政权从商周之际起,经过漫长的历史发展推动着朝鲜半岛的社会进步与发展。

商周时期,河洛地区对朝鲜半岛的认识仅仅局限在间接地了解,双方的往来也不是太明显,通过当时人以及后人的追述,我们可以看出这一时期是朝鲜半岛自身固有的文化迅速发展的历史时期,不仅民族呈现出迅速分化的趋势,而且与河洛地区的政权来往多处于被动状态,显现出朝鲜半岛文化初始阶段的特色。

---

① 《盐铁论》卷八《伐功》。
② 《史记》卷一百一十五《朝鲜列传》。
③ 《三国志》卷三十《魏书·东夷传附涉传》。

三、秦汉时期河洛地区与朝鲜半岛的交往

秦汉时期河洛地区与朝鲜半岛的关系可以分为卫氏朝鲜时代、郡县制时期以及与三韩的交往。在这三种关系中，卫氏朝鲜时代从公元前 194 年卫满赶走箕准建立新的政权开始至公元前 108 年汉武帝灭卫右渠为止。郡县制时期是指汉武帝灭卫氏朝鲜后在此地建立起郡县开始。三韩与郡县制存在并行，随着郡县制的建立，以汉文化为代表的河洛地区文化对朝鲜半岛产生了持久的影响。

（一）卫氏朝鲜时代

秦始皇统一天下后，建立起东方地区地域辽阔的大帝国。《史记》卷六《秦始皇本纪》记述秦的疆域时云："地东至海暨朝鲜，西至临洮、羌中，南至北向户，北据河为塞，并阴山至辽东。"《正义》云："东北朝鲜国。《括地志》云：'高骊治平壤城，本汉乐浪郡王险城，即古朝鲜也。'"这就显示出秦朝统一天下后，朝鲜已经成为与秦濒临的东北地区的重要国家，秦始皇之所以没有继续向东北地区拓展，是因为当时黄河流域尚未彻底安定，再加上北部边境的匈奴族已经成为秦的主要威胁，秦朝才没有采取大的动作向朝鲜半岛进军。故而《朝鲜列传》称朝鲜"秦灭燕，属辽东外徼"，表明这一时期秦朝与朝鲜半岛没有建立起联系。

在西汉初年，黄河流域动荡不定的形势下，为了稳定边疆地区的政治形势，汉高祖刘邦五年（前 202 年）十月，封卢绾为燕王。"汉兴，为其远难守，复修辽东故塞，至浿水为界，属燕。"①汉十二年十二月，卢绾谋反。二月，刘邦"使樊哙、周勃将兵击燕王绾"，同时"立皇子建为燕王"②。卢绾反叛后，王满逃往朝鲜西部，"聚党千余人，魋结蛮夷服而东走出塞，渡浿水，居秦故空地上下鄣，稍役属真番、朝鲜蛮夷及故燕、齐亡命者王之，都王险"③。《三国志》卷三十《魏书·东夷传附韩传》裴注引《魏略》云："及绾反，入匈奴，燕人卫满亡命，为胡服，东度浿

① 《史记》卷一百一十五《朝鲜列传》。
② 《史记》卷八《高祖本纪》。
③ 《史记》卷一百一十五《朝鲜列传》。

水,诣准降,说准求居西界,收中国亡命为朝鲜藩屏。准信宠之,拜为博士,赐以圭,封之百里,令守西边。满诱亡党,众稍多,乃诈遣人告准,言汉兵十道至,求入宿卫,遂还攻准。准与满战,不敌也。"在与卫满作战失败后,箕准"将其左右宫人走入海,居韩地,自号韩王。其后绝灭,今韩人犹有奉其祭祀者"。《魏略》曰:"其子及亲留在国者,因冒姓韩氏。准王海中,不与朝鲜相往来。箕准南走马韩为王。"《高丽史》卷五十七《地理志》云:"后朝鲜王箕准,避卫满之乱浮海而南至韩地,开国号马韩。"《高丽史》卷五十八《地理志》又云:"周武王克商,封箕子于朝鲜,是为后朝鲜,逮四十一代孙准时,有燕人卫满亡命,聚当千余人来夺准地,都于王险(一作俭)城,即平壤。是为卫满朝鲜。"卫满东走朝鲜半岛,赶走箕准,建立了卫氏朝鲜。卫氏朝鲜的建立,表明了燕人进一步迁入朝鲜半岛北部。秦汉之际,河洛地区的战乱对遥远的东北边陲也产生了一定的影响。无论是王满进入朝鲜半岛建立新的政权机构,抑或是箕准南迁朝鲜半岛建立马韩政权,都可以看作黄河流域河洛文化影响的进一步扩大。

西汉前期,朝鲜的发展与西汉王朝的强弱有着密切的关系。《史记》卷一百一十五《朝鲜列传》还记载:"会孝惠、高后时天下初定,辽东太守即约满为外臣,保塞外蛮夷,无使盗边;诸蛮夷君长欲入见天子,勿得禁止。以闻,上许之,以故满得兵威财物侵降其旁小邑,真番、临屯皆来服属,方数千里。"可以说朝鲜王满利用汉朝无暇顾及的机会,乘机发展自己的势力。丘希范《与陈伯之书》云:"朝鲜昌海,蹶角受化。"李善注:"朝鲜王满,燕人,孝惠高后时,满为外臣。"《盐铁论》卷九《论功》亦云:"朝鲜之王,燕之亡民也。"汉文帝时期,将军陈武在向汉文帝建议一统疆域时说:"南越、朝鲜自全秦时内属为臣子,后且拥兵阻阸,选蠕观望。高祖时天下新定,人民小安,未可复兴兵。今陛下仁惠抚百姓,恩泽加海内,宜及士民乐用,征讨逆党,以一封疆。"[1]因为当时汉朝还处在国力尚弱的时期,汉文帝拒绝了陈武的建议。这表明在汉朝初年对朝鲜仍然采取不予干涉的态度。当时,因为匈奴强大,匈奴的"左方王将居东方,直上谷以往者,东接秽貉、朝鲜"[2],可见朝鲜因隔匈奴也不可能向汉朝发动进攻。然而,卫右渠在国内采

---

[1]《史记》卷二十五《律书》。
[2]《史记》卷一百十《匈奴列传》。

取强力压榨的措施，结果民众不断外逃，《魏略》曰："初，右渠未破时，朝鲜相历溪卿以谏右渠不用，东之辰国，时民随出居者二千余户，亦与朝鲜贡蕃不相往来。"这为汉武帝灭卫氏朝鲜提出了要求。

汉朝与朝鲜关系交恶是在汉武帝时期。《史记》卷一百一十五《朝鲜列传》云：

> 传子至孙右渠，所诱汉亡人滋多，又未尝入见；真番旁众国欲上书见天子，又拥阏不通。元封二年，汉使涉何谯谕右渠，终不肯奉诏。何去至界上，临浿水，使御刺杀送何者朝鲜裨王长，即渡，驰入塞，遂归报天子曰"杀朝鲜将"。上为其名美，即不诘，拜何为辽东东部都尉。朝鲜怨何，发兵袭攻杀何。

随着汉朝文景之治的财富积累，东北地区的朝鲜也利用汉朝着力恢复经济之机，大力发展自己的势力，并且控制了与其毗邻的其他地方政权，阻隔与汉朝的往来。当汉武帝掌握国家权力后，对于卫右渠的做法极为不满，派遣使臣涉何前往劝说，但没有结果，虽然涉何杀朝鲜裨王长取得了暂时的胜利，但无疑埋下了汉与朝鲜交恶的祸根，当汉武帝任命涉何为辽东东部都尉后，朝鲜袭杀涉何。汉朝与朝鲜半岛的战争就此开始，汉武帝也通过对朝鲜的战争实现了对北方地区的统一。

为了保证军事进攻的顺利，汉武帝进行了充分的物资准备。元封二年（前109年）四月，汉武帝"募天下死罪击朝鲜"。秋天，"遣楼船将军杨仆、左将军荀彘将应募罪人击朝鲜"。杨仆率军渡过渤海，荀彘出辽东，两人共率领军队五万人。卫右渠看到汉军压境，据险而守。荀彘所率辽东兵兵败而溃逃。杨仆率领的齐兵七千人先至王险城，卫右渠"窥知楼船军少，即出城击楼船，楼船军败散走"。虽然杨仆后来收拢失散的士兵进攻朝鲜浿水西军，但没有结果。因为汉军失利，所以，汉武帝派遣使者卫山劝降，但卫山无功而归。"左将军破浿水上军，乃前至城下，围其西北。楼船亦往会，居城南。右渠遂坚城守，数月未能下。"而在作战过程中，杨仆与荀彘不能协调作战，结果失去战机。汉武帝派遣济南太守公孙遂前往协调，公孙遂听信荀彘之言，火并杨仆军。荀彘火并两军后，急攻朝鲜。卫右渠的相路人、韩陶、王唊相约叛逃汉朝。元封三年,尼溪相参杀卫右渠降汉。而王险城还未攻下,"故右渠之大臣成已又反,复攻吏。左将军使右渠子长、降相路人子最,告谕其民,诛成已"。至此,卫氏朝鲜灭亡,汉朝"故遂定朝鲜为真番、临屯、乐浪、玄菟四郡"①。《高丽史》卷五十八《地理志》亦云:"(卫满)其孙右渠不肯奉诏,汉武帝元封二年,遣将讨之定为四郡,以王险为乐浪郡。"

卫氏朝鲜从卫满夺取箕准政权到卫右渠被杀,前后经历八十四年,在这八十余年中,卫氏朝鲜依赖远离汉朝的政治中心,加上西汉初年特殊的政治环境,因为汉朝廷的主要精力用在抵抗匈奴和发展自身经济等方面,所以朝鲜半岛的地方政权得到了较大程度发展。随着黄河流域汉朝经济的逐渐恢复,打败了骚扰汉朝北部边境的匈奴族,国势逐步增强,黄河流域已经实现了稳定发展,再加上岭南的统一、闽粤地区的稳定实现,卫氏朝鲜的生存空间在日趋缩小。汉武帝为了实现其文治武功的重大战略目标,卫氏朝鲜的存在就面临着许多困难,在这种环境下,边域地区回归中央集权的统治之下,就成为汉武帝的既定策略,并最终采取武力实现了朝鲜北部的统一局面。

从箕子朝鲜到卫氏朝鲜,可以说是黄河流域的封建政权对朝鲜半岛的政权产生重要影响的时期,无论在政治制度,抑或是经济制度,乃至社会风俗等方面都发生了很大变化,显现出河洛文化的持续影响力。

在政治制度方面,黄河流域封建政权的政治体制特别是官制深深影响到朝鲜半岛,使朝鲜半岛的政治体制发生了很大的变化。首先,朝鲜半岛的政权建立了自己的都城——王险城。关于王险城在中国史书中有不少记载。《史记》卷一百一十五《朝鲜列传》记载,朝鲜王满者渡过浿水后,"居秦故空地上下鄣,稍役属真番、朝鲜蛮夷及故燕、齐亡命者王之,都王险"。《括地志》云:"高骊治平壤城,本汉乐浪郡王险城,即古朝鲜也。"②《水经注》卷十四《浿水》云:"战国时,满乃王之,都王险城,地方数千里。"《通志二十略·都邑略第一·四夷都》云:"朝鲜,都王险……高句丽,初都纥升骨城,后世迁于丸都山下。自东晋以后,移都于平壤城,又有别都曰国内城,曰汉城,号为三京。"该书又曰:"平壤即汉乐浪

---

① 《汉书》卷九十五《朝鲜传》。
② 《史记》卷六《秦始皇本纪》张守节《正义》引。《史记》卷二十五《律书》《正义》还记载:"高骊平壤城本汉乐浪郡王险城,即古朝鲜地,时朝鲜王满据之也。"

郡,王险城亦曰长安城,东西六里,随山屈曲,南临沮水,在辽东南千余里。城内惟积仓储器械,贼至方入固守,王别宅于其侧。"朝鲜都城制度的建立完全是受黄河流域的封建政治体制的影响。在建都王险城之前,史书所记载的王满"聚党千余人,魋结蛮夷服而东走出塞,渡沮水,居秦故空地上下鄣,稍役属真番、朝鲜蛮夷及故燕、齐亡命者王之"①。已经很明显地说出了此时朝鲜是杂糅了华北地区的居民与当地的土著居民构成,而王满本人来自燕国,他能够在此建都,依照汉长安城的"东西六里"的规模建造,这完全可以看作汉文化在此的传播与影响力。由此可见随着华北地区文化传入朝鲜半岛,首先传入的是黄河流域业已成熟的都城制度。

黄河流域政治制度中的官制也随着汉朝的影响力而逐渐影响到朝鲜半岛。因为燕国灭亡后,燕民虽为了躲避秦人的压迫,纷纷远逃箕子朝鲜西部,"燕丹散乱辽间,满收其亡民,厥聚海东,以集真藩,葆塞为外臣"。卫满首次进入西部所携带"聚党千余人",到卫右渠时,"所诱汉亡人滋多",这些汉人的到来,带来了汉朝的官僚制度,因而在卫满朝鲜的官员设置中有一些汉族地区流行的官名,见诸史书记载的为"相"。《史记》卷一百一十五《朝鲜列传》中有"朝鲜相路人、相韩阴、尼溪相参、将军王唊"。《集解》引《汉书音义》曰:"凡五人也。戎狄不知官纪,故皆称相。"《索隐》应劭云:"凡五人。戎狄不知官纪,故皆称相也。路人,渔阳县人。"如淳云:"相,其国宰相。路人,名也。"《索隐述赞》:"卫满燕人,朝鲜是王。王险置都,路人作相。"这就反映了卫满占据朝鲜半岛后虽然为了生存接受了当地的土著文化,但仍然将部分黄河流域封建政权官僚制度的一些内容传播到朝鲜半岛,构成了朝鲜半岛政权的基本框架。

及至汉武帝灭卫氏朝鲜,朝鲜的降将多被安置在内地,亲自感受到河洛文化的魅力,并逐步融入当地民众中去。《史记》卷二十《建元以来侯者年表》记述了一些朝鲜有关人员被安置在内地的情况。平州侯国为"以朝鲜将,汉兵至,降,侯"。《索隐》云:"表在梁父。"获苴国"以朝鲜相,汉兵至,围之,降,侯"。《索隐》云:"表在勃海。"元封三年四月,"侯朝鲜相韩阴元年"。涅清侯国"以朝鲜尼溪相,使人杀其王右渠来降,侯"。元封三年六月丙辰,"侯朝鲜尼溪相参元

———————————

① 《史记》卷一百一十五《朝鲜列传》。

年"。《索隐》云："表在齐。"几侯国"以朝鲜王子,汉兵围朝鲜,降,侯"。元封四年三月癸未,"侯张,归义元年"。六年,"侯张使朝鲜,谋反,死,国除"。涅阳侯国"以朝鲜相路人,汉兵至,首先降,道死,其子侯"。《史记》卷一百一十五《朝鲜列传》云："封参为㴉清侯,阴为荻苴侯,唊为平州侯,长降为几侯。最以父死颇有功,为温阳侯。"《汉书》卷十七《景武昭宣元成功臣表》也有相关的记载,平州侯王唊"以朝鲜将,汉兵至,降,侯,千四百八十户。三年四月丁卯封,四年薨,亡后"。其封地在梁父。荻苴侯韩陶"以朝鲜相将,汉兵围之,降,侯,五百四十户。四月丁卯封,十九年,延和二年薨,封终身,不得嗣"。其封地在勃海。㴉清侯参"以朝鲜尼溪相使人杀其王右渠,降,侯,千户。六月丙辰封,十一年,天汉二年,坐匿朝鲜亡虏,下狱病死"。其封地在齐。几侯张"以朝鲜王子汉兵围朝鲜降侯。三年癸未封,六年,使朝鲜,谋反,格死"。其封地在河东。涅阳康侯最"以父朝鲜相路人,汉兵至,首先降,道死,子侯。三月壬寅封,五年,太初元年薨,亡后"。其封地在齐。众多朝鲜归附的将、相被安置在内地,虽然并不是全在河洛地区,但基本上是在黄河流域,受河洛文化的影响是很明显的,并且接受了汉朝的封赏,成为汉朝政治控制下的侯国。

卫氏朝鲜建立后,也接受了黄河流域已经成熟的朝贡思想。汉朝建立后,卫氏朝鲜是作为汉的附庸国而存在的,汉惠帝和吕太后当政时期,"辽东太守即约满为外臣,保塞外蛮夷,无使盗边;诸蛮夷君长欲入见天子,勿得禁止。以闻,上许之"。卫满与辽东太守相约作为汉朝的外臣,说明他接受了汉朝政权,愿意为汉朝政权的附属,约束塞外少数民族,替汉朝保有边境地区的安全。然而到卫右渠在位时,随着力量的逐步强大,卫右渠不再承认祖父与汉朝的约定,与汉朝关系交恶。当汉武帝派遣大军进攻朝鲜期间,"乃使卫山因兵威往谕右渠,右渠见使者顿首谢:'愿降,恐两将诈杀臣;今见信节,请服降。'遣太子入谢,献马五千匹,及馈军粮"①。这就是说卫右渠在政权面临危急关头,又愿意归附汉朝,虽然后来因为形势变化没有实现,但卫右渠还是充分认识到以汉朝为宗主国的重要性,这可能是保证在汉朝威势之下政权稳定的关键。

---

① 《史记》卷一百一十五《朝鲜列传》。

(二)郡县制时代

卫氏朝鲜灭亡,汉朝在朝鲜故地设立了真番、临屯、乐浪、玄菟四郡,将内地已经成熟的郡县制推行到朝鲜半岛的北部。关于汉武帝元封三年(前 108 年)以后,朝鲜半岛四郡的情况及其河洛地区与朝鲜半岛的交往情况学术界鲜有论述,兹略作考证。

《史记》卷一百一十五《朝鲜列传》记载,朝鲜作为战国末年曾经存在于东北地区的小国,燕国时,"尝略属真番、朝鲜,为置吏,筑鄣塞"。王满逃往朝鲜半岛后,"稍役属真番、朝鲜蛮夷及故燕、齐亡命者王之,都王险"。真番虽然役属于卫氏政权,但在汉惠帝和吕后时期,随着卫满的势力增强,"以故满得兵威财物侵降其旁小邑,真番、临屯皆来服属,方数千里"。及至卫右渠时,"真番旁众国欲上书见天子,又拥阏不通"。《索隐》云:"东夷小国,后以为郡。"可见在卫氏朝鲜时期,真番、临屯是隶属于卫氏朝鲜的两个小国。汉武帝灭卫氏朝鲜后,定真番、临屯为四郡之一。《汉书》卷六《武帝纪》臣瓒曰:"《茂陵书》:临屯郡治东暆县,去长安六千一百三十八里,十五县。真番郡治霅县,去长安七千六百四十里,十五县。"《汉书》卷二十八下《地理志下》云:"玄菟郡,武帝元封四年开。高句骊,莽曰下句骊。属幽州。"应劭曰:"故真番,朝鲜胡国。"玄菟郡有"户四万五千六,口二十二万一千八百四十五",下辖三县:高句骊、上殷台、西盖马。"乐浪郡,武帝元封三年开。莽曰乐鲜。属幽州。"乐浪郡有"户六万二千八百一十二,口四十万六千七百四十八",下辖二十五县:朝鲜、 邯、浿水、含资、黏蝉、遂成、增地、带方、驷望、海冥、列口、长岑、屯有、昭明、镂方、提奚、浑弥、吞列、东暆、不而、蚕台、华丽、邪头昧、前莫、夫租等。到汉昭帝始元五年六月,"罢儋耳、真番郡"[①]。"至昭帝始元五年,罢临屯、真番,以并乐浪、玄菟。玄菟复徙居句骊。自单单大领已东,沃沮、濊貊悉属乐浪。后以境土广远,复分领东七县,置乐浪东部都尉。自内属已后,风俗稍薄,法禁亦浸多,至有六十余条。"[②]《后汉书》卷八十五《东夷传·东沃沮传》云:"武帝灭朝鲜,以沃沮地为玄菟郡。后为夷貊所侵,

---

① 《汉书》卷七《昭帝纪》。
② 《后汉书》卷八十五《东夷列传》。

徙郡于高句骊西北,更以沃沮为县,属乐浪东部都尉。"《三国志》卷三十《魏书·乌丸鲜卑东夷传》云:"汉武帝元封二年,伐朝鲜,杀满孙右渠,分其地为四郡,以沃沮城为玄菟郡。后为夷貊所侵,徙郡句丽西北,今所谓玄菟故府是也。沃沮还属乐浪。汉以土地广远,在单单大领之东,分置东部都尉,治不耐城,别主领东七县,时沃沮亦皆为县。"乐浪东部都尉的设置加强了对朝鲜西部的管辖,此后,黄河流域的官员不断被派遣到上述两郡任职。涉何就曾为辽东东部都尉。薛宣曾被察孝廉,"迁乐浪都尉丞"。汉昭帝在元凤六年(前75年)正月,"募郡国徒筑辽东玄菟城"①。汉元帝建昭元年(前38年),"尚书令五鹿充宗为少府,五年贬为玄菟太守"②。在西汉时期玄菟郡因为远离当时的政治中心,所以相关官员多为刚入官场的人员和贬官所任。

西汉在朝鲜北部设立郡县以后,在西汉中央政权的控制之下,这里保持了相对的稳定,"郡初取吏于辽东,吏见民无闭藏,及贾人往者,夜则为盗,俗稍益薄。今于犯禁寝多,至六十余条。可贵哉,仁贤之化也。然东夷天性柔顺,异于三方之外,故孔子悼道不行,设浮于海,欲居九夷,有以也夫"③。西汉时期所设立的四郡在抗击匈奴过程中曾经发挥过重要的作用。汉哀帝时,太仆王舜、中垒校尉刘歆议曰:"东伐朝鲜,起玄菟、乐浪,以断匈奴之左臂。"④由此可知,郡县制的设立使朝鲜半岛纳入汉政府的统治之下,既有利于抗击匈奴,同时对汉文化的传播起了重要的作用。

东汉时期,朝鲜半岛的郡县划分与西汉有所不同,在东北地区有玄菟郡,在朝鲜半岛有辽东郡的一部分和乐浪郡。东汉时期玄菟郡和乐浪郡因地处东北边境的重要地理位置,建都洛阳的东汉政府对其更加重视。关于玄菟郡的情况,《后汉书志》卷二十三《郡国志五》云:"玄菟郡,武帝置。洛阳东北四千里。六城,户一千五百九十四,口四万三千一百六十三。"下辖高句骊、西盖马、上殷台、高显、候城、辽东等。祭肜从建武十七年任辽东太守后,多次击败鲜卑的进攻,建武二十五年,鲜卑的大都护偏何在祭肜的"财利"诱惑下,"遣使奉献,愿得归化,

---

① 《汉书》卷七《昭帝纪》。《汉书》卷二十六《天文志》云:"其六年正月,筑辽东、玄菟城。"
② 《汉书》卷十九下《百官公卿表下》。《汉书》卷九十三《佞幸·石显传》云:"少府五鹿充宗左迁玄菟太守。"
③ 《汉书》卷二十八下《地理志下》。
④ 《汉书》卷七十三《韦贤传附子玄成传》。

肜慰纳赏赐,稍复亲附"。依附于偏何的"异种满离、高句骊之属,遂骆驿款塞,上貂裘好马,帝辄倍其赏赐"。在祭肜鼓舞下,偏何又率领鲜卑诸部进攻匈奴左伊秩訾部,"自是匈奴衰弱,边无寇警,鲜卑、乌桓并入朝贡"。永平元年(58年),祭肜又激励偏何打败赤山乌桓,"(祭)肜之威声,畅于北方",结果"西自武威,东尽玄菟及乐浪,胡夷皆来内附,野无风尘。乃悉罢缘边屯兵"。永平十六年祭肜死后,辽东地区的"乌桓、鲜卑追思肜无已,每朝贺京师,常过冢拜谒,仰天号泣乃去。辽东吏人为立祠,四时奉祭焉"①。正是祭肜的有勇有谋使东北地区的边境保持了安定。《后汉书》卷八十五《东夷传·序》云:"时辽东太守祭肜威詟北方,声行海表,于是滅、貊、倭、韩万里朝献,故章、和已后,使聘流通。"永初二年(108年),"冬十月庚寅,禀济阴、山阳、玄菟贫民"。元初五年(118年),"夏六月,高句骊与涉貊寇玄菟"。建光元年(121年)四月,"甲戌,辽东属国都尉庞奋,承伪玺书杀玄菟太守姚光"。关于此事的发生经过,《后汉书》卷三十八《冯绲传》云:

　　父焕,安帝时为幽州刺史,疾忌奸恶,数致其罪。时玄菟太守姚光亦失人和。建光元年,怨者乃诈作玺书谴责焕、光,赐以欧刀。又下辽东都尉庞奋使速行刑,奋即斩光收焕。焕欲自杀,绲疑诏文有异,止焕曰:"大人在州,志欲去恶,实无它故,必是凶人妄诈,规肆奸毒。愿以事自上,甘罪无晚。"焕从其言,上书自讼,果诈者所为,征奋抵罪。会焕病死狱中,帝愍之,赐焕、光钱各十万,以子为郎中。绲由是知名。

　　从这件事上也可以看出幽州刺史冯焕和玄菟太守姚光可能在处理"奸恶"势力时,引起了这些人的痛恨,才假借伪诏除掉二人。

　　是年十一月"鲜卑寇玄菟"。十二月,"高句骊、马韩、涉貊围玄菟城,夫余王遣子与州郡并力讨破之"。到了次年即延光元年(122年)春二月,"夫余王遣子将兵救玄菟,击高句骊、马韩、涉貊,破之,遂遣使贡献"。延光三年(124年)六

_____

① 《后汉书》卷二十《祭遵传附从弟肜传》。

月,"鲜卑寇玄菟"①。汉顺帝永建二年(127年)二月,"鲜卑寇辽东、玄菟"。阳嘉元年(132年)十二月,"庚戌,复置玄菟郡屯田六部"②。汉桓帝永康元年(167年)正月,"夫余王寇玄菟,太守公孙域与战,破之"③。史书中还有不少内地官员在玄菟任职的记载。宣秉之子宣彪,因其父的原因,光武帝"除子彪为郎",李贤注引《东观记》曰:"彪官至玄菟太守。"永宁二年(121年),陈禅因对汉安帝在朝堂之上观看掸国艺人表演魔术加以批评,被"左转为玄菟候城障尉",汉安帝甚至下诏:"敢不之官,上妻子从者名。"陈禅赴任后,朝廷内部还多有官员对其加以告发。"会北匈奴入辽东,追拜禅辽东太守。胡惮其威强,退还数百里。禅不加兵,但使吏卒往晓慰之,单于随使还郡。禅于学行礼,为说道义以感化之。单于怀服,遗以胡中珍货而去。"④这可以说陈禅虽没有到任,但后来所任职的行政级别更高,在稳定边疆地区发挥了更大的作用。

在玄菟郡郡县制时期,汉文化不断东传这一地区。玄菟郡甚至因黄河流域的汉文化不断北传,出现了一批在当时颇有影响的文人。《后汉书》卷五十七《谢弼传》云:"建宁二年,诏举有道之士,弼与东海陈敦、玄菟公孙度俱对策,皆除郎中。"关于公孙度被举荐的过程,《魏志》曰:"公孙度字升济,本辽东襄平人。度父延,避吏居玄菟,任为郡吏。时玄菟太守公孙域子豹,年十八,早死,度少时名豹,又与域子同年,域见亲哀之,遗就师学,为娶妻。后举有道,除尚书郎,辽东太守。"⑤而公孙度在任辽东太守后也对文人关注有加,东汉末年黄河流域大乱,太原人王烈"乃避地辽东,夷人尊奉之。太守公孙度接以昆弟之礼"⑥。从公孙度本人及其对待士人的态度,可以看出这一地区社会与文化的迅速发展。

乐浪郡大体仍然维持西汉中后期的规模。东汉时期乐浪郡的地理概况,《后汉书志》卷二十三《郡国志五》云:"乐浪郡武帝置。洛阳东北五千里。十八城,户六万一千四百九十二,口二十五万七千五十。"下辖朝鲜、邯、浿水、含资、占蝉、遂城、增地、带方、驷望、海冥、列口、长岑、屯有、昭明、镂方、提奚、浑弥、乐都

---

①　《后汉书》卷五《孝安帝纪》。
②　《后汉书》卷六《孝顺帝纪》。
③　《后汉书》卷七《孝桓帝纪》。
④　《后汉书》卷五十一《陈禅传》。
⑤　《后汉书》卷八十一《独行传·王烈传》李贤注引。
⑥　《后汉书》卷八十一《独行传·王烈传》。

等。东汉建立后,乐浪郡人王调据郡不服,建武六年(30年)秋天,光武帝派遣"乐浪太守王遵击之,郡吏杀调降"。为了安抚民众,九月,光武帝又下诏"赦乐浪谋反大逆殊死已下"①,使东汉政权在乐浪郡实现了统治的稳定。关于此事的发生经过,《后汉书》卷七十六《循吏传·王景传》云:"(王)闳,为郡三老。更始败,土人王调杀郡守刘宪,自称大将军、乐浪太守。建武六年,光武遣太守王遵将兵击之。至辽东,闳与郡决曹史杨邑等共杀调迎遵,皆封为列侯,闳独让爵。"东汉统治者对乐浪郡的稳定也很关注,建武十年十月,"乐浪、上谷雨雹,伤稼"②。王符在批评东汉时期的厚葬之风时说:"今者京师贵戚,必欲江南檽梓豫章之木。边远下土,亦竞相放效。"结果是包括东到乐浪郡的民众都被迫为达官贵人选用棺木而加入到运输队伍中,达官贵人为了满足自己的私欲,"费力伤农于万里之地"③。虽然说王符在这里是指责奢侈风俗的,但由此也可以看出河洛地区与朝鲜半岛的乐浪郡在此时关系之密切。

《后汉书》卷八十五《东夷传》云:"自中兴之后,四夷来宾,虽时有乖畔,而使驿不绝,故国俗风土,可得略记。东夷率皆土著,喜饮酒歌舞,或冠弁衣锦,器用俎豆。所谓中国失礼,求之四夷者也。"从《东夷传》所记载的事实可以看出,从"冠弁衣锦,器用俎豆"多个层面都有黄河流域文化对周边地区的影响。而在朝鲜半岛活动的还有高句丽以及马韩、辰韩和弁韩。高句丽活动在横跨鸭绿江地域,三韩存在于朝鲜半岛的南部,在卫氏朝鲜和郡县制时期与大陆都保持着一定的联系。《三国志》卷三十《魏书·东夷传附韩传》云:"韩在带方之南,东西以海为限,南与倭接,方可四千里。有三种,一曰马韩,二曰辰韩,三曰弁韩。辰韩者,古之辰国也。马韩在西。"乐浪郡处在汉政权与三韩交往的重要位置,所以,史书中有许多三韩部落通过乐浪郡朝贡的记载。

我们首先来看高句丽与河洛地区的联系。汉武帝派遣大军灭卫氏朝鲜后,高句丽此后为玄菟郡属县,"武帝灭朝鲜,以高句骊为县,使属玄菟"。汉武帝"赐鼓吹伎人"。西汉末年,王莽篡位后,对周边少数民族地区采取欺瞒政策,

---

① 《后汉书》卷一下《光武帝纪》。
② 《后汉书志》卷十五《五行志三》。
③ 《后汉书》卷四十九《王符传》。

"其更名高句骊为下句骊,布告天下,令咸知焉"①,结果引起高句丽的反叛。《后汉书》卷八十五《东夷·高句骊传》云:"王莽初,发句骊兵以伐匈奴,其人不欲行,强迫遣之,皆亡出塞为寇盗。辽西大尹田谭追击,战死。莽令其将严尤击之,诱句骊侯驺入塞,斩之,传首长安。莽大说,更名高句骊王为下句骊侯,于是貊人寇边愈甚。"可见是王莽的民族政策导致了高句丽的反叛。因此,在刘秀建立东汉政权后,为了笼络包括高句丽在内的周边地区的政权,"驰使四夷,复其爵号"②。正因为采取了这一民族政策,随后在建武八年十二月,"高句骊遣使朝贡,光武复其王号"。建武二十三年十月,"高句丽率种人诣乐浪内属"。祭肜为了瓦解"匈奴、鲜卑及赤山乌桓连和强盛",建武二十五年,在朝廷的同意下,祭肜"乃使招呼鲜卑,示以财利。其大都护偏何遣使奉献,愿得归化,肜慰纳赏赐,稍复亲附。其异种满离、高句骊之属,遂骆驿款塞,上貂裘好马,帝辄倍其赏赐"。正因为祭肜的努力,沿边"胡夷皆来内附,野无风尘"③。高句丽内属东汉政府,建武二十七年,臧宫曾建议光武帝刘秀动员包括高句丽、乌桓、鲜卑在内的少数民族进攻匈奴,但被光武帝所拒绝。

汉和帝以后,随着朝廷内部内争的加剧,东汉朝廷与高句丽的关系呈现出复杂化的现象,影响了河洛文化的进一步东传。高句丽有时甚至进攻东北边境。和帝元兴元年(105年)春,高句丽王高宫进攻辽东六县,被辽东太守耿夔击退。安帝即位后,高句丽频繁朝贡。永初三年(109年)正月,"高句骊遣使贡献"。永初五年,高宫"遣使贡献,求属玄菟"。元初五年(118年)六月,高宫再次与涉貊进攻玄菟郡,攻华丽城(今朝鲜咸镜南道永兴一带)。到汉安帝建光元年,朝鲜半岛的小国进攻东汉东北部边境,"十二月,高句骊、马韩、涉貊围玄菟城,夫余王遣子与州郡并力讨破之"。次年即延光元年春二月,"夫余王遣子(尉仇台)将兵救玄菟,击高句骊、马韩、涉貊,破之,遂遣使贡献"。六月,高句骊降汉。④ 针对与高句丽的矛盾,东汉朝廷趁高宫死其子高遂成继位的机会,派遣使臣"吊问","因责让前罪,赦不加诛,取其后善"。其结果使"遂成还汉生口,诣玄菟

---

① 《汉书》卷九十九《王莽传中》。
② 《后汉书》卷十三《隗嚣传》。
③ 《后汉书》卷二十《祭遵传附从弟肜传》。
④ 《后汉书》卷五《孝安帝纪》。

降"。高遂成死后，高伯固继位。汉顺帝阳嘉元年，设置玄菟郡屯田六部。汉质帝和汉桓帝之际，高伯固"复犯辽东西安平，杀带方令，掠得乐浪太守妻子。建宁二年(169 年)，玄菟太守耿临讨之，斩首数百级，伯固降服，乞属玄菟云"①。从东汉王朝与朝鲜半岛高句丽的交往来看，双方关系呈现出复杂动荡的现象，既有和平交往，也有战争存续，而战争无疑不利于文化的交流。

三韩之中的辰韩，相传是黄河流域的秦人为躲避徭役而逃至朝鲜半岛所建立的政权。《后汉书》卷八十五《东夷·三韩传》云："辰韩，耆老自言秦之亡人，避苦役，适韩国，马韩割东界地与之。其名国为邦，弓为弧，贼为寇，行酒为行觞，相呼为徒，有似秦语，故或名之为秦韩。"本民族自称是秦人的后代，可能与从黄河流域迁移过去有关。这些称谓与河洛地区的称谓似无太大的区别。其官职似也传自汉朝，"诸小别邑，各有渠帅，大者名臣智，次有俭侧，次有樊祇，次有杀奚，次有邑借"②，社会等级结构日益明显。辰国国家机构最高统治者是国王，"其官有魏率善、邑君、归义侯、都尉、伯、长"③等官吏。朝鲜学者认为："从译成汉名的辰国官职可以知道，辰国有最高警察官(中郎将)和最高武官(都尉)，以及常备军队。"④辰韩的官僚制度受东汉影响之深刻显而易见。随着与河洛地区交往的加深，河洛地区的生产与生活方式也传到这一地区。史称辰韩"土地肥美，宜五谷。知蚕桑，作缣布。乘驾牛马。嫁娶以礼。行者让路"。光武帝时辰韩与东汉开始往来，"建武二十年，韩人廉斯人苏马谟等，诣乐浪贡献。光武封苏马谟为汉廉斯邑君，使属乐浪郡，四时朝谒"。东汉末年，"灵帝末，韩、濊并盛，郡县不能制，百姓苦乱，多流亡入韩者"⑤，又有一批河洛地区的汉人进入辰韩所控制的地区。三韩之中的弁辰与辰韩杂居，共有 24 小国，"土地肥美，宜种五谷及稻，晓蚕桑，作缣布，乘驾牛马。嫁娶礼俗，男女有别。以大鸟羽送死，其意欲使死者飞扬"⑥。其农业生产、风俗习惯同样受到河洛地区封建王朝的影响。

朝鲜学术界认为："据中国古代文献记载，早在公元一世纪初就有朝鲜人背

---

① 《后汉书》卷八十五《东夷·高句骊传》。
② 《后汉书》卷八十五《东夷·三韩传》。
③ 《三国志》卷三十《魏书·乌丸鲜卑东夷传》。
④ 朝鲜民主主义人民共和国科学院历史研究所《朝鲜通史》，吉林人民出版社，1973 年版，第 77 页。
⑤ 《后汉书》卷八十五《东夷·三韩传》。
⑥ 《三国志》卷三十《魏书·乌丸鲜卑东夷传》。

诵《诗经》、《书经》、《春秋》等中国的经书,这说明当时我国已有不少专学经书的学者。"①虽然无法肯定这些经书是由河洛地区传过去的,但至少表明东汉时期中国的儒学经典已传入朝鲜。创作于郡县制时期的汉文诗歌《箜篌引》就反映了汉文化传播朝鲜半岛后对这一地区的影响。相传为古朝鲜霍里子高妻丽玉所作,诗云:"公无渡河,公竟渡河。堕河而死,当奈公何!"《公无渡河》对于汉代以后的诗坛影响很大,李贺在他的诗中多次引用和提及这件事情。此外有关诗作有数十首之多。

由于受汉文化的影响,公元前后高句丽建国时中央内部官僚机构的设置借鉴汉王朝颇多。《后汉书》卷八十五《东夷传》云:"其置官,有相加、对卢、沛者、古邹大加、主簿、优台、使者、帛衣、先人。"其他的官号是否来自东汉王朝的影响,史书没有明文记载,但根据古邹大加类似汉朝的鸿胪之职推测,其他的官号应该也与汉朝的影响有关。国家最高统治者称王,中央设有十一个等级的官吏,"他们分管国家的一切行政事务。国家的重要刑罚,由大臣加以评议决定"②。《三国志》卷三十《魏书·东夷传附高句丽传》亦云:"其国有王,其官有相加、对卢、沛者、古雏加、主簿、优台丞、使者、皂衣、先人,尊卑各有等级。……其置官,有对卢则不置沛者,有沛者则不置对卢。王之宗族,其大加皆称古雏加。涓奴部本国主,今虽不为王,适统大人,得称古雏加,亦得立宗庙,祠灵星、社稷。绝奴部世与王婚,加古雏之号。诸大加亦自置使者、皂衣、先人,名皆达于王,如卿大夫之家臣,会同坐起,不得与王家使者、皂衣、先人同列。"政权机构的这种构成既有汉文化的影响,也有高句丽部落的残余。其服饰受河洛地区影响亦见诸记载,"其公会衣服皆锦绣,金银以自饰。大加、主簿皆著帻,如冠帻而无后。其小加著折风,形如弁。"河洛地区封建王朝的厚葬之风在这里也能找到蛛丝马迹,"金银财币尽于厚葬,积石为封,亦种松柏"。

秦汉时期,随着黄河流域渐趋稳定和社会经济的发展,河洛地区的对外影响也逐步扩大。而朝鲜半岛在经历了箕子朝鲜末期的衰退之后,卫氏朝鲜时代虽然只有八十余年,但正是汉文化对这里影响加快的时期。到汉武帝灭卫右渠以

---

① 朝鲜民主主义人民共和国科学院历史研究所:《朝鲜通史》吉林人民出版社1973年版第81页。

② 朝鲜民主主义人民共和国科学院历史研究所:《朝鲜通史》,吉林人民出版社1973年版,第99页。

后,郡县制在这里建立,形成了汉文化全面传入的时期,促使了朝鲜半岛的快速向前发展。

第二章　河洛地区与朝鲜半岛三国的交往

　　魏晋南北朝时期黄河流域战乱不息,远在东北以外的朝鲜半岛与建都河洛地区的封建王朝的交往关系也是时断时续。而在这一时期朝鲜半岛上也是小国林立,经过兼并,朝鲜半岛形成了高句丽、百济、新罗三国鼎立的局面。魏晋十六国北朝时期河洛地区与朝鲜半岛诸国的关系就以此展开。

一、高句丽与河洛地区的关系

　　高句丽本来是在辽东一带立国,它由涉貊族的一个分支形成的。汉武帝设四郡后,高句丽归玄菟郡管辖。公元前 37 年,部族首领高朱蒙在纥升骨城(今辽宁桓仁)定都称王,国号高句丽,仍归高句丽县管辖。

　　关于高句丽起源的传说在中国古籍中有不少的记载,大体反映了高句丽在文化意义上受中国神话影响的历史。为了更好地研究这一问题,我们将史书中有关材料胪列如下。《魏书》卷一百《高句丽传》云:

　　　高句丽者,出于夫余,自言先祖朱蒙。朱蒙母河伯女,为夫余王闭于室中,为日所照,引身避之,日影又逐。既而有孕,生一卵,大如五升。夫余王弃之与犬,犬不食。弃之与豕,豕又不食。弃之于路,牛马避之。后弃之野,众鸟以毛茹之。夫余王割剖之,不能破,遂还其母。其母以物裹之,置于暖处,有一男破壳而出。及其长也,字之曰朱蒙,其俗言"朱蒙"者,善射也。

《隋书》卷八十一《东夷传·高丽传》云：

> 高丽之先，出自夫余。夫余王尝得河伯女，因闭于室内，为日光随而照
> 之，感而遂孕，生一大卵，有一男子破壳而出，名曰朱蒙。

除了上述两书有所记载外，在《周书》、《北史》等相关中国古籍以及朝鲜的史籍《三国史记》、《三国遗事》、《朝鲜实录》中都有类似的记载。考察高句丽先祖的传说，与中国商周先祖诞生的传说有许多类似的地方，如商朝先祖契的诞生，《史记》卷二《殷本纪》云："殷契，母曰简狄，有娀氏之女，为帝喾次妃。三人行浴，见玄鸟堕其卵，简狄取吞之，因孕生契。"周人的祖先后稷的诞生也是这样，《史记》卷四《周本纪》云："周后稷，名弃。其母有邰氏女，曰姜原。姜原为帝喾元妃。姜原出野，见巨人迹，心忻然说，欲践之，践之而身动如孕者。居期而生子，以为不祥，弃之隘巷，马牛过者皆辟不践；徙置之林中，适会山林多人，迁之；而弃渠中冰上，飞鸟以其翼覆荐之。姜原以为神，遂收养长之。"这类传说在东方民族中有许多，如秦人的祖先也是如此："秦之先，帝颛顼之苗裔孙曰女脩。女脩织，玄鸟陨卵，女脩吞之，生子大业。"①对于这类史书记载的现象，范文澜先生指出："卵生的神话，在东方诸族中分布很广。如秦（嬴姓，伯益后裔，周孝王时封于秦）祖先女脩吞燕卵生子大业，清朝祖先布库里雍顺，说是天女佛库伦吞神雀的红果所生。大概卵生是东方诸族流行的神话，居住东方的黄帝族，也有同类的神话。"②由此而论，高句丽祖先卵生的神话传说很明显是受黄河流域流传已久的神话传说影响的结果。

朱蒙所代表的高句丽部族在夫余部落内部的发展壮大的过程，也经历了极为艰辛的过程。《魏书》卷一百《高句丽传》云："夫余人以朱蒙非人所生，将有异志，请除之，王不听，命之养马。朱蒙每私试，知有善恶，骏者减食令瘦，驽者善养令肥。夫余王以肥者自乘，以瘦者给朱蒙。后狩于田，以朱蒙善射，限之一矢。

---

① 《史记》卷五《秦本纪》。
② 范文澜：《中国通史》（第一册），人民出版社1994年10月第1版，第37—38页。

朱蒙虽矢少,殪兽甚多。夫余之臣又谋杀之。朱蒙母阴知,告朱蒙曰:'国将害汝,以汝才略,宜远适四方。'朱蒙乃与乌引、乌违等二人,弃夫余,东南走。中道遇一大水,欲济无梁,夫余人追之甚急。朱蒙告水曰:'我是日子,河伯外孙,今日逃走,追兵垂及,如何得济?'于是鱼鳖并浮,为之成桥,朱蒙得渡,鱼鳖乃解,追骑不得渡。朱蒙遂至普述水,遇见三人,其一人著麻衣,一人著纳衣,一人著水藻衣,与朱蒙至纥升骨城,遂居焉,号曰高句丽,因以为氏焉。"这一仍有神话传说的因素正反映了朱蒙在夫余部落内部生存的状况。从这一传说我们还可以看出,高句丽部族形成的历史也正如中国古代许多部族形成的历史那样:由大的部族中分化出来。

公元 3 年,高句丽琉璃明王类利"迁都于国内城,筑尉那岩城"。此时高句丽还保留着浓厚的部落联盟色彩。从第六世太祖大王高宫(53—146 年)起,王位世袭得到确立,王权得到加强,国家体制初具规模。国内城现处集安市区之中,平面略呈方形,东墙长 558 米,西墙长 699 米,南墙长 749 米,北墙长 735 米,周长 2741 米。现存墙体中,既有高句丽时期的原墙体,也有后世修葺的墙体,两者相互混杂,但依迹象仍可辨识。① 都城的建立标志着高句丽的社会制度已经从部落联盟制进入到国家阶段,而这与西汉至东汉前期黄河流域汉文化的影响是紧密相连的。

关于高句丽的自然状况,《三国志》卷三十《魏书·东夷传附高句丽传》云:"高句丽在辽东之东千里,南与朝鲜、涉貊,东与沃沮,北与夫馀接。都于丸都之下,方可二千里,户三万。多大山深谷,无原泽。随山谷以为居,食涧水。无良田,虽力佃作,不足以实口腹。"从《三国志》所记载的材料来看高句丽的自然环境以山地为主,可供耕作的土地很少。丸都城是都城,丸都山城位于吉林省集安市北 2.5 公里处的高山上,雄踞于长白山余脉老岭山脉的峰峦之间。公元 3 年,高句丽迁都国内城后,为加强防卫,又于城北修筑了尉那岩城(今吉林集安)。建安二年(197 年)公孙氏政权与高句丽作战,高句丽溃败,国内城被毁。建安三年(198 年)高句丽的山上王加固扩建尉那岩城,修筑大型宫殿,尉那岩始称丸

---

① 宋玉彬:《国内城——历时最长的平原王城》,《中国文化遗产》,2004 年第 2 期。

都。209年山上王移都于丸都城。① 高句丽频繁迁都的历史也说明其社会发展的状况。

由于处在从部落联盟向国家过渡的阶段，所以高句丽既保留有部落联盟的痕迹，又出现了国家的雏形。"其国有王，其官有相加、对卢、沛者、古雏加、主簿、优台丞、使者、皂衣先人，尊卑各有等级"，显现出国家机构中官员的称谓。"本有五族，有涓奴部、绝奴部、顺奴部、灌奴部、桂娄部。本涓奴部为王，稍微弱，今桂娄部代之"②，显示出部落联盟尚有很大的实力。正因为部落联盟的力量，国家机构中官员的设置并不完善，"置官，有对卢则不置沛者，有沛者则不置对卢。王之宗族，其大加皆称古雏加。涓奴部本国主，今虽不为王，适统大人，得称古雏加，亦得立宗庙，祠灵星、社稷。绝奴部世与王婚，加古雏之号。诸大加亦自置使者、皂衣先人，名皆达于王，如卿大夫之家臣，会同坐起，不得与王家使者、皂衣先人同列"。这正说明在政权建构中杂糅进了部落的力量。部落联盟大会仍然在每年举行，"以十月祭天，国中大会，名曰东盟。其公会，衣服皆锦绣金银以自饰。大加主簿头著帻，如帻而无余，其小加著折风，形如弁"。多神崇拜在高句丽颇为盛行，"祭鬼神，又祀灵星、社稷"。还有隧神，"其国东有大穴，名隧穴，十月国中大会，迎隧神还于国东上祭之，置木隧于神坐"。多神崇拜显现出社会信仰的多样化和社会发展的初始性。社会等级观念也已经形成，"其国中大家不佃作，坐食者万余口，下户远担米粮鱼盐供给之"。其婚姻状况呈现出"从妇居"的现象。"其俗作婚姻，言语已定，女家作小屋于大屋后，名婿屋，婿暮至女家户外，自名跪拜，乞得就女宿，如是者再三，女父母乃听使就小屋中宿，傍顿钱帛，至生子已长大，乃将妇归家。其俗淫。男女已嫁娶，便稍作送终之衣。"从高句丽的社会概况可以看出高句丽社会发展的滞后性。而此后其所取得一系列的进步与河洛地区的封建王朝的影响有着密切的联系。

《通典》卷一百八十五《边防一·朝鲜》云："高丽本朝鲜地，汉武置县，属乐浪郡，时甚微弱。后汉以后，累代皆受中国封爵，所都平壤城，则故朝鲜国王险城也。"东汉王朝建立后，高句骊与东汉王朝建立起了密切的关系。建武八年（32

---

① 金旭东：《丸都山城——因战争兴废的防御性都城》，《中国文化遗产》，2004年第2期。

② 《三国志》卷三十《魏书·东夷传附高句丽传》。

年),"高句骊遣使朝贡,光武复其王号"。《三国史记》卷十四《高句丽本纪第二·太武神王纪》"十五年"条云:"十二月,立王子解忧为太子。遣使入汉朝贡。光武帝复其王号,是建武八年也。"这说明在东汉王朝政权基本稳定后,就与高句丽建立起往来朝贡关系。建武二十三年(47年)冬,"句骊蚕支落大加戴升等万余口诣乐浪内属"。建武二十五(49年)年春,"句骊寇右北平、渔阳、上谷、太原,而辽东太守祭肜以恩信招之,皆复款塞"①。到建武三十一年(55年)春二月,高宫"筑辽西十城,以备汉兵"②。东汉中后期开始,随着高句丽社会的变革,其政权有了更多的向外进攻性,不断骚扰与其毗邻的辽东地区。汉和帝元兴元年(105年)春,高宫"复入辽东,寇略六县,太守耿夔击破之,斩其渠帅"③。汉安帝永初三年(109年)春正月,高宫"遣使入汉,贺安帝加元服"④。五年,"(高)宫遣使贡献,求属玄菟"。到了元初五年(118年)六月,"(高宫)复与涉貊寇玄菟,攻华丽城"。汉安帝末年,高宫势力更加膨胀,频繁进攻辽东地区,其经过之惨烈表明高句丽已经成为东汉王朝在东北地区的大患。《后汉书》卷八十五《东夷传·高句骊传》云:

> 建光元年春,幽州刺史冯焕、玄菟太守姚光、辽东太守蔡讽等将兵出塞击之,捕斩涉貊渠帅,获兵马财物。宫乃遣嗣子遂成将二千余人逆光等,遣使诈降。光等信之,遂成因据险阸以遮大军,而潜遣三千人攻玄菟、辽东,焚城郭,杀伤二千余人。于是发广阳、渔阳、右北平、涿郡属国三千余骑同救之,而貊人已去。夏,复与辽东鲜卑八千余人攻辽队,杀掠吏人。蔡讽等追击于新昌,战殁,功曹耿耗、兵曹掾龙端、兵马掾公孙酺以身扞讽,俱没于陈,死者百余人。秋,宫遂率马韩、涉貊数千骑围玄菟。夫余王遣子尉仇台将二万余人,与州郡并力讨破之,斩首五百余级。⑤

---

① 《后汉书》卷八十五《东夷传·高句骊传》。《三国史记》卷十四《高句丽本纪第二·慕本王纪》"二年"条云:"春,遣将袭汉北平、渔阳、上谷、太原。而辽东太守祭肜以恩信待之,乃复和亲。"
② 《三国史记》卷十五《高句丽本纪第三·太祖大王纪》。
③ 《后汉书》卷八十五《东夷传·高句骊传》。
④ 《三国史记》卷十五《高句丽本纪第三·太祖大王纪》。
⑤ 《三国志》卷三十《魏书·东夷传附高句丽传》云:"至殇、安之间,句丽王宫数寇辽东,更属玄菟。辽东太守蔡风、玄菟太守姚光以宫为二郡害,兴师伐之。宫诈降请和,二郡不进。宫密遣军攻玄菟,焚烧候城,入辽隧,杀吏民。后宫复犯辽东,蔡风轻将吏士追讨之,军败没。"

　　高宫的实力已经达到可以与东汉政府相抗衡的地步,东汉政府依赖夫余才完成了攻破高宫军队的战略目标。本初元年(146年)八月,高宫派遣军队"袭汉辽东西安平县,杀带方令,掠得乐浪太守妻子"①。到了十二月,高宫让位于其弟遂成。次年,"遂成还汉生口,诣玄菟降"。延熹八年(165年)遂成死后,其子伯固在位期间,"复犯辽东,寇新安、居乡,又攻西安平,于道上杀带方令,略得乐浪太守妻子",时当汉顺帝至汉桓帝之间。面对高句丽的频繁进攻,汉灵帝时玄菟太守耿临对高句丽采取了强力进攻的措施。建宁二年(169年),玄菟太守耿临率军进攻伯固,"斩首虏数百级,伯固降,属辽东"。到了熹平年间,"伯固乞属玄菟。公孙度之雄海东也,伯固遣大加优居、主簿然人等助度击富山贼,破之"。可见到汉末高句丽在位期间与公孙氏的关系初时较为和睦。《三国史记》卷十五《高句丽本纪第四·山上王纪》记载,建安二年(197年),"中国大乱,汉人避乱来投者甚多"。建安二十二年(217年)秋八月,"汉平州人夏瑶以百姓一千余家来投,王纳之,安置栅城"。这说明在东汉末年黄河流域陷于战乱之时,民众外逃朝鲜半岛者颇多。

　　汉末魏初,河洛地区战乱不息,对高句丽所控制的地区力量减弱,高句丽乘机扩张,西逾辽水,东南则越过鸭绿水,经略朝鲜半岛北部。高宫死后,其长子拔奇因为不屑,国人立小子伊夷模为王,拔奇因未被立为王,"与涓奴加各将下户三万余口诣(公孙)康降,还住沸流水"。在伯固时期投降的五百家"亡胡"也脱离伊夷模,伊夷模乃建新国。伊夷模与灌奴部女子生子位宫继位。曹魏青龙二年(高句丽东川王八年,234年),"魏遣使和亲"。景初元年(东川王十一年,237年),"遣使如魏,贺改年号,是景初元年也"②。"景初二年(238年),太尉司马宣王率众讨公孙渊,宫遣主簿大加将数千人助军。正始三年(242年),宫寇西安平,其五年(244年),为幽州刺史毌丘俭所破。"③正始七年(246年)春二月,"幽州刺史毌丘俭讨高句骊,夏五月,讨涉貊,皆破之。韩那奚等数十国各率种落

①　《三国史记》卷十五《高句丽本纪第三·太祖大王纪》。
②　《三国史记》卷十七《高句丽本纪·东川王纪》。
③　《三国志》卷三十《魏书·东夷传附高句丽传》。

降"①。《三国史记》卷十七《高句丽本纪·东川王纪》记载,东川王位居(即《三国志》中所云位宫)二十年(246年)八月,"魏遣幽州刺史毌丘俭,将万人,出玄菟来侵。王将步骑二万人,逆战于沸流水上,败之,斩首三千余级。又引兵再战于梁貊之谷,又败之,战火三千余人"。后来,东川王因为轻敌,率领五千骑兵,与毌丘俭作战,"俭为方阵,决死而战,我军大溃,死者一万八千余人。王以一千余骑,奔鸭渌原"。到了十月,毌丘俭攻陷丸都城,"屠句骊所都,斩获首虏以千数"。毌丘俭还派遣玄菟太守王颀追击位宫,"过沃沮千有余里,至肃慎氏南界,刻石纪功,刊丸都之山,铭不耐之城"。《括地志》云:"不耐城即国内城也,城累石为之,此即丸都山与国内城相接。"因丸都城被毁,正始八年(247年),位宫建平壤城,并将民众迁移于此,建立新都。毌丘俭将俘获的高句丽民众迁徙到荥阳境内安置,"荥阳句骊本居辽东塞外,正始中,幽州刺史毌丘俭伐其叛者,徙其余种。始徙之时,户落百数,子孙孳息,今以千计,数世之后,必至殷炽"②。曹魏正始年间,毌丘俭将俘获的高句丽俘虏安顿在荥阳,从刚迁时的百余户到后来达到以千计,说明高句丽的遗民在内地发展之快,随着他们的到来,必然带来其社会生活习俗。与此同时,在汉族的影响下,其社会经济发展迅速。晋惠帝元康三年(293年)八月,慕容廆进攻高句丽,其烽上王相夫逃往新城,慕容廆率军追击,"时新城宰北部小兄高奴子领五百骑迎王,逢贼奋击之,(慕容)廆军败退"。次年八月,慕容廆又进攻高句丽,为了抵抗慕容廆的进攻,烽上王相夫任命高奴子为新城太守。因高奴子"善政有威声,慕容廆不复来寇"③。

两晋南北时期,高句丽与黄河流域封建政权关系较为复杂,既与长江流域的汉族政权保持朝贡关系,也与黄河流域的少数民族所建立的政权加强联系。晋元帝大兴二年(319年)十二月,"鲜卑慕容廆袭辽东,东夷校尉、平州刺史崔毖奔高句骊"④。在晋成帝咸康二年(336年)二月、晋康帝建元元年(343年)十二月、晋安帝义熙九年(413年)先后到东晋的都城朝贡。及至南朝时期,高句丽与南朝的交往更为频繁,因不属于本课题的论述范围,略而不论。⑤

① 《三国志》卷三《魏书·齐王芳纪》。
② 《晋书》卷五十六《江统传》。
③ 《三国史记》卷十七《高句丽本纪·烽上王纪》。
④ 《晋书》卷六《元帝纪》。
⑤ 薛瑞泽:《南北朝时期与朝鲜半岛诸国的交往》,《吉林师范大学学报》,2005年第5期。

　　十六国时期,黄河流域大乱,但少数民族所建立的政权对高句丽仍然有一定的影响,不时有使节朝贡的记载见诸史书。大兴初年(318 年),平州刺史、东夷校尉崔毖"乃阴结高句丽及宇文、段国等,谋灭(慕容)廆以分其地",被慕容廆所离间,"(崔)毖与数十骑弃家室奔于高句丽"。逃到高句丽后,崔毖又于次年鼓动"高句丽寇辽东",再次被打败。① 咸和五年(330 年)石勒改元建平,这一年"时高句丽、肃慎致其楛矢"。在建都邺城后,又"以成周土中,汉晋旧京,复欲有移都之意,乃命洛阳为南都,置行台治书侍御史于洛阳",并且"因飨高句丽、宇文屋孤使"②。从上述材料可以看出石勒国力的强盛是吸引高句丽朝贡的重要原因。咸康三年(337 年)石虎称大赵天王,为了讨伐昌黎之鲜卑,石虎"遣渡辽曹伏将青州之众渡海,戍蹋顿城,无水而还,因戍于海岛,运谷三百万斛以给之。又以船三百艘运谷三十万斛诣高句丽,使典农中郎将王典率众万余屯田于海滨。又令青州造船千艘。使石宣率步骑二万击朔方鲜卑斛摩头破之,斩首四万余级"③。石虎此举是为了利用高句丽以减轻进攻鲜卑的压力。

　　咸康三年(337 年)慕容皝称燕王,"其年皝伐高句丽,王钊乞盟而还。明年,钊遣其世子朝于皝"。"咸康七年(341 年),皝迁都龙城。率劲卒四万,入自南陕,以伐宇文、高句丽,又使翰及子垂为前锋,遣长史王寓等勒众万五千,从北置而进。高句丽王钊谓皝军之从北路也,乃遣其弟武统精锐五万距北置,躬率弱卒以防南陕。翰与钊战于木底,大败之,乘胜遂入丸都,钊单马而遁。皝掘钊父利墓,载其尸并其母妻珍宝,掠男女五万余口,焚其宫室,毁丸都而归。明年(342 年),钊遣使称臣于皝,贡其方物,乃归其父尸。"慕容皝记室参军封裕为他分析当时的形势时说:"殿下以英圣之资,克广先业,南摧强赵,东灭句丽,开境三千,户增十万,继武阐广之功,有高西伯……句丽、百济及宇文、段部之人,皆兵势所徙,非如中国慕义而至,咸有思归之心。今户垂十万,狭凑都城,恐方将为国家深害,宜分其兄弟宗属,徙十四境诸城,抚之以恩,检之以法,使不得散在居人,知国之虚实。"慕容皝对封裕的建议赞赏有加。随后,"慕容恪攻高句丽南苏,克之,置戍而还。三年,遣其世子俊与恪率骑万七千东袭夫余,克之,虏其王及部众五

---

① 《晋书》卷一百八《慕容廆载记》。
② 《晋书》卷一百五《石勒载记下》。
③ 《晋书》卷一百六《石季龙载记上》。

万余口以还"①,通过不断地军事进攻在朝鲜半岛建立起威信。如慕容翰"作镇辽东,高句丽不敢为寇"。慕容恪"从皝征伐,临机多奇策。使镇辽东,甚有威惠,高句丽惮之,不敢为寇"②。东晋永和十一年(355年)十二月,"高句丽王钊遣使谢恩,贡其方物。儁以钊为营州诸军事、征东大将军、营州刺史,封乐浪公,王如故"③。苻坚在进攻慕容暐的都城和龙时,"散骑侍郎徐蔚等率扶余、高句丽及上党质子五百余人,夜开城门以纳坚军"④。这说明和龙城内有高句丽等附庸国的质子。慕容氏的残部慕容评"奔于高句丽,(郭)庆追至辽海,句丽缚评送之"⑤。前秦政权建立后,高句丽对前秦政权也是尽心归附,如苻洛反叛时,曾经派人到鲜卑、乌丸、高句丽、百济及薛罗、休忍等国征兵,但诸国"并不从"⑥。这表明黄河流域活动的少数民族也对高句丽产生了深远的影响。小兽林王丘夫二年(372年)六月,前秦苻坚"遣使及浮屠顺道送佛像、经文"。这是佛教传入高句丽的开始。高句丽国王也"遣使回谢,以供方物"。小林兽王还借此机会"立太学,教育子弟"。小兽林王五年二月,"始创肖门寺。以置顺道。又创伊弗兰寺,以置阿道。此海东佛法之始"⑦。从此后佛教开始在高句丽社会各阶层传播开来。在高句丽王安在位时,因"事燕礼慢",隆安四年(400年)二月,"燕王盛自将兵三万袭之,以骠骑大将国熙为前锋,拔新城、南苏二城,开境七百余里,徙

---

① 《晋书》卷一百九《慕容皝载记》。
② 《晋书》卷一百十一《慕容暐载记附慕容恪载记》。
③ 《晋书》卷一百十《慕容儁载记》。
④ 《晋书》卷一百十一《慕容暐载记》。
⑤ 《晋书》卷一百十三《苻坚载记上》。
⑥ 《晋书》卷一百十三《苻坚载记上》。
⑦ 《三国史记》卷十八《高句丽本纪第六·小兽林王纪》。《海东高僧传》卷一《释顺道传》云:"高句丽第十七解味留王(或云小兽林王)二年壬申夏六月,秦苻坚发使及浮屠顺道,送佛像经文。于是君臣以会遇之礼,奉迎于省门,投诚敬信,感庆流行。寻遣使回谢,以贡方物。……师既来异国,传西域之慈灯,悬东晼之慧日,示以因果,诱以祸福,兰薰雾润,渐渍成习。然世质民淳,不知所以裁之,师虽蕴深解广,未多宣畅。自摩腾入后汉,至此二百余年。后四年,神僧阿道至自魏(存古文),始创省门寺,以置顺道。记云以省门为寺,今兴国寺是也,后讹写为肖门。又创伊弗兰寺,以置阿道,古记云兴福寺也。此海东佛教之始。"这是佛教在高句丽传播的又一种记载。又《释昙始传》云:"以晋大元末年赍持经律数十部,往化辽东,乘机宣化,显授三乘,立以归戒。《梁僧传》以此为高句丽开法之始。时当开土王五年,新罗奈勿王四十一年,百济阿莘王五年。而秦苻坚送经像后二十五年也。"时间为公元396年。《三国遗事》卷三《兴法·顺道肇丽》云:"《僧传》作二道来自魏云者误矣,实自前秦而来。"

五千余户而还"①。综观十六国时期高句丽与黄河流域诸少数民族政权的关系，可以得出如下历史结论：当北方少数民族政权势力强大之时，高句丽以其弱小之势尚不敢对北方政权采取攻势，而当少数民族政权处于弱势之时，高句丽凭借其进退自如的气势，对黄河流域的少数民族政权不断骚扰，从而造成了北方地区的社会更加动荡不定。4世纪至5世纪初，高句丽先后占据乐浪、玄菟、辽东等郡，建成地跨今天中朝两国界河两岸幅员辽阔的奴隶制国家。

北魏统一北方后，高句丽西进受阻，427年高句丽迁都平壤，与半岛南部的百济、新罗成鼎足之势。北魏时期，高句丽与黄河流域关系密切，朝贡69次。道武帝时期，北魏与高句丽开始发生联系。天兴元年（398年）正月，道武帝"徙山东六州民吏及徒何、高丽杂夷三十六万，百工伎巧十万余口，以充京师"②。这是为了增加京师人口而采取的一项移民措施，也是北魏历史上规模较大的一次移民。太武帝太延年间，高句丽向北魏朝贡4次。《魏书》卷一百《高句丽传》云：

> 世祖时，钊曾孙琏始遣使者安东奉表贡方物，并请国讳。世祖嘉其诚款，诏下帝系名讳于其国，遣员外散骑侍郎李敖拜琏为都督辽海诸军事、征东将军、领护东夷中郎将、辽东郡开国公、高句丽王。敖至其所居平壤城，访其方事。……后贡使相寻，岁致黄金二百斤，白银四百斤。

从高琏询问"国讳"到北魏派使节李敖拜封高琏为高句丽王，乃至以后的每年贡黄金、白银来看，说明高句丽深受河洛文化的影响和对北魏王朝的认同。除了李敖到平壤城"访其方事"外，高祐也曾以假散骑常侍、平东将军的身份"使高丽"③。贡献和信使往来不断，加深了二者关系的融洽。高句丽虽然归顺北魏王朝，但当其国家利益受到威胁时，则不惜与北魏交恶。太武帝时期，北魏与高句丽之间因为北燕冯文通的原因，几乎兵戎相见。

随着北魏逐步统一北方地区，建都龙城（今辽宁锦州市东北）的北燕成为北

---

① 《资治通鉴》卷一百一十一《晋纪三十三》。《三国史记》卷十八《高句丽本纪·广土开王纪》云："（九年）二月，燕王盛以我王礼慢，自将兵三万袭之。以骠骑大将军慕容熙为前锋，拔新城、南苏二城，拓地七百余里，徙五千余户而还。"
② 《魏书》卷二《太祖纪》。
③ 《魏书》卷五十七《高祐列传》。

魏统一道路上的障碍。为了消除来自北燕的军事威胁,延和元年(432 年),太武帝率领大军讨伐冯文通。当时,营丘、辽东、成周、乐浪、带方、玄菟等郡的北燕将领都投降了北魏,北魏将三万余户迁到幽州,使冯文通独居孤城。冯文通的儿子冯崇、冯朗、冯邈相继投降,冯文通又失凡城,在此窘况下,"文通遣其尚书高颙请罪,乞以季女充掖庭"。太武帝令其送女,冯文通却出尔反尔,并杀掉了劝谏的刘训。于是,太武帝决定讨伐冯文通。太延二年(436 年)二月,太武帝"遣使者十余辈诣高丽、东夷诸国,诏谕之",告诫高句丽将对北燕采取军事行动。三月,太武帝派遣"平东将军娥清、安西将军古弼,率精骑一万讨冯文通,平州刺史元婴又率辽西将军会之"①。此外,乐平王拓跋丕也率领大军参战。面对北魏大军压境,冯文通"且欲东次高丽,以图后举",其大臣阳岷认为"高丽夷狄,难以信期,始虽相亲,终恐为变"。冯文通没有采纳他的建议,秘密求助于高句丽,"高丽遣将葛卢等率众迎之,入和龙城,脱其弊褐,取文通精仗以赋其众。文通乃拥其城内士女入于高丽","文通之奔也,令妇人被甲居中,其精卒及高丽陈兵于外"。因古弼醉酒,其大将准备率领军队进攻时,古弼加以制止,使冯文通得以逃脱,太武帝闻之大怒,将古弼召回,贬为广夏门卒。② 娥清也"以不急战",被"槛车征,黜为门卒"③。是年五月,太武帝"诏散骑常侍封拨使高丽,征送文通"。然而高句丽"不送文通,遣使奉表,称当与文通俱奉王化",太武帝本来打算进攻高句丽,后来采纳拓跋丕计而止。④ 拓跋丕"以为和龙新定,宜优复之,使广修农殖,以饶军实,然后进图,可一举而灭"⑤。冯文通并没有受到高句丽的礼遇,高句丽先将其安置在平郭,不久又迁到北丰。寄人篱下的冯文通依然故我,"政刑赏罚,犹如其国"。高句丽"乃夺其侍人,质任王仁"。冯文通心怀怨愤,"谋将南奔"。适逢北魏太武帝"又征文通于高丽,高丽乃杀之于北丰,子孙同时死者十余人"⑥。高句丽收留冯文通的目的是为了与北魏僵持时有一个砝码,然而,冯文通在高句丽的作为仍然不失其原有的气势,终于落得被杀的下场。

----

① 《魏书》卷四上《世祖纪上》。
② 《魏书》卷二十八《古弼传》。
③ 《魏书》卷三十《娥清传》。
④ 《魏书》卷四上《世祖纪上》。
⑤ 《魏书》卷十七《乐平王丕传》。
⑥ 《魏书》卷九十七《海夷冯跋传附弟文通传》。

冯文通死后,北魏和高句丽的关系有所缓和,高句丽与北魏的朝贡关系继续维持下去。文成帝时高句丽两次朝贡,献文帝时高句丽 5 次朝贡。献文帝即位之初(466 年),文明太后令高琏纳女献文帝后宫,"乃遣安乐王真、尚书李敷等至境送币",高琏因为听信谗言,"遂上书妄称女死",不再送女。北魏又派遣假散骑常侍程骏"持节如高丽迎女",程骏到高句丽以后,处境艰难,"骏与琏往复经年,责琏以义方,琏不胜其忿,遂断骏从者酒食。琏欲逼辱之,惮而不敢害"①。因与北魏结怨在先,高琏犹豫再三,他对程骏说:"若天子恕其前愆,谨当奉诏。"献文帝死后,此事不了了之。② 这也反映了高句丽与北魏关系虽然表面融洽,但隔阂依然存在。然而,献文帝时,高句丽仍然频繁朝贡,几乎每年都派遣使节入魏朝贡。

孝文帝时期北魏社会发生了很大的变化,特别是孝文帝迁都洛阳后,北魏实现社会形态的变革,从而引起社会经济快速发展、文化繁荣的局面,对外的影响也越来越大。在这种环境下,周边地区的国家和地区不断地派遣使臣到洛阳朝贡。高句丽作为东北边陲的国家,也频繁派遣使节到洛阳朝贡,所以说孝文帝时期是高句丽朝贡的高潮时期,也是二者关系较为融洽的时期,史称高琏"贡献倍前,其报赐亦稍加焉",从承明元年开始,共朝贡了 36 次,有许多年份是一年三次朝贡。因为高琏对于北魏王朝表面很尊重,所以太和十五年高琏死后,"高祖举哀于东郊",并下诏褒扬。③ 还派遣谒者仆射李安为使节赠高琏以谥号和拜高云为高句丽王,"自此岁常贡献"。北魏也多次派遣使臣出使高句丽。孝文帝初年,李佐"衔命使高丽",因"奉使称旨",归朝后,"拜常山太守,赐爵真定子"④。太和初年,张仲虑曾担任高句丽副使、高句丽使等职,出使高句丽。⑤ 杜洪太因

① 《魏书》卷六十《程骏列传》。
② 《三国史记》卷十八《高句丽本纪第六·长寿王纪》记载,长寿王巨连(一作琏)五十四年(466年),"春三月,遣使入魏朝贡。魏文明太后以显祖六宫未备,教王令荐其女。王奉表云:'女已出嫁,求以弟女应之。'许焉。乃遣安乐王真、尚书李敷等,至境送币。或劝王曰:'魏昔与燕婚姻,既而伐之,由行人具知其夷险故也。殷鉴不远,宜以方便辞之。'王遂上书,称女死。魏疑其矫诈,又遣假散骑常侍程骏切责之,若女审死者,听更选宗淑。王云:'若天子恕其前愆,谨当奉诏。'会显祖崩,乃止。"
③ 《魏书》卷一百八之三《礼志三》。
④ 《魏书》卷三十九《李宝传附子佐传》。
⑤ 《魏书》卷八十四《儒林传·张伟传》。

出使高句丽有功,回朝后"除安远将军、下邳太守,转梁郡太守"①。使节有辱使命也会受到惩处,员外常侍房亮出使高句丽,"高丽王托疾不拜",朝廷"以亮辱命,坐白衣守郎中"②。可见虽然北魏与高句丽有着密切的关系,但并未将其作为可信赖的盟友来对待。

宣武帝即位后,北魏王朝继续保持着强盛的发展势头,北魏与高句丽的关系仍然较为复杂,高句丽对北魏王朝虽然有朝贡 19 次的记载,北魏使节也频频出使高句丽,但有时高句丽凭借其距离北魏统治核心区域偏远的便利,与北魏王朝分庭抗礼。封轨在出使高句丽时以大义为重,受到宣武帝的嘉奖。高云自恃偏远,"称疾不亲受诏",封轨"喻以大义",使高云"北面受诏"。还对辗转被高句丽掠走的六十余口边民,"移书征之",迫使高云"悉资给遣还",官员赞扬说"远使绝域,不辱朝命,权宜晓慰,边民来苏,宜加爵赏",宣武帝下诏:"权宜征口,使人常体,但光扬有称,宜赏一阶。"③可见北魏王朝作为河洛地区封建政权正统的代表,已经将东北边域的高句丽看作附属的国家,通过各种方式促使其朝贡。特别值得提及的是正始元年四月,高句丽派遣使节朝贡,宣武帝授予文咨明王高云拥有征讨的权力。《魏书》卷一百《高句丽传》云:

> 正始中,世宗于东堂引见其使芮悉弗,悉弗进曰:"高丽系诚天极,累叶纯诚,地产土毛,无愆王贡。但黄金出自夫余,珂则涉罗所产。今夫余为勿吉所逐,涉罗为百济所并,国王臣云惟继绝之义,悉迁于境内。二品所以不登王府,实两贼是为。"世宗曰:"高丽世荷上将,专制海外,九夷黠虏,实得征之。瓶罄罍耻,谁之咎也? 昔方贡之愆,责在连率。卿宜宣朕旨于卿主,务尽威怀之略,揃披害群,辑宁东裔,使二邑还复旧墟,土毛无失常贡也。"

通过这一事件的记述,可以看出高句丽已经成为朝鲜半岛最为强大的国家,并通过宣武帝的授权实现了控制勿吉、百济的权力。

孝明帝时期,北魏社会已经陷于动荡不定的状态,高句丽仅朝贡 6 次,北魏

---

① 《魏书》卷四十五《杜铨传》。
② 《魏书》卷七十二《房亮传》。
③ 《魏书》卷三十二《封懿传附回族叔轨传》。

使节继续出使高句丽。神龟二年(519 年)，文咨明王高云死，灵太后为其"举哀于东堂"，并派刘安以大鸿胪卿身份策拜高安为高句丽国王，是为安臧王。①朱元旭曾以员外散骑侍郎身份"频使高丽"②。正光初年，孙绍为中书侍郎，"使高丽"③。冯元兴也曾"三使高丽"④。在这一阶段，高句丽利用北魏与南朝梁的对立，多次派遣使节到梁朝朝贡，梁朝也曾派遣使节出使高句丽。正光元年，"光州又于海中执得萧衍所授安宁东将军衣冠剑佩，及使人江法盛等，送于京师"⑤。北魏这一做法对梁朝与高句丽的关系是一个打击，使高句丽在朝贡梁朝的同时，也派遣使节到洛阳朝贡。如正光四年(523 年)十一月，高安"遣使朝魏，进良马十匹"⑥。孝庄帝时，员外散骑侍郎崔庠"频使高丽"⑦。是后，北魏朝廷内讧不断，特别是河阴之变给北魏王朝以沉重的打击，因此，高句丽的朝贡逐步减少，到孝武帝即位后，又封刚即位的安原王宝延，诏加延使持节、散骑常侍、车骑大将军、领护东夷校尉、辽东郡开国公、高句丽王，赐衣冠、服物、车旗之饰。孝武帝时期朝贡 3 次。从使节频繁地出使高句丽足以看出北魏政府对高句丽朝贡重要性的认识。

东魏北齐时期，高句丽朝贡次数仍然不减，孝静帝时期高句丽朝贡 15 次，史称"讫于武定末，其贡使无岁不至"⑧。北齐时高句丽朝贡 6 次。天保元年(550 年)，高洋即位，高句丽即派遣使臣祝贺。⑨北齐对高句丽也多次给予封号，天保元年九月，"以散骑常侍、车骑将军、领东夷校尉、辽东郡开国公、高丽王成为使持节、侍中、骠骑大将军、领护东夷校尉，王、公如故"。高成死后，齐废帝"又以高丽王世子汤为使持节、领东夷校尉、辽东郡公、高丽王"⑩。在东魏北齐时期政治中心已经转到邺城，高句丽因地理位置的原因频繁地到邺城朝贡，也反映了高

①《魏书》卷五十五《刘芳列传附从子懋传》。
②《魏书》卷七十一《朱元旭传》。
③《魏书》卷七十八《孙绍传》。
④《魏书》卷七十九《冯元兴传》。
⑤《魏书》卷一百《高句丽传》。《三国史记》卷十九《高句丽本纪第七·安臧王纪》"江法"作"江注"。
⑥《三国史记》卷十九《高句丽本纪第七·安臧王纪》。
⑦《魏书》卷六十七《崔光列传附长文从弟庠传》。
⑧《魏书》卷一百《高句丽传》。
⑨《北齐书》卷四《文宣纪》。
⑩《北齐书》卷五《废帝纪》。

氏父子对发展与高句丽关系的重视。

西魏北周时期也有高句丽朝贡的记载。魏文帝大统十二年(546年),高成曾经"遣使献其方物"。是后,因为东魏、北齐的阻隔,高句丽无法朝贡北周。北周灭北齐后,周宣帝即位的当年十月,高句丽王高汤又遣使贡献。周武帝"拜汤为上开府仪同大将军、辽东郡开国公、辽东王",对高句丽实施管辖。在与中原王朝的交往过程中,中原地区的史籍如《五经》、《三史》、《三国志》、《晋阳秋》等传入高句丽。汉族的丧葬习俗也影响到了这一地区,"父母及夫丧,其服制同于华夏"。高句丽人也"敬信佛法,尤好淫祀"①。

两地民众互相迁移频频见诸记载。延兴元年(471年)九月,"高丽民奴久等相率来降,各赐田宅"②,这是北魏政府鼓励高句丽民众内迁的举措。孝文帝初年,高句丽人高飏"与弟乘信及其乡人韩内、冀富等入国",朝廷"拜厉威将军、河间子,乘信明威将军,俱待以客礼,赐奴婢牛马彩帛"。孝文帝还以高飏之女为皇后,生宣武帝。而高飏之子高肇在宣武帝时,备受重用,官至司徒,并在洛阳城内景乐寺东建有宅第。③ 高肇之弟高显则位至高句丽国大中正。④ 中原地区民众迁居高句丽的也有不少。河阴之变,中原大乱,安州刺史文果"以阻隔强寇,内徙无由,乃携诸弟并率城民东奔高丽",元象年间,方才还朝。⑤ 为了阻止中原民众外流,天保三年(552年),高洋"使博陵崔柳使于高丽,求魏末流人",但高成不答应,"柳张目叱之,拳击成坠于床下,成左右雀息不敢动,乃谢服,柳以五千户反命"⑥。在北齐文宣帝高洋大力弘扬佛教时,高句丽大圣相王高德在位,"乃深怀正信,崇重大乘,欲以释风被之海曲。然莫测其始末缘由,自西徂东年世帝代,故件录事条,遣(释义)渊乘帆向邺,启发未闻……谨录咨审,请垂释疑"。高德派遣释义渊询问佛教东传的一系列问题,经过高洋的解释,释义渊"涣然冰释"。在返国后,"揄扬大慧,导诱群迷,义贯古今,英声借甚"⑦。两地

---

① 《周书》卷四十九《异域上·高丽传》。
② 《魏书》卷七上《高祖纪上》。
③ 《洛阳伽蓝记》卷一《城内》。
④ 《魏书》卷八十三下《外戚下·高肇传》。
⑤ 《魏书》卷七十一《江悦之传附文遥子果传》。
⑥ 《北史》卷九十四《高丽传》。
⑦ 《海东高僧传》卷一《释义渊传》。

民众互动的现象表明双方交流已经呈现出主动的态势,也显示出了文化的强大影响力。

隋朝建立后,高丽王高汤又派遣使臣到长安朝贡,隋文帝"进授大将军,改封高丽王"。高丽与隋朝的关系可以分为前后两个时期,在第一个时期是隋文帝时高丽与隋朝保持了较为密切的朝贡关系,高丽频繁地遣使朝贡,有时甚至一年内有多次朝贡的现象。开皇元年(581年)十二月,"高丽王高阳遣使朝贡,授阳大将军、辽东郡公",次年正月和十一月,"高丽遣使献方物"。开皇三年正月、四月和五月,"高丽遣使来朝"。开皇四年四月,隋文帝在大兴殿宴请了突厥、吐谷浑和高丽的使者。① 到了开皇十年,隋灭陈,"及平陈之后,汤大惧,治兵积谷,为守拒之策"。隋文帝闻听高汤之举后,下诏加以指责,主要包括以下内容:其一,未尽臣节,高丽不仅不与隋同心同德,反而"驱逼靺鞨,固禁契丹"等已经归附的藩臣。其二,引诱太府工人修理兵器,高丽"昔年潜行财货,利动小人,私将弩手逃窜下国。岂非修理兵器,意欲不臧,恐有外闻,故为盗窃?"其三,禁闭隋的使臣,隋文帝"时命使者,抚慰王藩,本欲问彼人情,教彼政术。王乃坐之空馆,严加防守,使其闭目塞耳,永无闻见。有何阴恶,弗欲人知,禁制官司,畏其访察?"其四,骚扰东北边陲,"数遣马骑,杀害边人,屡骋奸谋,动作邪说,心在不宾。"在历数高汤的过错后,又加以威慑和劝说,高汤接到隋文帝的诏书后,惶恐不安,不久病死。其子高元继位。"高祖使使拜元为上开府、仪同三司,袭爵辽东郡公,赐衣一袭。元奉表谢恩,并贺祥瑞,因请封王。高祖优册元为王。"然而到了第二年,高元又率领靺鞨之众万余骑进攻辽西,被营州总管韦冲打败。隋文帝闻听后极为震怒,命令汉王杨谅为元帅,统帅大军加以征讨。因"时馈运不继,六军乏食,师出临渝关,复遇疾疫,王师不振"。在此情况下,高元也上表称"辽东粪土臣元"。隋文帝也借机退兵,双方又恢复了关系。但是,此次交战毕竟埋下了双方不合的祸根,这就为隋炀帝即位后攻打高丽埋下了伏笔。

第二个时期是隋炀帝时双方呈现出交战的状态。隋炀帝即位后,隋朝社会呈现出昌盛的局面,隋炀帝因此多处巡视。在大业四年(608年)八月,隋炀帝在北巡视榆林时,东突厥启民可汗盛装欢迎,在宴会上,隋炀帝对高丽使节说:"归

---

① 《隋书》卷一《高祖纪上》。

语尔王,当早来朝见。不然者,吾与启民巡彼土矣。"表示了对高元不朝贡的不满。大业七年二月,隋炀帝下诏:"高丽高元,亏失藩礼,将欲问罪辽左,恢宣胜略。"为了了解东北地区的形势,隋炀帝决定到涿郡前去考察。次年正月,隋炀帝集大军于涿郡准备讨伐高丽。隋炀帝所动员的军队有1133800人,对外号称200万,分12路大军,计划在平壤会师。① 然而,在作战途中,隋炀帝为了显示大国的风范,下令:"高丽若降者,即宜抚纳,不得纵兵。"高丽正是利用了隋炀帝的这种心理,在隋军行将攻破城池时,即号称将要投降,诸将不敢做主,只好先行请示,结果坐失良机,而高丽军队借此机会又重新布阵备战,如此反复,隋军因粮少兵老,只得撤军。在大业九年的战争中,隋炀帝吸取上次的教训,"乃敕诸军以便宜从事。诸将分道攻城,贼势日蹙"。然而在此情况下,留守河洛地区的杨玄感发动政变,隋炀帝不得不从高丽前线快速撤军,而"兵部侍郎斛斯政亡入高丽,高丽具知事实,悉锐来追,殿军多败"。到了大业十年,隋炀帝又派遣大军进攻高丽,因双方长期陷于兵疲将老的状态,最后高丽归还斛斯政,隋朝撤军。②

在和平阶段隋朝与高丽仍然有所交往,促进了文化的双向交流,如隋文帝所定的《七部乐》中即有一部为《高丽伎》。大业年间,隋炀帝所定的九乐中,也有《高丽》一部。"《高丽》,歌曲有《芝栖》,舞曲有《歌芝栖》。乐器有弹筝、卧箜篌、竖箜篌、琵琶、五弦、笛、笙、箫、小筚篥、桃皮筚篥、腰鼓、齐鼓、担鼓、贝等十四种,为一部。工十八人。"③将高丽的音乐作为朝廷奏乐,显示了隋代二位皇帝海纳百川的雄心。随着隋朝国力的逐步增强,文化对外传播和影响也与日俱增。比较典型的事例是杜正藏兄弟的《文章体式》在朝鲜半岛的影响。杜正玄、杜正藏兄弟数人"并以文章才辨籍甚三河之间",杜正藏"著《文章体式》,大为后进所宝,时人号为文轨,乃至海外高丽、百济,亦共传习,称为《杜家新书》"④。《文章体式》传授的是文章的写作方法,从根本上加速了河洛文化对高丽、百济的影响。《隋书》卷八十一《东夷列传》史臣曰:"今辽东诸国,或衣服参冠冕之容,或饮食有俎豆之器,好尚经术,爱乐文史,游学于京都者,往来继路。"可谓准确地

---

① 《隋书》卷四《炀帝纪下》。
② 《隋书》卷八十一《东夷传·高丽传》。
③ 《隋书》卷十五《音乐志下》。
④ 《隋书》卷七十六《杜正玄传附正藏传》。

概括了南北朝以来河洛文化对朝鲜半岛的影响,具有鲜明的史家眼光。即使在双方交战状态,河洛文化仍然震撼着高丽。大业八年在进攻辽东时,隋炀帝命何稠在一夜间造六合城,规模宏伟,"高丽且忽见,谓之为神焉"①。这说明隋的建筑文化为高丽所折服。高丽王朝的政治制度仿照隋朝的也颇多,不仅都城平壤城被称作长安城,而且还效法河洛地区封建王朝都城建国内城、汉城等,特别是平壤城"东西六里"的制度与汉魏洛阳城的"九六"之制相合,显然是借鉴了河洛地区的都城建设形制。官僚机构分为十二等,也有内外官的区别。服饰也分出了等级,"贵者冠用紫罗,饰以金银。服大袖衫,大口裤,素皮带,黄革屦。妇人裙襦加襈"。"兵器与中国略同。"河洛地区封建王朝的校猎之制、赋税制度继续被高丽所吸收,"每春秋校猎,王亲临之。人税布五匹,谷五石。游人则三年一税,十人共绌布一匹,租户一石,次七斗,卜五斗"。赋税征收的数量与河洛地区不同,但其基本精神是一致的。河洛地区的乐器大量传到高丽,"乐有五弦、琴、筝、筚篥、横吹、箫、鼓之属,吹芦以和曲"。高丽的新春娱乐活动更多与河洛地区早期所流传的娱乐活动相似,"每年初,聚戏于浿水之上,王乘腰舆,列羽仪以观之。事毕,王以衣服入水,分左右为二部,以水石相溅掷,喧呼驰逐,再三而止"。此与春秋时期每年三月郑地溱水、洧水的大型娱乐集会几无差异! 高丽的服丧制度"居父母及夫之丧,服皆三年"②,也借鉴了河洛地区封建王朝的定制。随着与黄河流域的汉民族交往的深入,高句丽也开始借鉴汉族的史书编纂编写本民族的史书。在高句丽开始使用汉字时,"有人记事一百卷,名曰《留记》"。婴阳王高元十一年(600 年),"诏太学博士李文真,约古史为《新集》五卷"③。虽然是删节的史书,但高句丽开始有了自己的史书。

　　唐王朝建立后,此时高句丽荣留王高建武(一云成)即位,武德二年、四年、六年先后派遣使节到唐朝朝贡。武德七年(624 年)二月,荣留王派遣使节到唐朝"请班历"。唐高祖派遣刑部尚书沈叔安"封高丽王高武为辽东郡王",同时唐高祖还"命道士以天尊像及道法,往为之讲老子,王及国人听之"。不仅如此,高

① 《隋书》卷十二《礼仪志七》。

② 《隋书》卷八十一《东夷·高丽传》。

③ 《三国史记》卷二十《高句丽本纪第八·婴阳王纪》。

成还在次年派人入唐,"求学佛老教法,帝许之"。① 武德九年(626年)以后高丽频繁遣使朝贡。唐太宗即位后,贞观五年(631年)八月,唐太宗"遣使毁高丽所立京观,收隋人骸骨,祭而葬之"。是后,高丽不时来朝。贞观十四年二月,高丽王高武"遣世子桓权入唐朝贡。太宗劳慰、赐赉之特厚。王遣子弟入唐,请入国学"。到贞观十六年(642年)正月,高武"命西部大人盖苏文监长城之役"。十月,"高丽大臣盖苏文弑其君高武,而立武兄子藏为王"②。宝臧王即位之后即于次年正月遣使入唐朝贡。三月,盖苏文对宝臧王说:"三教譬如鼎足,阙一不可。今儒释并兴,而道教未盛,非所谓备天下之道术者也。伏请遣使于唐,求道教以训国人。"宝臧王接受了盖苏文的建议,"奉表陈请"。唐太宗"遣道士叔达等八人,兼赐老子《道德经》"。宝臧王非常高兴,"取僧寺馆之"③。从上述记载可以看出,唐王朝建立后,道教作为国教深受唐王朝的重视,而高丽作为东部边域的国家,已经洞悉唐王朝的主导思想,所以才有派遣使节到唐朝求取《道德经》的事实。

正因为在唐太宗心目中盖苏文擅自废立,所以贞观十八年十一月,唐太宗"发天下甲士,招募十万,并趣平壤,以伐高丽",这其中包含在"长安、洛阳募士三千"。次年二月,唐太宗"亲统六军发洛阳",三月,至定州。四月,唐太宗"誓师于幽州城南,因大犒六军以遣之"。辽东道行军大总管、英国公李勣攻占高丽盖牟城。五月,唐太宗渡过辽水,"上亲率铁骑与李勣会围辽东城,因烈风发火弩,斯须城上屋及楼皆尽,麾战士令登,乃拔之"。六月,唐军抵达安市,高丽派遣别将高延寿、高惠真率兵十五万来救援安市。李勣率兵奋击,大败高丽军队,高延寿投降。从七月开始至九月,李勣率军猛攻安市,未能攻下,只得撤军。④这是唐太宗时对高丽所发动的战争。

唐高宗即位后,对高丽继续讨伐。永徽六年(655年)三月,"营州都督程名振破高丽于贵端水"。显庆三年六月,程名振继续进攻高丽。龙朔元年(661年)五月,唐高宗"命左骁卫大将军、凉国公契苾何力为辽东道大总管,左武卫大将

---

① 《三国史记》卷二十《高句丽本纪第八·荣留王纪》。
② 《三国史记》卷二十《高句丽本纪第八·荣留王纪》。
③ 《三国史记》卷二十一《高句丽本纪第九·宝臧王纪》。
④ 《旧唐书》卷三《太宗纪下》。

军、邢国公苏定方为平壤道大总管,兵部尚书、同中书门下三品、乐安县公任雅相为浿江道大总管,以伐高丽"。次年三月,"苏定方破高丽于苇岛,又进攻平壤城,不克而还"。麟德元年十月,"高丽王高藏遣其子福男来朝"。[①] 乾封元年(666年)六月,"高丽莫离支盖苏文死。其子男生继其父位,为其弟男建所逐,使其子献诚诣阙请降,诏左骁卫大将军契苾何力率兵以应接之"。"冬十月己酉,命司空、英国公(李)勣为辽东道行军大总管,以伐高丽。"总章元年(668年)九月,"司空、英国公勣破高丽,拔平壤城,擒其王高藏及其大臣男建等以归。境内尽降,其城一百七十,户六十九万七千,以其地为安东都护府,分置四十二州"。二年五月,"移高丽户二万八千二百,车一千八十乘,牛三千三百头,马二千九百匹,驼六十头,将入内地,莱、营二州般次发遣,量配于江、淮以南及山南、并、凉以西诸州空闲处安置"。至此,高丽被唐王朝灭亡。咸亨四年(673年)闰五月,"燕山道总管李谨行破高丽叛党于瓠卢河之西,高丽平壤余众遁入新罗"[②]。仪凤二年二月,"工部尚书高藏授辽东都督,封朝鲜郡王,遣归安东府,安辑高丽余众"[③]。

高(句)丽王朝与河洛地区诸封建王朝的关系错综复杂,既有在和平环境下的信使往来,也有在战争环境下的争夺,从双方关系来看,正是以河洛地区为中心的封建王朝对高(句)丽王朝的影响,才使朝鲜半岛的社会经济获得了全面的发展。

随着高丽人的归附,高丽民众移居河洛地区并参与朝廷重大活动的也频频见诸出土碑刻的记载。1990年4月,在伊川县平等乡楼子沟村北0.5公里出土的《大周故镇军将军高君(足西)墓志铭并序》,为我们了解高句丽贵族归附唐朝后所受到的礼遇提供了真实可靠的资料。高足西是高句丽的望族,"族本殷家,因生代承,昔据玄菟,独擅雄蕃"。在高句丽生活期间,其家族可能因为"本殷

---

① 《旧唐书》卷四《高宗纪上》。
② 《旧唐书》卷五《高宗纪下》。
③ 《旧唐书》卷五《高宗纪下》。《旧唐书》卷一百九十九《东夷·高丽传》云:"仪凤中,高宗授高藏开府仪同三司、辽东都督,封朝鲜王,居安东,镇本蕃为主。高藏至安东,潜与靺鞨相通谋叛。事觉,召还,配流邛州,并分徙其人,散向河南、陇右诸州,其贫弱者留在安东城傍。"

家",才能够"独擅雄蕃"的。① 高足酉归附的过程,墓志记载较为简略:"若夫见机而作,存户君子;慕义而来,妙曰通人。前载著之不轻,来代述而尤重然。而越沧波,归赤县,渐大化,列王臣,颙颙焉即高将军韫之矣!"他归附的时间学界定于总章元年(668 年)。"总章元年,授明威将军,守右威卫真化府折冲都尉,仍长上□授,守左威卫孝义府折冲都尉,散官如故",并被安置在洛阳附近,"遂家于洛州永昌县焉"。这说明高足酉从入唐后就受到重视。此后,高足酉的官职一再升迁。"(总章)二年,授云麾将军,行左武卫翊卫府中郎将。仪凤四年,授右领军卫将军,准永隆元年制加勋上柱国。永昌元年(689 年),制授右王卫铃大将军。"到武则天即位后,高足酉再次受到重用。"大周天授元年(690 年)拜公为镇军大将军,行左豹韬卫大将军。登坛受册,礼遇韩信。"在武则天时期,高足酉曾参与了天枢的建造。高足酉墓志云:"证圣元年(695 年),造天枢成,悦豫子来,彫镌乃就,干青霄而直上,表皇王而自得。明珠吐耀,将日月而连辉,祥龙下游,凭烟云而矫首,壮矣哉!"正因为立此功劳,武则天"即封高丽蕃长,渔阳郡开国公,食邑二千户"。在这一年,高足酉还受朝廷派遣镇压万州蛮的叛乱。高足酉墓志云:"其年,万州蛮陬作梗,敕以公为经略大使,气罩飘姚,年同获砾。时当五月,深入不毛之乡,路登千仞,必抱忠诚之节。衔命善说,奉旨宣扬,丑虏执迷,聋未能听。公乃整行伍,列校队,鸣鞭汗赭,直往摧坚,挥戈驻日,傍截陷脑,死者无暇致悔,生者受羁而自惭,行我周恩,积尸京观。"通过高足酉墓志的记载,可以知道在证圣元年万州地区发生过蛮人的叛乱,高足酉受命前去镇压,他先是通过劝说的方式试图取得蛮人归附,但蛮人不听,最后被高足酉率军残酷镇压。高足酉在天册万岁元年(695 年),"遘疾卒于荆州官舍,春秋七十"。武则天证圣元年(695 年)一月改元,九月,又改元为天册万岁,腊月又改元为万岁登封。这说明高足酉是九月到腊月之间病死于荆州的。正因为高足酉为武周政权立下了不朽的功劳,所以武则天闻讯后,"良深震悼",并且对其赠赏有加,"赠使持节都督幽易等七州诸军时、幽州刺史,余如故"。还赏赐物品供其葬礼,"赠物

---

① 关于高足酉家族的地位,学术界认识并不一样,拜根兴认为"高氏家族可能属于高句丽中层富裕地主阶级,这应当和在唐的其他高句丽遗民区别开来"。见拜根兴《高句丽遗民高足酉墓志铭考释》,西安碑林博物馆编《碑林集刊》第 9 辑,陕西人民美术出版社 2003 年版。李献奇、郭引强则认为"高氏为高句丽贵族,高句丽即姓高名藏,高足酉与高藏系同宗"。《洛阳新获墓志》,文物出版社 1996 年版,第 220 页。

叁伯段,米粟贰伯硕,葬事所须,并令官给"。万岁通天二年(697年)正月,"葬于洛州伊阙县新城之原"①。通过高足酉的墓志所反映的他的经历,可以看出高足酉从归附唐朝以后,在唐高宗时即受到重用,官职一再升迁。武则天建立周朝后,高足酉因参与修建天枢和平定万州蛮人的叛乱而颇得重视,所以他客死荆州后,使武则天颇感遗憾。

在洛阳出土的高质(字性文)、高慈墓志②,也反映了高氏归附唐朝后的活动情况,使我们深入了解到河洛地区的文化对高丽民众融合的影响。高质父子归附唐朝的原因是因为高句丽宝藏王(即高藏)末年连年对新罗的战争,加之唐朝的严厉打击,使其国力受到很大的削弱。在此背景下,高质父子选择时机,归附唐朝。《高质墓志》云:"公在乱不居,见几而作。矫然择木,望北林而有归;翔矣抟扶,指南溟而独运。乃携率昆季,归款圣朝。"高质归附唐朝后,受到朝廷的重用。"总章二年四月六日,制授明威将军、行右卫翊府左郎将。其年又加云麾将军、行左武威卫翊府中郎将。"《高慈墓志》则称颂高质云:"预见高丽之必亡,遂率兄弟,归款圣朝。奉总章二年四月六日制,授明威将军、行右威卫翊府左郎将。其年十一月廿四日奉制,授云麾将军、行左威卫翊府中郎将。"从这些材料记载可以明白,高句丽末年的社会动荡使国人产生了离散的念头,所以才有高质的"择木"和"有归",他能够预见高丽的灭亡说明高丽国势的衰退已经很明显了。

高质归附唐朝后,很快就步入唐朝政坛。《高质墓志》云:"咸亨元年,奉敕差逻娑、凉州,镇守燕山、定襄道行。……永隆二年,制除左威卫将军,又奉敕单于道行。文明年中,充银胜道安抚副使。光宅元年,制封柳城县开国子,食邑四百户。天授元年,迁冠军大将军、行左鹰扬卫将军,进封柳城县开国公,食邑二千户。……万岁通天二年正月,制除左玉钤卫大将军、左羽林军上下。……以万岁通天二年五月廿三日,薨于磨米城,春秋七十有一。"而这些官职的取得完全是高质父子为朝廷所立下的汗马功劳换来的。综观高质、高慈父子二人的贡献主要是在对外征战方面。

咸亨元年(670年),高质"奉敕差逻娑、凉州,镇守燕山、定襄道行"。高质

① 李献奇、郭引强:《洛阳新获墓志》,文物出版社1996年版,第219—221页。
② 下文所引用的两方墓志,见赵振华、闫庚三:《唐高质、高慈父子墓志研究》,《东北史地》,2009年第3期。

此次奉敕被差遣逻娑、凉州,是因为是年四月,"吐蕃寇陷白州等一十八州,又与于阗合众袭龟兹拨换城,陷之",迫使唐朝"罢安西四镇",为了收复失地,唐朝廷"以右威卫大将军薛仁贵为逻娑道行军大总管,右卫员外大将军阿史那道真、左卫将军郭待封为副,领兵五万以击吐蕃"。七月,"薛仁贵、郭待封至大非川,为吐蕃大将论钦陵所袭,大败,仁贵等并坐除名"①。高质可能参与了抵御吐蕃的行动,《高质墓志》云:"亟总军麾,荐持戎律。攻城野战,陷敌摧坚。累效殊功,爰加懋赏。"这次抵抗吐蕃的行动中,高质仅仅是左武威卫翊府中郎将,为四品下,职位相对较低,所以没有受到牵连,不须担负责任。随后,高质被调任"镇守燕山、定襄道行"。因为在永隆二年五月,"定襄道总管曹怀舜与突厥史伏念战于横水,官军大败"。所以永隆二年,高质被"制除左威卫将军,又奉敕单于道行"。至于说"文明年中,充银胜道安抚副使。光宅元年,制封柳城县开国子,食邑四百户。天授元年,迁冠军大将军、行左鹰扬卫将军,进封柳城县开国公,食邑二千户"等官职升迁,没有详细的业绩记载,仅仅只有墓志中的记载:"公以鹰扬鹗视之威,受豹略龙韬之任,历践衔珠之位,频驱浴铁之兵。故得上简天心,高升国爵。继而林胡作梗,榆塞惊尘,鸲镝起于边亭,毂骑横于朔野。大君当宁,按龙剑而发雷霆;骁将凿门,拥虹旗而聚云雨。制命公为泸河道讨击大使,仍充清边东军总管。公肃承玄旨,电发星驱,径度苍波,选徒征骑。虽貔虎叶志,擐甲者争驰;而蜂虿盈途,提戈者未集。公以二千余兵,击数万之众。七擒有效,三捷居多。"到了武则天万岁通天二年(697年),高质父子到达营州抵抗契丹并因此战死,显示了高质父子为国捐躯,从而获得崇高盛誉。《高质墓志》记载:

　　万岁通天二年正月,制除左玉钤卫大将军、左羽林军上下。公抚巡士众,推以赤心。宣布威恩,得其死力。解衣推食,悼厘感惠而守陴;挟纩投醪,童孺衔欢而拒敌。上闻旒扆,特降恩徽。有敕称之曰:"高性文既能脱衣,招携远藩,宜内出衣一副,并赐物一百段。又性文下高丽妇女三人,固守城隍,与贼苦战,各赐衣服一具,并赍物卅段。"但凶狂日炽,救援不臻。众寡力殊,安危势倍。城孤地绝,兵尽矢穷。日夜攻围,卒从陷没。为虏所执,

---

①　《旧唐书》卷五《高宗本纪下》。

词色懔然。不屈凶威,遂被屠害。以万岁通天二年五月廿三日,薨于磨米城,春秋七十有二。

《高慈墓志》记载:

> 万岁通天元年五月奉敕,差父充泸河道讨击大使,公奉敕从行。缘破契丹功,授壮武将军、行左豹韬卫翊府郎将。忝迹中权,立功外域;既等耿恭之寄,旋沾来歙之荣。寻以寇贼凭陵,昼夜攻逼,地孤援阔,粮尽矢殚。视死犹生,志气弥励。父子俱陷,不屈贼庭。以万岁通天二年五月廿三日终于磨米城南,春秋卅有三。

通过高质、高慈父子二人的墓志可以看出在此次战斗中父子二人因战败被俘,并被杀害。关于此次征讨契丹的过程,学术界论述颇多,兹不赘。①

高丽宝藏王高藏的孙子高震及其女的墓志被发现,也反映了高氏家族归附唐朝以后的活动情况。通过高震的墓志可以知道,高震的祖父高藏入唐以后为开府仪同三司、工部尚书、朝鲜郡王、柳城郡开国公等,与正史中所记载的虽然略有差异,但他任朝鲜郡王与史书记载则是相同的,说明唐朝有利用他控制高丽旧地的设想。高藏后来虽然因为谋反被召回,又"分徙其人,散向河南、陇右诸州",这说明高震之子极有可能是在此时随父一起来到内地的。高震的父亲高连,《高震墓志》记载,"祢讳连,云麾将军、右豹韬大将军、安东都护公"。高震官至"开府仪同三司、工部尚书、特进右金吾卫大将军、安东都护、郯国公上柱国□□公",因而墓志称他"公乃扶余贵种,辰韩令族,怀化启土,继代称王,嗣为国宾,食邑千室。公竭丹恳以辅主,力斗战以册勋,雄冠等夷,气盖獯司,封五级,自子男以建公侯。官品九阶,越游击而升开府,斯亦人臣之自致也"。这说明高震归附唐朝以后曾经参与过战争,并且因此得以升迁。高震的墓志还记载他的儿子高叔秀,在大历八年(773年)五月二十七日,高震死后,又将其母亲和兄长的灵柩从博陵(今河北安平县、深州市、饶阳、安国等地)迁到洛阳,夫妻合葬。高

---

① 赵振华、闵庚三:《唐高质、高慈父子墓志研究》,《东北史地》,2009年第3期。

叔秀官至朝请大夫。高震之女的墓志 1990 年在伊川县白园土门村被发现,墓志记载了其家族的世袭演变,并且说她是高震的第四女,葬于洛阳履信里之私第。① 高氏家族自归附唐朝以后,已经逐步认识到归附强盛唐朝的必要性,开始逐步认同唐王朝政权,并担任了一定的官职。至于说泉男生、泉男产、泉献诚、泉毖等祖孙数代人的墓志,也都显示了来自高丽的泉氏家族对河洛文化的认同,且其祖孙数代人均葬于邙山,而且泉献诚、泉毖均在朝中任职,而泉献诚就是泉男生派往唐朝求救,以表示归唐的诚意,才取得归附的成功。泉献诚作为泉男生的儿子入唐,使唐朝相信泉氏家族是真心归附,因而出兵救泉男生。归顺唐朝的主张是由泉献诚提出来的,《泉献诚墓志》云:"时祸起仓卒,议者犹豫。或劝以出斗,谋无的从。公屈指料敌,必将不可。乃劝襄公投国内故都城,安辑酋庶。谓襄公曰:'今发使朝汉,具陈诚款。国家闻大人之来,必欣然启纳。因请兵马,合而讨之。此万全决胜计也'。襄公然之,谓诸夷长曰:'献诚之言甚可择。'即日遣首领冉有等入朝。唐高宗手敕慰喻,便以襄公为东道主人,兼授大总管。……襄公之保家传国,实公之力也。寻授襄公命,诣京师谢恩。天子待之以殊礼,拜右武卫将军,赐紫袍金带,并御马二匹。"可见泉献诚因归附有功,唐朝授予右武卫大将军之职,天授中兼羽林卫。② 从泉氏家族归附唐朝之后受到的重视与认同,表明以河洛地区为中心的唐文化对周边地区的吸引力。

通过隋唐初与高丽的关系可以看出,当中央政府力量强大的时候,高丽为了生存的需要,或向隋唐王朝朝贡,或与隋唐王朝交恶。在国内社会矛盾错综复杂的情况下,隋炀帝因出兵高丽,结果导致隋王朝的灭亡。唐王朝初年,双方尚能维持和睦的关系,到贞观十六年(642 年),因"高丽大臣盖苏文弑其君",而此后高丽又内讧不断,使唐太宗有借此机会统一朝鲜半岛的想法,到唐高宗时终于完成了灭高丽的大业,实现了朝鲜半岛北部的统一。而从洛阳及其周边地区所出土的有关朝鲜半岛遗民及其后裔的墓志中,再次彰显了河洛文化的强大魅力。

<hr />

① 本段撰写参考了马一虹:《从唐墓志看入唐高句丽遗民归属意识的变化———以高句丽末代王孙高震一族及权势贵族为中心》,《北方文物》,2006 年第 1 期。

② 周绍良:《唐代墓志汇编》(上册),上海古籍出版社 1992 年版。关于泉氏家族学术界论述较多,如杜文玉:《唐代泉氏家族研究》,《渭南师范学院学报》2002 年第 3 期。连劭名:《唐代高丽泉氏墓志史事考述》,《文献》1999 年第 3 期。姜清波:《入唐三韩人研究》,暨南大学出版社 2010 年 3 月版。

综观两汉以来社会等级观念体现在社会各个方面,在河洛地区社会等级文化的影响下,高丽社会发展迅速,等级制度体现在社会各个方面。从高丽服饰的发展来看,社会等级的差异更为明显。《后汉书》卷八十五《东夷列传》云:"其公会衣服皆锦绣,金银以自饰。大加、主簿皆著帻,如冠帻而无后;其小加著折风,形如弁。"不同的官位穿用不同的服饰。《北史》卷九十四《高丽传》云:"人皆头著折风,形如弁,士人加插二鸟羽。贵者,其冠曰苏骨,多用紫罗为之,饰以金银。服大袖衫、大口袴、素皮带、黄革履。妇人裙襦加襈。"这里已经显现出社会的等级。及至唐代,服饰在社会各阶层之间的等级表现得更加明显。"衣裳服饰,唯王五彩,以白罗为冠,白皮小带,其冠及带,咸以金饰。官之贵者,则青罗为冠,次以绯罗,插二鸟羽,及金银为饰,衫筒袖,裤大口,白韦带,黄韦履。国人衣褐戴弁,妇人首加巾帼。"①高丽的服饰颜色以白最贵,青次之,绯再次之。河洛地区的游戏活动依然在高丽地区流行,"好围棋投壶之戏,人能蹴鞠"。随着与高丽交往的深入,记述高丽情况的著作也开始出现,有《奉使高丽记》一卷和裴矩撰《高丽风俗》一卷,②分别记述了高丽的地理状况和风土人情。

唐朝继承了隋代在宫中设立九部乐的制度,其中高丽的乐舞更加复杂,"《高丽伎》,有弹筝、扫筝、凤首箜篌、卧箜篌、竖箜篌、琵琶,以蛇皮为槽,厚寸余,有鳞甲。楸木为面,象牙为捍拨,画国王形。又有五弦、义觜、笛、笙、葫芦笙、箫、小觱篥、桃皮觱篥、腰鼓、齐鼓、檐鼓、龟头鼓、铁版、贝、大觱篥。胡旋舞,舞者立球上,旋转如风"。《旧唐书》卷二十九《音乐志二》云:"《高丽乐》,工人紫罗帽,饰以鸟羽,黄大袖,紫罗带,大口袴,赤皮靴,五色绦绳。舞者四人,椎髻于后,以绛抹额,饰以金珰。二人黄裙襦,赤黄袴,极长其袖,乌皮靴,双双并立而舞。乐用弹筝一,挝筝一,卧箜篌一,竖箜篌一,琵琶一,义觜笛一,笙一,箫一,小筚篥一,大筚篥一,桃皮筚篥一,腰鼓一,齐鼓一,檐鼓一,贝一。武太后时尚二十五

---

① 《旧唐书》卷一百九十九上《东夷传·高丽传》。
② 《旧唐书》卷四十六《经籍志上》。

曲,今惟习一曲,衣服亦寖衰败,失其本风。"①《新唐书》卷二十二《礼乐志》亦云:"周、隋与北齐、陈接壤,故歌舞杂有四方之乐。至唐,东夷乐有高丽、百济。"唐代的高丽、百济乐舞较之隋朝更加丰富。而在隋代之前,高句丽地区所流行的乐器有:"乐有五弦、琴、筝、筚篥、横吹、箫、鼓之属,吹芦以和曲。"②这些都是在河洛地区曾经流行的乐器,表明已经流传到高句丽地区。

高句丽与大陆地区的文化交往对高句丽社会产生了深刻的影响。《旧唐书》卷一百九十九上《东夷传·高丽传》云:"俗爱书籍,至于衡门厮养之家,各于街衢造大屋,谓之扃堂,子弟未婚之前,昼夜于此读书习射。其书有《五经》及《史记》、《汉书》、范晔《后汉书》、《三国志》、孙盛《晋春秋》、《玉篇》、《字统》、《字林》。又有《文选》,尤爱重之。"《旧唐书》所反映的情况说明,高丽政治中心转移到朝鲜半岛后,仍在全面大力吸收汉文化。以欧阳询为代表的书法艺术出类拔萃,是高丽人喜爱的珍品。"尺牍所传,人以为法。"以至于远在东北边隅的"高丽尝遣使求之"③。唐人张彦远《法书要录》卷八《妙品》也记载有此事,称欧阳询"八体尽能,笔力劲险,篆体尤精。高丽爱其书,遣使请焉"。李渊赞叹曰:"不意询之书名,远播夷狄。彼观其迹,固谓其形魁梧耶?"

道教和佛教也在高句丽开始盛行起来。唐高祖武德七年,遣前刑部尚书沈叔安册封高建武为高丽王,"仍将天尊像及道士往彼,为之讲《老子》,其王及道俗等观听者数千人"。道教作为唐朝的国教,随着唐朝的强力推行,也在高丽开始流行。武德八年,荣留王"遣人入唐,求学佛老教法,帝许之"。贞观十六年,高句丽大臣盖苏文杀建武王,立宝臧王。次年三月,盖苏文对宝臧王说:"三教譬如鼎足,阙一不可。今儒释并兴,而道教未盛,非所谓备天下之道术者也。伏请遣使于唐,求道教以训国人。"宝臧王"深然之,奉表陈请。太宗遣道士叔达等八人,兼赐老子《道德经》。王喜,取僧寺馆之。"④贞观二十三年,荣留王又"遣

---

① 《通典》卷一百四十六《乐六·四方乐》云:"高丽乐,工人紫罗帽,饰以鸟羽,黄大袖,紫罗带,大口葱,赤皮靴,五色绦绳。舞者四人,椎髻于后,以绛抹额,饰以金珰。二人黄裙襦,赤黄葱;二人赤黄裙,襦葱。极长其袖,乌皮鞾,双双并立而舞。乐用弹筝一,搊筝一,卧箜篌一,竖箜篌一,琵琶一,五弦琵琶一,义觜笛一,笙一,横笛一,箫一,小筚篥一,大筚篥一,桃皮筚篥一,腰鼓一,齐鼓一,担鼓一,贝一。大唐武太后时尚二十五曲,今唯能习一曲,衣服亦浸衰败,失其本风。"
② 《隋书》卷八十一《东夷传·高丽传》。
③ 《旧唐书》卷一百九十八《儒学上·欧阳询传》。
④ 《三国史记》卷二十一《高句丽本纪第九·宝臧王纪》。

子弟入唐,请入国学",以便全面学习儒家文化。[1] 高丽的乐舞还引起武则天时代士大夫的喜爱,有人甚至能够舞蹈之。杨再思为御史大夫时,张易之兄司礼少卿张同休曾奏请公卿大臣宴于司礼寺,"预其会者皆尽醉极欢"。张同休戏称:"杨内史面似高丽。"杨再思欣然接受,"请剪纸自贴于巾,却披紫袍,为高丽舞,萦头舒手,举动合节,满座嗤笑"[2]。武周王朝的大臣可以跳高丽舞,足见当时朝鲜半岛文化在河洛地区的流行。

从高丽的服饰、娱乐活动以及乐器的演变所蕴含的汉文化的因素,乃至诸家经典在高丽的流传过程可以看出,隋唐时期是以河洛地区为代表的汉文化在高丽大规模流行的时期。随着双方交往的发展,河洛地区对远在异域的高丽有了更多的了解,使双方的交往建立在更加广阔的层面,而唐高宗时期所实现的朝鲜半岛的统一,更便利了文化的交流。

二、百济与河洛地区的关系

在朝鲜半岛与高句丽同时存在的国家还有百济和新罗,它们虽然处在朝鲜半岛的南端,但仍然通过各种方式与建都河洛地区的封建王朝建立起交往关系。百济国的国家机构建立后与河洛地区也保持了颇为持久的关系,并且在社会制度和风俗等方面也深受河洛地区的影响。

百济的起源,中国古书也有类似高句丽起源那样的类似于神话的记载。《隋书》卷八十一《东夷传·百济传》云:

> 百济之先,出自高丽国。其国王有一侍婢,忽怀孕,王欲杀之。婢云:"有物状如鸡子,来感于我,故有娠也。"王舍之。后遂生一男,弃之厕溷,久而不死,以为神,命养之,名曰东明。及长,高丽王忌之,东明惧,逃至淹水,

---

[1] 《三国史记》卷二十《高句丽本纪第八·荣留王纪》。《新唐书》卷二百二十《东夷传·高丽传》云:"后三年,遣使者拜为上柱国、辽东郡王、高丽王。命道士以像法往,为讲《老子》。武德大悦,率国人共听之,日数千人。"

[2] 《旧唐书》卷九十《杨再思传》。

夫余人共奉之。

《北史》卷九十四《百济传》亦云：

> 百济之国,盖马韩之属也,出自索离国。其王出行,其侍儿于后妊娠,王
> 还,欲杀之。侍儿曰:"前见天上有气如大鸡子来降,感,故有娠。"王舍之。
> 后生男,王置之豕牢,豕以口气嘘之,不死。后徙于马阑,亦如之。王以为
> 神,命养之,名曰东明。及长,善射,王忌其猛,复欲杀之。东明乃奔走,南至
> 淹滞水,以弓击水,鱼鳖皆为桥,东明乘之得度,至夫余而王焉。

这一神化也类似商代的卵生传说,与东亚地区国家起源的神话传说相类似,
反映了黄河流域社会文化对百济社会的影响。

关于百济的立国史书记载并不相同,《三国史记》卷二十三《百济本纪一》
云:

> 百济始祖温祚王,其父邹牟,或云朱蒙。自北扶余逃难,至卒本扶余。
> 扶余王无子,只有三女子,见朱蒙,知非常人,以第二女妻之。未几,扶余王
> 薨,朱蒙嗣位,生二子,长曰沸流,次曰温祚(或云:"朱蒙到卒本,娶越郡女,
> 生二子。")及朱蒙在北扶余所生子来为太子,沸流、温祚恐为太子所不容,
> 遂与乌干、马黎等十臣南行,百姓从之者多,遂至汉山,登负岳,望可居之地。
> 沸流欲居于海滨,十臣谏曰:"惟此河南之地,北带汉水,东据高岳,南望沃
> 泽,西阻大海。其天险地利,难得之势,作都于斯,不亦宜乎?"沸流不听,分
> 其民归弥邹忽以居之。温祚都河南慰礼城,以十臣为辅翼,国号十济。是前
> 汉成帝鸿嘉三年也。沸流以弥邹土湿水咸,不得安居,归见慰礼,都邑鼎定,
> 人民安泰,遂惭悔而死,其臣民皆归于慰礼。后以来时百姓乐从,改号百济。
> 其世系与高句丽同出扶余,故以扶余为氏。

从《三国史记》的记载可以看出,百济建国的时间是在汉成帝鸿嘉三年(前
18 年),其族源出自夫余,与高句丽同源。

《文献通考》卷三百二十六《四裔考三·百济》云：

> 百济即后汉末夫余王仇台之后,马韩五十四国,百济其一也。初以百家济海,因号百济。后渐强大,兼诸小国。

《文献通考》所记述的内容可以反映出百济南迁时所携带的人口并非《三国史记》所记载的那样多,而是仅仅裹挟了部分部落民南迁。

关于百济国家的自然状况,在中国不少典籍中曾有记载。《魏书》卷一百《百济传》云:"百济国,其先出自夫余。其国北去高句丽千余里,处小海之南。其民土著,地多下湿,率皆山居。有五谷,其衣服饮食与高句丽同。"《周书》卷四十九《异域传上·百济传》云:"百济者,其先盖马韩之属国,夫余之别种。有仇台者,始国于带方。故其地界东极新罗,北接高句丽,西南俱限大海。东西四百五十里,南北九百余里。"《三国史记》卷二十八《百济本纪第六》论曰:"秦乱汉离之时,中国人多窜海东。则三国祖先岂其古圣人之苗裔耶? 何其享国之长也!"这说明金富轼也认为三国是河洛地区文化传播而形成的国家。百济不仅占据了广袤的陆地面积,还有一些海上的岛屿也归百济所辖,《括地志》云:"百济国西南海中有大岛十五所,皆置邑,有人居,属百济。"百济的西南海中有三个小岛,"生黄漆,六月刺取沈,色若金"①。《文献通考》卷三百二十六《四裔考三·百济》云:"国西南海中有三岛,出黄漆树,似小棕树而大,六月取汁,漆物器若黄金,其光夺目。"其气候温暖,物产有"五谷、杂果、菜蔬及酒醴肴馔、乐器之属,多同于内地,唯无牍驴、骡、羊、鹅、鸭等云"。《北史》卷九十四《百济传》云:"土田湿,气候温暖,人皆山居。有巨栗,其五谷、杂果、菜蔬及酒醴肴馔之属,多同于内地。唯无驼、骡、驴、羊、鹅、鸭等。"从上述相关古籍记载可以看出,在河洛地区动荡之际,不少民众辗转移居到朝鲜半岛,并传来了朝鲜半岛的相关信息,而且对百济的了解越来越详细。

百济在发展过程中,在全国各地建立起一系列的城池。《三国史记》卷二十三《百济本纪一》载,百济最早建都于慰礼城(今汉江南岸)。公元前11年后因

---

① 《新唐书》卷二百二十《东夷传·百济传》。

为与乐浪太守失和,在公元前 6 年"就汉山下立栅,移慰礼城民户",次年,正式迁都北方汉山城(今京畿道广州),又在平壤建立另一座都城。《周书》卷四十九《异域传上·百济传》记载,百济初"治固麻城。其外更有五方:中方曰古沙城,东方曰得安城,南方曰久知下城,西方曰刀先城,北方曰熊津城"。《北史》卷九十四《百济传》也有相同的记载。虽然说建都河洛地区的封建王朝有两都制的现象,但多城池的现象尚不多,估计这些城池是地方性的城池,战略性和政治性多于经济功能。关于百济都城的名称说法不一,有的称作居拔城,有的称作固麻城,究其实是二名一城。①《南史》卷七十九《夷貊传下·百济传》又云:"号所都城曰固麻,谓邑曰檐鲁,如中国之言郡县也。其国土有二十二檐鲁,皆以子弟宗族分据之。"这说明百济的相关情况早已为河洛地区所知晓。

百济建国后,继承了辰国文化,再加上所带来的北方地区的文化,社会经济迅速发展起来。在公元一世纪,百济兼并诸小国,成为原来辰韩、马韩地区最大的奴隶制国家。据学术界研究,公元一世纪中叶,百济基本上具备了封建国家体制。中央有左辅、右辅大臣和高级官僚,按照封建等级制组成。地方行政制度,起初只分南北两部,两部之下设置如上所述的许多城邑,向南北两部管辖。② 从三世纪开始,百济的统治机构开始完备。国王夫余氏,号"于罗瑕",民间称为"鞬吉支",类似河洛地区王的称呼。妻号"于陆",类似河洛地区的妃子。国家设十六品的官员机构。"左平五人,一品。达率三十人,二品。恩率三品。德率四品。扞率五品;奈率六品。六品已上,冠饰银华。将德七品,紫带。施德八品,皂带。固德九品,赤带。季德十品,青带。对德十一品,文督十二品,皆黄带。武督十三品,佐军十四品,振武十五品,克虞十六品,皆白带。"从三品恩率之下,"官无常员,各有部司,分掌众务"。官员还区分了内官、外官之别,其中内官有前内部、谷部、肉部、内掠部、外掠部、马部、刀部、功德部、药部、木部、法部、后官部。外官有司军部、司徒部、司空部、司寇部、点口部、客部、外舍部、绸部、日官部、都市部。都城有万户人家,分为五部:上部、前部、中部、下部、后部,统率军队500 人。地方分为五方,以二品官达率为方领。"方统兵一千二百人以下,七百

① 《通志二十略·四夷都》云:"百济,都居拔城,亦曰固麻城。"
② 朴真奭:《朝鲜简史》,延边大学出版社 1998 年 4 月第 1 版,第 52 页。

人以上。"五方之下设郡和城，每郡设郡将三人，以四品官德率担任。全国有 37 个郡和 200 个城。① 各左平的职掌范围不同，"所置内官曰内臣佐平，掌宣纳事。内头佐平，掌库藏事。内法佐平，掌礼仪事。卫士佐平，掌宿卫兵事。朝廷佐平，掌刑狱事。兵官佐平，掌在外兵马事"②。从百济官僚机构的设置可以看出，虽然我们无法确定其受河洛地区封建王朝政治体制的影响，但从官员相关品级的设置，以及官员职掌等方面都可以看出受河洛地区封建王朝影响的影子。特别是有些官名如司徒部、司空部、司寇部、日官部等明显就是河洛地区封建王朝曾经设置过的官僚机构，其借鉴痕迹很明显。

　　百济社会的风貌也呈现出深受河洛文化影响的迹象。从服饰上来看，因受河洛地区封建王朝的影响，服饰的有关规定在不断地发生变化。《周书》卷四十九《异域传上·百济传》云："若朝拜祭祀，其冠两厢加翅，戎事则不。拜谒之礼，以两手据地为敬。妇人衣似袍，而袖微大。在室者，编发盘于首，后垂一道为饰。出嫁者，乃分为两道焉。兵有弓箭刀稍。俗重骑射，兼爱坟史。其秀异者，颇解属文。"从百济人的服饰、冠帽、发髻来看虽然有其特色，但受河洛地区的影响也是存在的。《南史》卷七十九《夷貊传下·百济传》记载："言语服章略与高丽同，呼帽曰冠，襦曰复衫，袴曰裈。其言参诸夏，亦秦、韩之遗俗云。"到了隋唐时期因与黄河流域封建政权的频繁接触，其服饰所体现的社会等级愈发明显。"其王服大袖紫袍，青锦裤，乌罗冠，金花为饰，素皮带，乌革履。官人尽绯为衣，银花饰冠。庶人不得衣绯紫。"③从国王到官人乃至普通百姓的服饰都有详细的规定，体现了社会等级体制的差异在逐步加大。

　　在历法方面，刘宋时期何承天所创制的《元嘉历》在百济施行，虽然说这一历法在元嘉二十二年(445 年)开始实行，至梁天监八年(509 年)停用，但在百济

---

① 《周书》卷四十九《异域传上·百济传》。《隋书》卷八十一《东夷传·百济传》云："官有十六品：长曰左平，次大率，次恩率，次德率，次杆率，次奈率，次将德，服紫带。次施德，皂带。次固德，赤带。次李德，青带。次对德以下，皆黄带。次文督，次武督，次佐军，次振武，次克虞，皆用白带。其冠制并同，唯奈率以上饰以银花。长史三年一交代。畿内为五部，部有五巷，士人居焉。五方各有方领一人，方佐贰之。方有十郡，郡有将。"《北史》卷九十四《百济传》所载与此类似，提到了官员"长史三年一交代"的官员任期制。《新唐书》卷二百二十《东夷传·百济传》记载，到了唐代，五方发展到六方，"方统十郡"。《三国史记》卷二十四《百济本纪第二·仇首王纪》记载，仇首王二十七年(260 年)正月，百济开始设立上述官员。
② 《旧唐书》卷一百九十九上《东夷传·百济传》。
③ 《旧唐书》卷一百九十九上《东夷传·百济传》。

地区则流行了一段时间。而且何承天创制此历法是根据夏历,说明了河洛地区所流行的夏历也间接地传播到了百济。此外,"医药卜筮占相之术"也流传到了百济。游艺活动"有投壶、樗蒲等杂戏,然尤尚弈棋",《北史》卷九十四《百济传》所述更为详细,为"有鼓角、箜篌、筝竽、箎笛之乐,投壶、摴蒲、弄珠、握槊等杂戏。尤尚弈棋"。我们知道,这些活动本是产生于黄河流域的民间游艺,自流传到百济后也成为当地人所喜爱的活动,显现出河洛地区的"杂戏"在百济地区的适应性。佛教在十六国时期开始流传到百济。近仇首王十年(385 年)四月死后,其子枕流王即位,此年九月,"胡僧摩罗难陀自晋至,王致礼宫内礼敬焉。佛法始于此"①。《海东高僧传》卷一《释摩罗难陀传》云:"九月,从晋乃来。王出郊迎之,邀致宫中,敬奉供养,禀受其说,上好下化,大弘佛事。共赞奉行,如置邮而传命。二年春创寺于汉山,度僧十人,尊法师故也。由是百济次高丽而兴佛教焉。"由于释摩罗难陀的传入,百济地区开始有了佛教的传播。黄河流域的本土教道教虽然没有在这一地区流行,但与道教有关的炼丹术则传到了百济。天兴三年(400 年)十月,道武帝"置仙人博士官,典煮炼百药"②,《魏书》卷一百十四《释老志》云:"天兴中,仪曹郎董谧因献服食仙经数十篇。于是置仙人博士,立仙坊,煮炼百药,封西山以供其薪蒸。"百济在北魏的影响下也设仙人博士一职,从事医药煮炼。这说明文化的影响是存在于社会生活的各个方面的。

黄河流域赋税征收办法也为百济所借鉴,"赋税以布绢丝麻及米等,量岁丰俭,差等输之"。虽然从流传下来的史料我们不知道其征收比例,但可以肯定的是这一按照收成情况依照一定比例来征收的现象,可能与曹魏时期屯田制的二八分成或四六分成有一定的影响关系,且其所征收的布绢丝麻及米等,也与黄河流域的魏晋等朝征收情况没有差别。百济相关法律规定也受河洛地区封建王朝的影响,"其刑罚:反叛、退军及杀人者,斩。盗者,流,其赃两倍征之。妇人犯奸者,没入夫家为婢"。这与曹魏以来的相关法律规定几无差别。到了唐代,百济的相关法规发生了一定的变化,"其用法:叛逆者死,籍没其家。杀人者,以奴婢三赎罪。官人受财及盗者,三倍追赃,仍终身禁锢"③。与北朝以前百济的相关

---

① 《三国史记》卷二十四《白济本纪第二·枕流王纪》。

② 《魏书》卷一百十三《百官志》。

③ 《旧唐书》卷一百九十九上《东夷传·百济传》。

法律条文比较可以看出,除谋反要处死刑外,还要"籍没其家",这很显然是受唐代对十恶不赦罪的惩处影响而做出的①,对杀人者可以用奴婢赎免的规定可能与百济社会发展的滞后性有关。对官员贪赃枉法行为及盗窃行为处以"三倍追赃"的处罚,并且禁止其终身为官。这也是受隋唐法律的影响而做出的。因为隋朝的法律也有相关规定,《隋书》卷二《高祖纪下》记载,隋文帝开皇十五年,"十二月戊子,敕盗边粮一升已上皆斩,并籍没其家"。《隋书》卷四《炀帝纪》及卷二十五《刑法志》也记载,隋炀帝也在大业九年八月,"戊申,制盗贼籍没其家"。从这些规定可以看出隋朝的法律精神深深影响到了百济的法律制定。

　　婚丧嫁娶的礼节亦继承了黄河流域的婚丧礼俗。《周书》卷四十九《异域传上·百济传》云:"婚娶之礼,略同华俗。父母及夫死者,三年治服。余亲,则葬讫除之。"姑且不论史书所记载的婚娶之礼的相同,就连为父母及夫君守丧三年也与黄河流域是一样的。百济不仅在"四仲之月,祭天及五帝之神",也祭祀其先祖之庙。②此外,百济的"岁时伏腊,同于中国",说明百济社会风俗受河洛地区的影响之明显,文化交流上所取得的成果更为引人注目。

　　百济本在辽东一带活动,并且与河洛地区的封建王朝建立起了密切的联系。东汉初年就与百济的先祖夫余建立起联系。《后汉书》卷八十五《东夷传·夫余传》云:"(建武)二十五年,夫余王遣使奉贡,光武厚答报之,于是使命岁通。至安帝永初五年,夫余王始将步骑七八千人寇钞乐浪,杀伤吏民,后复归附。永宁元年,乃遣嗣子尉仇台诣阙贡献,天子赐尉仇台印绶金彩。"汉安帝"延光元年春二月,夫余王遣子将兵救玄菟,击高句骊、马韩、涉貊,破之,遂遣使贡献"。李贤注云:"夫余王子,尉仇台也。"东汉末年,百济王尉仇台,"笃于仁信,始立国于带方故地",当时,公孙度为辽东太守,"以女妻之,遂为东夷强国"。尉仇台作为百济的始祖,后世对其崇敬有加,如北周时期,百济有"每岁四祠其始祖仇台之庙"的活动。西晋时期,高句丽占据辽东郡,"百济亦据有辽西、晋平二郡地矣,自置百济郡"③。东晋南朝时,百济也不断以南朝作为朝贡对象,建立起了良好的关

---

① 《通典》卷一百六十九《刑法七·守正》有"即从叛逆,籍没其家"的记载。
② 《北史》卷九十四《百济传》。
③ 《梁书》卷五十四《东夷传·百济传》。

系。① 十六国时期黄河流域大乱,但仍有百济王派遣使节到黄河流域的少数民族所建立的政权朝贡。而且十六国时期大规模迁徙人口到都城的过程中,也迁徙了部分百济人进入黄河流域,慕容皝的记室参军封裕在劝谏时就曾说:"句丽、百济及宇文、段部之人,皆兵势所徙,非如中国慕义而至,咸有思归之心。"而且这些边远地区的人口在慕容鲜卑的都城中的人口就达到十万人之多。② 虽然说这些被迁移的人口带有很大的被动性,但他们的到来无疑为河洛文化注入了新的活力。苻坚在淝水之战时,也曾"分遣使者征兵于鲜卑、乌丸、高句丽、百济及薛罗、休忍等诸国",因路途遥远,这些国家"并不从"③。因十六国时期黄河流域大乱,许多民众逃往百济,"其人杂有新罗、高丽、倭等,亦有中国人"④。可以这样认为正是黄河流域长期的战乱,使这里的人口不断迁徙到朝鲜半岛,他们在迁徙过去的同时也带去了黄河流域发达的文化和生活及生产方式,促进了朝鲜半岛的发展。

北朝时期是百济与黄河流域封建政权关系发展较快的历史时期。"百济、新罗自魏,历代并朝贡中国不绝。"⑤孝文帝延兴元年(471 年),曾发生了汉人十余人逃往百济时溺水身亡的事件,到了次年八月,"其王余庆(盖卤王)始遣其冠军将军驸马都尉弗斯侯、长史余礼、龙骧将军带方太守司马张茂等上表自通",并且在上表中历数高句丽的罪状,表达了愿意归附的心意,并请求北魏出兵助其攻打高句丽,还将溺水身亡之人的"衣器鞍勒"归还北魏。献文帝"以其僻远,冒险入献,礼遇优厚,遣使者邵安与其使俱还"。孝文帝还曾下诏弥合百济与高句丽之间的隔阂,但因高琏的阻挡,邵安等人无法通过。到了延兴五年,"使安等从东莱浮海,赐余庆玺书,褒其诚节。安等至海滨,遇风飘荡,竟不达而还"⑥。后来,"王以丽人屡犯边鄙,上表乞师于魏,不从。王怨之,遂绝朝贡"⑦。在与北魏的交往过程中,还发生过北魏军队进攻百济的情况。南齐永明六年(488 年,

① 薛瑞泽:《南北朝时期与朝鲜半岛诸国的交往》,《吉林师范大学学报》,2005 年第 5 期。
② 《晋书》卷一百九《慕容皝载记》。
③ 《晋书》卷一百十三《苻坚载记上》。
④ 《北史》卷九十四《百济传》。
⑤ 《通典》卷一百八十五《边防一·朝鲜》。
⑥ 《北史》卷九十四《百济传》。
⑦ 《三国史记》卷二十五《百济本纪第三·盖卤王纪》。

北魏孝文帝太和十二年），"魏遣兵击百济，为百济所败"①。建武元年（494 年，孝文帝太和十八年），"是岁，魏虏又发骑数十万攻百济，入其界，牟大遣将沙法名、赞首流、解礼昆、木干那率众袭击虏军，大破之"②。之所以发生如此现象，可能与北魏中期迁都洛阳以后在黄河流域的势力急剧扩张有关。

东魏迁都邺城后，北齐后主天统三年（567 年）十月，百济曾经至邺城朝贡。武平元年（570 年）二月癸亥，"以百济王余昌为使持节、侍中、骠骑大将军、带方郡公，王如故"。次年正月又"以百济王余昌为使持节、都督、东青州刺史"。武平四年，百济再次遣使朝贡。③ 北周灭北齐后，建德六年（577 年）、宣政元年（578 年），百济王扶余昌曾两次遣使朝贡。

隋王朝建立后，百济很快派遣使节朝贡，表明了对黄河流域新的封建政权的认同。开皇元年（581 年）十月，"百济王扶余昌遣使来贺，授昌上开府、仪同三司、带方郡公"。次年正月，又"遣使贡方物"④。开皇十年（590 年），隋灭陈后，有一战船漂至海东牦牟罗国，"其船得还，经于百济，（扶余）昌资送之甚厚，并遣使奉表贺平陈"。对于扶余昌的祝贺，隋文帝下诏褒扬："百济王既闻平陈，远令奉表，往复至难，若逢风浪，便致伤损。百济王心迹淳至，朕已委知。相去虽远，事同言面，何必数遣使来相体悉。自今以后，不须年别入贡，朕亦不遣使往，王宜知之。"百济使者非常高兴，"舞蹈而去"。开皇十八年（598 年），扶余昌又派遣其长史王辩那来献方物。适逢隋朝进攻高丽，百济使节愿为向导。因高元表示归顺，隋文帝随即撤兵。然而，百济的这一举动，"高丽颇知其事，以兵侵掠其境"。扶余昌死后，其子扶余璋继位，隋炀帝大业三年（607 年）三月，扶余璋"遣使者燕文进朝贡"。同年，"又遣使者王孝邻入献，请讨高丽"⑤。然而，扶余璋虽然表面与隋朝亲近，但首鼠两端，"璋内与高丽通和，挟诈以窥中国"。所以，当大业七年（611 年）二月，隋炀帝亲率大军进攻高丽时，虽然扶余璋"使其臣国智

---

① 《资治通鉴》卷一百三十六《齐纪二·世祖武皇帝上之下》。《三国史记》卷二十六《百济本纪·东城王纪》云："十年，魏遣兵来伐，为我所败。"

② 《南齐书》卷五十八《东南夷传》。

③ 《北齐书》卷八《后主纪》。

④ 《隋书》卷一《高祖纪》。

⑤ 《三国史记》卷二十七《百济本纪第四·武王纪》云："八年春三月，遣扞率燕文进入隋朝贡。又遣佐平王孝邻入贡，兼请讨高句丽。炀帝许之，令觇高句丽动静。"

牟来请军期。帝大悦，厚加赏赐，遣尚书起部郎席律诣百济，与相知"。但当隋朝大军渡过辽水后，"严兵于境，声言助军，实持两端"。大业八年（612 年）三月，扶余璋又遣使入隋朝贡。这一年，"隋文林郎裴清奉使倭国，经我国南路"。大业十年（614 年），百济再次遣使节贡方物。因为隋炀帝将征高丽，扶余璋"使国智牟请军期。帝悦，厚加赏赐。遣尚书起部郎席律来，与王相谋"①。此后，黄河流域陷于战乱，双方不再交往，隋朝不久灭亡。

朝鲜半岛的复杂形势使百济王朝的统治者在与隋朝交往的过程中所持态度首鼠两端，而这也只能理解为百济的自保策略。虽然形势变化多端，但百济与隋朝的往来无疑开辟了两地文化交流的新路径。

唐王朝建立后，百济很快与唐王朝建立起往来关系。唐高祖武德二年（619年），"其王扶余璋遣使来献果下马"。武德七年（624 年），"又遣大臣奉表朝贡。高祖嘉其诚款，遣使就册为带方郡王、百济王"。此后双方建立起了稳定的朝贡关系，扶余璋甚至将与高丽所形成的相互敌视甚而相互攻击的局面请求唐王朝出面予以解决。贞观元年（627 年），唐太宗即位后，还亲自写信给扶余璋表明了调停朝鲜半岛三国关系的良苦用心，扶余璋虽然表面"奉表陈谢"，但三国之间的关系并未得到改善，扶余璋"虽外称顺命，内实相仇如故"。贞观十一年十二月辛酉，扶余璋"百济王遣其太子隆来朝"，次年十月，扶余璋又"遣使来朝，献铁甲雕斧"。唐太宗给予了丰厚的回报，"赐彩帛三千段并锦袍等"。贞观十五年五月，扶余璋死后，其子义慈派遣使节向唐太宗告哀，"太宗素服哭之，赠光禄大夫，赙物二百段，遣使册命义慈为柱国，封带方郡王、百济王"。在唐太宗征高丽时，义慈乘机向新罗进攻，并与唐朝断绝往来。唐高宗即位后，永徽二年（651年），义慈"始又遣使朝贡"。是后，百济继续与新罗交恶。到显庆五年（660年），唐高宗"命左卫大将军苏定方统兵讨之，大破其国。虏义慈及太子隆、小王孝演、伪将五十八人等送于京师，上责而宥之"②。随后唐高宗在百济地区推行郡县制度。"至是乃以其地分置熊津、马韩、东明等五都督府，各统州县，立其酋

---

① 《三国史记》卷二十七《百济本纪第四·武王纪》。
② 《旧唐书》卷八十三《苏定方传》云："定方命卒登城建帜，于是泰开门顿颡。其大将祢植又将义慈来降，太子隆并与诸城主皆同送款。百济悉平，分其地为六州。俘义慈及隆、泰等献于东都。"《旧唐书》卷四《高宗纪上》云："（显庆五年）十一月戊戌朔，邢国公苏定方献百济王扶余义慈、太子隆等五十八人俘于则天门，责而宥之。"

渠为都督、刺史及县令。命右卫郎将王文度为熊津都督,总兵以镇之。"义慈到
达洛阳后,"数日而卒",唐朝廷"赠金紫光禄大夫、卫尉卿,特许其旧臣赴哭。送
就孙皓、陈叔宝墓侧葬之,并为竖碑"。随之唐朝军队又平定了百济地区参与的
反抗势力。① 到了仪凤二年(677 年)二月,为了安定朝鲜半岛的民众,唐高宗任
命"工部尚书高藏授辽东都督,封朝鲜郡王,遣归安东府,安辑高丽余众;司农卿
扶余隆熊津州都督,封带方郡王,令往安辑百济余众。仍移安东都护府于新城以
统之"②。唐高宗通过任命高丽王和百济王的后人为都督统辖高丽和百济的余
众,使一切不安定因素消弭在萌芽状态。在此时,百济的残余势力,又"遣使往
倭国,迎故王子扶余丰立为王"。在这股势力的鼓动下,"其西部、北部并翻城应
之"。经过数次战斗,龙朔二年(662 年)七月,唐军铲除了百济的残余势力,"扶
余丰脱身而走,伪王子扶余忠胜、忠志等率士女及倭众并降,百济诸城皆复
归"。唐朝廷"乃授扶余隆熊津都督,遣还本国,共新罗和亲,以招辑其余众"。
麟德二年(665 年)八月,扶余隆到熊津城,"与新罗王法敏刑白马而盟",不久因
为"隆惧新罗,寻归京师。仪凤二年(677 年),拜光禄大夫、太常员外卿、兼熊津
都督、带方郡王,令归本蕃,安辑余众。时百济本地荒毁,渐为新罗所据,隆竟不
敢还旧国而卒"③。扶余隆死后,葬于洛阳。1919 年洛阳出土的《唐扶余隆墓
志》为我们了解扶余隆在洛阳的活动提供了方便。扶余隆在投降唐朝以后曾参
与了一系列重大政治活动。首先扶余隆接受了唐朝给他的众多封号,表示对唐
朝的认同与归附。这从上文所列举的熊津州都督、封带方郡王,以及授予扶余隆
司稼卿等职务,即使逃回洛阳后,不仅仍然享受上述封号,而且还有光禄大夫、太
常员外卿的职务。其次,参与了平定扶余丰叛乱的战争。龙朔三年,在出兵镇压
扶余丰的叛乱中,"于是仁师、仁愿及新罗王金法敏帅陆军进,刘仁轨及别帅杜
爽、扶余隆率水军及粮船,自熊津江往白江以会陆军,同趋周留城"④。足见此次
平叛战争的残酷。《唐扶余隆墓志》提到扶余隆"俄沐鸿恩,陪觐东岳"。这说明
扶余隆曾经陪同唐高宗到东岳泰山进行封禅。查《旧唐书》卷四《高宗本纪》只

① 《旧唐书》卷一百九十九上《东夷传·百济传》。
② 《旧唐书》卷五《高宗纪下》。
③ 《旧唐书》卷一百九十九上《东夷传·百济传》。
④ 《旧唐书》卷八十四《刘仁轨传》。《旧唐书》卷一百九十九上《东夷传·百济传》、《资治通鉴》卷
二百一《唐纪十七》所载与此相同。

有麟德二年(665年)十月从东都洛阳出发,到次年正月曾经封禅泰山,而且是正月初一登到泰山顶的。"麟德三年春正月戊辰朔,车驾至泰山顿。是日亲祀昊天上帝于封祀坛,以高祖、太宗配飨。己巳,帝升山行封禅之礼。庚午,禅于社首,祭皇地祇,以太穆太皇太后、文德皇太后配飨。皇后为亚献,越国太妃燕氏为终献。辛未,御降禅坛。"并且因为封禅的原因,改年号为乾封。这说明扶余隆曾经"陪观东岳"应当是这一次。《大唐赠泰师鲁国孔宣公碑》的"乾封祭文"云:"维乾封元年(666年),岁次景寅,二月戊戌朔,二日己亥,皇帝遣司稼卿扶余隆,以少牢之奠祭先圣孔宣父之灵。"①此亦明确说明了扶余隆参与了此次泰山封禅的活动。这说明扶余隆归附唐朝后仍然受到重视。② 百济国人归附唐朝以后受到礼遇的除了扶余隆之外,还有不少人,如黑齿常之、黑齿俊父子就是这方面的例证。黑齿常之是百济西部人,显庆五年(660年)八月,苏定方等将领平定百济后,"常之率所部随例送降款"。因为苏定方所率领的军队,"纵兵劫掠,丁壮者多被戮",黑齿常之感到忧惧,"遂与左右十余人遁归本部,鸠集亡逸,共保任存山,筑栅以自固,旬日而归附者三万余人",并打败了苏定方前去镇压的军队。龙朔三年(663年),唐高宗派遣使臣招抚黑齿常之,"常之尽率其众降"。归附唐朝的黑齿常之受到重视,官职一再升迁。《黑齿常之墓志》云:"唐显庆中,遣邢国公苏!定方平其国,与其主扶余隆俱入朝,隶为万年县人也。麟德初,以人望授折冲都尉,镇熊津城,大为士众所悦。咸亨三年(672年),以功加忠武将军行带方州长史。寻迁使持节沙泮州诸军事、沙泮州刺史,授上柱国。以至公为己任,以忘私为大端。天子嘉之,转左领军将军兼熊津都督府司马,加封浮阳郡开国公,食邑二千户。"束有春、焦正安先生据此研究黑齿常之降唐后又返回百济任职。③ 仪凤元年(676年)闰三月初一,"吐蕃入寇鄯、廓、河、芳等四州",八月,"吐蕃寇叠州"。次年十二月,朝廷"敕关内、河东诸州招募勇敢,以讨吐蕃"。仪凤三年七月,吐蕃又进攻龙支,黑齿常之跟随李敬玄抗击吐蕃,在军队回撤过程中,黑齿常之"夜率敢死之兵五百人进掩贼营,吐蕃首领跋地设弃军宵遁,敬玄因此得还"。因为立功卓著,受到唐高宗的称赞,"擢授左武卫将军,兼

① 《金石萃编》卷五十五《赠泰师孔宣公碑》。
② 本段撰写参考了李之龙:《跋唐扶余隆墓志文》,《华夏考古》,1999年第2期。
③ 束有春、焦正安:《唐代百济黑齿常之、黑齿俊父子墓志文解读》,《东南文化》1996年第4期。

检校左羽林军,赐金五百两、绢五百匹,仍充河源军副使"。调露二年(680年)七月,黑齿常之击退吐蕃赞婆的三万军队,朝廷"擢常之为大使,又赏物四百匹"①。《黑齿常之墓志》也云:"属蒲海生氛,兰河有事,以府君充洮河道经略副使,实有寄焉。……于时,中书令李敬玄为河源道经略大使,诸军事取其节度。赤水军大使、尚书刘审礼既以败没,诸将莫不忧惧。府君独立高岗之功,以济其难。转左武卫将军,代敬玄为大使。"担任河源道经略大使后,黑齿常之通过设置烽戍和开营田充实军备做长期准备。开耀年间,"赞婆等屯于青海,常之率精兵一万骑袭破之,烧其粮贮而还"。正因为黑齿常之破敌有方,所以"常之在军七年,吐蕃深畏惮之,不敢复为边患"。唐中宗嗣圣元年(684年),黑齿常之"迁左武卫大将军,仍检校左羽林军"。武则天垂拱二年,"突厥犯边,命常之率兵拒之"。黑齿常之以少胜多,大败突厥军,"以功进封燕国公"。在此年徐敬业反叛时,为了镇压徐敬业,武则天"又以左鹰扬卫大将军黑齿常之为江南道行军大总管,并力",在三月平定了徐敬业。② 垂拱三年二月,突厥"骨咄禄及元珍又寇昌平,诏左鹰扬卫大将军黑齿常之击却之"③。八月,突厥又进攻朔州,黑齿常之又担任大总管,以李多祚、王九言为副。虽然前期作战中获胜,但在后来追击突厥时,中郎将爨宝璧轻易冒进,导致全军覆没。正因为如此,武则天宠信的酷吏周兴诬陷他"与右鹰扬将军赵怀节等谋反,系狱",黑齿常之"遂自缢而死"④。黑齿常之死后,他的儿子黑齿俊为他的平反而奔波,在圣历元年,经黑齿俊的努力,其父亲的"冤滞斯鉴",武则天下诏褒奖,"故左武威卫大将军、检校左羽林卫、上柱国、燕国公黑齿常之,早袭衣冠,备经驱荣……往遭飞言,爰从讯狱。幽愤殒命,疑罪不分。比加检察,曾无反状。言念非□,良深嗟悯。宜从雪免,庶慰茔魂。增以宠章,式光泉壤"。并"赠左玉钤卫大将军"。对黑齿俊也进行了封赏,"其男,游击将军行兰州广武镇将、卜柱国俊,自婴家咎,屡效赤诚,不避危亡,捐躯殉国,宜有哀(褒)录,以申优奖。可右豹韬卫翊府左郎将,勋如故"。到了圣历二年(699

---

① 《旧唐书》卷五《高宗纪下》云:"秋七月,吐蕃寇河源,屯于良非川。河西镇抚大使李敬玄与吐蕃将赞婆战于湟中,官军败绩。时左武卫将军黑齿常之力战,大破蕃军,遂擢为河源军经略大使。"

② 《新唐书》卷七十六《后妃传上·则天武皇后传》。

③ 《旧唐书》卷一百九十四《突厥传上》。

④ 《旧唐书》卷一百九《黑齿常之传》。《资治通鉴》卷二百四《唐纪二十》云:"(永昌元年九月),周兴等诬右武卫大将军燕公黑齿常之谋反,征下狱。冬,十月,戊午,常之缢死。"

年)一月廿二日,黑齿俊"所请改葬父者,赠物一百段。其葬事幔幕手力一事,以上官供"。二月十七日,黑齿常之"奉迁于邙山南官道北"①。黑齿俊的事迹在唐代的史书中没有记载,其墓志云:"弱冠以别奏,从梁王护西道,行以军功授游击将军,任右豹韬卫翊府左郎将,俄迁右金吾卫翊府中郎将、上柱国。"然而他英年早逝,"神龙二年(706年)五月廿三日遘疾,终洛阳县从善之□。春秋卅一"。他的命运也比较悲惨,"惟公志气雄烈,宇量高深,虽太上立功,劬劳苦战,而数奇难偶,竟不封侯。奄及歼良,朝野痛惜"。八月十三日,"葬于北邙山原"。从黑齿常之父子二人在唐朝的遭遇,以及其死后葬于洛阳北邙山,说明其归降唐朝以后,就将家安于洛阳,如黑齿俊就死在洛阳县从善之□,应当是其所居之地。虽然说在武周王朝受到迫害,但黑齿常之父子毕竟参与朝廷的一系列军事行动,受到朝廷的重用。这说明他们已经融入当时的社会,成为朝廷的重臣。此后,朝鲜半岛原高丽、百济所控制的地区脱离了唐王朝的控制,"高宗时,平高丽、百济,辽海已东,皆为州,俄而复叛,不入提封"。到唐睿宗景云二年(711年),"分天下郡县,置二十四都督府以统之。议者以权重不便,寻亦罢之"②。

百济作为朝鲜半岛的国家,从公元前后形成以来,经过汉魏晋南北朝以及隋唐等王朝与中国大陆的不同封建王朝建立起了相对密切的关系。虽然说在东晋南朝时期,中国大陆地区的文化传播到百济地区与河洛地区关系不大,但不可否认这些传播到百济地区的文化是由黄河流域传播到江南地区再传播到百济去的。如果这一看法能够成立的话,我们可以看到从南朝时期开始经由南朝传播到百济的多种文化形式。

从传统典籍来看,逐步传到百济的典籍主要以儒家经典为主。元嘉二十七年(450年),百济王扶余毗"上书献方物,私假台使冯野夫西河太守,表求《易林》、《式占》、腰弩",宋文帝"并与之"③。梁武帝中大通六年(534年)、大同七年,多次派遣使节贡献方物。"并请《涅盘》等经义、《毛诗》博士,并工匠、画师等",梁武帝"敕并给之"④。陆诩从小学习崔灵恩的《三礼义宗》,"梁世百济国

① 束有春、焦正安:《唐代百济黑齿常之、黑齿俊父子墓志文解读》,《东南文化》,1996年第4期。
② 《旧唐书》卷三十八《地理志一》。
③ 《宋书》卷九十七《夷蛮传·百济国传》。
④ 《梁书》卷五十四《东夷传·百济传》。

表求讲礼博士,诏令诩行"①。可以由此看出,在宋、梁两朝有关儒家经典和佛教经典都已传入朝鲜半岛。隋朝时,京兆人杜正玄、杜正藏兄弟三人在大业年间,"俱以文章一时诣阙,论者荣之",特别是杜正藏所"著《文章体式》,大为后进所宝,时人号为文轨,乃至海外高丽、百济,亦共传习,称为《杜家新书》"②。唐代流传进百济的汉文典籍非常丰富,"其书籍有《五经》、子、史,又表疏并依中华之法"。朱子奢在贞观初年曾经受命出使朝鲜半岛,协调三国之间的战事。《旧唐书》卷一百八十九上《儒学传上·朱子奢传》云:

> 贞观初,高丽、百济同伐新罗,连兵数年不解,新罗遣使告急。乃假子奢员外散骑侍郎充使,喻可以释三国之憾,雅有仪观,东夷大钦敬之,三国王皆上表谢罪,赐遣甚厚。初,了省之山使也,太宗谓曰:"海夷颇重学问,卿为大国使,必勿藉其束脩,为之讲说。使还称旨,当以中书舍人待卿。"子奢至其国,欲悦夷虏之情,遂为发《春秋左传》题,又纳其美女之赠。使还,太宗责其违旨,犹惜其才,不至深谴,令散官直国子学。

通过此事我们可以看出在唐朝建立后,因为在东亚地区强大的影响力,使朝鲜半岛三国对中华文化非常钦佩,因而朱子奢作为使臣出使宣讲儒学自然为其所喜爱。甚而出现了百济等周边国家将子弟送入国学学习,唐朝初年,国学规模迅速扩大,总数达到3260人,"俄而高丽及百济、新罗、高昌、吐蕃等诸国酋长,亦遣子弟请入于国学之内",最后达到8000余人,形成了"济济洋洋焉,儒学之盛,古昔未之有也"的盛况。③ 其目的是为了更好地接受黄河流域的汉文化。

隋朝建立后,黄河流域与百济的交往更加频繁,双方音乐文化的交流更多。在隋文帝所制定的《七部乐》中,"百济伎不预焉",但仍杂有百济等地的伎乐。④在唐初的音乐中"东夷乐有高丽、百济"等,列入十部乐之内。⑤ 唐灭百济后,百济等地的音乐因为百济国已灭,唐王朝关于百济的音乐开始逐步散失,"《百济

① 《陈书》卷三十三《儒林传·郑灼传附陆诩传》。
② 《隋书》卷七十六《文学传·杜正玄传附弟正藏传》。
③ 《旧唐书》卷一百八十九上《儒学传上·序》。《新唐书》卷四十四《选举志上》。
④ 《隋书》卷十五《音乐志下》。
⑤ 《新唐书》卷二十二《礼乐志》。

乐》,中宗之代,工人死散"。岐王李范为太常卿时,"复奏置之,是以音伎多阙",仅留存下来"舞二人,紫大袖裙襦,章甫冠,皮履。乐之存者,筝、笛、桃皮筚篥、箜篌、歌"等。① 可见随着百济的灭亡,百济的音乐也逐步渗透到汉文化音乐中来,再次表明了文化交流的双向性。

唐朝平定百济后,唐朝官员对当地的经济进行了极力恢复。刘仁轨"始令收敛骸骨,瘗埋吊祭之。修录户口,署置官长,开通途路,整理村落,建立桥梁,补葺堤堰,修复陂塘,劝课耕种,赈贷贫乏,存问孤老。颁宗庙忌讳,立皇家社稷。百济余众,各安其业。于是渐营屯田,积粮抚士,以经略高丽"②。乾封初年,绛州龙门人薛仁贵与李勣平高丽后,薛仁贵"移理新城,抚恤孤老;有干能者,随才任使;忠孝节义,咸加旌表。高丽士众莫不欣然慕化"③。以刘仁轨、薛仁贵为代表的官员通过自己努力,使当地民众诚心归附,为河洛文化在这一地区的传播营造了良好的环境。

综观汉唐时期百济地区与黄河流域诸封建王朝的交往,可以看出百济作为东北边缘地区的政权,因河洛地区社会动荡不定,所以,与南北朝都建立起了联系,特别是北周灭北齐以后乃至隋唐兴替时,百济都能够迅速把握时势,与黄河流域新的王朝建立起联系。因为隋唐时期两朝强大的国势,朝鲜半岛的三国虽然说从内心深处担心隋唐的入侵,但表面上与隋唐王朝仍然保持了较为密切的关系。在双方的往来过程中,黄河流域的政治制度、社会风俗以及文化的各个层面都先后被百济所借鉴和吸收,有时甚至直接派遣人员到隋唐王朝进行学习,以便更为直接地接受汉文化。

三、新罗与河洛地区的关系

新罗作为朝鲜半岛的三国之一,是辰韩的一支,在马韩之东。关于辰韩的情

---

① 《旧唐书》卷二十九《音乐志二》。《通典》卷一百四十六《乐六·四方乐》云:"百济乐,中宗之代,工人死散。开元中,岐王范为太常卿,复奏置之,是以音伎多阙。舞者二人,紫大袖裙襦,章甫冠,皮履。乐之存者,筝、笛、桃皮筚篥、箜篌、歌。"
② 《旧唐书》卷八十四《刘仁轨传》。
③ 《旧唐书》卷八十三《薛仁贵传》。

况,在东汉时期已经为河洛地区所了解和认知。因为辰韩的民众多来自河洛地区,所以辰韩亦称秦韩,"自言古之亡人避秦役来适韩国,马韩割其东界地与之",开始出现城池,名曰城栅。"其言语不与马韩同,名国为邦,弓为弧,贼为寇,行酒为行觞。"这说明辰韩是由来自黄河流域的民众所构成,这些风俗的形成可能来自黄河流域的民众仍然保留了许多故土原有的社会风俗,就连对名物的称谓也带有黄河流域固有的习惯。在东汉时期已经形成部落联盟国家,"始有六国,稍分为十二国"①。因为是外来的民众所组成,所以"辰韩王常用马韩人作之,世相系,辰韩不得自立为王,明其流移之人故也。恒为马韩所制"。这反映了辰韩在朝鲜半岛的发展因为没有文化的根底,其王也由马韩所任。辰韩原来有六个类似部落的国家组成,新罗是其一。新罗在百济的东南,东临大海,南北与高句丽和百济接壤。《北史》卷九十四《新罗传》云:"或称魏将毌丘俭讨高丽破之,奔沃沮,其后复归故国,有留者,遂为新罗,亦曰斯卢。"②这是新罗形成的另一种说法,但无论上述两种说法的哪一种,都说明新罗是由黄河流域的民众迁移而形成的。

虽然说新罗处在朝鲜半岛文化的浸润下,更多的文化风貌呈现出当地的特色,但是依然有许多因素受内地文化的影响。《梁书》卷五十四《东夷传·新罗传》云:

> 其俗呼城曰健牟罗,其邑在内曰啄评,在外曰邑勒,亦中国之言郡县也。国有六啄评,五十二邑勒。土地肥美,宜植五谷。多桑麻,作缣布。服牛乘马。男女有别。其官名,有子贲旱支、齐旱支、谒旱支、壹告支、奇贝旱支。其冠曰遗子礼,襦曰尉解,裤曰柯半,靴曰洗。其拜及行与高骊相类。无文字,刻木为信。语言待百济而后通焉。

由此也可以看出新罗在立国之初就深深打上了河洛文化的影响。

---

① 《三国志》卷三十《魏书·东夷传附韩传》。
② 《三国史记》卷四《新罗本纪第四·智证麻立干纪》云:"四年(503年)冬十月,群臣上言曰:'始祖创业以来,国名未定,或称斯罗,或称斯卢,或言新罗。臣等以为,新者,德业日新,罗者,网罗四方之义,则其为国号宜矣。'并上新罗国王号。这说明新罗国的正式称谓是在北魏宣武帝时期才开始确定。

(一)三国时期新罗与中原王朝的交往

南北朝时期,新罗开始与中国大陆上的政权建立起联系。崔鸿《十六国春秋·前秦录》云:"新罗王遣使贡其方物,在百济东,去长安九千八百里,其人食麦。"梁武帝普通元年(520年)正月,新罗法兴王才开始"颁示律令,始制百官公服,朱紫之秩"。次年十一月,新罗与百济同时向梁朝朝贡。"王姓募名秦,始使使随百济奉献方物。"这在《梁书》内曾两次记载,当是新罗与大陆交往的开始。陈朝时,新罗曾经四次到陈朝朝贡。北齐武成帝河清三年(564年),新罗国王金真兴派使节朝贡,次年二月,武成帝"诏以新罗国王金真兴为使持节、东夷校尉、乐浪郡公、新罗王"①。齐后主武平三年(572年),新罗再次派遣使节朝贡。

隋朝建立后,经过十余年,到开皇十四年(594年),新罗王真平"遣使贡方物"。隋文帝"拜真平上开府、乐浪郡公、新罗王"②。隋炀帝大业十一年(615年)正月初一,新罗等26国"并遣使朝贡"。隋炀帝在洛阳"大会蛮夷,设鱼龙曼延之乐,颁赐各有差"③。新罗的官僚机构分为17等,"其一曰伊罚干,贵如相国。次伊尺干,次迎干,次破弥干,次大阿尺干,次阿尺干,次乙吉干,次沙咄干,次及伏干,次大奈摩干,次奈摩,次大舍,次小舍,次吉土,次大乌,次小乌,次造位"。大概受黄河流域封建政权的影响,地方才有郡县的设置。"其文字、甲兵同于中国。"社会风俗也与内地有许多类似的地方。"每正月旦相贺,王设宴会,班赉群官。其日拜日月神。至八月十五日,设乐,令官人射,赏以马布。其有大事,则聚群官详议而定之。服色尚素。妇人辫发绕头,以杂彩及珠为饰。婚嫁之礼,唯酒食而已,轻重随贫富。新婚之夕,女先拜舅姑,次即拜夫。死有棺敛,葬起坟陵。王及父母妻子丧,持服一年。"④可以证明隋朝及其之前黄河流域文化传播到新罗的事实,在《隋书》卷七十《李子雄传》有一典型材料也可以证明:

新罗尝遣使朝贡,子雄至朝堂与语,因问其冠制所由。其使者曰:"皮

---

① 《北齐书》卷七《武成帝纪》。
② 《北史》卷九十四《新罗传》。
③ 《隋书》卷四《炀帝纪下》。
④ 《隋书》卷八十一《东夷传·新罗传》。

弁遗象。安有大国君子而不识皮弁也。"子雄因曰:"中国无礼,求诸四夷。"使者曰:"自至已来,此言之外,未见无礼。"宪司以子雄失词,奏劾其事,竟坐免。

　　这条材料说明新罗的冠制就是由河洛地区传过去的,否则新罗使节不会有此言语来回应李子雄的无知。因为在隋代新罗地理位置偏远,隋文帝所制定的《七部乐》中并没有新罗乐,但为了体现海纳百川的胸怀,如同百济一样,音乐制定也杂糅进了新罗伎。佛教在新罗地区的传播也更加普遍。王劭《舍利感应记别录》记载,仁寿初年,随文帝曾下诏云:"高丽、百济、新罗三国使者将还,各请一舍利,于本国起塔供养,诏并许之。"①

　　唐王朝建立后,朝鲜半岛的形势更为复杂,既有高丽与唐王朝的对抗,也有百济对唐王朝的三心二意,还有三国之间的相互攻伐。在此情况下,偏居朝鲜半岛东部的新罗与唐王朝的关系就显得尤为重要。唐高祖对三国之间的冲突非常担忧,因为唐王朝建立后,三国均作为唐朝的附属国而存在,三国之间的彼此战争必然使唐王朝处在尴尬的境地,因而,唐高祖认为三国"俱为蕃附,务在和睦",并询问新罗使节三国争战的缘由。新罗使节对曰:"先是百济往伐高丽,诣新罗请救,新罗发兵大破百济国,因此为怨,每相攻伐。新罗得百济王,杀之,怨由此始。"新罗向唐朝的朝贡开始于武德四年(621年),新罗遣使朝贡后,"高祖亲劳问之",并且"遣通直散骑侍郎庾文素往使焉,赐以玺书及画屏风、锦彩三百段",自此之后新罗朝贡不绝。武德七年(624年)正月,唐高祖又"遣使册拜金真平为柱国,封乐浪郡王、新罗王"②。武德九年,朝鲜半岛的高丽、百济、新罗都派遣使节朝贡。贞观元年(627年),唐太宗给百济王扶余璋颁布诏书称:"朕已对王侄信福及高丽、新罗使人,具敕通和,咸许辑睦。王必须忘彼前怨,识朕本怀,共笃邻情,即停兵革。"扶余璋虽然表面听从唐太宗的话,但仍然"内实相仇如故"③。贞观五年,新罗王金真平"遣使献女乐二人,皆鬌发美色"。唐太宗以其"山川阻远,怀土可知"为由,"愍其远来,必思亲戚,宜付使者,听遣还家",将

---

①　《法苑珠林》卷四十《舍利灾第三十七》。《全隋文》卷二十二。
②　《旧唐书》卷一百九十九上《东夷传·新罗传》。
③　《旧唐书》卷一百九十九上《东夷传·百济传》。

新罗所献美女送回。魏徵曾劝谏唐太宗,是唐太宗将新罗美女送回的重要原因。① 在这一年,金真平死后,因无子,其女金善德被立为王,宗室大臣乙祭总知国政。"诏赠真平左光禄大夫,赙物二百段。九年,遣使持节册命善德柱国,封乐浪郡王、新罗王。"此后,贞观十三年(639 年),新罗金善德曾经派遣使节再到长安朝贡。贞观十七年,因高丽、百济联手进攻新罗,金善德派遣使节请求唐太宗出兵相救。唐太宗与新罗相约进攻高丽,迫使高丽投降。贞观二十一年,金善德卒,唐太宗"赠光禄大夫,余官封并如故",并立其妹金真德为王,加授柱国,封乐浪郡王。金真德继位后,"遣其弟国相、伊赞子金春秋及其子文正来朝。诏授春秋为特进,文正为左武卫将军。春秋请诣国学观释奠及讲论,太宗因赐以所制《温汤》及《晋祠碑》并新撰《晋书》。将归国,令三品以上宴饯之,优礼甚称"②。从贞观十八年到二十三年八月十八日,唐太宗修建了自己的寿陵,唐太宗"欲阐扬先帝徽烈,乃令匠人琢石,写诸蕃君长,贞观中擒伏归化者形状,而刻其官名",这其中就包括"新罗乐浪郡王金贞德"③。唐太宗的昭陵陪葬者就有"新罗王女德真"④。唐高宗永徽元年(650 年),金真德大败百济军队,并派遣其弟金法敏报告唐朝,金真德还作了织锦作五言《太平颂》一首献给唐高宗,诗云:"大唐开洪业,巍巍皇猷昌。止戈戎衣定,修文继百王。统天崇雨施,理物体含章。深仁偕日月,抚运迈陶唐。幡旗既赫赫,钲鼓何锽锽。外夷违命者,翦覆被天殃。淳风凝幽显,遐迩竞呈祥。四时和玉烛,七曜巡万方。维岳降宰辅,维帝任忠良。五三成一德,昭我唐家光。"这首诗是对唐王朝的颂歌,从这首诗中我们也可以看出金真德具有很高的汉文化修养。唐高宗对金真德非常赞赏,并拜前来献诗的金法敏为太府卿。永徽三年,金真德卒,唐高宗立金春秋为新罗王,并加授开府仪同三司,封乐浪郡王。永徽六年,百济与高丽、靺鞨联合进攻新罗的北界,攻占三十余城,金春秋向唐高宗求援。显庆五年(660 年),唐高宗命左武卫大将军

① 唐·王方庆《魏郑公谏录》卷二《谏新罗国献美女》云:"新罗国献美女,公谏曰:'臣一昨在内,略闻新罗国重更进女,未委逗留计。蕃夷献女,诚不足怪,但今日受纳,实非其时,道路传闻,必生横议,若微亏圣德,悔不可追。且愿详择事宜,以礼告示,申其使人诚款;逼不得已,然后遂其所欲,则远夷悦服,人无谤言。'太宗喜形于色而遣之。"
② 《旧唐书》卷一百九十九上《东夷传·新罗传》。《旧唐书》卷三《太宗纪下》云:"新罗王遣其相伊赞千金春秋及其子文王来朝。"
③ 《唐会要》卷二十《陵议》。
④ 《唐会要》卷二十一《陪陵名位》。

苏定方为熊津道大总管,统率水陆军十万人,令金春秋为嵎夷道行军总管,联合讨伐百济,俘虏了百济王扶余义慈,百济灭亡。"自是新罗渐有高丽、百济之地。其界益大,西至于海。"总章元年九月,李勣又灭高丽。朝鲜半岛只剩下新罗一个国家,新罗因与唐王朝保持了良好的关系,在三国对峙的情况下,借助唐朝的力量,在朝鲜半岛站稳了脚跟。

(二)统一后新罗与中原王朝的关系

朝鲜半岛统一后,新罗与唐王朝的关系构成了此后长达二百余年双方交流的主流。双方既有和平交流,也有战争相向。

龙朔元年(661年),新罗王金春秋卒,其子令法敏嗣立。唐高宗任命金法敏"为开府仪同三司、上柱国、乐浪郡王、新罗王"。而此后新罗与唐朝的关系并不和谐。龙朔三年,唐高宗"诏以其国为鸡林州都督府,授法敏为鸡林州都督"。麟德二年(665年),唐高宗"封泰山,(刘)仁轨领新罗及百济、耽罗、倭四国酋长赴会,高宗甚悦"。到了麟德五年,刘仁轨又"为鸡林道大总管,东伐新罗"[①]。这说明唐与新罗之间虽然有往来关系但并未保持住良好的关系。咸亨三年(672年)冬,唐朝左监门大将军高侃大败新罗之众于横水。因为双方对立,所以次年闰五月,燕山道总管李谨行破高丽叛党于瓠卢河之西,高丽平壤余众遁入新罗。到了咸亨五年(674年)二月,唐高宗派遣太子左庶子、同中书门下三品刘仁轨为鸡林道大总管,卫尉卿李弼、右领大将军李谨行为副手,以讨伐新罗。上元二年(675年)二月,鸡林道行军大总管大破新罗之众于七重城,斩获甚众。"新罗遣使入朝献方物,伏罪。赦之,复其王金法敏官爵。"开耀元年(681年),金法敏卒,其子金政明嗣位。武后垂拱二年(686年),金政明派遣使者来洛阳朝贡,"因上表请《唐礼》一部并杂文章,则天令所司写《吉凶要礼》,并于《文馆词林》采其词涉规诫者,勒成五十卷以赐之"。金政明派遣使者向武则天"请《唐礼》一部并杂

---

① 《旧唐书》卷八十四《刘仁轨传》。《唐会要》卷七《封禅》云:"麟德二年十月丁卯,帝发东都,赴东岳。从驾文武兵士,及仪仗法物,相继数百里,列营置幕,弥亘郊原。突厥、于阗、波斯、天竺国、罽宾、乌苌、昆仑、倭国及新罗、百济、高丽等诸蕃酋长,各率其属扈从,穹庐毡帐,及牛羊驼马,填候道路。是时频岁丰稔,斗米至五钱,豆麦不列于市。议者以为古来帝王封禅,未有若斯之盛者也。十二月丙午,至齐州,停十日。丙辰,发灵岩顿,至于泰岳之下。庚申,帝御行宫牙帐,以朝群臣。"

文章",表明了新罗接受河洛地区流行文化的愿望,而武则天将内地的文化典籍赏赐给新罗使节则表明了她传播河洛地区文化的心愿,而且她所送给新罗的典籍是当时最为重要的文化典籍,这无疑使新罗接受了河洛地区最为优秀的文化。新罗不仅从官方求得文化典籍,而且还私下寻求名人的文章。《桂林风土记·张鷟》记载:"新罗、日本国前后遣使入贡,多求文成(张鷟字——引者注)文集归本国。其为声名远播如此。"①天授三年(692年),金政明卒,武则天为之举哀,并派遣使者吊祭,册立其子金理洪为新罗王,仍令承袭其父辅国大将军,代行豹韬卫大将军、鸡林州都督。长安二年(702年)金理洪卒,武则天又为之举哀,辍朝二日,遣使立其弟金兴光为新罗王,仍承袭其兄将军、都督之号。从武则天的表现可以看出武周政权对于与新罗关系的重视。

武则天之后,唐王朝与新罗继续保持着长久的联系,河洛地区与新罗之间依然存在着直接或间接的联系。唐玄宗开元十二年(724年),在封禅泰山时,包括新罗侍子、"高丽朝鲜王、百济带方王"等在内的周边地区的国家"咸在位"②。开元十六年七月,新罗王金兴光"遣使来献方物,又上表请令人就中国学问经教,上许之"。开元二十一年,渤海国靺鞨人越海进攻登州,当时金兴光族人金思兰因先入朝留在京师长安,唐玄宗拜其为太仆员外卿,"至是遣归国发兵以讨靺鞨,仍加授兴光为开府仪同三司、宁海军使"。开元二十三年十二月,新罗再次遣使朝贡。开元二十五年,金兴光卒,唐玄宗诏赠太子太保,并派遣左赞善大夫邢璹兼摄鸿胪少卿,往新罗吊祭,并册立其子金承庆袭父开府仪同三司、新罗王。此时正值唐王朝的盛世,唐玄宗在送邢璹出使前,"上制诗序,太子以下及百僚咸赋诗以送之"。唐玄宗还告诫邢璹出使的目的云:"新罗号为君子之国,颇知书记,有类中华。以卿学术,善与讲论,故选使充此。到彼宜阐扬经典,使知大国儒教之盛。"可见邢璹出使的目的很明显,就是为了传播河洛地区久已盛行的儒家文化。唐玄宗还听说新罗人善弈棋,"因令善棋人率府兵曹杨季鹰为璹之副。璹等至彼,大为蕃人所敬。其国棋者皆在季鹰之下,于是厚赂璹等金宝及

---

① 《新唐书》卷一百六十一《张荐传》亦云:"新罗、日本使至,必出金宝购其文。"鲁迅《〈游仙窟〉序言》亦称:"《唐书》虽称其文下笔立成,大行一时,后进莫不传记,日本新罗使至,必出金宝购之,而又皆为浮艳少理致,论著亦率诋诮芜秽。"

② 《旧唐书》卷二十三《礼仪志三》。

药物等"。由此可见,唐代开元年间是新罗与唐朝关系最为密切的时期,也是以儒家文化为代表的河洛文化东传朝鲜半岛的时期。此后,新罗先后经历了金宪英(天宝二年)、金乾运(大历二年)、金良相(建中四年)、金敬信(贞元元年)、金俊邕(贞元十四年)、金重兴(贞元十六年)、金彦升(元和七年)、金景徽(长庆五年)等王,新罗不断派遣使节到唐朝朝贡,有时是一年数次。① 也有唐朝的使臣出使新罗,以其人格魅力影响了新罗社会。大历初年,归崇敬出使新罗,"先是,使外国多赍金帛,贸举所无",从此也可以看出使臣在出使新罗时除完成使命外,还携带内地的金帛来换取内地所无的物品。而归崇敬出使新罗时,"囊橐惟衾衣",使"东夷传其清德"②。因而史书称归崇敬出使新罗时,"一皆绝之,东夷称重其德"。按照当时的传统,"使新罗者,至海东多有所求,或携资帛而往,贸易货物,规以为利"③。门崇德的清正廉明也因此影响到新罗地区,使新罗的民众对唐朝的社会风情有了深刻的认识。此外,李纳出使新罗也因廉洁而赢得声誉,当时"朝廷每降使新罗,其国必以金宝厚为之赠",而李纳出使时不接受赠品,因而史书称"唯李纳判官一无所受,深为同辈所嫉"④。唐代官员也以自己的人格魅力影响到了朝鲜半岛的社会习俗。

开元年间,萧颖士曾经与李华、陆据同游洛南龙门,三人共读路侧古碑,因萧颖士一阅即能诵之,李华和陆据看两三遍,方能记之,"是时外夷亦知颖士之名,新罗使入朝,言国人愿得萧夫子为师,其名动华夷若此"⑤。足见萧颖士文名影响之大。长庆年间(821—824年),源寂出使新罗国,"见其国人传写讽念(冯)定所为《黑水碑》、《画鹤记》",因而有冯定"文名驰于戎夷如此"之说。⑥ 大中四年(850年),进士冯涓登第,榜中文誉最高。"是岁,新罗国起楼,厚赍金帛,奏请撰记,时人荣之。"⑦进士冯涓以其文采受到新罗人的称赞。京兆人周昉的画作"穷丹青之妙",到唐德宗"贞元末,新罗国有人于江淮以善价收市数十卷持往彼

①　《旧唐书》卷一百九十九上《东夷传·新罗传》。
②　《新唐书》卷一百六十四《归崇敬传》。
③　《旧唐书》卷一百四十九《归崇敬传》。
④　《唐语林》卷三《方正》。
⑤　《旧唐书》卷一百九十下《文苑下·萧颖士传》。
⑥　《旧唐书》卷一百六十八《冯宿传附定传》。
⑦　《北梦琐言》卷三。《唐语林》卷七《补遗(起武宗至昭宗)》。

国,其画佛像,真仙、人物、土女,皆神品也;惟鞍马、鸟兽、草木、林石,不穷其状"①。唐代河洛地区的礼俗继续在朝鲜半岛流行,并对朝鲜半岛的社会风俗产生了深刻的影响。"重元日,相庆贺燕飨,每以其日拜日月神。又重八月十五日,设乐饮宴,赍群臣,射其庭。妇人发绕头,以彩及珠为饰,发甚长美。"②这可以说是自隋代以来的延续。见诸记载的描述高丽的风俗书籍也出现了,如裴矩撰《高丽风俗》一卷,常骏等撰《奉使高丽记》一卷,高丽人崔致远撰《四六》一卷、《桂苑笔耕》二十卷,顾愔撰《新罗国记》一卷。这些都是有关高丽社会风情的著述。③

　　唐代到达新罗的线路主要是途经山东半岛,并由之渡海而至。因此,从河南走陆路,然后海路。唐代李筌《神机制敌太白阴经》卷三《杂仪类·关塞四夷篇第三十四》云:"河南道:自西京出潼关,经东莱节度,去西京二千七百六十里,去东京一千八百五十三里。东涉沧海,距熊津都督府、北济国,又东抵鸡林都督府、新罗国,又东南经利磨国,属罗。涉海,达倭国,一名日本,其海行不计里数。"《新唐书》卷四十三下《地理志七下》云:"登州东北海行,过大谢岛、龟歆岛、末岛、乌湖岛三百里。北渡乌湖海,至马石山东之都里镇二百里。东傍海壖,过青泥浦、桃花浦、杏花浦、石人汪、橐驼湾、乌骨江八百里。乃南傍海壖,过乌牧岛、贝江口、椒岛,得新罗西北之长口镇。又过秦王石桥、麻田岛、古寺岛、得物岛,千里至鸭绿江唐恩浦口。乃东南陆行,七百里至新罗王城。"正因为新罗与山东半岛接近,成为往来的重要交通线。在这一交通线上甚而出现了掳掠新罗人口为奴婢的现象。长庆元年(821年)三月,平卢薛平奏:"海贼掠卖新罗人口于缘海郡县,请严加禁绝,俾异俗怀恩。"唐穆宗对这一建议"从之"。唐穆宗"长庆元年,诏禁登、莱州及缘海诸道,纵容海贼掠卖新罗人口为奴婢"④。这说明海盗掠卖新罗人口已经成为一种风气。到了长庆三年(823年)正月初一,唐穆宗又重申了这一诏令:"敕不得买新罗人为奴婢,已在中国者即放归其国。"⑤唐文宗即

①　《唐朝名画录·神品中一人(周昉)》。
②　《旧唐书》卷一百九十九上《东夷传·新罗传》。
③　《新唐书》卷六十《艺文志四》。
④　《文献通考》卷十一《户口考二·历代户口丁中赋役》。
⑤　《旧唐书》卷十六《穆宗本纪》。《唐会要》卷八十六《奴婢》敕旨:"禁卖新罗,寻有正敕,所言如有漂寄,固合任归,宜委所在州县,切加勘会,责审是本国百姓情愿归者,方得放回。"

位后,太和二年(828年)十月,有关官员又上奏:"其新罗奴婢,伏准长庆元年三月十一日敕,应有海贼诱掠新罗良口,将到缘海诸道,卖为奴婢,并禁断者,虽有明敕,尚未止绝。伏请申明前敕,更下诸道,切加禁止。"唐文宗对这一建议,敕旨:"宜依。"①新罗人对海盗掠卖人口也非常愤恨,新罗人张保皋曾对其王说:"中国以新罗人为奴婢,愿得镇清海,使贼不得掠人西去。"清海乃"海路之要也。王与保皋万人守之。自大和后,海上无鬻新罗人者"②。由此可见,双方交往道路的畅通,不仅便利了双方往来,而且也使海盗能够借机掳掠人口。

新罗的服饰受唐的影响也很明显。《三国史记》卷三十三《杂志二·色服》云:

> 新罗之初,衣服之制,不可考色。至第二十三叶法兴王,始定六部人服色。尊卑之制,犹是夷俗。至真德在位二年(648年),金春秋入唐,请袭唐仪,玄宗[太宗]皇帝诏可之,兼赐衣带。遂还来施行,以夷易华。文武王在位四年,又革妇人之服,自此以后,衣冠同于中国。我太祖受命,凡国家法度,多因罗旧,则至今朝廷士女之衣裳,盖亦春秋请来之遗制钦。

正因为贞观二十三年从唐朝获得了汉族的服饰,所以在真德王三年(649年)正月,"始服中朝衣冠"③。说明黄河流域所盛行的服饰被新罗社会上层人所接受。

(三)宗教交往所显现的文化交流的频繁

佛教的传播也显示出河洛地区对新罗的影响。佛教在讷祇王(417—458年在位)时,"沙门墨胡子自高句丽至一善郡,郡人毛礼于家中作窟室安置"。而在此时,梁朝(实为宋朝)派遣使者赏赐衣着、香物,而新罗人不知此为何物,墨胡子教给人们用法,并传授了"三宝",即一曰佛陀、二曰达摩、三曰僧伽。并告诫人们烧香发愿,"则必有灵应",还为王女烧香治病,后来不知所归。到毗处王

---

① 《唐会要》卷八十六《奴婢》
② 《新唐书》卷二百二十《新罗传》。
③ 《三国史记》卷五《新罗本纪第五·真德王纪》。

(479—500年在位)时,阿道和尚与侍者三人再次至毛礼家,阿道死后,侍者三人"讲读经律,往往有信奉者"。毗处王"亦欲兴佛教",群臣有的人反对传播佛教,赖近臣异次顿(或云处道)以死证明佛教的合理性,"众怪之,不复非毁佛事"。法兴王原宗十五年(528年),法兴王"肇行佛法",佛教得以传播。① 二十一年,法兴王兴建大王兴轮寺(位于今韩国庆尚北道庆州市),"王逊位为僧,改名法空。念三衣瓦钵,志行高远,慧悲一切,因名其寺","此新罗创寺之始"。其王妃"亦奉佛为比丘尼,住永兴寺焉"。后来兴轮寺成为新罗兴办佛事的重要寺院,一些大臣也将子女舍于此寺。如"宰辅金良图信向西方,舍二女,曰花宝、曰莲宝,为此寺婢"②。真兴王五年(544年)二月,兴轮寺建成。三月,真兴王"许人出家为僧尼奉佛"。此后,真兴王十年(549年),梁朝"遣使兴入学僧觉德送佛舍利,王使百官奉迎兴轮寺前路"。二十六年(565年)九月,"陈遣使刘思与僧明观来聘,送释氏经论千七百余卷"③。《海东高僧传》卷二《释觉德传》记载,新罗人释觉德"附舶入梁,为求法之先锋",虽然不知年月,但为"新罗入学之始"。他与梁使所带回的佛舍利,"此亦舍利之始也"。真兴王在位期间的佛教交流主要以南朝为主。史称真兴王"幼年即祚。一心奉佛。至末年祝发为浮屠。被法服自号法云。受持禁戒。三业清净。遂以终焉"④。从上述材料可以看出在南朝时期佛教开始传入朝鲜半岛并在社会上开始流行。

隋朝建立后,开皇十年(590年)三月,圆光法师在隋灭陈前夕仍然到陈求法,开皇九年到长安,并在隋滞留到开皇二十年(600年)才跟随"朝聘使奈麻诸文、大舍横川还"。而在此之前,开皇十七年(596年),新罗高僧就曾入隋求法。这一年二月,"高僧昙育如隋求法",并在大业元年随入朝使者惠文回国。另一位高僧智明在开皇五年入陈求法,也因故滞留在中原地区,到仁寿二年(602年)

---

① 《三国史记》卷四《新罗本纪·法兴王纪》。
② 《海东高僧传》卷一《释法空传》。
③ 《三国史记》卷四《新罗本纪·真兴王纪》。《海东高僧传》卷一《释法云传》云:"十年,梁遣使,与入学僧觉德送佛舍利,王使群臣奉迎兴轮寺前路。十四年,命有司筑新宫于月城东,黄龙见其地,王疑之改为佛寺,号曰黄龙。二十六年,陈遣使刘思及僧明观,送释氏经论七百余卷。"《海东高僧传》卷二《释觉德传》云:"陈遣使刘思及入学僧明观,送释氏经论无虑二千七百余卷。"两部书中所记载的从陈朝传入新罗的佛经数目不一,有"千七百余卷"、"七百余卷"、"二千七百余卷"三种说法,未知孰是。
④ 《海东高僧传》卷一《释法云传》。

九月，"高僧智明随入朝使上军还"。开皇末年，"高丽、百济、新罗三国使者将还，各请一舍利于本国起塔供养。诏并许之"①。大业九年（613 年）七月，隋朝使节王世仪至皇龙寺（位于今韩国庆尚北道庆州市），真平王"设百高座，邀圆光等法师说经"。可见隋朝时期新罗与中原王朝佛教交往的密切。在真平王二十三年（601 年），新罗派遣僧人释安含远赴印度求法，"越二十七年，爰与于阗沙门毗摩真谛，沙门农加陀等俱来至此。西域胡僧直到鸡林，盖自兹也"②。这时已经到唐太宗贞观初年。

　　唐代经由黄河流域西行的新罗僧人颇多，见诸记载的有释阿离耶跋摩、释惠业、释惠轮、释玄恪、释玄游（高丽人）等，觉训在《海东高僧传》卷二评价云："此上数人邈若青徽，径入中华。追法显、玄奘之逸迹，竭来绝域。视如里巷，比之奉使张骞苏武之类乎。"至于说到达黄河流域的则史多。《法书要录》卷六《述书赋（下）》云："东京福先寺僧良䏦，新罗人，俗姓林氏，遇捐衣钵，逸冠侪流。"福先寺为武则天在洛阳所造，新罗人林氏在此为僧。再如贞观年间，"新罗王子金慈藏，轻忽贵位弃俗出家，远闻虔仰思睹言令，遂架山航海远造京师，乃于船中梦瞩颜色，及睹形状宛若梦中，悲涕交流欣其会遇，因从受菩萨戒，尽礼事焉。"③释慈藏在贞观十二年"将领门人僧实等十有余人东辞至京"，来到唐都长安，"既至京城，慈利群生，从受戒者日有千计，或盲者见道，病者得愈"。后来受敕迁居云际寺，在此居住了三年，在贞观十七年（643 年）回国，唐太宗举行了盛大的欢送仪式，"引藏入宫，赐纳一领杂彩五百段，东宫赐二百段。仍于弘福寺为国设大斋，大德法集，并度八人，又敕太常九部供养"。释慈藏"以本朝经像雕落未全，遂得藏经一部并诸妙像幡花盖具堪为福利者，赍还本国"。释慈藏回国后大力宣扬佛教，"撰诸经戒疏十余卷，出观行法一卷，盛流彼国"。他的努力使新罗"具行佛教，一同大国"。回国后，慈藏述极力提倡新罗服饰效法华夏，"以习俗服章中华有革，藏惟归崇正朔义岂贰心。以事商量举国咸遂，通改边服一准唐仪，所以每年朝集位在上蕃，任官游践并同华夏"④。这是律宗初传新罗的情况，这说明

---

①　《法苑珠林》卷四十《舍利灾第三十七》。
②　《海东高僧传》卷二《释安含传》。
③　《续高僧传》卷十五《义解篇十一·释法常》。
④　《续高僧传》卷二十五下《释慈藏传》。

随着佛教的传播黄河流域的社会习俗也因此而进一步盛行。与释慈藏一同回国的僧人圆胜,"以贞观初年,来仪京辇遍陶法肆。闻持镜晓志存定摄,护法为心,与藏齐襟秉维城堙,及同返国大敞行途讲开律部,惟其光肇自昔东蕃有来西学。经术虽闻无行戒检,缘构既重,今则三学备焉"。这也说明圆胜传播佛学的功劳。相传新罗王金善德"请于皇龙寺讲菩萨戒本。七日七夜,天降甘露,云雾嵝蔼,覆所讲堂。四部惊嗟,美声弥远"①。因为佛教的广泛影响,甚而出现了新罗僧人偷窃汝州佛像的现象。《五灯会元》卷一《六祖慧能大鉴禅师》云:

> 开元十年壬戌八月三日,夜半,忽闻塔中如拽铁索声,僧众惊起,见一孝子从塔中走出,寻见师颈有伤,具以贼事闻于州县。县令杨侃、刺史柳无忝得牒,切加擒捉。五日于石角村捕得贼人,送韶州鞠问。云:"姓张名净满,汝州梁县人,于洪州开元寺受新罗僧金大悲钱二十千,令取六祖大师首,归海东供养。"柳守闻状,未即加刑,乃躬至曹溪,问祖上足令韬曰:"如何处断?"韬曰:"若以国法论,理须诛夷;但以佛教慈悲,冤亲平等,况彼欲求供养,罪可恕矣。"柳守嘉叹曰:"始知佛门广大。"遂赦之。②

通过这件事可以看出新罗地区民众对佛教的痴迷程度。在蓝田王顺山悟真寺中有一诵《法华经》的石函,"后新罗僧客于寺,仅岁余,一日,寺僧尽下山,独新罗僧在,遂窃石函而去。寺僧迹其往,已归海东矣。时开元末年也"③。新罗僧人盗窃这一石函,说明其珍贵。元和五年十月,新罗王遣其子献金银佛像。唐王朝为了加强对新罗僧人的管理,在崇玄署管理内地僧人的同时也加强了对新罗、日本僧人的管理。崇玄署内设"令一人,正八品下;丞一人,正九品下。掌京

---

① 《法苑珠林》卷六十四《慈悲灾第七十四》引《唐高僧传》。
② [宋]道原《景德传灯录》卷五亦载:开元十年壬戌。八月三日夜半。忽闻塔中如拽铁索声。僧众惊起。见一孝子从塔中走出。寻见师颈有伤。具以贼事闻于州县。县令杨侃,刺史柳无忝。得牒,切加擒捉。五日于石角村捕得贼人。送韶州鞠问。云:"姓张名净满汝州梁县人。于洪州开元寺。受新罗僧金大悲钱二十千。令取六祖大师首。归海东供养。"柳守闻状,未即加刑。乃躬至曹溪,问师上足韬。曰:"如何处断。"韬曰:"若以国法论,理须诛夷。但以佛教慈悲,冤亲平等。况彼求欲供养,罪可恕矣。"柳守嘉叹曰:"始知佛门广大遂赦之。"《宋高僧传》卷八《习禅篇第三之一》云:"开元十一年,果有汝州人受新罗客购潜施刃其元,欲函归海东供养,有闻击铁声而擒之。"
③ 《宣室志·悟真寺僧》。

都诸观名数与道士账籍、斋醮之事"。还规定"新罗、日本僧入朝学问,九年不还者,编诸籍"①。将新罗、日本的僧人长期居留达九年以上者列入内地僧籍予以管理,足见唐政府的重视。随着与新罗交往的逐步增多,新罗的佛教文化也回传到黄河流域。唐代宗"崇奉释氏,每春百品香,和银粉,以涂佛室"。唐代宗的这种做法也使新罗投其所好,进贡与佛教有关的工艺品。"遇新罗国献五彩氍毹,制度巧丽,亦冠绝一时。每方寸之内,即有歌舞伎乐、列国山川之像。忽微风入室,其上复有蜂蝶动摇,燕雀飞舞。俯而视之,莫辨真假。又献万佛山,可高一丈,因置山于佛室,以氍毹借其地焉。万佛山则雕沉檀、珠玉以成之。其佛之形,大者或逾寸,小者七八分。其佛之首,有如黍米者,有如半菽者。其眉、目、口、耳、螺髻、毫相,无不悉具。而镂金玉、水晶幡盖,流苏、庵罗、檐葡等树。构百宝为楼阁、台殿。其状虽微,而势若飞动。又前有行道,僧徒亦千数。下有紫金钟,径阔三寸,上以龟口御之。每击其钟,则行道之僧礼首至地。其中隐隐焉,若为之梵音,盖关戾在乎钟也。"因为工艺精湛,深受唐代宗的喜爱,"其山虽以万佛为名,其数则不可胜纪,上因置九光扇于岩巘间"。在四月八日,唐代宗"召两街僧徒入内道场,礼佛山",当时"观者叹非人工"②。由此也可以看出在与黄河流域的交往过程中,新罗的社会发生了很大的进步,能够造出与佛教有关的如此精美的礼品。

关于唐代新罗僧人入唐求法并传播佛教的事迹,在《宋高僧传》中有不少记载,兹胪列主要材料来探讨唐代中原地区的佛教对朝鲜半岛的影响。慈恩宗(即法相宗,因玄奘、窥基皆住于慈恩寺,故称慈恩宗)为玄奘及其弟子窥基所创立,在新罗曾得到广泛流传。新罗人神昉是玄奘的四个高足之一。贞观十九年(645年)玄奘在弘福寺开始译经,当时在法海寺的神昉奉召证义,其后常位译场。显庆年间,玄奘于大慈恩寺翻译《大毗婆沙论》时,神昉参与笔受。玄奘在玉华宫译《大般若经》时,神昉也参加缀文。永徽二年(651年)玄奘重译《地藏十轮经》,神昉笔受。著有《成唯识论要集》十卷、《地藏十轮经疏》三卷等书。新罗人圆测(613—696年)在贞观元年到长安,跟随法常(567—645年)、僧辩

---

① 《唐会要》卷四十九《僧籍》。《新唐书》卷四十八《百官志三》。
② 《杜阳杂编》卷上。

(568—642年)学习佛法,后又在元法寺学《毗昙》、《成实》、《俱舍》等论书。玄奘西域归来后,圆测又跟随玄奘学习《瑜伽师地论》、《成唯识论》诸论。后被召为西明寺大德。"高宗之末天后之初,应义解之选入译经馆,众皆推挹,及翻《大乘》、《显识》等经。"《全唐文》卷九百十二留存有永隆元年冬圆测所作《造塔功德经序》。圆测于万岁通天元年(696年)死于洛阳佛授记寺。圆测虽然终生没有回到新罗,但其弟子胜庄和道证对其学说在新罗的传播起了很大作用。胜庄早年入唐,在玄奘翻译佛经过程中,曾对佛教经义多有订正,后为唐长安大荐福寺大德,武则天证圣元年曾在大福先寺"与天竺三藏宝思末多及授记寺主惠表沙门胜庄慈训等译《根本部律》"①。先天二年(713年)六月八日,《大宝积经》翻译完毕后,胜庄还与佛学领域诸"国之大师,佛之右臂,探诸了义,演而证之"②。道证长期从圆测受学,长寿二年(693年)由唐归国,带回了天文图并呈给孝昭王。③ 他还著有《成唯识论要集》、《辩中边论疏》、《因明理门论疏》、《因明入正理论疏》等经典。《宋高僧传》卷四《义解篇第二之一·唐新罗国顺璟传》记载,顺璟深究玄奘以后之因明学,"传得奘师真唯识量,乃立决定相违不定量",并于乾封年间,"因使臣入贡附至"。当时玄奘已经仙逝两年,其门人窥基阅读了顺璟的作品,深为叹服:"新罗顺璟法师者,声振唐蕃,学包大小,业崇迦叶。"顺璟著有《法华经料简》一卷、《大毗婆沙心论抄》十卷、《成唯识论料简》一卷、《因明入正理论抄》一卷等。因而他的影响在东亚地区非常大,有"蕴艺西夏,传照东夷,名道日新,缁素钦揖"④之说。新罗兴轮寺沙门道伦,出自窥基门下,依窥基所撰《瑜伽论略纂》并参照其本国学者圆测、顺璟、元晓诸说,撰《瑜伽师地论记》二十四卷。⑤ 新罗僧人智风、智鸾、智雄三人,在长安三年(703年)入唐,在濮阳智周(智周为慧沼弟子,而慧沼曾先后跟随玄奘和窥基学习)门下受学唯识,后赴日本传播慈恩宗教义。道证的弟子太贤,通才博学,尤精于唯识,

---

① 《全唐文》卷十七唐中宗《三藏圣教序》。
② 《全唐文》卷二百九十五徐锷《大宝积经述》。
③ 《三国史记》卷八《新罗本纪第八·孝昭王纪》。
④ 《宋高僧传》卷四《义解篇第二之一》。
⑤ 关于《论记》的卷数有二十卷本(宋藏遗珍)、二十四卷本(大正大藏经)、四十八卷本(卍续藏经)、百卷之本(金陵刻经处本)等四种。这四种版本不但分卷之方法不同,其文字亦有不少差距。参见杨白衣:《道伦〈瑜伽师地论记〉之研究》,《华冈佛学学报》第七期,1984年9月第1版。

"东国后进咸遵其训,中华学士往往得此为眼目",他曾解决了"中国名士白居易尝穷之未能"解决的佛教问题。①

新罗华严宗也是受唐朝华严宗的影响而形成的。其代表人物有义湘、元晓等人。贞观末年,义湘与元晓到达辽东,被唐代边疆守卒作为间谍羁押,后回到新罗。"永徽初,会唐使舡有西还者,寓载入中国。初止扬州,州将刘至仁请留衙内,供养丰赡。寻往终南山至相寺谒智俨。"唐灭高丽后咸亨元年(670年)方才还国。② 关于义湘入唐的过程及时代各书记载不一,《宋高僧传》卷四《义解篇第二之一》记载,义湘"与元晓法师同志西游",中途元晓"我不入唐,却携囊返国"。而义湘"乃只影孤征誓死无退,以总章二年附商船达登州岸"。后来辗转"乃径趋长安终南山智俨三藏所,综习华严经,时康藏(即法藏)国师为同学也",学成之后义经文登回国。他在新罗广传佛教,被称为"海东华严初祖"。此后,新罗僧人释胜诠,"尝附舶指中国,诣贤首国师③讲下,领受玄言"。因法藏与义湘为同学,"始贤首与义湘同学,俱禀俨和尚慈训",所以释胜诠在长寿元年(692年)回国时,法藏"因诠法师还乡寄示湘仍寄书云云"。法藏还开列了所寄的书目:"《探玄记》二十卷,两卷未成;《教分记》三卷;《玄义章》等杂义一卷;《华严梵语》一卷;《起信疏》两卷;《十二门疏》一卷;《法界无差别论疏》一卷。"法藏说"并因胜诠法师抄写还乡"。释胜诠回到新罗后,"寄信于义湘,湘乃目阅(法)藏文,如耳聆(智)俨训,探讨数旬,而授门弟子,广演斯文"④。元晓虽未到唐朝,但其有关佛教的著作在唐代就流传到黄河流域。如《大乘起信论疏》二卷,"略本流入中华,后有翻经三藏,改之为论焉"⑤。即言法藏的《大乘起信论义记》五卷受元晓影响颇多。

佛教的禅宗在新罗也得到广泛流传。任继愈先生将新罗禅宗分为九大流派:迦智山派、实相山派、曦阳山派、桐里山派、风林山派、圣住山派、阇崛山派、师子山派、须弥山派等,有些流派就是在河洛地区学成后回到新罗而发扬光大的。

① 《三国遗事》卷四《贤瑜珈》。
② 《三国遗事》卷四《义湘传教》。
③ 一说法藏通称贤首大师,又云法藏字贤首。唐澄观《华严经疏钞悬谈》卷二五:"神光入宇者,即法藏和尚,字贤首,俗姓康氏,康居国人。"
④ 《三国遗事》卷四《胜诠髑髅》。
⑤ 《宋高僧传》卷四《义解篇第二之一》。

如圣住山派的无染禅师(800—888 年),武烈王八代孙,曾到浮台寺从释澄学华严宗,公元821 年随王子金听入唐,到长安终南山至相寺学华严宗义,后到洛阳从马祖弟子如满受禅法,又参蒲州的麻谷宝彻,受其印可。他在唐二十余年回国,将熊州乌合寺重修,改名圣住寺,在此弘传禅法。①

(四)文化教育交流

随着与新罗关系的密切,新罗人迁居内地的逐渐增多。在唐代所设的河北道归义州归德郡,为"总章中以新罗户置,侨治良乡之广阳城"②。唐代京城长安所设的官僚机构有崇玄署,其职掌之一为"新罗、日本僧入朝学问,九年不还者编诸籍"③。还有新罗人在唐朝做官的情况,永贞时(805 年),"新罗人金忠义以工巧幸,擢少府监,荫子补斋郎",时任礼部员外郎的韦贯之不答应,并且说:"是将奉郊庙祠祭,阶为守宰者,安可以贱工子为之?"还又"勃忠义不宜污朝籍,忠义竟罢"④。唐太宗昭陵的陪葬者就有新罗王女德贞。⑤ 唐代河南道的地理位置特殊,甚而有"远夷则控海东新罗、日本之贡献焉"⑥的说法。

新罗时期到唐朝留学的人数很多,据统计从821 年至唐朝末年,共有58 位来自新罗国的留学生通过考试而成为宾贡进士。宾贡是唐朝科举考试中一种类型,专门录取留学中国的外国才俊。能够通过这种考试的,被称为"宾贡及第",而这些外国进士也就被称为"宾贡进士"。新罗人金可记作为宾贡进士却"擢第不仕,隐于终南山子午谷茸居。怀退逸之趣,手植奇花异果极多。常焚香静坐,若有念思,又诵《道德》及诸仙经不辍"。三年后回归本国后又返回到长安南的终南山,相传在大中十二年(858 年)二月十五日升天。⑦ 对于到唐朝留学的新罗学生,唐朝也有一些规定。开成元年六月,唐文宗"敕新罗宿卫生王子金义宗等,所请留住学生员,仰准旧例留二人,衣粮准例支给"。到了次年三月,因"新

① 任继愈:《中国佛教史》,中国社会科学出版社,1981 年9 月第1 版。《祖堂集》卷十七《无染》。
② 《新唐书》卷四十三下《地理志七下》。
③ 《新唐书》卷四十八《百官志三》。
④ 《旧唐书》卷一百五十八《韦贯之传》。《新唐书》卷一百六十九《韦贯之传》。
⑤ 《文献通考》卷一百二十五《王礼考二十·山陵》。
⑥ 《唐六典》卷三《尚书户部》。
⑦ 《云笈七签》卷一百一十三下《纪传部·续仙传》。

罗差入朝宿卫王子,并准旧例,割留习业学生,并及先住学生等,共二百十六人,请时服粮料,又请旧住学习业者,放还本国"。唐文宗又再次颁布敕令"新罗学生内,许七人,准去年八月敕处分。余时十马畜粮料等,既非旧例,并勒还蕃"①。除了新罗文人来到中国求学外,也有中国文人到新罗去。"唐贞元十一年(795年),秀才白幽求频年下第,其年失志,后乃从新罗王子过海。"②又有"萧颖士,文章学术,俱冠词林,负盛名而泅沈不遇。常有新罗使至,云:'东夷士庶,愿请萧夫子为国师。'事虽不行,其声名远播如此"③。新罗王金彦升《分别还蕃及应留宿卫奏》云:"先在太学生崔利贞、金叔、贞朴、季业四人,请放还蕃。其新赴朝贡金允夫、金立之、朴亮之等一十二人,请留在宿卫。仍请配国子监习业,鸿胪寺给资粮。"开成五年,"鸿胪寺籍质子及学生岁满者一百五人,皆还之"④。在以儒学为代表的汉文化的影响下,新罗人的儒学修养达到很高的程度,甚至以此为自豪。唐代范摅《云溪友议》卷上《夷君诮》云:

> 登州贾者马行余,转海拟取昆山,路适桐庐,时遇西风而吹到新罗国。新罗国君闻行余中国而至,接以宾礼,乃曰:"吾虽夷狄之邦,岁有习儒者,举于天阙,登第荣归,吾必禄之且厚。乃知孔子之道,被于华夏乎!"因与行余论及经籍,行余避位曰:"庸陋贾竖,长养虽在中华,但闻土地所宜,不识诗书之义。熟诗书、明礼律者,其唯士大夫乎! 非小人之事也。"遂乃言辞,扬舻背扶桑而去。新罗君讶曰:"吾以中国之人,尽闲典教,不谓尚有无知之俗欤!"行余还至乡井,自以贪各百味好衣,愚昧不知学道,为夷狄所诮,况于英哲也。

通过这件事情一方面反映了新罗对唐代社会的了解还不全面,并非中国所有的人入学修养都能达到很高的水平;另一方面也反映了新罗的社会上层对儒学的熟稔程度。

---

① 《唐会要》卷三十六《附学读书》。
② 《博异志·逸文·白幽求》。
③ 《太平广记》卷一六四《名贤》引《翰林盛事》。
④ 《新唐书》卷二百二十《新罗传》。

　　新罗到唐代留学的人数与日俱增,同时涌现了一批在历史上有影响的人物。唐初,新罗太宗武烈王第二子金仁问"幼而就学,多读儒家之书,兼涉《庄》、《老》浮屠之说。又善隶书射御乡乐,行艺纯熟,识量宏弘,时人推许"。永徽二年(651年)受王命入唐宿卫,"仁问七入大唐,在朝宿卫,计月日,凡二十二年"。与金仁问齐名的"亦有良图海餐,六入唐"①。与金仁问同时代的强首,自幼喜好读书,"愿学儒者之道","遂就师读《孝经》、《曲礼》、《尔雅》、《文选》。所闻虽浅近,而所得愈高远,魁然为一时之杰"。太宗武烈王即位后(654年),唐朝派遣使者持节备礼,传诏书,"其中有难读处,王召问之,在王前一见说释无疑滞。王惊喜,恨相见之晚"。武烈王"使制回谢唐皇帝诏书表,文工而意尽。王益奇之,不称名,言任生而已"。文武王曾称赞强首说:"强首文章自任,能以书翰致意于中国及丽、济二邦,故能结好成功。我先王请兵于唐,以平丽、济者,虽曰武功,亦由文章之助焉。则强首之功,岂可忽也!"②由此也可以看出强首汉文修养之深。崔致远也是代表汉文化影响较深的一个人物。《三国史记》卷四十六《崔致远传》记载,崔致远生于唐大中十一年(857年),"至年十二,将随海舶入唐求学,其父谓曰:'十年不第,即非吾子也。行矣,勉之!'致远至唐,追师学问无怠"。乾符元年,礼部侍郎裴瓒主持科举考试,崔致远"一举及第,调授宣州溧水县尉。考绩为承务郎、侍御史、内供奉,赐紫金鱼袋"。由此可见,崔致远入唐以后是学有所成的。崔致远在唐朝活动期间,还与当时许多唐代文人结下了深厚的友谊。崔致远"与江东诗人罗隐相知,隐负才自高,不轻许可人,示致远所制歌诗五轴"。崔致远又与"同年顾云友善,将归,顾云以诗送别"。诗云:"我闻海上三金鳌,金鳌头戴山高高,山之上兮,珠宫贝阙黄金殿;山之下兮,千里万里之洪涛。旁边一点鸡林碧,鳌山孕秀生奇特。十二乘船渡海来,文章感动中华国。十八横行战词苑,一箭射破金门策。"顾云之诗对崔致远的才华给予了高度评价。黄巢起义爆发,崔致远作为诸道行营兵马都统高骈的从事参与镇压农民起义。在他二十八岁时,"有归宁之志"。唐僖宗在光启元年(885年)"使将书来聘"。新罗宪康王"留为侍读,兼翰林学士守兵部侍郎知瑞书监",后来又出任大山郡太守。

① 《三国史记》卷四十四《金仁问传》。
② 《三国史记》卷四十六《强首传》。

唐昭宗景福二年(893 年),崔致远被召为贺正使。据说"其后致远亦尝奉使如唐,但不知其岁月耳"。《新唐书》卷六十《艺文志四》云:"崔致远《四六》一卷,又《桂苑笔耕》二十卷(高丽人,宾贡及第,高骈淮南从事)。"

随着新罗与唐王朝交往的加深,黄河流域的教育制度与教育理念也影响到了新罗。神文王政明二年(682 年)六月,"立国学,置卿一人"①。关于国学的演变,《三国史记》卷三十八《职官志上》云:

> 国学,属礼部。神文王二年(682 年)置,景德王改为大学监,惠恭王复故。卿一人,景德王改为司业,惠恭王复称卿。位与他卿同。博士(若干人数不定),助教(若干人数不定),大舍二人,真德王五年(651 年)置。景德王改为主簿,惠恭王复称大舍。位自舍知至奈麻为之。史二人,惠恭王元年(765 年),加二人。

从唐代前中期新罗国学的官员设置可以看出,新罗政府已经移植了唐代的学校培养制度,建立起自己的学校制度。不仅管理官员的设置学习唐朝的,就连学习的内容和教课方法也与唐王朝没有区别。该书又接着写道:

> 教授之法,以《周易》、《尚书》、《毛诗》、《礼记》、《春秋左氏传》、《文选》,分而为之业,博士若助教一人。或以《礼记》、《周易》、《论语》、《孝经》,或以《春秋左传》、《毛诗》、《论语》、《孝经》,或以《尚书》、《论语》、《孝经》、《文选》教授之。诸生读书,以三品出身。读《春秋左氏传》,若《礼记》,若《文选》,而能通其义,兼明《论语》、《孝经》者为上。读《曲礼》、《论语》、《孝经》者为中。读《曲礼》、《孝经》者为下。若能兼通《五经》、《三史》、诸子百家书者,超擢用之。或差算学博士若助教一人,以《缀经》、《三开》、《九章》《六章》教授之。凡学生,位自大舍以下至无位,年自十五至三十,皆充之。限九年,若朴鲁不化者罢之,若才器可成而未熟者,虽逾九年许在学,位至大奈麻、奈麻而后出学。

---

① 《三国史记》卷八《新罗本纪第八·神文王纪》。

　　《三国史记》卷十《新罗本纪第十·元圣王纪》记载,元圣王四年(788年),"春,始定读书三品。以出身读《春秋左氏传》、若《礼记》、若《文选》而能通其义,兼明《论语》、《孝经》者为上。读《曲礼》、《论语》、《孝经》者为中。读《曲礼》、《孝经》者为下。若博通《五经》、《三史》,诸子百家书者,超擢用之。前只以弓箭选人,至是改之"。通过上述相关材料的胪列我们可以看出儒家经典是新罗国学的通用教材,即使算学也与唐朝所用的教材一样。①

　　综观唐代与新罗的交往可以看出,随着唐朝与新罗相互配合先后灭了高丽、百济实现朝鲜半岛的统一,新罗成了朝鲜半岛唯一的国家。新罗虽然在某种意义上仍然是唐朝的附属国,并且向唐朝进行朝贡,但在国势强大以后不时与唐王朝发生征战。而在文化层面则是新罗全面接受唐文化的历史阶段,以河洛地区为代表的唐文化对新罗的礼乐制度、社会风俗、文化教育和宗教都产生了广泛而持久的影响。

---

① 《旧唐书》卷四十四《职官志三》云:"算学博士二人,从九品下。学生三十人。博士掌教文武八品已下及庶人子为生者。二分其经,以为之业。习《九章》、《海岛》、《孙子》、《五曹》、《张邱建》、《夏侯阳》、《周髀》十五人,习《缀术》、《缉古》十五人。其《纪遗》、《三等数》亦兼习之。"

第三章　汉隋间河洛文化在日本列岛的传播

日本是地处太平洋西岸的岛国,由北海道、本州、四国和九州四岛以及周围的小岛所组成,西部隔朝鲜海峡与朝鲜半岛相望,西南越东海与中国大陆遥望。作为一衣带水的邻邦,中日两国在长期的交往过程中,形成了良好的关系。而河洛地区作为自先秦以来中华民族文化的核心地带,在与日本列岛的交往过程中发挥着重要的作用。

一、最初的印象——从传闻到真实

日本作为一个远离中国大陆的岛国,在中国人的视野中,从中华文明的起始阶段,有关日本的相关情况就已经为河洛地区的民众所认知。尧舜禹时代,活动在东部大海中有"长、鸟夷",这可能就是中国史书上有关日本的最早记录。司马贞《索隐》云:"长夷也,鸟夷也,其意宜然。今案:《大戴礼》亦云'长夷',则长是夷号。"张守节《正义》注:"'鸟'或作'岛'。"如此,则岛夷很明显是指活动在大海中的日本先民。《括地志》云:"百济国西南海中有大岛十五所,皆置邑,有人居,属百济。又倭国西南大海中岛居凡百余小国,在京南万三千五百里。"①虽然对尧舜禹时代有关长夷、岛夷的记载还有不同的看法,但后人的阐释则为我们

————————

① 《史记》卷一《五帝本纪》。

解决这一问题指明了方向。这说明进入文明时代遥远的日本列岛信息已经传入河洛地区。对于日本列岛早期与中国大陆的交往,日本学者木官泰彦指出:"据考古学者之研究,与日本之神话传说,及海流之调查,皆可推知原史时代,已有连络日韩之交通大路;不特与韩土往来频繁,即中国之文化,亦由此路而传通焉。其交通路之一,即由古辰韩地连络日本之山阴北陆地方者,是可名之曰日本海回流路。辰韩与山阴北陆之间,有一望无涯之海;当原史时代,航海术尚幼稚,除用独木舟外,别无他法。而谓此时已有连络两者之路,骤观之,似属妄谈;然若知日本海中有左旋之回流,则此问题自能解决矣。""日本海既有左旋而流之回流,若由古辰韩地,乘越前国坂井郡发见之铜铎上所绘防备颠覆之舟以航海,则极易达于日本之山阴北陆。"①考诸《日本书纪》卷一《神代纪上》记载,素戋鸣尊曾由新罗国,"遂以埴土作舟,乘之东渡,到出云国簸之川上所在鸟上之峰"。《古事记》卷上《大国神主·少名毗古那神》记载:"大国神主在出云的御大之御崎的时候,从浪花上有神人乘了雀瓢的船,穿着整个剥下的蛾皮的衣服,到了那里。"虽然说传说有想象的成分,但从传说也可以看出先秦时期日本列岛与朝鲜半岛之间的交往经由海上完成。由此观之,早在先秦时代,黄河流域与日本列岛的交往是通过朝鲜半岛而实现的,朝鲜半岛成为双方交往的中间地带。

及至商周之际,河洛地区所发生的商周鼎革的历史事件也影响到了日本列岛,以至于倭人进入大陆开始到河洛地区贡献。《论衡》卷八《儒增篇》:"周时天下太平,越裳献白雉,倭人贡鬯草。"同书卷十九《恢国篇》亦云:"成王之时,越裳献雉,倭人贡畅。"这说明在西周初年,随着国家建立,国势强盛引起远在异域的越裳氏和倭人贡献方物。这虽然是汉代人的记述,但应当是先秦历史的真实,因为王充《论衡》所列举的事例多是有据的。《山海经》卷十二《海内北经》云:"盖国在巨燕南,倭北。倭属燕。"这里提到了倭国属于燕国所辖,这大概是战国时期人们对日本的认识。秦朝灭燕国后,又有一部分燕人逃往朝鲜半岛,然后东渡到达日本列岛。

秦汉时期,是大陆对倭人认识逐步深刻的时期。秦始皇派遣徐福到海外寻找仙人的举动应当是探寻日本的先声。秦始皇二十八年,"齐人徐市等上书,言

① 木官泰彦著、陈捷译:《中日交通史》(上卷),商务印书馆,1931年5月第1版,第1—2页。

海中有三神山,名曰蓬莱、方丈、瀛洲,仙人居之。请得斋戒,与童男女求之。于是遣徐市发童男女数千人,入海求仙人"①。徐市此行实际没有结果,为了得到秦始皇的信任,又以谎言劝说秦始皇,秦始皇于是"遣振男女三千人,资之五谷种种百工而行。徐福得平原广泽,止王不来"②。还有一种说法,言及秦始皇时为了寻求不死之草,乃听从鬼谷之言,"乃使使者徐福发童男童女五百人,率摄楼船等入海寻祖洲,遂不返。福,道士也,字君房,后亦得道也"③。这些跟随徐福远洋跋涉者可能成为日本先民的祖先,唐人元稹甚至说"岛夷徐市种"④。到了五代后周时,济州开元寺缁徒义楚云:"日本国亦名倭国,(在)东海中。秦时,徐福将五百童男、五百童女,止此国也。今人物一如长安。……又东北千余里有山,名富士,亦名蓬莱。其山峻,三面是海,一朵上耸,顶有火烟。日中上有诗宝流下,夜则却上,常闻音乐。徐福止此,谓蓬莱。至今子孙皆曰秦氏。"⑤这说明到后周时期日本人为徐福后代的传言已经演变为历史的真实。至于说徐福所到目的地是何处,唐代人认为是亶洲。《正义》引《括地志》云:"亶洲在东海中,秦始皇使徐福将童男女入海求仙人,止在此洲,共数万家。至今洲上人有至会稽市易者。吴人《外国图》云亶洲去琅琊万里。"到了宋代,欧阳修《日本刀歌》云:"传闻其国居大岛,土壤沃饶风俗好。其先徐福诈秦民,采药淹留丱童老。百工五种与之居,至今器玩皆精巧;徐福行时书未焚,逸书百篇今尚存。"元代周致忠云:"其国乃徐福所领童男女始创之国。时福所带之人,百工技艺、医巫卜筮皆全,福因避秦之暴虐,已有遁去不返之意,遂为国焉。而中国诗书遂留于此,故其人多尚作诗写字。"⑥虽然说至今学术界关于亶洲的具体所指还有争论,但这无疑为弄清日本提供了重要的线索。徐市东渡求仙,虽然带有传言的色彩,但无疑是秦人的一大重要的开拓,徐福也因此成为这个时代中日文化交流的象征。通

---

①　《史记》卷六《秦始皇本纪》。

②　《史记》卷一百十八《淮南衡山列传》。《汉书》卷四十五《伍被传》伍被云:"又使徐福入海求仙药,多赍珍主,童男女三千人,五种百工而行。徐福得平原大泽,止王不来。"师古曰:"五种,五谷之种也。"

③　东方朔:《海内十洲记·祖洲记》。《百家谱》曰:"(议)字彦福,一名市,秦始皇使往蓬莱,居东海,今日本国。其名与世人山人海各有不同。"《鉴汀谱》云:"秦始皇时,议领童男童女三千,往蓬莱山采药,因阻风不返,居海东,号徐福国。今日本国是也,岁贡不绝。"

④　《全唐诗》卷四百七元稹《和乐天送客游岭南二十韵》。

⑤　《释氏六贴》卷二十一《国城州市部》。

⑥　[元]周致忠:《异域志》卷之上《日本国》。

过徐福的传说,我们也可以这样认为,至少在秦王朝有部分秦朝民众移民到了日本列岛,开启了中日两国交流的新篇章。然而这项举动在后人看来无疑是暴殄天物、浪费巨大的行动,"秦始皇初并天下,甘心于神仙之道,遣徐福、韩终之属多赍童男童女人海求神采药,因逃不还,天下怨恨"①。这说明秦始皇的对外开拓是建立在普通百姓的痛苦之上的。随着秦朝的灭亡,遥远东方地区日本的信息断绝。

到汉武帝时,随着抗击匈奴的胜利,汉王朝在东方地区的影响日益增大,因而远处辽阔海域中的倭人也不时派遣使臣朝贡。汉武帝在元封三年(前108年),"故遂定朝鲜为真番、临屯、乐浪、玄菟四郡"②,随着东北地区边境的稳定,汉朝的国威也对远在遥远海域中的倭人产生了影响,"乐浪海中有倭人,分为百余国,以岁时来献见云"③。《三国志》卷三十《魏书·东夷传附倭传》云:"倭人在带方东南大海之中,依山岛为国邑。旧百余国,汉时有朝见者,今使译所通三十国。"④《后汉书》卷五十八《东夷传·倭传》云:"倭在韩东南大海中,依山岛为居,凡百余国。自武帝灭朝鲜,使驿通于汉者三十许国,国皆称王,世世传统。"日本学者研究认为:"所谓倭人即指日本北九州之住民,已为多数学者所承认。"⑤通过上述相关材料来看,日本列岛的所谓国家在这一时期可能仍为部落性质的,经过西汉至东汉的发展,由百余国兼并而形成三十余国,并与汉朝建立起朝贡关系。《先代旧事本纪》卷十《国造本纪》记载,在九州地方有十九个国家,依此断定,通使于中国的三十余个国家,大部分是属于北九州以及邻近的原始部落。这说明从日本的北九州到中国大陆乐浪郡已经开始建立起频繁的朝贡关系,西汉王朝实现了对日本的了解由传说到真实的转变。

关于中日两国的交往在日本所发现的考古学文化中也有反映。日本列岛的社会生产力也开始实现质的飞跃,由绳纹式文化向弥生式文化转变,即生活方式实现了由采集、狩猎和捕捞向使用金属工具和进行水稻种植的转变。从金属用具的使用来看,弥生文化初期,青铜器从中国华北地区开始传入日本列岛,主要

---

① 《汉书》卷二十五《郊祀志下》。
② 《汉书》卷九十五《朝鲜传》。
③ 《汉书》卷二十八下《地理志下》。
④ [明]李言恭、郝杰著:《日本考》卷二《朝贡》云:"自汉武帝灭朝鲜,使驿始通于汉三十余国。"
⑤ 木官泰彦著、陈捷译:《中日交通史》(上卷),商务印书馆1931年5月第1版,第14页。

是输入铜镜、铜剑、铜矛等。在来自中国青铜冶铸技术的影响下,日本也开始了其原始的青铜冶铸业,开始铸造青铜祭器——铜铎。而铜铎分布地域主要以关西为中心,其西限达到中国地方。另外还有细型的铜剑、铜铧则集中出土在北九州,其东界并未抵达关西。就北九州地区来说,从这一地区出土的输入的青铜器(与日本产的青铜器不同),是从私人墓葬中出土的。如从三云(筑前、怡土)的遗址中,出土了 35 枚输入的铜镜,同时还有铜剑 1 把、铜戈 1 把、铜铧 2 件及其他物品。从须玖(筑紫、春日)的遗址中,在石墓状的构筑物的地下 3 尺处发现了瓮棺,出土铜镜 30 枚左右、青铜器十几件。在须玖遗址北部高地上密集的瓮棺墓地中也挖出有铜剑之类器具。① 洪启翔先生指出:"日本考古学家研究日本国内所发掘到的铜铎、铜剑与铜镜,已认出其中一部系远在汉武帝经营朝鲜以前流入日本的中国制品。这考古学上的发现足使我们相信日本本土在秦代亦和中国发生过关系。很显然的,自战国到汉代向日本本土流入的中国文化之流,在秦代并未中断。"②在汉代继续延续下去,在九州的筑前国系岛郡小富士村的松原地发掘到王莽时期的货泉。铁器也从中国经由朝鲜半岛传到西北九州,逐步扩展,并且由输入铁制品逐步开始自己锻造,后期日本列岛自己也生产铁(制造农工具和武器)。由于使用铁器制造农具(由前期的木制用铁作边的农具发展为中后期的铁制农具),为农耕的发展创造了条件,使日本的农业生产开始出现了新的气象。③ 而且根据日本考古发现了众多的文化遗存。日本学者木官泰彦指出:"既有联络中日间之交通路矣,则不可不有移入汉代文化之道路,按博多湾沿岸地,发现许多中国制之铜剑、铜铧;筑前国筑紫郡春日村大字须玖并系岛郡怡土村大字三云,发现弥生式系统之瓮棺,内多中国古镜,璧玉之类;又由系岛郡小富士村之海岸遗迹,发现王莽时代之货泉等;意皆由此交通路移入者也。"④随

---

① [日]藤家礼之助著,张俊彦、卞立强译:《日中交流二千年》,北京大学出版社 1982 年 12 月第 1 版,第 2—4 页。

② 洪启翔:《古代中日关系之研究》,商务印书馆 1944 年 9 月第 1 版,第 6 页。

③ 夏应元:《相互影响两千年的中日文化交流》,收入周一良主编:《中外文化交流史》,河南人民出版社 1987 年 11 月第 1 版,第 308—309 页。[日]藤家礼之助著,张俊彦、卞立强译:《日中交流二千年》,北京大学出版社 1982 年 12 月第 1 版,第 2—4 页。

④ 木官泰彦著、陈捷译:《中日交通史》(上卷),商务印书馆 1931 年 5 月第 1 版,第 15 页。

着社会经济的发展,水稻种植在日本列岛也开始普遍起来。① 中国早在七千多年前就已发明了水稻栽培技术。日本绳纹文化时代(1 万年前至公元前 3 - 2 世纪)的后期也开始栽培水稻,北九州福冈市板付遗址中有这一时期的水田遗址和碳化稻米的遗痕,而到弥生文化时代(公元前 3 世纪至公元 3 世纪)稻作技术又大有提高。学术界普遍认为水稻和稻作技术是从中国传入日本的。②《古事记》卷中《景行皇帝》描述日本的水稻种植有歌云:"附近的田里的稻茎,在那稻茎上,爬行着的草蘚的藤蔓。"形象地反映了水稻生长的茂盛景象。

随着生产力的发展,日本列岛出现了财富分化,并进而形成阶级社会,通过前文所述可知,在西汉中后期,日本列岛已经出现了一百多个部落联盟式的国家,这些国家显然是早期国家的雏形,他们不时地朝见汉朝政府设在乐浪郡的官员,以获得汉朝政府的认同。在后期日本列岛的原始国家经过相互吞并,形成了三十余个国家。这些国家与汉朝形成了使节往来的关系。田久川先生指出:"大约在公元前 1 世纪,日本列岛上已出现了许多部落小国。分析考古资料又可推知当时这些小国常相攻掠。它们每年独自与汉朝进行定期交往,其动机之一应是为了提高自己的地位,以便在与其他小国的对抗中占有某种优势。"③这大致反映了西汉时期中日两国之间交往的历史真实。

漫长的历史长河谱写了人类历史交往的辉煌篇章,在这一交往过程中,处于相对发达的河洛地区通过日本列岛的信使朝贡,开始认识到这一地区。从先秦时期关于日本列岛的传说,到秦始皇时期徐福东渡日本的传说,都说明了大陆对日本的了解的渴求,特别是秦始皇派遣徐福的海外开拓,对河洛文化的东传日本提供了便利。到汉武帝时期在实现统一朝鲜半岛后,去除了日本列岛与大陆交往的障碍,因而在汉武帝及其以后,大陆与日本列岛的交往才得到真正的实现。对于中日两国之间的早期交往,日本学者藤家礼之助指出:"(日本列岛诸国使节)选定时间渡海,千里迢迢地把使者派到现在朝鲜的平壤附近的乐浪郡太守

---

① 汪向荣总结了水稻从中国大陆传入日本的四种说法,他认为水稻传入日本的线路应当是从长江下流地区传入日本列岛的,传入的线路应当经由山东半岛、朝鲜半岛西岸再由朝鲜半岛南部进入日本列岛的可能性较大。参见汪向荣:《古代中国人的日本观》,上海古籍出版社 2006 年 4 月第 1 版,第 16—17 页。

② 田久川:《古代中日关系史》,大连工学院出版社 1987 年 8 月第 1 版,第 21 页。

③ 田久川:《古代中日关系史》,大连工学院出版社 1987 年 8 月第 1 版,第 32 页。

的所在地,献上方物,换取中国和朝鲜所赐予的珍奇物品,然后忻然回国。"他明确指出了日本与中国大陆交往就是为了用其地的物产换取中国大陆的珍奇物品。他同时认为,虽然说这是秦汉帝国影响力的结果,"但从我国的那些小国家来说,他们之所以横越万顷波涛,奔向西方,恐怕是出于一种要求从先进国家吸收文化和借献见的形式来进行经济文化交流的迫切愿望。日中两国的交流,就这样以朝鲜半岛作舞台,揭开了长达两千年历史的序幕"①。这就进一步明确了日本列岛诸国来到大陆进行交流的真正目的,是借此机会通过经济文化的交流,提高日本社会的发展水平。

二、东汉河洛地区与日本的交通

东汉建都洛阳后,与东方地区的日本列岛的交往开始频繁起来,双方使节往来不断,开启了河洛地区与日本列岛交往的新篇章。东汉光武帝定都洛阳,日本与大陆的交往开始由早期的民间交往以及与东北地方州郡交往上升到政府层面。继西汉时期倭人通过乐浪郡朝见,在东汉时期则直接通过汉政府的边地官吏辗转到达东汉的国都洛阳进行朝贡。

关于日本列岛的情况,在《后汉书》卷八十五《东夷传》云:

倭在韩东南大海中,依山岛为居,凡百余国。自武帝灭朝鲜,使驿通于汉者三十许国,国皆称王,世世传统。其大倭王居邪马台国。乐浪郡徼,去其国万二千里,去其西北界拘邪韩国七千余里。其地大较在会稽东冶之东,与朱崖、儋耳相近,故其法俗多同。土宜禾稻、麻纻、蚕桑,知织绩为缣布。出白珠、青玉。其山有丹土。气温暖,冬夏生菜茹。无牛、马、虎、豹、羊、鹊。其兵有矛、楯、木弓、竹矢,或以骨为镞。男子皆黥面文身,以其文左右大小别尊卑之差。其男衣皆横幅,结束相连。女人被发屈纷,衣如单被,贯头而

---

① [日]藤家礼之助著,张俊彦、卞立强译:《日中交流二千年》,北京大学出版社 1982 年 12 月第 1 版,第 1—2 页。

着之;并以丹朱坌身,如中国之用粉也。有城栅屋室。父母兄弟异处,唯会同男女无别。饮食以手,而用笾豆。俗皆徒跣,以蹲踞为恭敬。人性嗜酒。多寿考,至百余岁者甚众。国多女子,大人皆有四五妻,其余或两或三。女人不淫不妒。又俗不盗窃,少争讼。犯法者没其妻子,重者灭其门族。其死停丧十余日,家人哭泣,不进酒食,而等类就歌舞为乐。灼骨以卜,用决吉凶。行来渡海,令一人不栉沐,不食肉,不近妇人,名曰"持衰"。若在涂吉利,则雇以财物;如病疾遭害,以为持衰不谨,便共杀之。

通过这段材料我们对日本列岛的情况应当有一个大致的了解。首先,我们知道了在日本列岛有一个大的国家名曰邪马台国,并且出现了国王。这表明国家已经产生,日本社会已经进入阶级社会。不过这一阶段日本社会所出现的国家还是最初的部落型的国家,仍然保留了浓厚的氏族社会残余。其次,有关日本地区物产问题,除了禾稻、麻纻、蚕桑,并且懂得织绩为缣布,这些都已经为学界所证实。矿产有白珠、青玉,兵器有矛、楯、木弓,竹矢或以骨为镞。这些物产较之于中国大陆明显要少得多。再次,日本社会的发展阶段大约处在由父系氏族阶段向国家过渡阶段。如"男子皆黥面文身,以其文左右大小别尊卑之差。其男子皆横幅结束相连","国多女子,大人皆有四五妻,其余或两或三。女人不淫不妒。又俗不窃盗,少争讼。犯法者没其妻子,重者灭其门族"。① 这大约是最初国家形成时期的基本状况,有了最基本的成文法。倭国在对外交往过程中,也出现了最初的贸易。如辰韩"国出铁,涉、倭、马韩并从市之"。倭国从辰韩购买铁的事实,也进一步说明处于东亚文化圈的日本在其发展初期就融入这一文化圈发展的序列之中,成为东亚文化重要组成部分。

光武帝初年,"时辽东太守祭肜威詟北方,声行海表,于是涉、貊、倭、韩万里朝献,故章、和以后,使聘流通",可见是光武帝初年已经形成了包括倭国在内的东夷朝鲜的局面,并且开启了东汉与日本列岛交往的先河。到光武帝晚年,日本

---

① 日本社会这种多娶的现象,从景行天皇(71—130年)所娶的后妃数量即可看出,景行天皇"娶吉备臣等的祖先,若建吉备日子的女儿"。"又娶八尺入日子命的女儿八坂之入日卖命。""又娶伊那毗大郎女的女弟,伊那毗若郎女。""又娶倭建命的曾孙,须卖伊吕大中日子王的女儿诃具漏比卖。"[日]万安侣著,周作人译:《古事记》,中国对外翻译出版公司,2001年1月第1版,第108页、第86页。

列岛的邪马台国开始派遣使节到东汉都城洛阳朝贡。中元二年正月，"东夷倭奴国王遣使奉献"。李贤注云："倭在带方东南大海中，依山岛为国。"①《后汉书》卷八十五《东夷传·倭传》云："建武中元二年，倭奴国奉贡朝贺，使人自称大夫，倭国之极南界也。光武赐以印绶。"这里提到了倭国使节"自称大夫"，而大夫这一词完全来自河洛地区已经成熟的称谓，说明是受汉王朝的影响。《日本考》卷二《朝贡》云："至光武中元二年，使人自称大夫，奉贡朝贺，赐以印绶。"光武帝所赐的印绶在后世也被发现。天明四年(1784年)二月二十三日，福冈市东区所属的志贺岛的农民在挖渠时，从一块大石头下面发现一颗金印，金印印面正方形，边长2.347厘米，印台高约0.9厘米，台上附蛇形钮，通体高约2.2厘米，重108.729克，上面刻有"汉委奴国王"字样。金印出土以后辗转百年，直至1979年　个家族的后人把它捐献给了福冈市博物馆。②该金印的发现成为中日两国友好交往的见证，再次证明了东汉时期遥远海域的日本列岛的国家与东汉王朝从建国伊始就保持了密切的联系。日本学者三宅米吉著《汉委奴国王印考》，主张印文应读为汉之委(倭，wa)之奴(na)国王，并认为"奴"即《日本书纪》中的"傩"(na)，亦即后来的那珂郡，位于福冈县博多附近。此说几乎已成为学术界的定论。木官泰彦强调指出，倭奴国的位置与海神国地望相合。③

及至汉安帝永初元年冬十月，"倭国遣使奉献"④。《后汉书》卷八十五《东夷传·倭传》云："安帝永初元年，倭国王帅升等献生口百六十人，愿请见。"《日本考》卷二《朝贡》亦云："安帝永初元年，倭国王师升等献生口百六十人愿请见。"汉安帝时倭国国王帅升一次向东汉王朝进献"生口"160人，表明倭国已经出现了奴隶身份的人，日本已经进入奴隶社会。这也说明倭国国王对此次朝贡的重视。对于此次朝贡的"倭国"，日本学者研究认为："内藤(湖南)博士谓北宋版《通典》有'倭面土国王师升'，日本版《后汉书》亦有'倭而十国王师升'，'倭面国王师升'等，又《异称日本传》所引之《通典》，有'倭面土地王师升'之名。盖原为倭面土国王，后省称为倭面国王，又略为倭国王，或误为倭面土地王者。

①　《后汉书》卷一下《光武帝纪下》。
②　藤家礼之助著，张俊彦、卞立强译：《日中交流二千年》，北京大学出版社1982年12月第1版，第7页。
③　木官泰彦著、陈捷译：《中日交通史》(上卷)，商务印书馆1931年5月第1版，第14页。
④　《后汉书》卷五《孝安帝纪》。

博士谓倭面土国当读作セヌト国,即大和国云。窃谓或与倭奴国同,当读为'倭'之'面土国',即北九州之一地,亦未可知。但究为北九州何地,则不可考耳。"①而据近来中日学者研究认为:"倭面土国即倭之面土国,亦即后为邪马台属国的伊都国,位于北九州福冈县系岛郡前原町旧怡土衬一带,留下不少遗迹。一些居住遗址中出土有玻璃玉、管玉和杯子之类,更有东汉前期的环刀、铁斧,中国铁器发现量之多为各地弥生时代居住遗址所罕见,推测居处主人为统治者,可能到过中国或曾与中国进行过贸易。在一座围以方沟、极似中国战国时代墓葬形式的方坑木棺墓中,发现汉镜多达 42 面,内有 4 面为日本所有出土汉镜之最大者,而且有 1 面是极其罕见的内行花纹镜,表明墓主生前权力极大(古代日本以汉镜为权力和统治的象征物),推测为伊都国国王,埋葬时间约在 2 世纪上半叶,稍晚于倭面土国献生口 160 人于汉之时。在《魏志》记载较详的倭女王国几个属国中,伊都国是唯一保留世袭国王的国家,而且有三级官吏(其他属国仅有二级),民户万余(此据《魏略》。《魏志》作'千余户','千'当是'万'之误),为带方郡使往来常驻之地。"②关于倭女国下属的国家发展情况,如伊都国,其"官曰尔支,副曰泄谟觚、柄渠觚。有千余户,世有王,皆统属女王国,郡使往来常所驻"。作为倭之面土国,隶属于倭国管辖,"自女王国以北,特置一大率,检察诸国,诸国畏惮之。常治伊都国,于国中有如刺史。王遣使诣京都、带方郡、诸韩国,及郡使倭国,皆临津搜露,传送文书赐遗之物诣女王,不得差错"③。伊都国作为隶属于倭女国的属国,成为河洛地区与日本列岛来往的重要交通要道。

到了东汉末年桓、灵之间,日本列岛发生了一些变化,部落之间争夺激烈。"桓、灵间,倭国大乱,更相攻伐,历年无主。有一女子名曰卑弥呼,年长不嫁,事鬼神道,能以妖惑众,于是共立为王。侍婢千人,少有见者,唯有男子一人给饮食,传辞语。居处宫室楼观城栅,皆持兵守卫。法俗严峻。"④这里又出现了以女子为王的人,其侍卫千余人也为女子,这说明日本列岛的所谓奴隶制国家还处在

---

① 木官泰彦著、陈捷译:《中日交通史》(上卷),商务印书馆,1931 年 5 月第 1 版,第 14—15 页。

② 田久川:《古代中日关系史》,大连工学院出版社 1987 年 8 月第 1 版,第 35 页。

③ 《三国志》卷三十《魏书·东夷传附倭传》。

④ 关于这一阶段历史,《日本考》卷之二《沿革》云:"迄汉桓、灵间,历年无主。有一女子名卑弥呼者,年长不嫁,以妖惑众,共立为王,法甚严峻,在位数年死,宗男嗣,国人不服,更相诛杀,复立卑弥呼宗女壹与,国遂定,时称女王国。"

保留有浓厚母系氏族残余阶段。"自女王国东渡海千余里至拘奴国,虽皆倭种,而不属女王。自女王国南四千余里至朱儒国,人长三四尺。自朱儒东南行船一年,至裸国、黑齿国,使驿所传,极于此矣。"这说明在日本列岛所存在的国家还处在各自为政阶段,互不统属。汉灵帝光和元年冬,鲜卑族先祖檀石槐"见乌侯秦水广从数百里,水停不流,其中有鱼,不能得之。闻倭人善网捕,于是东击倭人国,得千余家,徙置秦水上,令捕鱼以助粮食"①。东汉时期,日本列岛诸国至洛阳朝贡的使节多由陆路辗转到达洛阳。马端临曰:"倭人自后汉始通中国,史称从带方至倭国,循海水行,历朝鲜国乍南乍东,渡三海,历七国,凡一万二千里,然后至其国都。又言去乐浪郡境及带方郡并一万二千里,在会稽东,与儋耳相近,其地去辽东甚远,而去闽、浙甚迩。其初通中国也,实自辽东而来,故其迂回如此。"②这说明在早期的中日交流过程中,主要通过陆路实现的,在这其中朝鲜半岛、辽东地区在中日关系中发挥着桥梁作用。

东汉时期所有关于日本列岛的信息,通过各种渠道传入河洛地区,既有倭国使节所带来的信息,也有部分汉人到日本列岛所获得的信息,并引起了当时人们的重视,也由此引发了人们对日本列岛的关注,虽然这些信息是断断续续和片面的,但至少开启了双方直接交往的先河,具有重要的历史意义。

三、魏晋时期河洛地区与日本列岛的贸易往来

曹魏西晋时期,已经对日本社会各个层面开始逐步深入了解,这从《三国志》卷三十《魏书·东夷传附倭传》即可得到较为全面的反映。在日本列岛上虽然小国林立,但南北两部分已经逐步形成了两个大的奴隶制国家。北部是倭女国邪马台国,南部是男王的狗奴国。这两个国家中与曹魏政权交往的主要是邪马台国。邪马台国所属的国家主要有:狗邪韩国、对马国、末卢国、伊都国、奴国、不弥国、投马国、邪马壹国、斯马国、已百支国、伊邪国、都支国、弥奴国、好古都

① 《后汉书》卷九十《鲜卑传》。
② 《文献通考》卷三百二十四《四裔考一·倭》。

国、不呼国、姐奴国、对苏国、苏奴国、呼邑国、华奴苏奴国、鬼国、为吾国、鬼奴国、邪马国、躬臣国、巴利国、支惟国、乌奴国、奴国等。魏晋时期的民众对日本列岛社会的各个方面的了解逐步全面。

首先，魏晋时期河洛地区的民众认识到日本的自然环境各个方面的情况较之于秦汉时期更为全面。从气候来讲，"倭地温暖，冬夏食生菜，皆徒跣"。从物产来讲，"出真珠、青玉。其山有丹，其木有枏、杼、豫樟、楺栎、投橿、乌号、枫香，其竹筱簳、桃支。有姜、橘、椒、囊荷，不知以为滋味。有猕猴、黑雉"。《魏志》曰："倭国有桃枝竹。"①《魏志》曰："倭国有姜，不知其滋味。"②《魏志》曰："倭国有橘，不知滋味。"③晋郭义恭《广志》云："青玉出倭国。"④从农作物种植来看，"种禾稻、纻麻，蚕桑、缉绩，出细纻、缣绵。其地无牛马虎豹羊鹊"⑤。从地形地貌来讲，"倭人在带方东南大海中，依山岛为国，地多山林，无良田，食海物"⑥。从上述有关记载来看，魏晋时期对日本列岛的社会环境认识更加全面，表明河洛地区对日本列岛的外部环境认识更为深入全面。

其次，日本列岛的生产与生活习俗也被河洛地区的民众所了解。日本列岛的民众喜好"断发文身以避蛟龙之害"，而魏晋时期日本列岛民众的纹身是与生产习俗紧密联系在一起的，"今倭水人好沉没捕鱼蛤，纹身亦以厌大鱼水禽，后稍以为饰。诸国文身各异，或左或右，或大或小，尊卑有差"。这说明纹身是与生产习俗紧密联系在一起，也体现出社会的尊卑差异。《魏志》曰："倭国人入海捕鳆鱼，水无深浅，皆沉没取之。"⑦这说明日本列岛的民众在水产捕捞方面也颇具特色。其服饰也很有特色，"其风俗不淫，男子皆露纷，以木绵招头。其衣横幅，但结束相连，略无缝。妇人被发屈纷，作衣如单被，穿其中央，贯头衣之"⑧。从日本列岛民众服饰的原始性来看，其社会发展还较为落后。其衣食住行以及

① 《艺文类聚》卷八十九《木部下·竹》。《太平御览》卷九百六十三《竹部二·桃枝竹》。
② 《太平御览》卷九百七十七《菜茄部二·姜》。
③ 《太平御览》卷九百六十六《果部三·橘》。
④ 《艺文类聚》卷八十三《宝玉部上·玉》。
⑤ 《三国志》卷三十《魏书·东夷传附倭传》。《艺文类聚》卷八十二《草部下》引《魏志》曰："倭国地温和，冬夏食生菜。"《晋书》卷九十七《东夷传》云："其地温暖，俗种禾稻纻麻而蚕桑织绩。"
⑥ 《晋书》卷九十七《东夷传》。
⑦ 《太平御览》卷九百三十八《鳞介部十·鳆》。
⑧ 《三国志》卷三十《魏书·东夷传附倭传》。《晋书》卷九十七《东夷传》云："其男子衣以横幅，但结束相连，略无缝缀。妇人衣如单被，穿其中央以贯头，而皆被发徒跣。"

丧葬习俗也形成了本民族的特色。"有屋室,父母兄弟卧息异处,以朱丹涂其身体,如中国用粉也。食饮用笾豆,手食。其死,有棺无椁,封土作冢。始死停丧十余日,当时不食肉,丧主哭泣,他人就歌舞饮酒。已葬,举家诣水中澡浴,以如练沐。"从日本的社会习俗,如"父母兄弟卧息异处"说明其社会已经有所进步,丧葬习俗也可能受黄河流域社会习俗的影响,出现了棺、土冢,死丧不食肉等。《晋书》卷九十七《东夷传》亦云:"有屋宇,父母兄弟卧息异处。食饮用俎豆。嫁娶不持钱帛,以衣迎之。死有棺无椁,封土为冢。初丧,哭泣,不食肉。已葬,举家入水澡浴自洁,以除不祥。"倭国的婚姻习俗仍然具有浓厚的氏族残余,"其俗,国大人皆四五妇,下户或二三妇。妇人不淫,不妒忌"。多妻制的存在表明日本社会还处在从部落联盟向国家过渡阶段。

再次,日本列岛的社会有了最初的成文法,社会秩序逐步构建起来。"其犯法,轻者没其妻子,重者灭其门户。及宗族尊卑,各有差序,足相臣服。收租赋。有邸阁。国国有市,交易有无,使大倭监之。"而在当时邪马台女国是日本列岛各国中最为强大的国家,统率各国,"女王国以北,特置一大率,检察诸国,诸国畏惮之。常治伊都国,于国中有如刺史"。"王遣使诣京都、带方郡、诸韩国,及郡使倭国,皆临津搜露,传送文书赐遗之物诣女王,不得差错。下户与大人相逢道路,逡巡入草。传辞说事,或蹲或跪,两手据地,为之恭敬。对应声曰噫,比如然诺。"日本社会因为男性立国导致国家长期陷于战乱,乃立一女子卑弥呼为王。从其"男弟佐治国","以婢千人自侍"来看,这一时期应当还处在父系氏族社会与母子氏族社会的交替时期,即国家初步形成阶段。从"居处宫室楼观,城栅严设,常有人持兵守卫"来分析,国家开始产生,且已经具备了最初的国家形态。从女王已经掌握了租赋的征收权,建立了市场进行商品交易,并设专门的官员管理市场来分析,日本社会的经济已经实现新的飞跃,实现了由氏族经济向奴隶制经济的转变。女王还掌控了对外关系的权力,表明日本社会已经由松散的部落联盟转变为有领导中心的国家。倭女国邪马台国之所以在部落中居于领导地位,是因为其经济力量远在其他各部落国家之上。就户口来讲,邪马台国"可七万余户",倭女国所控制的其他的部落国家户口分别为:对马国"有千余户",末卢国"有四千余户",伊都国"有千余户",奴国"有二万余户",投马国"可五万余户"。①从人口数量可以反映出邪马台国的七万余户较之于其他部落国家的最多五万余户还要多二万余户,是当时日本列岛经济最为发达的国家。在与中国的关系上,邪马台国即上面所说的倭之面土国,从东汉以来就以其强大的优势在对河洛地区的关系上处于领导者的地位。②

而在曹魏时期,日本人尚有一部留住在朝鲜半岛的南端。"韩在带方之南,东西以海为界,南与倭接。"弁辰"其渎卢国与倭接界"。"从郡至倭,循海岸水行,历韩国,乍南乍东,到其北岸狗邪韩国,七千余里,始度一海,千余里至对马国。"③由此可知,"日本人在三国时代确曾有一部留居于朝鲜半岛的南端了"④。正因为朝鲜半岛南端留居有日本的先民,则汉魏时期与日本的交往必然通过他们来实现,因为他们与中国大陆联系紧密,深受中国文化的影响,此后,中日两国之间的使节以及文书往来这些日本民众参与的可能性较大,当然,这仅仅是推测而已,没有确切的史料依据。

曹魏时期,从洛阳到日本列岛的交通线路已经畅通。从洛阳北行至邺城,再由邺城北行经滏阳(今河北磁县)、邯郸,北上幽州(今北京市),再由傍海道至东北地区,沿朝鲜半岛至带方郡。⑤然后沿朝鲜半岛西海岸南行七千余里至狗邪韩国(即加罗),再南渡瀚海千余里到一大国(即壹岐)。并由此渡过朝鲜海峡抵达日本末卢国(即肥前之松浦),然后向东南行五百里抵达伊都国(即筑前之怡土),再东南百里至奴国(即筑前之傩)。又东行百里为不弥国(即筑前之宇涨),再东南行为投马国,最后抵达邪马台。"由带方郡至魏都洛阳之路,与第一第二世纪倭奴国、倭面土国与后汉交通时之路同,乃陆行经由辽东者。"⑥虽然进入日本列岛以后的邪马台国的具体方位还有九州说和关西说的争论,但卑弥呼女国通过此交通线派遣使臣到达曹魏国都洛阳进行朝贡则成为现实。上述交通路线

①　《三国志》卷三十《魏书·东夷传附倭传》。
②　洪启翔:《古代中日关系之研究》,商务印书馆1944年9月第1版,第17页。
③　《三国志》卷三十《魏书·东夷传》。《后汉书》卷八十五《东夷传·三韩传》云:"马韩在西,有五十四国,其北与乐浪,南与倭接。……弁辰在辰韩之南,亦十有二国,其南亦与倭接。"
④　洪启翔:《古代中日关系之研究》,商务印书馆1944年9月第1版,第1—2页。
⑤　中国公路交通史编审委员会:《中国古代道路交通史》,人民交通出版社1994年1月第1版,第147—149页。
⑥　《三国志》卷三十《魏书·东夷传》。木官泰彦著、陈捷译:《中日交通史》(上卷),商务印书馆,1931年5月第1版,第19页。

是根据曹魏使节到日本列岛的见闻而记述的,应当是真实可信的。而在这一交通线上,在进入朝鲜半岛之后的线路较为通达,而最为艰难的线路则是渡过朝鲜海峡。

日本的倭女王卑弥呼对曹魏的朝贡成为曹魏时期对外交往的重要事实,表明曹魏政权已经以洛阳为中心建立起对日本交往的渠道。关于倭女王派遣使节到达洛阳朝贡的情况,在《三国志》卷三十《魏书·东夷传附倭传》有详细的记载。魏明帝景初二年(238年)正月,司马懿率领大军讨伐辽东公孙渊,并在八月将公孙渊包围在襄平,"大破之,传渊首于京都,海东诸郡平"①。就在平定公孙渊叛乱过程中,是年六月,"倭女王遣大夫难升米等诣郡,求诣天子朝献,太守刘夏遣吏将送诣京都"。倭国女王派遣使节到达带方郡(今韩国汉城附近),由带方郡太守刘夏派遣人员护送难升米等人到达曹魏的都城洛阳。②《日本考》卷二《朝贡》云:"魏景初二年,既平公孙氏,倭女王遣大夫难升米等诣郡,求请天子朝献,太守送至都,乃以金印紫绶封为亲魏倭王,难升米等并中郎、校尉,假银印青绶,劳赐优渥。"这是曹魏时期倭女王卑弥呼首次派遣使节到曹魏都城洛阳。魏明帝对此次朝贡非常重视,不仅接见了使节,而且赐倭女王卑弥呼为亲魏倭王,再次如东汉光武帝那样"假金印紫绶"。魏明帝回报倭女王的诏书颇有代表性,兹抄录如下:

制诏亲魏倭王卑弥呼:带方太守刘夏遣使送汝大夫难升米、次使都市牛利奉汝所献男生口四人、女生口六人、班布二匹二丈,以到。汝所在愈远,乃遣使贡献,是汝之忠孝,我甚哀汝。今以汝为亲魏倭王,假金印紫绶,装封付带方太守假授汝。其绥抚种人,勉为孝顺。汝来使难升米、牛利涉远,道路勤劳,今以难升米为率善中郎将,牛利为率善校尉,假银印青绶,引见劳赐遣还。今以绛地交龙锦五匹、绛地绉粟罽十张、蒨绛五十匹、绀青五十匹,答汝

① 《三国志》卷三《魏书·明帝纪》。
② 关于难升米到曹魏朝贡的时间,日本学者藤家礼之助认为是在景初三年,他指出:"《魏志·倭人传》上是景初二年,《日本书纪》所引的魏志和《梁书》则是景初三年,一般认为后者是正确的。"查诸《梁书》卷五十四《诸夷·东夷传》云:"魏景初三年,公孙渊诛后,卑弥呼始遣使朝贡,魏以为亲魏王,假金印紫绶。"似乎这一看法有一定的道理,但是,从魏明帝在景初三年正月初一病亡,如果难升米是景初三年朝贡,那么接待他的就是齐王曹芳而非魏明帝了。

所献贡直。又特赐汝绀地句文锦三匹、细班华罽五张、白绢五十匹、金八两、五尺刀二口、铜镜百枚、真珠、铅丹各五十斤,皆装封付难升米、牛利还到录受。悉可以示汝国中人,使知国家哀汝,故郑重赐汝好物也。

从这一诏书中我们可以看出,倭国派遣使节有使、次使之分,表明日本列岛的倭女国在河洛地区汉魏政权的影响下,已经开始接受汉文化中的有用成分。日本列岛的倭女国所贡献的男女"生口"共 10 人,表明日本社会已经出现了奴隶。特别是贡献的"班布二匹二丈"说明日本已经有了最初的纺织业,这有可能是与汉魏王朝交往过程中,河洛地区的纺织技术传到日本,使日本开始有了最初的纺织业。对卑弥呼封为亲魏倭王,表明曹魏政府对倭女国有控制权,对正使和副使"以难升米为率善中郎将,牛利为率善校尉,假银印青绶,引见劳赐遣还",表明了曹魏政权对不远万里到洛阳朝贡日本使节的慰勉。亲魏倭王金印虽然不存,但《宣和集古印史》中拓有此印,今存日本《好古日录》中。① 魏明帝在以绛地所产丝绸"绛地交龙锦五匹、绛地绉粟罽十张、蒨绛五十匹、绀青五十匹"答谢其所贡献生口和班布外,又赏赐"汝绀地句文锦三匹、细班华罽五张、白绢五十匹、金八两、五尺刀二口、铜镜百枚、真珠、铅丹各五十斤",从上述物品的价值来看,所赏赐的纺织品以及金、刀、铜镜、真珠、铅丹的价值远远超过其所贡的物品价值,而魏明帝此举是为了显示大国风范,"使知国家哀汝"。倭女王之所以在司马懿尚与公孙渊作战的间隙派遣使节到洛阳朝贡,可能与曹魏王朝强大的影响力有关,或有可能是为了消除此前与公孙渊交往而可能使曹魏产生的误会。日本在京都高知山市,出土一枚刻有"景初四年"铭文的青铜制盘龙镜。在此之前,日本曾出土过带有"青龙三年"、"景初三年"和"正始元年"等铭文的青铜镜六块,而且形状都是三角缘和平缘的神兽镜。这些实物的出土都再一次证明了日本列岛与曹魏王朝的经济文化交流。

齐王曹芳正始元年(240 年),带方郡太守弓遵派遣建忠校尉梯儁等人,"奉诏书诣倭国,拜假倭王"②,这是见诸记载的最早到达日本的中国使节,其目的是

---

① 木官泰彦著、陈捷译:《中日交通史》(上卷),商务印书馆 1931 年 5 月第 1 版,第 17 页。
② 《晋书》卷一《高祖宣帝纪》云:"正始元年春正月,东倭重译纳贡。"

为了宣扬国威。梯儁等人出使时还携带了大量物品赏赐给倭国女王,"并赍诏赐金、帛、锦罽、刀、镜、采物"。倭国女王卑弥呼"因使上表答谢恩诏"。这表明中日双方都有加强了解的愿望,而且日本列岛的卑弥呼女王通过与曹魏王朝建立良好的关系,同时也获取了日本列岛所没有的来自河洛地区的精美物品,也能够起到在与其他国家争夺中获得更高声望的作用。曹魏王朝所赏赐卑弥呼的铜镜,上面刻有"景初三年"字样的三角缘半圆方形带神兽镜,已经在日本大阪府和泉市的黄金古坟中出土。① 正始四年(243 年)十二月,"倭国女王卑弥呼遣使奉献"。"倭王复遣使大夫伊声耆、掖邪狗等八人,上献生口、倭锦、绛青缣、绵衣、帛布、丹木、狝、短弓矢。掖邪狗等壹拜率善中郎将印绶"。此次俾弥呼派遣使臣八人,除了进献生口外,特地进献了日本当地的特有纺织品倭锦、绛青缣、绵衣、帛布等。关于日本使节到洛阳的穿着情况,"其行来渡海诣中国,恒使一人,不梳头,不去虮虱,衣服垢污,不食肉,不近妇人,如丧人,名之为持衰。若行者吉善,共顾其生口财物。若有疾病,遭暴害,便欲杀之,谓其持衰不谨"。虽然我们还无法确定日本在景初二年以后从曹魏传入纺织技术,但突然能够进贡如此种类之多的纺织品,应当是从曹魏直接传入了纺织技术,或者建忠校尉梯儁等人到达日本时就带有专门从事纺织的工人来传播纺织技术。卑弥呼这次特地进献日本本土所产的精美纺织品,应当是对曹魏政府传播纺织技术的感谢,以使曹魏政府看到技术交流的成果。曹魏政权与日本列岛的卑弥呼女王之间所建立的亲密关系,使卑弥呼深深感到维持与曹魏的交往关系,对于在日本列岛诸侯国争雄中获得坚强后盾很有帮助。"其六年,诏赐倭难升米黄幢,付郡假授。其八年,太守王颀到官。倭女王卑弥呼与狗奴国男王卑弥弓呼素不和,遣倭载斯、乌越等诣郡说相攻击状。遣塞曹掾史张政等因赍诏书、黄幢,拜假难升米为檄告喻之。"卑弥呼与狗奴国男王卑弥弓呼不和,曹魏政府在其中还起着调停的作用。大约正始八九年间,卑弥呼死,更立男子为王,国人不服,出现了混战。国人拥立卑弥呼仅 13 岁的宗女壹与为王,国中因此安定下来。"(张)政等以檄告喻壹与,壹与遣倭大夫率善中郎将掖邪狗等二十人送政等还,因诣台,献上男女生口三十

---

① 藤家礼之助著,张俊彦、卞立强译:《日中交流二千年》,北京大学出版社 1982 年 12 月第 1 版,第 37 页。

人,贡白珠五千,孔青大句珠二枚,异文杂锦二十匹。"《魏志》曰:"倭国女王壹与遣大夫率善等献真白珠五十孔,青大勾珠二枚也。"①《晋书》卷九十七《四夷传·东夷传附倭人传》云:"宣帝之平公孙氏也,其女王遣使至带方朝见,其后贡聘不绝。及文帝作相,又数至。泰始初,遣使重译入贡。"泰始二年(266 年)十一月,"倭人来献方物"②。此后,河洛地区与日本列岛之间的往来不见于记载。虽然有学者认为此后因为壹与女王死后,倭女国邪马台国再度内乱,不再派遣使节,但根据《晋书》卷三《武帝纪》所记载的东夷 16 次朝贡或内附、归化的事实,可能日本列岛的国家仍有与西晋王朝直接往来的可能,因为"中国所谓东夷实包括倭人在内,因此有人谓倭人的朝贡或亦有包括于这记事中的"③。

从魏晋时期河洛地区与日本列岛的交往可以看出这一历史时期双方文化交流的显著特色。其一,魏晋时期倭女国与魏晋王朝所建立的交往关系是东汉时期业已形成的友好交往的继续。我们知道,卑弥呼在东汉末年已经与当时建都洛阳的东汉王朝建立起了朝贡关系,虽然在东汉末年黄河流域军阀混战,再加上公孙渊割据朝鲜半岛阻断了日本列岛与大陆的联系,但一旦战事既平,双方迫切交往的愿望很快就得以实现。因此,对于魏晋时期,倭女王与魏晋政权的交往应当放在汉魏历史发展的大环境下进行考察,只有这样才能够弄清历史发展的脉络,正确评估双方交往的历史贡献。其二,河洛地区的魏晋政权与日本列岛的倭女王交往出现了新的历史性突破。在两汉时期,日本列岛与河洛地区的交往多是日本列岛的国家派遣使节到河洛地区进行朝贡,汉王朝以天朝大国自许,没有使节回访的现象。而到魏晋时期,日本列岛的倭女王派遣使节到魏晋首都洛阳进行朝贡,曹魏王朝则派遣使节到日本列岛进行回访,这种回访虽然含有恩赐的意义,但毕竟构成了文化交流的双向性质,其意义是深远的,无疑开启了中外文化交流的新篇章。唐代王茂元曾经说:"昔魏酬倭国,止于铜镜钳文,汉遗单于,不过犀毗绮袷,并一介之使,将万里之恩。"④曹魏政权将河洛地区所产的精美纺

① 《太平御览》卷八百二《珍宝部一·珠上》。
② 《晋书》卷三《世祖武帝纪》。《日本考》卷二《朝贡》云:"平始(应作正始)八年倭女王卑弥呼与狗奴国男王卑弥弓呼不合,遣使诣郡说相攻伐状。遣塞晋椽史(应作塞曹掾史)张政等赍诏告谕之。卑弥呼死,宗女壹与嗣,遣使送张政还,因献男女生口,贡白珠、异文杂锦。"
③ 洪启翔:《古代中日关系之研究》,商务印书馆,1944 年 9 月第 1 版,第 27 页。
④ 《全唐文》卷六百八十四王茂元《奏吐蕃交马事宜状》。

织品以礼品的形式赏赐给倭女国,虽然其目的是为了宣扬国恩,但随着一介使节的到来,中国文化也随之传播到了日本列岛。在日本列岛三十余个国家中,曹魏政权以邪马台女国作为交往的主要对象,并且对其重视有加,派遣使节回访邪马台女国,表明邪马台女国在日本列岛的诸国中具有重要的地位。其三,随着中日双方交往的逐渐深入,极有可能河洛地区成熟的纺织技术传到了日本,这也就是日本列岛的倭女国能够在短短的时间(景初三年到正始四年,其间共 4 年)内纺织出精美的纺织品,这也再次显示出文化交流的强大威力,正因为纺织技术乃至冶铁技术的传入,大大提高了倭女国的生产力发展水平,"然女王国中,必因此而鼓吹新技术,为新文化促进之动机。中国,乃东洋文化之母国,而有统一之国家组织者也;洛阳,又以数千年文化背景之壮丽都城也;倭人来至中国,目睹其情形,必赍往若干新智识,而对中国文化作热烈之钦慕。极思于政治方面亦如中国有统一国家组织;于经济方面,亦思如汉人有灿烂如花之生活也"。使倭女国在与日本列岛上其他国家特别是与狗奴国争雄中取得优势地位。然而在此时之所以出现"统一国家之气运者,非由中国文化之刺戟而促成者欤!"其四,河洛地区日渐兴盛的汉文化对于日本列岛的影响是很明显的。从难升米、牛利以及第二次所派遣的使节掖邪狗等人出使曹魏的都城洛阳,表明日本列岛已经有了了解汉语之人,前文所云"倭王因使上表答谢恩诏",倭女王"遣倭载斯、乌越等诣(带方)郡说相攻击状",以及"遣塞曹掾史张政等因赍诏书、黄幢,拜假难升米为檄告喻之"等,表明日本列岛"虽不无文饰之辞,然已证明倭人内有能解中国语有稍识汉字者矣"①。这说明日本列岛对汉字已经开始认识,并接受了汉文化。到公元 5 世纪,"完成了统一大业的大和朝廷与中国南朝交往频繁;接触汉字汉文的机会更多,促进了汉字汉文的使用"②。不仅如此,河洛地区流行的风俗习惯也开始影响到日本列岛。如丧葬习俗,我们在前文曾经指出倭女国的习俗为:"其死,有棺无椁,封土作冢。始死停丧十余日,当时不食肉,丧主哭泣,他人就歌舞饮酒。已葬,举家诣水中澡浴,以如练沐。"这其中的"封土作冢。始死停丧十余日,当时不食肉,丧主哭泣"显然是受河洛地区的丧葬习俗的影响而形成

---

① 木官泰彦著、陈捷译:《中日交通史》(上卷),商务印书馆,1931 年 5 月第 1 版,第 20—22 页。

② 田久川:《古代中日关系史》,大连工学院出版社 1984 年 8 月第 1 版,第 68 页。

的。特别是倭女王卑弥呼死后,"大作冢,径百余步,殉葬者奴婢百余人",除了用人殉葬外,这一大陵寝的规模,显然是受河洛地区帝王陵寝的规模影响而形成的。因为在此期间,曹魏的塞曹掾史张政正在倭女国逗留,其陵墓建设或许咨询过张政等人,亦未可知。

四、遣隋使与河洛文化的外传

西晋灭亡后,黄河流域陷于长期战乱,虽然此后北魏王朝建立,但远在太平洋岛屿的日本列岛上的国家仍然以南朝作为正统,派遣使节到南朝朝贡,而与北朝接触较少。到了隋王朝统一天下以后,日本列岛也发生了很大的变化,推古天皇即位(593年),定都于奈良县飞鸟地方,史上有飞鸟时代之称。圣德太子(又称厩户太子)兼任摄政。圣德太子为了提高王位,积极派遣使节和留学生到隋王朝,从而掀起新一轮中日文化交流的高潮。

(一)日本社会的基本概况

经过东晋南朝的长期交流,日本列岛的社会已经有了很大的发展,到了隋朝建立后,社会发展较之于前代已经有了很大的进步。

首先,日本社会已经建立起了新的政治体制。有王、王妻以及后宫制度。"王妻号鸡弥,后宫有女六七百人。"还有朝臣的设置以及地方官制度。"内官有十二等:一曰大德,次小德,次大仁,次小仁,次大义,次小义,次大礼,次小礼,次大智,次小智,次大信,次小信,员无定数。"地方官的设置为:"有军尼一百二十人,犹中国牧宰。八十户置一伊尼翼,如今里长也。十伊尼翼属一军尼。"①《隋书》所记载的日本的内宫制度,实际上是推古天皇十一年(601年)十二月圣德太子所实行的十二冠位法,"十二月,戊辰朔壬申,始行冠位。大德、小德、大仁、小仁、大礼、小礼、大信、小信、大义、小义、大智、小智,并十二阶,并以当色绝缝之。顶撮总如囊,而著缘焉。唯元日著髻华、髻华,此云"。次年即推古天皇十二年

---

① 《隋书》卷八十一《东夷传·倭国传》。

春正月戊戌朔,"始赐冠位于诸臣各有差"①。很显然,日本的十二冠位是以儒家的"德、仁、礼、信、义、智"等信念作为其官位的,由此可见河洛地区日益成熟的儒家文化对日本社会的影响。从隋代初年日本社会所实行的后宫制度与内宫制度可以看出,在这一历史阶段日本社会已经充分吸收了河洛地区的政治制度,开始建立起了自己的国家体制,在这一政治体制内部,官员分成不同的等级,地方官僚体制也如同河洛地区的州郡幕府制度,不同的机构内部也设置不同数量的官员,这也体现了官僚体制管理的精神。

其次,日本社会的服饰也受河洛地区服饰的影响,再加上本民族的改进而形成自己独有的特色。"其服饰,男子衣裙襦,其袖微小,履如屦形,漆其上,系之于脚。庶人多跣足。不得用金银为饰。故时衣横幅,结束相连而无缝。头亦无冠,但垂发于两耳上。至隋,其王始制冠,以锦彩为之,以金银镂花为饰。妇人束发于后,亦衣裙襦,裳皆有襈。攕竹为梳,编草为荐,杂皮为表,缘以文皮。"这里提到的男性服饰裙襦,"其袖微小",明显受鲜卑族服饰的影响。"履如屦形,漆其上,系之于脚"具有靴子的影响,这也是中国北方鲜卑族服饰影响的结果。我们知道,北魏孝文帝的改革其中重要的一条就是服饰的改革,即改鲜卑的服饰为汉族地区所穿用的服饰,而在此出现的服饰显然有鲜卑族早期服饰的因素在内,这也正如时人所云"中国失礼,求之四夷"②。反映了鲜卑族服饰在遥远的异域日本的流传情况。

再次,河洛地区的武器制作也传到了日本列岛。日本列岛的武器有"弓、矢、刀、稍、弩、矟、斧,漆皮为甲,骨为矢镝"。这与河洛地区所流传的武器何其相似。日本列岛流传的乐器有五弦、琴、笛等,民众"好棋博、握槊、樗蒲之戏",这也是河洛地区流传已久的游戏活动。《魏书》卷九十一《术艺传·蒋少游传附范宁儿传》云:

祖时,有范宁儿者善围棋。曾与李彪使萧赜,赜令江南上品王抗与宁儿。制胜而还。又有浮阳高光宗善樗蒲。赵国李幼序、洛阳丘何奴并工握

① 《日本书记》卷廿二《推古纪》。
② 《三国志》卷三十《魏书·东夷传》。

橤。此盖胡戏,近入中国,云胡王有弟一人遇罪,将杀之,弟从狱中为此戏以上之,意言孤则易死也。世宗以后,大盛于时。

这说明从北魏孝文帝时期开始棋博、握橤、樗蒲等游戏在河洛地区风靡开来,传入日本应当是北魏以后的事情了。而这一传播的渠道是经由朝鲜半岛而实现传入日本列岛的。如隋代的百济"鼓角、箜篌、筝、竽、篪、笛之乐,投壶、围棋、樗蒲、握橤、弄珠之戏",可能就是从河洛地区传来的。日本列岛的婚丧习俗既有本民族的传统,也有受河洛地区的影响而形成的习俗,"女多男少,婚嫁不取同姓,男女相悦者即为婚。妇入夫家,必先跨犬,乃与夫相见。妇人不淫妒。死者敛以棺椁,亲宾就尸歌舞,妻子兄弟以白布制服。贵人三年殡于外,庶人卜日而瘗。及葬,置尸船上,陆地牵之,或以小舆"①。这一婚丧习俗中"婚嫁不取同姓"显然是受儒家"同姓不婚"的影响,棺椁殓葬,三年殡的习俗,也是受河洛地区的间接影响而形成的。

从日本列岛的相关情况来看,日本列岛受中国文化的影响是很明显的。无论王宫内部的制度,抑或官位制度都是受河洛地区儒家文化的影响。在服饰方面也深受汉族的影响,至于说婚丧习俗的各个方面也是与中国大陆长期交往而吸取大陆的婚丧习俗再加上本民族的习俗而形成的。

(二)四次遣隋使的过程

隋朝建立后,定都长安,因此隋朝与日本列岛之间的交往,在隋文帝时是以长安为中心来进行的。因为"炀帝即位,迁都洛阳"②,所以到隋炀帝时期与日本的联系主要是以洛阳为中心完成的。为了问题的完整性且易于看出历史演变的过程,兹将日本的四次遣隋使考述如下。

第一次遣隋使是在隋文帝开皇二十年(600年,推古天皇八年),更多有关日本的信息传到隋朝。而在这一年二月,日本"新罗与任那相攻,天皇欲救任那"③。任那(位于新罗、百济之间,今韩国庆尚南道)是日本在朝鲜半岛苦心经

---

① 《隋书》卷八十一《东夷传·倭国传》。
② 《隋书》卷六十八《宇文恺传》。
③ 《日本书记》卷廿二《推古纪》。

营数百年的基地。早在崇神天皇六十五年(前33年)七月,"任那国遣苏那曷叱知,令朝贡也"。其位置"任那者,去筑紫国二千余里,北阻海以在鸡林之西南"①。垂仁天皇二年(前28年),"任那人苏那曷叱智请之,欲归于国。盖先皇之世来朝还欤! 故敦赏苏那曷叱智,仍赍赤绢一百匹赐任那王。然新罗人遮之于道而夺焉。其二国之怨,始起于是时也"②。应神天皇七年(276年)九月,高丽人、百济人、任那人、新罗人,都一并派遣使节到日本。应神天皇"命武内宿祢,领诸韩人等作池,因以名池号韩人池"。以"韩人池"命名所修的水池其目的是为了纪念这次大规模朝贡。到了二十五年,应神天皇任命木满致执国政,"以其父功,专于任那",继续加强对任那的控制。雄略天皇七年(462年),"拜田狭为任那国司"。八月,田狭之子弟君占有百济仟那,"勿通日本"。八年二月,高丽在进攻新罗的同时,进攻任那,结果被新罗与任那的联军打败。此后,任那反复易手。在钦明天皇二十三年(562年)春正月为新罗所攻占。圣德太子摄政以后图谋恢复任那,但日军撤退后,任那重新回到新罗手中。所以,圣德太子在开皇二十年派遣使臣到隋朝,其目的是为了取得隋朝的谅解。关于此次遣随使的情况,《隋书》卷八十一《东夷传·倭国传》云:"开皇二十年,倭王姓阿每,字多利思比孤,号阿辈鸡弥,遣使诣阙。"③对于倭国此次派遣使节朝贡,隋文帝非常重视,"上令所司访其风俗",倭国使者向有关官员介绍了日本国的一些情况:"使者言倭王以天为兄,以日为弟,天未明时出听政,跏趺坐,日出便停理务,云委我弟。"隋文帝认为倭国的风俗"此太无义理","于是训令改之"。由此足以看出黄河流域业已成熟的汉文化对日本社会的影响。通过日本使节,隋朝了解了日本社会的基本情况。日本在这时也通过使节之间的往来重新认识到遥远的国度隋朝的昌盛情况。

　　到了隋炀帝即位后,大业三年(607年)七月,日本再次派遣使节到隋朝贡。

---

① 《日本书纪》卷五《崇神纪》。

② 《日本书纪》卷六《垂仁纪》。

③ 木官泰彦认为:"姓阿每,字多利思比孤者,天足彦也。孝安、景行、成务等历代天皇之讳,多有此字样,殆已成为天皇之异名。《隋书》当据所闻而记载之也。阿辈鸡弥,《唐类函》云:'其国号阿辈鸡弥,华言天皇也。阿辈鸡弥系译大君之音也。'《异称日本传》云:"多利思比孤,舒明天皇讳息长足日广额,讹曰多利思比孤。开皇二十年当我推古天皇八年,舒明天皇为推古天皇后王,故混言之。阿辈鸡弥,推古天皇讳御食炊屋姬讹之也。"这一说法应当是错误的。参见木官泰彦著、陈捷译:《中日交通史》(上卷),商务印书馆,1931年5月第1版,第67~68页。

《日本书纪》卷廿二《推古纪》云:"(十五年)秋七月,戊申朔庚戌,大礼小野臣妹子遣于大唐,以鞍作福利为通事。"《隋书》卷八十一《东夷传·倭国传》云:"大业三年,其王多利思北孤遣使朝贡。使者曰:'闻海西菩萨天子重兴佛法,故遣朝拜,兼沙门数十人来学佛法。'其国书曰'日出处天子致书日没处天子无恙'云云。帝览之不悦,谓鸿胪卿曰:'蛮夷书有无礼者,勿复以闻。'"①隋炀帝虽然对日本使节国书的无礼之辞很不满意,但仍然很重视与日本的关系,随即在大业四年,"上遣文林郎裴清使于倭国"。"倭王遣小德阿辈台,从数百人,设仪仗,鸣鼓角来迎。后十日,又遣大礼哥多毗,从二百余骑郊劳。既至彼都,其王与清相见,大悦。"倭王与裴世清的对话显示出日本对隋朝的羡慕。倭王曰:"我闻海西有大隋,礼义之国,故遣朝贡。我夷人,僻在海隅,不闻礼义,是以稽留境内,不即相见。今故清道饰馆,以待大使,冀闻大国惟新之化。"裴世清答曰:"皇帝德并二仪,泽流四海,以王慕化,故遣行人来此宣谕。"倭王"引清就馆"。裴世清在完成出使任务后,在回国前,倭王"于是设宴享以遣清,复令使者随清来贡方物"。到了次年三月,日本使节到达洛阳,因而有"百济、倭、赤土、迦罗舍国并遣使贡方物"②的记载。

关于此次中日双方交往,在《日本书纪》中也有详细记载。推古天皇十六年(607年)夏四月,"小野臣妹子至自大唐,唐国号妹子臣曰苏因高",而且跟随裴世清前往日本回访的人数也有记载,"即大唐使人裴世清、下客十二人,从妹子臣至于筑紫,遣难波吉士雄成,召大唐客裴世清等,为唐客更造新馆于难波高丽馆之上"。由此可见,日本对于隋使回访接待是非常重视的。六月初一,裴世清等人到达难波津,推古天皇"是日,以饬船三十艘,迎客等于江口,安置新馆。于是,以中臣宫地连乌磨吕、大河内直糠手、船史王平为掌客"。裴世清等人在难波津滞留了两个月,八月初一,裴世清等人被推古天皇召见。推古天皇举行了盛大的欢迎仪式,"是日,遣饰骑七十五匹,而迎唐客于海石榴世衢,额田部连一比罗夫以告礼辞焉"。裴世清向推古天皇递交了国书,当时参与迎接裴世清等人的皇子、诸王、诸臣等均盛装出场,"悉以金髻华著头,亦衣服皆用锦、紫、绣、织

---

① 正因为发生了此次国书事件,所以才有小野妹子臣护送裴世清返回隋朝时,在国书中用了"东天皇敬白西皇帝"之语,没有引起隋炀帝的反感。

② 《隋书》卷三《炀帝纪上》。

及五色绫罗"。八月十四日,推古天皇又"飨唐客等于朝"。九月初一,再次"飨客等于难波大郡"。十一日,裴世清等人告归,推古天皇"则复以小野妹子臣为大使,吉士雄成为小使,福利为通事,副于唐客而遣之"。与此同时,与小野妹子同行的还有留学生,"是时遣于唐国学生,倭汉直福因、奈罗译语惠明、高向汉人玄理、新汉人大国,学问僧新汉人旻、南渊汉人请安、志贺汉人慧隐、新汉人广济等,并八人也"。世子亲草答书曰:"东天皇敬白西皇帝:使人鸿胪寺掌客裴世清等至,久忆方解,季秋薄冷,尊候何如? 想清愈此即如常。今遣大礼苏因高、乎那利(乎那利即雄成译音)等往。谨白不具。"十七年,小野妹子还自隋,及至推古天皇十七年九月,"小野臣妹子至自大唐,唯通事福利不来",通事(翻译)和八个留学生留在了中国。推古天皇二十二年六月初一,"遣犬上君御田锹、矢田部造,阙名于大唐"。次年九月,"犬上君御田锹、矢田部造,至自大唐"。[①] 是后,隋末农民起义爆发,隋炀帝客死扬州,日本圣德太子也在推古天皇二十九年(621年)死去。遣隋使的时代结束。

隋朝四次遣隋使除了隋文帝开皇二十年是以长安为目的地,隋炀帝时期的三次均是以洛阳为目的地。因为隋炀帝时期开始以洛阳作为政治中心,所有的外来使节都以洛阳为朝贡的目的地。关于隋炀帝时期三次遣隋使以洛阳为目的地的情况,夏应元先生指出:"后面这三次,都是在隋炀帝奠都洛阳的时期,史籍上虽未言明具体经过及所经地点,但大致可推断其终点当是洛阳无疑。"[②]随着日本使节到达洛阳,必然对河洛地区的社会政治与文化经济有所了解,并吸收河洛地区日趋成熟的汉文化,为日本社会的改革提供新的文化支持。

(三)河洛文化对日本社会的影响

隋文帝建立起来的强大的帝国影响广泛,到隋炀帝迁都洛阳后,迅速成为在东北亚地区影响巨大的封建王朝,并对日本列岛和朝鲜半岛产生了巨大的影响。虽然隋朝曾多次征讨朝鲜半岛,并因此导致王朝的最终覆亡,但因日本列岛远隔海域,因此,隋代中日两地之间建立起了频繁的交往关系,中日两国的文化相互

---

① 《日本书记》卷廿二《推古纪》。
② 夏应元:《洛阳史籍与中日交流》,《洛阳——丝绸之路的起点》,中州古籍出版社 1992 年 10 月第 1 版。

交流,共同构筑起东北亚文化圈的新气象。河洛地区的文化对日本列岛的影响表现在许多方面,兹从不同方面加以论述。

在政治方面,河洛地区从汉魏六朝以来到隋代的政治制度对日本社会产生了深远的影响,促使日本开始吸收河洛地区日益成熟的政治制度,建立起具有本国特色的政治体制。日本首先吸收了中国大陆的官僚体制,建立起了日本的官僚制度。宋文帝元嘉二年(425 年),倭讚派遣的使节"曹达奉表献方物",曹达的官职是司马。其弟珍即位后,遣使贡献时"自称使持节、都督倭百济新罗任那秦韩慕韩六国诸军事、安东大将军、倭国王",并上表请求刘宋王朝正式授予,宋文帝乃"诏除安东将军、倭国王"。珍又请求"除正倭隋等十三人平西、征虏、冠军、辅国将军号",宋文帝下诏同意了其请求。元嘉二十年,"倭国王济遣使奉献,复以为安东将军、倭国王"。元嘉二十八年,"加使持节、都督倭新罗任那加罗秦韩慕韩六国诸军事,安东将军如故。并除所上二十三人军、郡"。济死后,其子兴又遣使贡献。大明六年(462 年),宋孝武帝又授兴安东将军、倭国王。兴死后,其弟武继立,"自称使持节、都督倭百济新罗任那加罗秦韩慕韩七国诸军事、安东大将军、倭国王"。宋顺帝昇明二年(478 年),武上表称"窃自假开府仪同三司,其余咸各假授,以劝忠节"。宋顺帝下诏"诏除武使持节、都督倭新罗任那加罗秦韩慕韩六国诸军事、安东大将军、倭王"①。刘宋朝诸倭王先后接受刘宋诸帝的安东将军、倭国王的封号,表明日本列岛已经接受大陆的文化,特别是引文所提到的平西、征虏、冠军、辅国将军号则说明大陆的官制已为日本所接受。《南齐书》卷五十八《东南夷传》云:"倭国,在带方东南大海岛中,汉末以来,立女王。土俗已见前史。建元元年,进新除使持节、都督倭新罗任那加罗秦韩慕韩六国诸军事、安东大将军、倭王武号为镇东大将军。"天监元年(502 年)四月,梁武帝将镇东大将军倭王武进号征东大将军。② 前文所引隋时倭国官僚机构,更多的是继承了大陆的政治体制。虽然倭国的政治体制更多的是吸收了南朝的政治制度,但作为在大陆地区普遍实行的政治制度,也可以看作是来自黄河流域的政治制度的广泛传播。

---

① 《宋书》卷九十七《夷蛮传·倭国传》。
② 《梁书》卷二《武帝纪中》。

在文化上,日本列岛的文化接受大陆文化也颇有特色。首先,中国大陆长期流行的汉字开始传入日本,并为日本人所接受。应神天皇十五年(284 年)秋八月,壬戌朔丁卯,"百济王遣阿直岐贡良马二匹"。阿直岐到达日本后,应神天皇令其养马,"阿直岐亦能读经典,及太子菟道稚郎子师焉"。应神天皇向阿直岐询问是否有胜过他的文人,阿直岐向天皇推荐了王仁。于是,"遣上毛野君祖荒田别、巫别于百济,仍征王仁也"。应神天皇十六年二月,"王仁来之。则太子菟道稚郎子师之,习诸典籍于王仁,莫不通达。所谓王仁者,是书首等始祖也"①。关于这一阶段通过朝鲜半岛接受汉文化的情况,《古事记》卷中《应神天皇·文化的渡来》云:

> 又有新罗人渡来,以是建内宿祢引率了,服役筑堤掘池,作百济池。百济王照古王以牡马一匹,牝马一匹,付阿知吉师上贡。此阿知吉师为阿直史等的祖先。王又贡横刀及大镜。又命百济国道:"若有贤人,亦上贡。"于是受命进贡者的人的名为和迩吉师,即以《论语》十卷,《千字文》一卷,付是人上贡。此和迩吉师为文首等的祖先。又长于手艺的人。有韩锻名卓素,吴服名西素者二人,亦同时贡上。又秦造的祖先,汉直的祖先,及知酿酒的人名仁番,又名须须许理等人,亦均渡来。

周作人指出:上文所云的"阿直岐即是此处的阿知吉师,吉师者尊称。和迩吉师后世多依《日本书纪》称为王仁,初将书籍传入日本,见于记录者。《千字文》为梁周兴嗣所作,王仁献书在应神天皇十六年,为晋武帝太康六年(285 年),尚要早二百余年,故一般学者皆谓所持来者乃是小学书,如史游《急就章》之类,不过名目相同。韩锻者,三韩人的锻工,五服者,中国衣料的织工。秦造汉直,皆三韩移民,自称系秦人汉人之后,居于乐浪带方二郡,后由弓月君及阿知主使分别率领归化,遂成二族。秦训机织,汉训绫文,皆与织物相关。酿酒之术日本以前已有,此盖新法,仁番系人名,而须须许理则或是诨名,言饮酒时撮口作声,可见这种新法的酒或特别好吃,故天皇因而醉歌,以杖击石,至于硬石头也避醉酒

---

① 《日本书记》卷十《应神纪》。

人之俗语,不过言醉人无可理喻"①。田久川先生也指出:"与汉字在倭国的传播相先后,中国古代典籍也传入倭国。《古事记》载,应神天皇命百济王贡贤人,百济贡和迩吉师(《书纪》作王仁),并贡《论语》10 卷、《千字文》1 卷,共 11 卷书。《千字文》为梁周兴嗣所撰蒙学课本,不当于此时传入倭国,大概是别的蒙学课本如西汉史游撰《急就篇》之类,被《古史记》作者误记为《千字文》。《书纪》谓太子菟道稚郎子'随王仁研习诸典籍,无不通晓',可知《论语》之外,儒家经典已早就传入倭国。"②上述关于王仁到日本列岛的时间虽然有争论,但王仁的到来传去大陆的文字,使日本开始借用汉字进行创作。

在这一历史阶段,无论史学、文学乃至儒家思想都受到来自河洛地区的影响。不过这种影响属于间接影响,因为当时河洛地区与日本的交往受到种种限制,河洛文化传播到朝鲜半岛后,再由朝鲜半岛传播到日本。《古今著文集》卷四《文学》云:"应神天皇十五年,百济圆仁博士携经典来,然后经史传于我国。"履中天皇四年(403 年)"秋八月,辛卯朔戊戌,始之于诸国置国史,记言事达四方志"。中国大陆地区的修史传统传到了日本,使日本也开始有了撰修国史的历史。朱云影先生根据日本学者白柳秀湖的研究,总结道:"七世纪初圣德太子摄政,醉心大陆文化,一再派出遣隋使,可能从隋携归《史记》、《汉书》之类。"钦明天皇三十二年(571 年)春三月,"高丽献物并表,未得呈奏。经历数旬,占待良日"。然而,钦明天皇不久病死,敏达天皇元年(572 年)五月初一,敏达天皇接见了驻于相乐馆的高丽使节,"天皇执高丽表疏,授予大臣。召聚诸史,令读解之。是时诸史于三日内,皆不能读,爰有船史祖王辰尔,能奉读译"。因此敏达天皇与大臣都赞美王辰尔曰:"勤乎,辰尔!汝若不爱于学,谁能读解?宜从今始近侍殿中!"不久,敏达天皇诏东西诸史曰:"汝等所习之业,何故不就?汝等虽众,不及辰尔。"③由于受大陆文化的影响,推古天皇二十八年,"是岁,皇太子、岛大臣共议之,录天皇记及国记,臣、连、伴造、国造、百八十部并公民等本记"④。如

---

① [日]万安侣著,周作人译:《古事记》,中国对外翻译出版公司,2001 年 1 月第 1 版,第 108 页,第 152—153 页。

② 田久川:《古代中日关系史》,大连工学院出版社 1984 年 8 月第 1 版,第 70 页。

③ 《日本书记》卷二十《敏达纪》。

④ 朱云影:《中国文化对日越韩的影响》,广西师范大学出版社 2007 年 9 月第 1 版,第 2 页。《日本书记》卷廿二《推古纪》。

此一来,日本史学的兴起与大陆的影响非常明显。黄遵宪曰:"(圣德太子)定宪法十七条,敕撰《天皇纪》、《国记》及《臣连伴造》、《国造》等百八十部。"①由上论述可以看出河洛地区的修史传统经由朝鲜半岛辗转传到日本列岛,日本也开始了撰写史书的历史。在文学方面,土仁传入汉字是在4世纪末的事。在此后约三百年间,"日本的文笔工作,仍委于归化人王仁和阿知使主的子孙之手,《宋书·夷蛮传》所载倭王武(即雄略天皇)上宋顺帝的表文,词句精炼,日本学者多认为出自归化人的手笔"②。在儒家经典传播方面,在阿直岐到达日本后,"阿直岐亦能读经典,及太子菟道稚郎子师焉"。这说明在阿直岐之前,儒家经典已经传到日本,社会上层已经开始学习儒家经典。随着王仁将《论语》等儒家典籍带到日本,太子菟道稚郎子又"习诸典籍于王仁"。王仁将儒家经典传到日本,对日本社会所起的开化作用是很明显的。继体天皇七年(513年)夏六月,"百济遣姐弥文贵将军、州利即尔将军,副穗积臣押山,《百济本纪》云:'委意斯移麻岐弥,贡五经博士段杨尔。'《别奏》云:'伴跋国略夺臣国已汶之地,伏请天恩判,还本属!'"③钦命天皇十五年(555年)二月,"百济遣下部杆率将军三贵、上部奈率物部乌等,乞救兵。仍贡,德率东城子莫古,代前番奈率东城子言:五经博士王柳贵,代固德马丁安;僧昙慧等九人,代僧道深等七人。别奉敕,贡易博士施德王道良、历博士固德王保孙、医博士奈率王有怜陀、采药师施德潘量丰、固德丁有陀、乐人施德三斤、季德己麻次、季德进奴、封德进陀。皆依请代之"④。从继体天皇七年到钦命天皇十四年,百济的五经博士不断来日本,将传播到百济的儒家经典又传到了日本。

　　在这一阶段,佛教也开始传入日本。佛教传入日本也是经由朝鲜半岛传入实现的,并在日本社会迅速风靡开来。钦明天皇六年(544年)九月,"百济造丈六佛像"。《制愿文》曰:"盖闻造丈六佛,功德盛大,今敬造。以此功德,愿天皇获胜善之德,天皇所用弥移居国,俱蒙福祐! 又愿普天之下一切众生,皆蒙解脱! 故造之矣。"⑤钦明天皇十三年十月,百济圣明王(更名圣王),"遣西部姬氏达率

　　① 黄遵宪:《日本国志》卷上,天津人民出版社2005年1月第1版,第40页。
　　② 朱云影:《中国文化对日越韩的影响》,广西师范大学出版社2007年9月第1版,第50页。
　　③ 《日本书记》卷十七《纪体纪》。
　　④ 《日本书记》卷十九《钦明纪》。
　　⑤ 《日本书记》卷十九《钦明纪》。

怒唎斯致契等,献释迦佛金铜像一躯、幡盖若干、经纶若干卷。别表,赞流通、礼拜功德云:'是法于诸法中,最为殊胜,难解难入,周公、孔子尚不能知。此法能生无量无边福德果报,乃至成辨无上菩提。譬如人怀随意宝,逐所须用,尽依情,此妙法宝亦复然。祈愿依情,无所乏。且夫远王臣明谨遣陪臣怒唎斯致契,奉传帝国,流通畿内。果佛所记"我法东流"。'①淳中仓太珠敷天皇"不信佛法,而爱文史"。敏达天皇六年(577 年)十一月初一,"百济国王付还使大别王等,献经论若干卷,并律师、禅师、比丘尼、咒禁师、造佛工、造寺工六人,遂安置难波大别王寺"。敏达天皇八年冬十月,"新罗遣枳叱政奈末进调,并送佛像"。敏达天皇十三年九月,从百济来鹿深臣(阙名字),"有弥勒石像一躯。佐伯连(阙名字),有佛像一躯"。这一年,"苏我马子宿祢请其佛像二躯,乃遣鞍部村主司马达等、池边直冰田使于四方,访觅修行者。于是唯于播摩国,得僧还俗者,名高丽惠便"。来自高丽的僧人惠便受到日本社会高层的重视,"大臣乃以为师",敏达天皇于是"令度司马达等女岛,曰善信尼(年十一岁)。又度善信尼弟子二人,其一,汉人夜菩之女丰女,名曰禅藏尼;其二,锦织壶之女石女,名曰惠善尼。马子独依佛法,崇敬三尼。乃以三尼,付冰田直与达等,令供衣食"。在敏达天皇的支持下,日本社会也开始效法河洛地区的善男信女,在家中举行盛大的修行佛法大会:"经营佛殿于宅东方,安置弥勒石像。屈请三尼,大会设斋。此时达等得佛舍利于斋食上,以舍利献于马子宿祢。马子宿祢试以舍利,置铁质中,振铁锤打,其质与锤,悉被摧坏,而舍利不可摧毁。又投舍利于水,舍利随心所愿,浮沉于水。由是,马子宿祢、池边冰田、司马达等,保信佛法,修行不懈。马子宿祢亦于石川宅,修置佛殿。佛法之初,自兹而作。"敏达天皇十四年春二月,戊子朔壬寅,"苏我大臣马子宿祢起塔于大野丘北,大会设斋,即以达等所获舍利藏塔柱头"。然而,因为"国行疫疾,民死者众",日本社会开始出现毁佛现象。是年三月初一,物部弓削守屋大连与中臣胜海大夫在上敏达天皇的奏章中指出是因为"苏我臣之兴佛法"导致"疫疾流行",建议敏达天皇废佛,敏达天皇最后下诏"宜断佛法"!受敏达天皇的诏令,物部弓削守屋大连亲自指挥灭佛,他"自诣于寺,踞坐胡床,斫倒其塔,纵火燔之,并烧佛像与佛殿。既而取所烧余佛像,令弃难波

---

① 《日本书记》卷十九《钦明纪》。

堀江"。物部弓削守屋大连不仅毁坏佛寺,而且还羞辱教徒,"呵责马子宿祢与从行法侣,令生毁辱之心",并且建造专门囚禁教徒的囚室,"夺尼等三衣禁锢,楚挞海石榴市亭"。不久,物部弓削守屋大连与天皇相继患疮,国内"发疮死者,充盈于国",百姓都认为是"是烧佛像罪矣"! 大臣苏我马子宿祢因为也患上疮病,他因此上书:"臣之疾病,至今未愈。不蒙三宝之力,难可救治!"敏达天皇乃特诏马子宿祢"可独行佛法,宜断余人",并且将囚禁的三尼还付马子宿祢,马子宿祢"叹未曾有顶礼三尼,新营精舍,迎入供养"。① 佛教开始逐渐复苏。敏达天皇死后(585 年),用明天皇即位,虽然用明天皇"信佛法,尊神道",他甚至下诏"朕思欲归三宝,卿等议之",但大臣之间在崇佛与废佛之间争斗激烈。物部守屋大连与中臣胜海连则认为:"何背国神,敬他神也? 由来,不识若斯事矣。"苏我马子宿祢则反驳了上述说法,于是皇弟皇子"引丰国法师入于内里"。用明天皇疮病加重,病危之时,鞍部多须奈进而奏曰:"臣奉为天皇,出家修道。又奉造丈六佛像及寺。"用明天皇很感动。② 用明天皇二年(586 年)四月死后,崇峻天皇即位。六月甲子,善信阿尼等对大臣曰:"出家之途以戒为本,愿向百济,学受戒法。"并向前来的百济使节求助,向使节表明了"率此尼等,将渡汝国,令学戒法,了时发遣"的意愿,使节表明了报告国王方才能决定的意图。而在此间,苏我马子宿弥灭物部守屋大连。在战前,厩户太子(圣德太子)曾经说:"今若使我胜敌,必当奉为护世四王,起立寺塔。"苏我马子宿弥也说:"诸天王、大神王等,助卫于我,使获利益,愿当奉为诸天与大神王,起立寺塔,流通三宝。"物部守屋大连被灭后,佛教迅速昌盛起来,"于摄津国造四天王寺。分大连奴半与宅,为大寺奴、田莊。以田一万顷,赐迹见首赤梼。苏我大臣亦依本愿,于飞鸟地起法兴寺"。崇峻天皇元年,"百济国遣使并僧惠总、令斤、惠寔等献佛舍利"。苏我马子宿弥向百济僧人询问受戒之法,并且"以善信尼等付百济国使恩率首信等发遣学问",并在此时开始修建法兴寺。崇峻天皇三年三月,"学问尼善信等,自百济还,住樱井寺"。此年,开始度百济、新罗和大陆来日本的女性为尼,"度尼大伴狭手彦连女善德、大伴貊夫人、新罗媛善妙、百济媛妙光,又汉人善德、善通、

---

① 《日本书记》卷二十《敏达纪》。
② 《日本书记》卷廿一《用明纪》。

妙德、法定照、善智聪、善智惠、善光等"。不仅有女性出家为尼,男子出家为僧
的现象也开始出现,"鞍部司马达等子多须奈同时出家,名曰德齐法师"。崇峻
天皇五年十月,"起大法兴思佛堂与步廊"①。早期佛教在日本列岛的传播为隋
唐时期入隋唐求法奠定了社会基础,从而在隋唐时期有大批僧人到河洛地区求
法。

　　崇峻天皇被苏我马子宿弥杀后,推古天皇即位,圣德太子摄政。圣德太子摄
政期间,是日本佛教迅速昌盛的历史时期。推古天皇元年(592年),在难波荒岭
建造四天王寺,次年二月初一,推古天皇"诏皇太子及大臣,令兴隆三宝"。在天
皇的鼓励下,"是时诸臣连等,各为君亲之恩,竞造佛舍,即是谓寺焉"。同年五
月,高丽僧人慧慈、百济僧人慧聪到达日本传播佛教,"此两僧弘演佛教,并为三
宝之栋梁"。推古天皇四年十一月,法兴寺建成,慧慈、慧聪两位僧人开始居住
在法兴寺。隋文帝开皇二十一年(601年,推古天皇十年),圣德太子"遣使诣阙
求《法华经》"②。推古天皇十一年(602年)十一月初一,圣德太子对大臣说:"我
有尊佛像,谁得是像以恭拜?"秦造河胜进曰:"臣拜之。"接受了佛像,并建造蜂
冈寺。圣德太子在推古天皇十二年(603年)四月所颁布的十七条宪法第二条规
定:"笃敬三宝:三宝者,佛、法、僧也。则四生之终归,万国之极宗。何世何人,
非贵是法,人鲜尤恶,能教从之。其不归三宝,何以直枉?"推古天皇十三年四月
初一,"诏皇太子、大臣及诸王、诸臣,共同发誓愿,以造铜、绣丈六佛像各一躯。
乃命鞍作鸟为造佛之工"。高丽大兴王闻听日本建造佛像,"贡上黄金三百两"。
次年四月初八,丈六佛像造成后,被安置在元兴寺金堂。从此后,每年的四月初
八和七月十五日为设斋日,"集会人众,不可胜数"。鞍作鸟家族因为造佛像有
功,推古天皇对其嘉奖有加。五月五日,敕鞍作鸟曰:

　　　　朕欲兴隆内典,方将建佛刹,肇求舍利。时汝祖父司马达等便献舍利。
　　又于国无僧尼,于是汝父多须那为橘丰日天皇出家恭敬佛法;又汝姨岛女初
　　出家,为诸尼导者,以修行释教。今朕为造丈六佛,以求好佛像。汝之所献

---

①　《日本书记》卷廿一《崇峻纪》。
②　《日本考》卷二《朝贡》。《宋史》卷四百九十一《外国传七·日本国传》云:"隋开皇中,遣使泛海
　　至中国,求《法华经》。"

佛本,则合朕心。又造佛像既讫,不得入堂,诸工人不能计,以将破堂户。然汝不破户而得入。此皆汝之功也。

并因此赐大仁位,"因以给近江国阪田郡水田二十町焉",鞍作鸟"以此田,为天皇作金刚寺"。七月,推古天皇令圣德太子"讲《胜鬘经》,三日说竟之"。圣德太子还在冈本宫讲《华法经》。推古天皇非常高兴,"播磨国水田百町施于皇太子,因以纳于斑鸠寺"。此后,圣德太子派遣使臣到隋朝也有求佛法的意愿,也正如小野妹子率领八个留学生和留学僧出使隋朝的目的:"闻海西菩萨天子重兴佛法,故遣朝拜。"最后一次派遣留学僧有五个人,表明了到洛阳学习佛法的目的。

汉魏六朝以来,河洛地区的科学技术也通过朝鲜半岛间接传到了日本,引起了日本社会生产力的进步。田久川先生指出:

> 至迟在汉魏时代,中国的天算科学知识已由各种渠道传入日本。公元3 世纪前期邪马台女王卑弥呼时代的宫室建筑、城栅设施和租税制度等方面都离不开相当的计算知识和测量技术,卑弥呼的大墓和后来历代倭王、贵族的陵墓在修筑时自然也需用测算知识技术。日本上古时代的记数之法与中国略同,如十进位制等等。这些都与中国算学知识的传入有关。

根据田久川先生的研究,稽诸相关史书,可以看出这一论断的可靠性。汉魏六朝时期,天文历法的知识传入日本也仍然是通过朝鲜半岛间接传入的。倭国在接受汉字和汉文化的同时也开始接受来自中国的天文历法。出土于 1873 年,约五世纪的江田船山古坟铁刀铭文云:"台天下获□□□卤大王世,奉□典曹人名无□弖,八月中用大镝釜并四尺廷刀,八十练六十捃三寸上好□。服此刀者长寿,子孙往往得三恩也。不失其所统。作刀者名伊太□,书者张安也。""作刀者名伊太□,书者张安"说明铭文出自中国大陆移民之手。铭文中有"八月中"、"八十练六十捃三寸"等文字。1978 年,琦玉县的稻荷山古坟发现的铁剑铭文云:"亥年七月中记。乎获居臣上祖,名意富比垝,其儿多加利足尼,其儿名星巳加利获居,其儿名多加披次获居,其儿名多沙鬼获居,其儿名半豆比,其儿名加差披余,其儿名乎获居臣。世世为杖刀人首,奉事来至今。获加多支卤大王寺,在斯鬼宫时,吾左治天下,令作此百练利刀,记□,吾奉事根源也。"铭文有"辛亥年七月"、"百练利刀"等字样,其制作年代在471年。在隅田八幡宫人物画像镜铭文云:"癸未年八月,日十大王年,男弟王在意柴沙加宫时,斯麻念长寿,遣开中费直、秽人今州利二人等,取白上同(铜)二百旱(贯),作此竟(镜)。"其制作者开中费直、秽人今州利也均为汉人度日者。铭文中有"癸未年八月日"、"十大王年""二百旱(贯)"等字样,癸未年有443年、503年二说,表明日本已经开始使用来自中国的纪年和纪月的方法。① 这表明在汉魏六朝时期中国文化对日本所产生的影响仍然存在。

钦明天皇十四年(552年)六月,别敕:"医博士、易博士、历博士等,宜依番上下。今上件色人正当相代年月,宜付还使相代。又卜书、历本、种种药物,可付送。"佛教及医卜历算诸学始传于百济。十五年二月,"别奉敕,贡易博士施德王道良、历博士固德王保孙、医博士奈率王有怜陀、采药师施德潘量丰、固德丁有陀、乐人施德三斤、季德己麻次、季德进奴、对德进陀皆依请代之"②。推古天皇十年(601年)十月,"百济僧观勒来之,仍贡历本及天文、遁甲、方术之书也。是时选书生三四人,以俾学习于观勒矣。阳胡史祖玉陈习历法、大友村主高聪学天文、遁甲,山背臣日立学方术,皆学以成业"。十二年正月初一,始用新历,是岁当隋仁寿四年(604年)。观勒所献乃宋何承天之元嘉历。到了隋朝建立后,中央政府继续设立上述诸种博士。隋朝太常寺的太医署"有主药、二人。医师、二百人。药园师、二人。医博士、二人。助教、二人。按摩博士、二人。祝禁博士二人。等员"③。隋代有"历博士苏粲,历助教傅儁、成珍等"④。日本所设立的这些博士多是从大陆来的归化人,他们辗转通过百济来到日本,传播来自河洛地区的汉文化。

隋朝虽然仅存在了短短数十年时间,但这一历史时期是中日文化交流的高潮的开始。在这一历史时期,隋朝以其强大的国势影响到了周边地区,并与周边

---

① 田久川:《古代中日关系史》,大连工学院出版社,1987年8月第1版,第70—72页。
② 《日本书纪》卷十九《钦明纪》。
③ 《隋书》卷二十八《百官志下》。
④ 《隋书》卷十七《律历志中》。

地区建立起广泛的联系。因隋炀帝迁都洛阳,河洛地区与日本的联系就是以此为中心展开的,在这一文化交流过程中,河洛地区居于核心的地位,虽然在六朝时期河洛地区因陷于战乱,没有直接与日本列岛交往的相关记载,但朝鲜半岛的特殊地理位置,对于河洛地区文化传播到日本起了重要的中转作用,是河洛地区与日本交往的桥梁。隋朝统一天下后,河洛地区与日本列岛交往的障碍已经不存在了,便利了双方的直接往来。特别是隋炀帝迁都洛阳后,日本所派遣的遣隋使多以洛阳为目的地,留学生(僧)也多到达洛阳,或者以洛阳为中转站抵达长安,进行文化上的交流。综观六朝至隋朝河洛地区与日本列岛的文化交流,呈现出以下特点。

首先,与汉魏时期文化交流的单向性质不同,隋朝建立后,河洛地区与日本的文化交流呈现出双向的性质。不仅以河洛地区为代表的中国文化传播到日本,而且日本列岛的文化对河洛地区的文化也产生了影响。如隋代《七部乐》中就有倭国伎,这既表明日本与大陆之间的联系,也反映了隋朝海纳百川的雄心。单就以河洛地区为中心的汉文化传播日本而言,不仅有大陆地区的物质文化传到日本,而且大陆地区的精神文化如史学、文学、佛教乃至科学技术也相继传到日本列岛。特别值得一提的是大陆的政治制度对日本列岛所产生的影响,为日本以后大化革新提供了重要的基础。

其次,日本向中国派遣的留学生(僧),虽然在这一历史时期的规模尚小,但毕竟开启了此后唐代大规模派遣留学生的先河,而且这一时期所派遣的留学生多是大陆移民的后代。如跟随小野妹子出使隋朝的倭汉直福因、奈罗译语惠明、高向汉人玄理、新汉人大国,学问僧新汉人旻、南渊汉人请安、志贺汉人慧隐、新汉人广济等,都是大陆汉人的后代。他们到达隋朝以后,因为文化上的本源性使他们能够更好地接受隋朝的政治文化,并经过努力的学习,在后世树立了典范,成为隋唐时期留学生的典范。

再次,中日双方的交往,特别是日本遣隋使来到河洛地区,一方面促进了双方的文化交流,另一方面为日本社会注入了一股新鲜的血液,使日本社会迎来了全新发展的局面,促使日本社会摆脱封闭的局面,全方位地吸收汉文化。我们知道,在日本社会内部,在这一历史时段还处在权臣专政的状况之下,天皇并没有实权,甚而出现了苏我马子宿弥杀崇峻天皇的现象,而中日双方交往之后,汉文化中皇帝独尊的现象对日本社会影响甚大,推古天皇任用圣德太子主持朝政,所实行的一系列改革,特别是《十七条宪法》确定了君主的地位。其中第四条规定:"承诏必谨:君则天之,臣则地之。天覆地转,四时顺行,万气得通。地欲覆天,则致坏耳。是以君言臣承,上行下靡,故承诏必慎,不谨自败。"这就确定了君主的独尊地位,使臣子懂得了君臣之间的尊卑关系。第四条又规定:"群臣百僚,以礼为本:其治民之本,要在乎礼。上不礼而下非齐,下无礼以必有罪。"再次强调了尊卑关系要符合礼的规定。第十二条再次强调:"国非二君,民无两主。率土兆民,以王为主。所任官司,皆是王臣。何敢与公,赋敛百姓。"①这与"溥天之下,莫非王土;率土之滨,莫非王臣"②何其相似,显然是受河洛文化影响的结果。

---

① 《日本书记》卷廿二《推古纪》。
② 《诗经·小雅·北山》。

第四章 唐代河洛文化对日本的影响

　　唐代是中国社会的盛世,也是以洛阳为中心的河洛地区对外关系极为发达的一个历史时期。在这一历史时期,日本多次派遣遣唐使到中国大陆,并且多次是以洛阳为目的地来完成的。在这样一个大的背景下,河洛文化全方位地传播到日本列岛,并影响到日本社会的各个方面,使日本社会形态迅速发生新的转变。

一、遣唐使与河洛地区

　　遣唐使作为中日文化交流的媒介,在中日文化交流史上具有重要的地位。在中日两国的史籍中对遣唐使有不同的称谓。遣唐使在《日本书纪》中叫"遣大唐大使",或者叫"西海使",在《万叶集》中叫"入唐使",在《续日本纪》中才正式称作"遣唐使"。对于遣唐使,唐帝国方面则与一切其他国家的称呼相同,称之为"朝贡使"。[①] 在唐代两百多年的历史上,遣唐使前后共有 19 次之多,其中有第六次、第十三次、第十四次和第十九次没有到达中国,实际上到达唐朝的共有 15 次。这些遣唐使来到中国之后的目的地多是以长安为终点,夏应元先生考证,其中有数次是以洛阳为终点的,有第四次、第九次、第十次到达洛阳。[②] 夏应

---

① 武安隆:《遣唐使》,黑龙江人民出版社 1985 年版,第 30 页。
② 夏应元:《洛阳史迹与中日交流》,《洛阳——丝绸之路的起点》,中州古籍出版社 1992 年 10 月第 1 版。

元先生的考证为我们研究这一问题指明了学术方向,兹循夏应元先生之意,对遣唐使抵达洛阳的情况进一步考述如下:

(一)显庆四年

日本遣唐使此次出发是在齐明天皇四年(659年)七月,"沙门智通、智达奉敕乘新罗船往大唐国,受无性众生义于玄奘法师所"。他们回到日本后对日本法相学的形成起了重要的作用。

齐明天皇五年七月初三,齐明天皇又"遣小锦下阪合部连石布、大仙下津守连吉祥,使于唐国。仍以道奥虾夷男女二人示唐天子"。此次遣唐使历尽艰险,据《伊吉连博德书》记载,七月三日,自难波三津之浦出发,九月十三日,方才到达百济的毋分明岛。十四日,分两路出发,其中大使阪合部连石布被风吹到南海之岛尔加委,"仍为岛人所灭",仅剩下东汉长直阿利麻、阪合部连稻积等五人盗船逃到括州(今浙江丽水),"州县官人送到洛阳之京"。另一路由副使津守连吉祥率领,虽然在海上航行也遇到风暴,二十三日,在行至余姚县时,只得将"所乘大船及诸调度之物留著彼处",在闰十月一日到达越州,"十月十五日,乘驿入京。二十九日,驰到东京。天子在东京"①。可能是日本使节不知道唐高宗此时在洛阳,故而乘驿到达长安,又在十月二十九日乘驿到达东京洛阳。《新唐书》卷四《高宗纪上》记载,显庆四年(659年),"闰十月戊寅,幸东都,皇太子监国。戊戌,至东都"。三十日,唐高宗在洛阳询问了日本使节的一些情况。十一月一日的冬至朝会,"会日亦觐,所朝诸蕃之中,倭客最胜"。十二月三日,因为"别倭种"韩智兴傔人西汉大麻吕"枉谗我客,客等获罪唐朝,已决流罪",因随行人员伊吉连博德上奏而获免。但仍被"幽置别处,闭户防禁,不许东西,困苦经年"。之所以将日本的遣唐使幽禁而不许其回国,是因为此间唐朝正在准备灭百济的战争,担心日本使节回国泄露消息。显庆五年(660年)正月至四月唐高宗在并州巡行,四月返回,到六月方才回到东都洛阳。而在三月,唐朝就"发神丘道军伐百济"。到了八月,"苏定方等讨平百济,面缚其王扶余义慈。国分为五部,郡

---

① 《日本书纪》卷廿六《齐明纪》。

三十七,城二百,户七十六万,以其地分置熊津等五都督府"。①因为灭百济已经取得了胜利,所以,《伊吉连博德书》记载:"庚申年八月,百济已平之后,九月十二日,放客本国。十九日,发自西京。十月十六日,还到东京,始得相见阿利麻等五人……十九日,赐劳。二十四日,发自东京。"最后津守连吉祥辗转回到日本。

从显庆四年遣唐使的艰难来看,当时因为朝鲜半岛为高丽、百济、新罗三国所控制,而且,三国之间争斗激烈,百济、新罗虽然与唐王朝保持着联系,但因为高丽王朝从隋代以来就与中原王朝处于敌对状态,日本遣唐使沿着原来的朝鲜半岛朝贡显然已经不可能,只能南下到了江浙一带上岸,其间的危险程度大大加深,覆没之患时时伴随着他们,大使阪合部连石布的经历和结局正说明了这一点。到了唐朝以后,虽然唐高宗给了了充分的重视,但因灭百济在即,所以,此次遣唐使所受到的礼遇相对较差。木宫泰彦将遣唐使分为四期,此次遣唐使为第一期,为"继隋而兴者为唐,日本因欲移植优秀之文化,故乃遣使通唐,此可视为遣隋使之延长者,其时遣唐使一行之组织,尚无一定;较之第三期、第四期遣唐使,规模颇小。其航路大概与遣隋使同,北向朝鲜半岛之西岸,沿辽东半岛东岸,而横断渤海湾口,在山东一角上岸"②。

(二)麟德二年

唐高宗麟德元年(天智三年,664年)"九月,庚午朔壬辰,唐国遣朝散大夫沂州司马上柱国刘德高等(等谓右戎卫郎将上柱国百济祢军朝散大夫柱国郭务惊)凡二百五十四人,七月二十八日,至于对马。九月二十日,至于筑紫。二十二日,进表函焉"。从人数来看,唐王朝此次派遣到日本的使团之庞大。之所以有此次大规模使团出使日本,是因为此前日军出兵救百济,与唐朝军队战于白村江,刘德高此次出访日本实际上有探测日军虚实之意。刘德高等人在日本受到天智天皇的优待,在日本停留了两个月。天智天皇不仅"飨赐刘德高等",还"赐物于刘德高等"。当十二月,刘德高回归时,"遣小锦守君大石等于大唐,云云(等谓小山阪合部连石积、大乙吉士岐弥、吉士针间盖送唐使人乎)"。③《东国

①　《新唐书》卷四《高宗纪上》
②　木宫泰彦著、陈捷译:《中日交通史》(上卷),商务印书馆1931年5月第1版,第92—93页。
③　《日本书纪》卷廿六《天智纪》。

通鉴》曾记载:"唐麟德二年乙丑,仁轨领新罗使者及百济、耽罗、倭人四国使,浮海西还。"由此可见,此次遣唐使是送刘德高回归唐朝而派遣的使节。在麟德二年二月,唐高宗"如东都"后,至十月离开,此年几乎全部停留在洛阳。虽然此后唐高宗封禅泰山,但应当明了日本使节是以东都洛阳为朝贡地的。而且日本使节还跟随唐高宗封禅泰山,"麟德二年,封泰山,仁轨领新罗及百济、耽罗、倭四国酋长赴会,高宗甚悦"①。所以在这里我们也将此次日本使节出使看作是以洛阳为目的地。这次派遣使节因为其特殊性,故木宫泰彦将其归为遣唐使的第二个时期。天智六年(667 年),"十一月,丁巳朔乙丑,百济镇将刘仁愿,遣熊津都督府熊山县令上柱国司马法聪等,送大山下境部连石积等于筑紫都督府。己巳,司马法聪等罢归,以小山下伊吉连博德、大乙下笠臣诸石为送使"②。此次遣唐使为送唐使节回国。而《新唐书》卷一百四十五《东夷传》则径云:"咸亨元年,遣使贺平高丽。"这一时期遣唐使因为怀有政治目的,所以与其他时代的遣唐使不一样,具有复杂的动机。

(三)长安二年

《续日本纪》卷二《文武纪》记载,大宝元年(701 年)正月,"丁酉,以守民部尚书直大贰粟田朝臣真人为遣唐执节使,左大辨直广参高桥朝臣笠间为大使,右兵卫率直广肆坂合部宿祢大分为副使,参河守务大肆许势朝臣祖父为大位,刑部判事进大壹鸭朝臣吉备麻吕为中位,山代国相乐郡令追广肆扫守宿祢阿贺流为小位,进大参锦部连道麻吕为大录,进大肆白猪史阿麻留、无位山于亿良为少录"。不仅有执节使,还有大使、副使等人,从这一任命可以看出文武天皇对遣唐使的重视。在确定了遣唐使后,四月癸丑,文武天皇对"遣唐大通事大津造广人,赐垂水君姓",跟随使团的翻译人员也受到天皇赐姓的重视。文武天皇还在乙卯日,允许"遣唐使等拜朝"。五月,"入唐使粟田朝臣真人,授节刀"。节刀可能是使臣佩戴的使节的象征,文武天皇赐粟田真人节刀,表明使团出发的所有准备工作已经就绪。粟田朝臣真人等很快从筑紫(今福冈市西南的筑紫郡)出发,

---

① 《新唐书》卷四十八《刘仁轨传》。
② 《日本书纪》卷廿六《天智纪》。

但因"风浪暴险,不得渡海",到了次年六月方才出发,大约到第二年方才辗转到达唐朝,实现朝贡的愿望。粟田真人朝贡的事实,在唐朝史籍记载的时间多有不同。《新唐书》卷二百二十《东夷传·百济传》云:"长安元年,其王文武立,改元曰太宝,遣朝臣真人粟田贡方物。朝臣真人者,犹唐尚书也。冠进德冠,顶有华蘤四披,紫袍帛带。真人好学,能属文,进止有容。武后宴之麟德殿,授司膳卿,还之。"①《新唐书》卷六《则天皇后纪》亦云长安二年,"冬十月,日本国遣使贡方物"②。到了庆云元年(704 年),"秋七月,甲申朔,正四位下粟田朝臣真人,自唐国至"。在此期间,还发生过日本朝野普遍称道的事件。《续日本纪》卷三《文武纪》云:

> 初至唐时,有人来问曰:"何处使人?"答曰:"日本国使。"我使反问曰:"此是何州界?"答曰:"是大周楚州盐城县界也。"更问:"先是大唐,今称大周。国号缘何改称?"答曰:"永淳二年,天皇太帝崩,皇太后登位,称号圣神皇帝(武则天也),国号大周。"问答略了,唐人谓我使曰:"亟闻,海东有大倭国。谓之君子国。人民丰乐,礼仪敦行,今看使人,仪容大净。岂不信乎?"语毕而去。

《续日本纪》所记载的事件无论是否可信,但从中我们可以看出日本使节是在盐城登陆的。日本使节对武则天代替唐王朝颇有微词,显然是儒家文化影响的结果。至于说借唐人之口赞美日本社会为"君子国",以及"人民丰乐,礼仪敦行",表明日本社会经过大化革新之后所取得的进步。

坂合部宿祢等人回国后,朝廷还给予嘉奖。"乙巳,赠从五位上坂合部宿祢,唐正五位下,右大臣从二位阿倍朝臣御主人功封百户,四分之一,传子,从五

---

① 《南部新书》甲卷云:"日本国大臣曰真人,犹中朝户部尚书。"
② 对于粟田真人朝贡的事实,《旧唐书》卷一百九十九《东夷传·日本传》云:"长安三年,其大臣朝臣真人来贡方物,朝臣真人者,犹中国户部尚书,冠进德冠,其顶为花,分而四散,身服紫袍,以帛为腰带。真人好读经史,解属文,容止温雅。则天宴之于麟德殿,授司膳卿,放还本国。"虽然上述两书记载时间不一,可能因为出发或朝见的记载不同所致。《通典》卷一百八十五《边防一·倭》云:"武太后长安二年,遣其大臣朝臣真人方物。'朝臣真人'者,犹中国地官尚书也,颇读经史,解属文,首冠进德冠,其顶有花,分而四散,身服紫袍,以帛为腰带,容止温雅。朝廷异之,拜为司膳员外郎。"

位上广庭,赠从五位上高田首新家功封册户,四分之一,传子,无位首名。"次年八月,"授遣唐使粟田朝臣真人,从三位。其使下人等,进位赐物各有差"。三年二月,"丙申,授船号佐伯,从五位下"。入唐执节使从三位粟田朝臣真人之所乘的船名佐伯,授船位阶虽不合情理,但也由此看出日本朝廷对与唐朝交往的重视。遣唐副使巨势邑治在唐朝停留到唐中宗景龙元年方才回国。四年(710 年)三月,"己亥朔庚子,遣唐副使从五位下巨势朝臣邑治等,自唐国至"①。粟田真人在五月回国途中,还带回了在唐灭百济过程中参加作战而被唐军俘虏的日本人刀良等。

日本此次遣唐使前后延续了数年,大宝二年到达武周朝的都城洛阳。之所以这样认为,因为这一时期武则天的势力虽然减弱,但洛阳作为神都理应是日本遣唐使朝贡的目的地。

(四)开元五年

元正天皇即位后,改元灵龟元年(715 年)。灵龟二年八月,元正天皇开始作出派遣遣唐使的决定,并任命了相关人员。"以从四位下多治比真人县守为遣唐押使,从五位上阿倍朝臣安麻吕为大使,正六位下藤原朝臣马养为副使。大判官一人,少判官二人,大录事二人,少录事二人。"九月,"癸酉朔丙子,以从五位下大伴宿祢山守代为遣唐大使"。养老元年二月,"壬申朔,遣唐使祠神祇于盖山之南",并朝拜天皇。三月,"遣唐押使从四位下多治比真人县守赐节刀"。养老二年十月,大宰府言:"遣唐使从四位下多治比真人县守来归。"②从养老元年到养老二年期间,此时,唐玄宗一直在洛阳活动。《新唐书》卷五《玄宗纪》记载,开元五年正月,唐玄宗"辛亥,如东都",到次年"十一月辛卯,至自东都"。那么,日本使节到中国后,唐玄宗必然在洛阳接见了日本使节。这就说明在这一时期中日之间交往洛阳仍是重要的中心之一。

(五)开元二十一年

天平四年(732 年,开元二十年)八月,日本圣武天皇"以从四位上多治比真

---

①　《续日本纪》卷三《文武纪》。
②　《续日本纪》卷八《元正纪》。

人广成为遣唐大使,从五位下中臣朝臣名代为副使。判官四人,录事四人"。次年夏四月,"丁酉朔己亥,遣唐四船,自难波津进发"。天平七年,"三月,丁巳朔丙寅,入唐大使从四位上多治比真人广成等,自唐国至,进节刀"。① 日本史籍还记载:"日本国天平五年,岁次癸酉,沙门荣叡、普照等随遣唐大使丹墀真人广成,至唐国留学。是岁,唐开元二十一年也。唐国诸寺三藏、大德,皆以戒律为入道之正门。于是,方知本国无传戒人。仍请东都大福先寺沙门道璿律师,副使中臣朝臣名代之舶,先向本国去,拟为传戒者也。"② 而在天平五年至天平七年(开元二十一年至开元二十三年)之间,唐玄宗曾经在洛阳活动,《新唐书》卷八《玄宗纪》记载,开元二十二年正月,"己丑,至东都"。到开元二十四年,"冬十月戊申,车驾发东都,还西京"。这就是说唐玄宗是在洛阳接见了日本使节。道璿携带《华严章疏》从洛阳出发,辗转到达日本,成为日本佛教华严宗的始祖。

日本所派遣的遣唐使入唐的路线分为北路、南岛路和南路三条。北路是初期遣唐使经过的航路——循筑紫、壹岐、对马、百济(后经新罗)横渡黄海,在山东半岛登州、莱州登陆,再由陆路循青州、曹州、汴州、洛阳而达长安,这条路较安全。而当时新罗依赖唐朝援助,与唐通好,日本亦与新罗重修旧好,故循此路。676 年,新罗与唐关系恶化,与日本之间的关系也恶化,日本才被迫开拓新的入唐之路,698 年开辟南岛路,中期遣唐使均循此路,到末期又开拓了南路(大洋路)。③ 从当时日本遣唐使进入大陆后所行走的路线来看,无论北路、南岛路或南路,洛阳都是其必经之地或终点,这无疑可以认识到洛阳在中日文化交流史上的重要地位。

综观唐代日本所派遣的遣唐使有上述数次以洛阳为终点,在洛阳朝见了唐朝皇帝,表明洛阳在中日文化交流中仍然具有重要的地位,遣唐使作为中日文化交流的信使,将植根于河洛大地的中华民族优秀文化传播到遥远的日本,对于河洛文化的发扬光大起了有力的促进作用。木宫泰彦对此间遣唐使作过精彩评价:

---

① 《续日本纪》卷十一、卷十二《圣武纪》。
② [日]真人开元著、汪向荣校注:《唐大东和上东征传》,中华书局 2004 年 4 月第 1 版,第 38 页。丹墀真人广成即多治比真人广成。
③ 颜锡雄:《从若干史实看中、朝、日交流的深远影响》,王勇等主编:《日本文化的历史踪迹》,杭州大学出版社 1991 年 2 月第 1 版,第 4—5 页。

　　第三时期,自文武天皇至孝谦天皇,约五十年间四次遣唐使也。是时,
当唐中宗、睿宗、玄宗之世,唐代文化达于极点时期,日本以前代之形式的模
仿为不满足,乃进而欲深求其真髓,而彻底的摄取,斯时遣唐使人员之组织
亦有一定,规模既大,仪容亦整,可谓遣唐使之最盛期。日本天平时代灿然
美备之文化,多为此期学问僧、学生所负担者。又是期之航路,与前期不同
由筑紫经由南岛横断中国东海以达扬子江口附近,即南路也。①

　　在唐文化的盛世派遣遣唐使到达洛阳,虽然有唐代皇帝驻留洛阳的原因,但
这些遣唐使的到来,无疑接受到唐文化的最为辉煌的内容,从而更加真诚地接受
唐文化为代表的河洛文化。

二、遣唐使与河洛文化的东传

　　遣唐使的时代是中国文化的鼎盛时期,在这一时期随着遣唐使的到来,中国
文化通过他们的努力源源不断地东传日本列岛,促成了日本社会的快速发展。
而河洛地区以其独特的政治地位和文化地位,在中国文化东传过程中发挥了重
大的作用,因此,研究唐代中日文化的交流不能不重视洛阳的重要作用。

(一)隋唐制度对日本的影响

　　遣唐使的到来,对中国文化东传日本起了很大的促进作用,日本也借鉴隋唐
王朝的政治制度进行了政治体制的改革。日本的大化革新中留学隋朝的高向玄
理、僧旻和南渊请安等三人起过领导核心的作用。他们将带回去的北朝隋唐制
度(如均田制和租庸调制),移植成为日本的重要制度。

　　天丰财重日足姬天皇四年(645 年)六月禅位于孝德天皇,孝德天皇"以沙门
旻法师、高向使玄理为国博士",改元大化元年(645 年),八月即推行了一系列的

---

　　①　木官泰彦著、陈捷译:《中日交通史》(上卷),商务印书馆 1931 年 5 月第 1 版,第 94 页。

革新措施。首先,在八月初五,即实行了"设锺、匮于朝"的制度,规定:"若忧诉之人,有伴造者,其伴造先堪当而奏;有尊长者,其尊长者先堪当而奏。若其伴造、尊长,不审所述,收牒纳置,以其罪罪之。其收牒者,昧旦执牒奏于内里。朕题年月便示群卿。或懈怠不理,或阿党有曲,诉者可以撞锺。"这一制度的推行对于民间冤情的申诉提供了便利,有利于社会秩序的稳定。虽然说武则天时期,曾经在垂拱二年(686年)三月,"初置匦于朝堂,有进书言事者听投之,由是人间善恶事多所知悉"[①],其事情发生晚于大化元年改革所采取的措施,但此前武则天所采取的告密措施对日本应当有所影响。而大化革新的开始时间是在唐太宗晚年,唐太宗广纳善言的举措应当说直接影响到日本。大化革新时还颁行了男女之法,规定:"又男女之法者,良男良女共所生子配其父,若良男娶婢所生子配其母,若良女嫁奴所生子配其父,若两家奴婢所生子配其母。若寺家仕丁之子者,如良人之法。若别入奴婢者,如奴婢法。今,克见人为制之始!"这种规定不同社会等级之间严格婚配的限制,有利于社会阶层的划分,这可能是受两晋南北朝以来门阀等级内婚制的影响而实行的一种婚姻制度。

大约是受北魏以来僧侣制度影响,孝德天皇也颁布了僧尼统制。孝德天皇下诏:"于矶城岛宫御宇天皇十三年中,百济明王奉传佛法于我大倭。是时群臣俱不欲传,而苏我稻目宿祢独信佛法。天皇乃诏稻目宿祢,使奉其法。于译语田宫御宇天皇之世,苏我马子宿祢追遵考父之风,犹重能仁之教。而余臣不信,此典几亡。天皇诏马子宿祢,而使奉其法。于小垦田宫御宇天皇之世,马子宿祢奉为天皇,造丈六绣像、丈六铜像,显扬佛教,恭敬僧尼。朕更复思崇正教,光启大猷。故以沙门貊大法师、福亮、惠云、常安、灵云、惠至、寺主僧旻、道登、惠邻、惠妙,而为十师。别以惠妙法师为百济寺寺主。此十师等宜能教导众僧,修行释教,要使如法。凡自天皇至于伴造所造之寺,不能营者,朕皆助作。今拜寺司等与寺主。巡行诸寺,验僧尼、奴婢、田亩之实,而尽显奏!"这与北魏以来所实行的僧统制度有许多相似之处,显然是受北魏以来僧统制度的影响。这与僧旻的参与有很大的关系。

大化元年十二月,孝德天皇迁都难波后,大化二年正月初一,即宣布了革新

---

① 《旧唐书》卷六《则天皇后纪》。

诏书。为了分析大化革新如何吸收河洛地区成熟的政治文化,兹将主要内容抄列于下:

其一曰,罢昔在天皇等所立子代之民(即天皇和皇族的私有民——引者注),处处屯仓,及别臣、连、伴造、国造、村首所有部曲之民(即臣、连、伴造、国造等地方贵族的私有民——引者注),处处屯仓,仍赐食封,大夫以上各有差。降以布帛,赐官人百姓有差。又曰,大夫,所使治民也。能尽其治,则民赖之。故重其禄,所以为民也。其二曰,初修京师,置畿内国司、郡司、关塞、斥候、防人、驿马、传马,及造铃契,定山河。凡京每坊置长一人,四坊置令一人,掌按检户口,督察奸非。其坊令,取坊内明廉强直堪时务者充。里坊长,并取里坊百姓清正强干者充。若当里坊无人,听于比里坊简用。凡畿内,东自名垦横河以来,南自纪伊兄山以来,西自赤石栉渊以来,北自近江狭狭波合坂山以来,为畿内国。凡郡以四十里为大郡,三十里以下,四里以上为中郡,三里为小郡。其郡司并取国造性识清廉、堪时务者,为大领、少领,强干聪敏工书笔者为主政、主帐。凡给驿马传马,皆依铃传符尅数。凡诸国及关给铃契,并长官执,无,次官执。其三曰,初造户籍、计账、班田收授之法。凡五十户为里,每里置长一人,掌按检户口,课殖农桑,禁察非违,催驱赋役。若山谷阻险,地远人稀之处,随便量置。凡田长三十步、广十二步为段,十段为町。段,租稻二束二把;町,租稻二十二束。其四曰,罢旧赋役而行田之调。凡绢、絁、丝、绵,并随乡土所出。田一町绢一丈,四町成匹,长四丈,广二尺半;絁二丈,二町成匹,长广同绢;布四丈,长广同绢、絁,一町成端。别收户别之调,一户资布(即上等麻布——引者注)一丈二尺。凡调到物盐赘,亦随乡土所出。凡官马者,中马每一百户输一匹。若细马每二百户输一匹。其买马值者,一户布一丈二尺。凡兵者,人身输刀、甲、弓、矢、幡、鼓。凡仕丁者,改旧每三十户一人(以一人充厮),而每五十户一人(以一人充厮),以充诸司,以五十户充仕丁一人之粮。一户庸布一丈二尺,庸米五斗。凡采女者,贡郡少领以上,姊妹及子女形容端正者(从丁一人,从女二人），以一百户充采女一人粮，庸市、庸米皆准仕丁（即服役的壮丁——引者注）。①

　　根据学术界的总结，认为改革的主要成果为：首先，废除了皇室、贵族私有土地和人民的部民制度，实现了土地国有。其次，实行了班田制和租庸调制。再次，建立了中央集权的政治制度。改革不是一蹴而就，大体上经历了半个世纪。702 年《大宝律令》的颁布标志着改新事业的基本完成。718 年在《大宝律令》的基础上制定了更加完备的《养老律令》。② 虽然我们无法确证这些措施就是来源于河洛地区的封建政权，但从内容来看则是深受河洛地区业已成熟的封建制度的影响。如班田制是模仿北魏到隋唐时期所推行的均田制，结合日本社会的实际情况而推行的一种新的土地制度，对于国家掌握土地所有权，并进而掌握经济命脉起了重大的作用。我们知道，北魏以来所实行的均田制是在国家掌握大量荒地的情况下而实行的土地制度，而日本所实行的班田制的背景是从奴隶主贵族手中收缴土地（寺院神社除外）并将其变作国家掌控的土地重新分配。这只能认为日本所实行的班田制是借鉴了北魏以来的均田制而根据本民族的实际情况加以创新而实行的一种土地制度。其所实行的租庸调制也是加以创新而推行的。

　　在国家政治体制方面，"普天之下，莫非王土；率土之滨，莫非王臣"的思想被引入日本，日本确立了天皇为中心的政治体制。同时，在大化三年，颁行了"制七色一十三阶之冠"的新的冠位制度。规定：

　　　　一曰，织冠。有大小二阶。以织为之，以绣裁冠之缘。服色并用深紫。
　　　　二曰，绣冠。有大小二阶。以绣为之，其冠之缘、服色，并同织冠。
　　　　三曰，紫冠。有大小二阶。以紫为之，以织裁冠之缘。服色用浅紫。
　　　　四曰，锦冠。有大小二阶。其大锦冠，以大伯仙锦为之，以织裁冠之缘。
　　其小锦冠，以小伯仙锦为之，以大伯仙锦裁冠之缘。服色并用真绯。

---

① 《日本书纪》卷廿五《孝德纪》。
② 武安隆：《遣唐使》，黑龙江人民出版社 1985 年版，第 18 页。

　　五曰,青冠。以青绢为之,有大小二阶。其大青冠,以大伯仙锦裁冠之缘。其小青冠,以小伯仙锦裁冠之缘。服色并用绀。

　　六曰,黑冠。有大小二阶。其大黑冠,以车形锦裁冠之缘。其小黑冠,以菱形锦裁冠之缘。服色并用绿。

　　七曰,建武。初位,又名立身。以黑绢为之,以绀裁冠之缘。别有镫冠,以黑绢为之。

　　其冠之背张漆罗,以缘与钿异其高下,形似于蝉。小锦冠以上之钿,杂金、银为之;大小青冠之钿,以银为之;大小黑冠之钿,以铜为之;建武之冠无钿也。此冠者,大会、飨客,四月、七月斋时所著焉。

　　到了大化五年二月,"制冠十九阶。一曰,大织。二曰,小织。三曰,大绣。四曰,小绣。五曰,大紫。六曰,小紫。七曰,大花上。八曰,大花下。九曰,小花上。十曰,小花下。十一曰,大山上。十二曰,大山下。十三曰,小山上。十四曰,小山下。十五曰,大乙上。十六曰,大乙下。十七曰,小乙上。十八曰,小乙下。十九曰,立身。是月,诏博士高向玄理与释僧旻,置八省、百官"①。

　　新的冠位法的推行,建立了官员之间的社会等级,有利于建立尊卑分明的社会秩序,促使日本皇权的迅速建立。为了进一步借鉴唐代的政治制度,在天雉四年五月,又分别派遣 120 人、121 人的留学生、留学僧随遣唐使到唐朝寻求治国良方。虽然途中有覆没之险,但仍然有 121 人到达唐朝并最终回国。白雉五年二月,再次"遣大唐押使大锦上高向使玄理,大使小锦下河边臣麻吕,副使大山下药师惠日,判官大乙上书直麻吕、宫首阿弥陀,或本云,判官小山下书直麻吕。小乙上冈君宜、置始连大伯、小乙下中臣间人连老、田边使鸟等,分乘二船,流连数月,取新罗道,泊于莱周。遂到于京,奉觐天子"②。《新唐书》卷四《高宗纪上》云:"(永徽五年)十二月癸丑,倭国献琥珀、玛瑙,琥珀大如斗,玛瑙大如五斗器。"此次遣唐使虽然没有到达洛阳,而是辗转到达长安,但其目的仍然和以前一样。

---

① 《日本书纪》卷廿五《孝德纪》。
② 《日本书纪》卷廿五《孝德纪》。

日本的地方官僚机构设置也沿袭了隋唐的制度。地方行政组织为国、郡、里。全日本置六十余"国",长官叫"国守",由中央贵族中任命,全面掌管国内的行政、审判、军事与警察等权。国下置郡,首长叫"郡司",一般由以前"国造"的子孙中任命。郡内的基层组织叫里(715 年改称乡),每里辖五十户。里有里长,大体由农村富豪中任命。① 这与隋唐时代曾经实行过的行政体制何其相似乃尔!

(二)隋唐文化对日本的影响

遣唐使的到来,不仅加深了日本对唐朝的了解,跟随其西来的留学生、留学僧也将学到的河洛地区业已成熟的文化带回日本,促进了日本社会的迅速发展。

首先,隋唐以来的官方修史传统为日本上层社会所接受,也开始了本民族的修史。天武天皇十年(682 年)三月十七日,"天皇御于大极殿,以诏川岛皇子、忍壁皇子、广濑王、竹田王、桑田王、三野王、大锦下上毛野君三千、小锦中忌部连首、小锦下阿昙连稻敷、难波连大形、大山上中臣连大岛、大山下平群臣子首,令记定帝纪及上古诸事。大岛、子首,亲执笔以录焉"②。《古事记·序》记载天武天皇诏书云:"朕闻诸家之所赍,帝纪及本辞,既违正实,多加虚伪。当今之时,不改其失,未经几年,其旨欲灭。斯乃邦家经纬,王化之鸿基焉。故惟撰录帝纪,讨核旧辞,削伪定实,欲流后叶。"从此开始的史书撰写明显是受隋唐王朝官修史书的影响,开始命令相关官员"撰录帝纪",以便流传。此后,元正天皇养老四年(720 年)五月,《日本书纪》完成。"先是一品舍人亲王奉敕,修《日本纪》。至是,功成奏上。纪卅卷,系图一卷。"③舍亲王奉敕撰的《日本书纪》一书是日本最早的有系统的国史,全书 30 卷,享有"日本之《史记》"的美誉。柿村重松指出:"书纪之文字,撰者尤费苦心,大抵言出有据。其典据广涉经史诗集,乃至《山海经》、《穆天子传》、《述异记》、《搜神记》之类的汉魏六朝杂着,尤以五经、三史、《庄子》、《淮南子》、《楚辞》、《文选》等援引最多。"④"小岛宪之对《日本书纪》的

① 武安隆:《遣唐使》,黑龙江人民出版社 1985 年版,第 20 页。
② 《日本书纪》卷廿九《天武纪(下)》。
③ 《续日本纪》卷八《元正纪二》。
④ 柿村重松:《上代日本汉文学史》,1947 年版。

出典仔细爬梳,发现被征引的中国典籍达 80 余种(包括间接引用),主要分以下四类:《艺文类聚》等类书;《汉书》、《后汉书》、《三国志》等史书;《文选》、《淮南子》等文学类书;《金光明最胜王经》、《高僧传》等佛书。"①这部书还有一些内容直接抄自中国史书。这部书站在日本民族的立场上沿袭中国史学家的立场,对于与日本交往的中国大陆以及朝鲜半岛的国家均用"朝贡"之类的笔法加以记述(详见下文的有关记载)。这部书模仿中国史书的编年体和纪传体相结合的体例,用汉文撰成,语言朴实。《日本书纪》完成后,日本的修史中断。到了平安朝初年,为了修史,开始设立撰日本纪所,后来又改称撰国史所,天安二年(858年),又改称修国史局。陆续有一系列史书编成,藤原继绳、菅野真道、秋篠安人等人奉敕撰写了《续日本纪》,藤原冬嗣、藤原绪嗣等奉敕撰写了《日本后纪》,藤原良房、藤原良相、春澄善绳、伴善男等人奉敕撰写了《续日本后纪》,藤原基经、菅原是善、都良香、岛田良臣等奉敕撰写了《日本文德天皇实录》,藤原时平、大藏善行、菅原道真、源能有等人奉敕撰写了《日本三代实录》等,这六部书合称为《六国史》。这些史书基本上都是模仿中国的史书编写而成的。② 受唐代杜佑《通典》的影响,菅原道真(845—903 年)编著了《类聚国史》,该书于 892 年完稿,全书共 199 卷,将《六国史》的内容按部门加以分类和整理,分为《神祇部》20卷、《帝王部》19 卷、《后宫部》1 卷,此外,还有《人部》、《岁时部》、《音乐部》、《赏宴部》、《政理部》、《刑法部》、《职官部》、《祥瑞部》、《灾异部》、《佛道部》和《殊俗部》等,也有一些卷目佚失。通过这些篇目的比较,与《通典》所设的篇目有明显的类似。由元明天皇命令各国编撰的文献《古史记》,是记录日本古代约三十国的风土和传说的一部书,包含地理、历史、农业、神话与民俗的丰富资料。原有四十八国,如今完整保存的只有《出云国风土记》,另有《播磨国风土记》、《肥前国风土记》、《常陆国风土记》、《丰后国风土记》的残章,以及部分佚文,该书从713 年开始编纂工作,耗费二十余年时间完成。与《古事记》、《日本书纪》属于同一时期的作品。斋部宿祢广成撰《古语拾遗》1 卷,大同二年(807 年)成书,该书以家传《古传》为据,叙述其祖神天太玉命及祖神之孙天富命之功,强调斋部

---

① 小岛宪之:《上代日本文学与中国文学——以出典论为中心的比较文学之考察》。
② 本段参考了朱云影:《中国文化对日越韩的影响》,广西师范大学出版社 2007 年 9 月第 1 版,第 4页。

氏地位与功绩不在中臣氏之下。以此为中心记述神代至天平年间的历史。书中载有不少未见于其他记载的史料而被珍视。书中也记载了归化人和上古文化交流情况。上述诸书明显地受到中国史书体例的影响,显现出大陆文化对日本史学的影响。

其次,日本遣唐使所携带的大量书籍东传日本,使日本社会对唐代文化产生了浓厚的倾慕之情,促使了河洛文化的进一步传播。白雉五年七月,"甲戌朔丁酉,西海使等奉对唐国天子,多得文书、宝物,授小山上大使吉士长丹以少花下,赐封二百户,赐姓为吴氏。授小乙上副使吉士驹以小山上"①。粟田真人入唐朝贡曾多次寻求书籍,"长安元年,遣粟田真人入唐求书籍,律师道慈求经"②。《日本考》卷二《朝贡》云:"长安元年,文武遣朝臣真人粟田贡方物、求书籍,武后宴之麟德殿,授司膳卿,还之。"粟田真人在开元初年朝贡时,也曾购买书籍回国。《新唐书》卷二百二十《东夷传·百济传》云:"开元初,粟田复朝,请从诸儒受经,诏四门助教赵玄默即鸿胪寺为师,献大幅布为贽,悉赏物贸书以归。"《旧唐书》卷一百九十九《东夷传·日本传》云:"开元初,又遣使来朝,因请儒士授经。诏四门助教赵玄默就鸿胪寺教之,乃遗玄默阔幅布以为束修之礼,题云'白龟元年调布'。人亦疑其伪。所得锡赉,尽市文籍,泛海而还。"《日本考》卷二《朝贡》云:"开元四年(716年),圣武复遣粟田辈请从诸儒授经,诏四门助教赵玄默即鸿胪寺为师,献大幅巾为贽,悉赏物货书以归。"③日本使节利用出使的便利,在回国之前,购买大量儒家经典,传播到日本,促使日本全面接受汉文化。武则天久视年间,"新罗、日本国前后遣使入贡,多求文成(即张鷟——引者注)文集归本国。其为声名远播如此"④。《旧唐书》卷一百四十九《张荐传》云:"新罗、日本东夷诸蕃,尤重其文,每遣使入朝,必重出金贝以购其文,其才名远播如此。"其所著《游仙窟》在平安时代贵族中流传颇广。据马兴国先生考证,至迟在公元797年前,《游仙窟》就已在日本颇享令誉了。⑤

① 《日本书纪》卷廿五《孝德纪》。
② 《宋史》卷四百九十一《外国传七·日本国传》
③ 此处所说圣武天皇派遣粟田真人为遣唐使,与其他书籍所记载的不同,其实开元四年到中国的遣唐使是多治比县守,不是粟田真人。
④ [唐]莫休符:《桂林风土记·张鷟》,商务印书馆1936年版。
⑤ 马兴国:《〈游仙窟〉在日本的流传及影响》,《日本研究》,1987年第4期。

　　再次,儒家的传统文化对日本的影响也很明显。在奈良时代(710—794年),儒家经典在传入日本后被大量消化、吸收,统治者开始倡导社会各阶层读经,所读之经为《周易》、《尚书》、《周礼》、《仪礼》、《礼记》、《毛诗》、《春秋左氏传》、《孝经》、《论语》九种儒家经典,并且明令规定要用固定注本讲习;《易》用郑玄或王弼注释本、《书》用孔安国或郑玄本、三《礼》及《诗》用郑玄本、《左传》用杜预本、《孝经》用孔安国本、《论语》用郑玄或何晏本。其明经科考试为《孝经》、《论语》及其他经文问题十道,答家全对者即授正八位下官阶。孝谦天皇屡屡要求官吏"事君致命,移孝为忠",并要求他们带头宣扬儒学,甚至特诏"天下家藏《孝经》一本,精勤诵习,倍加教授"。凡"孝行通人"均予荐用,不忠不孝者则予惩罚。① 到了唐代中后期,这种重视儒家经典的风尚仍然长盛不衰。如清和天皇二年(860年)四月二十九日,所实行的京师及诸国设大斋会,讲《仁王经》的做法。十月十六日,颁布诏令诸学改讲唐明皇《御注孝经》。十二月八日,又遵照大唐释奠式在日本七道诸国颁行新的释奠式。此前,播磨国言:"博士正八位上和迩部臣宅继申请云:'谨案,大唐开元礼,大学国子,州县各有释奠式。今此间唯有大学式,无诸国式。所谓大学式,则因循开元礼。大学国子之式,具载奠祭之仪,明定进退之度。'又云:'若上丁当国忌及祈年祭,改用中丁者,如此等事,未有施行。凡厥诸国相犯者多,或称大学例,用风俗乐,或据州县式,停止音乐。唯任人心,遂无一定。夫尊师之道,诚须严整。如在之礼,岂合参差。望请,被赐件式,以为永鉴。'敕依之。"②清和天皇照准实行。贞观十三年(639年)九月二十八日,太皇太后死,清和天皇因"天皇为祖母太皇太后丧服有疑未决。于是,令诸儒议之。从五位上行大学博士兼越前权介菅野朝臣佐世,从五位下行助教善渊朝臣永贞等议"。在诸儒所引述中,有许多来自唐朝的儒家经典。如《仪礼·丧服》、《左传·隐公元年》等,还有汉唐以来的名儒郑玄、戴德、孔颖达、贾公彦等人的见解。最后确定了"心丧五月,服制三日焉"的服丧之制。从此也可以看出其丧服制度已经与汉魏以来的丧服制度截然不同,受隋唐文化的影响很明显。贞观十三年十月二十一日,应天门火灾之后,修复既讫。令明经、文章

① 田久川:《古代中日关系史》,大连工学院出版社1987年8月第1版,第165页。
② 《日本三代实录》卷四《清和纪》。

等博士商议是否改名,最终没有更改。① 日本社会各阶层接受儒家的经典,并将儒家经典用于社会政治生活中。

而有助于大陆地区文化传播的就是通过兴建学校,传播汉文化,使汉文化成为日本社会广泛接受的新文化。关于这一方面,田久川先生曾有过精辟的论述。他指出:

　　天智天皇称制2年(603年)始于京城设立教授汉学的学校。天武时广兴学校,京城有大学,地方有国学,另有私办学、塾。大学设大学头、大学助、大允、小允、大属、小属等官,另有博士一员及助教、音博士、书博士、算诸士各二员;招收五位以上官僚子弟、东西史部子弟,或八位以上子弟与国学生中出贡举者,凡400人;授明经、纪传、明法、音、书、算诸学,而以明经科为主。国学官员师资略如大学;招收地方官吏子弟及少量庶民子弟,一般为20至50人;主要授纪传道。私立学塾嵯峨天皇时代大兴,贵族公卿所办私学以弘文、劝学、学馆、奖学诸院为著名,学生亦有身份规定;名僧所办私塾以828年空海所办综艺种智院为最著名,招收平民子弟及一般僧人,讲授佛、儒、文诸学及唐诗等。文武天皇大宝元年(701年)完成的《大宝律令》详细规定了合理任用大学国学学生之事,出身大学的学人和出自国学的贡人经式部考试及格后方能授官,考试分秀才、明经、进士、明法四科。大批学成归来的留学生、学问僧和东渡定居的唐朝学者积极投身于教育事业,通过学校(以及寺院)广授汉学,广育人才,极大地加快了中国先进文化在日本的传播速度。②

通过田久川先生的论述,我们可以看出日本社会对唐代教育制度的广泛接受。而这也是日本社会在唐代迅速发展的根本原因。

最后,来自大陆的各种宗教,特别是经过汉魏以来的社会融合,佛教成为一种社会思潮,对日本社会产生了巨大的影响,日本社会上层信仰佛教继承了汉魏

① 《日本三代实录》卷二十《清和纪》。
② 田永川:《古代中日关系史》,大连工学院出版社1987年8月第1版,第162—163页。

以来的传统再次掀起高潮。当然,这一时期日本对佛教的吸收和继承仍然是通过朝鲜半岛来进行的。推古天皇三十二年(623年)四月,因一僧人"执斧殴祖父",由此引发了推古天皇借机整顿佛教的缘由,开始实行僧统制度。推古天皇下诏云:"夫出家者顿归三宝,具怀戒法。何无忏忌,轻犯恶逆? 今朕闻有僧以殴祖父。故悉聚诸寺僧尼,以推问之。若事实者,重罪之!"并且准备对恶逆僧人和其他僧人治罪。后经百济僧人的劝说,没有加以治罪,但随即加强了对僧人的管理。"自今已后,任僧正、僧都,仍应检校僧尼",并"以观勒僧为僧正,以鞍部德积为僧都。即日,以阿昙连,阙名。为法头",整顿僧侣,九月,"校寺及僧尼,具录其寺所造之缘,亦僧尼入道之缘及度之年月日也。当是时,有寺四十六所,僧八百十六人,尼五百六十九人,并一千三百八十五人。"①从此可见日本的僧尼的人数达到1385人。对于佛教被社会阶层所接受并且用于政治生活中的情况。皇极天皇元年(642年)七月,苏我大臣报曰:"可于寺寺转读大乘经典。悔过如佛说,敬而祈雨。"庚辰,皇极天皇"于大寺南庭,严佛、菩萨像与四天王像,屈请众僧,读《大云经》等"。而在此时"苏我大臣手执香炉,烧香发愿"。②前文云大化革新时孝德天皇所改进的僧统制度,明显是推古天皇的僧统制度的进一步改进。大化四年(648年)二月初一,孝德天皇"于三韩遣学问僧",初八,"阿倍大臣请四众于四天王寺,迎佛像四驱,使坐于塔内。造灵鹫山像,累积鼓为之。"白雉元年(650年)十月,"始造丈六绣像、侠侍、八部等三十六像",次年三月十四日,"丈六绣像等成",次日,"皇祖母尊请十师等设斋"。十二月末,"于味经宫请二千一百余僧尼,使读一切经。是夕,燃二千七百余灯于朝廷内,使读安宅、土侧等经。"白雉三年十二月末,"请天下僧尼于内里,设斋,大舍,燃灯"。③白雉四年,河内国丹比郡人道照和尚(姓物连),"随使入唐,适遇玄奘三藏,师受业焉。三藏特爱,令住同房"。在道照和尚回国前,"三藏以所持舍利、经论,咸授和尚"。道照和尚回国后,"元兴寺东南隅,别建禅院而住","于时天下行业之徒,从和尚学禅焉"。大宝四年(704年)三月,道照和尚去世。日本迁都平城,将禅院迁都新京。史载:"此院多有经论,书迹楷好,并不错误。皆和尚之所将来

---

① 《日本书纪》卷廿二《推古纪》。

② 《日本书纪》卷廿四《皇极纪》。

③ 《日本书纪》卷廿五《孝德纪》。

者也。"①这说明道照和尚从唐朝带来了众多的佛教经典。天智天皇十年(670年)十月,"天皇遣使,奉袈裟、金钵、象牙、沉水香、栴檀香及诸珍财于法兴寺佛"。在病危之际,他还更换太子,"于内里佛殿之南,距坐胡床,剃除鬓发,为沙门",太子随即被送往吉野为僧。② 天武天皇在位时也崇信佛教,朱鸟四年(689年)四月初五,"请僧尼二千四百余,而大设斋焉"。五年夏季大旱,"遣使四方,捧币帛祈诸神祇。亦请诸僧尼,祈于三宝。然不雨。由是五谷不登,百姓饥之"。可见在这一时期佛教已经具备了社会功能。六年八月十五日,"大设斋飞鸟寺,以读一切经。便天皇御寺南门而礼三宝。是时,诏亲王、诸王及群卿,每人赐出家一人。其出家者不问男女长幼,皆随愿度之。因以会于大斋"。八年三月二十二日,开始救济贫穷的僧侣,对"贫乏僧尼,施絁、绵、布"。十月十三日,"敕制僧尼等威仪及法服之色,并马、从者往来相闻之状"。同月颁布诏令:"凡诸僧尼者,常住寺内,以护三宝。然或及老,或患病,其永卧狭房,久苦老疾者,进止不便,净地亦秽。是以自今以后,各就亲族及笃信者,而立一二舍屋于间处,老者养身,病者服药。"九年四月,又颁布敕令:"凡诸寺者,自今以后,除为国大寺二三,以外官司莫治。唯其有食封者,先后限三十年。若数年满三十则除之。且以为,飞鸟寺不可关于司治。然元为大寺而官恒治。复尝有功。是以犹入官治之例。"五月初一,又敕:"絁、绵、丝、布以施于京内二十四寺。各有差"。并在同日"始说金光明经于宫中及诸寺"。十月初四,"恤京内诸寺贫乏僧尼及百姓,而赈给之。一每僧尼,各絁四匹、绵四屯、布六端、沙弥及白衣,各絁二匹、绵二屯、布四端"。正因为信佛教,所以,在是年十一月,"皇后体不豫。则为皇后誓愿之,初兴药师寺。仍度一百僧。由是得安平"。十年闰七月十五日,"皇后誓愿之大斋,以说经于京内诸寺"。十一年八月二十九日,"百四十余人出家于大官大寺"。天武天皇十二年开始对僧统制度进行了整顿。三月初二,任命僧正、僧都、律师,并且命令说:"统领僧尼如法。"是年夏,"始请僧尼,安居于宫中。因简净行者三十人出家"。十四年三月二十七日诏云:"诸国每家,作佛舍,乃置佛像及经,以礼拜供养。"四月十五日,"始请僧尼,安居于宫中"。五月初五,"天皇幸

---

① 《续日本纪》卷一《文武纪一》。

② 《日本书纪》卷廿七《天智纪》。

于飞鸟寺,以珍宝奉于佛而礼敬"。八月,甲戌朔乙酉,天皇幸于净土寺。九月,"丁卯,为天皇体不豫之,三日诵经于大官大寺、川原寺、飞鸟寺。因以稻纳三寺。各有差。"十二月十六日,"絁、绵、布以施大官大寺僧等"。朱鸟元年(686年)春正月初九,"请三纲律师及大官大寺知事佐官并九僧,以俗共养养之。仍施絁、绵、布,各有差"。五月二十四日,"天皇始体不安。因以于川原寺说药师经,安居于宫中"。此后,天皇因身体欠安,多次求佛治病。六月十六日,"遣伊势王及官人等于飞鸟寺,敕众僧曰:'近者朕身不和,愿赖三宝之威,以身体欲得安和。是以僧正、僧都及众僧应誓愿。'则奉珍宝于三宝。"当日,"三纲律师及四寺和上、知事,并现有师位僧等,施御衣、御被各一具"。十九日,"敕之,遣百官人等于川原寺,为燃灯供养。仍大斋之悔过也"。为了治天皇的病,七月初二,"僧正、僧都等参赴宫中,而悔过矣"。初八日,又"请一百僧,读金光明经于宫中"为天皇祈福。二十八日,"选净行者七十人以出家。乃设斋于宫中御窟院"。该月,"诸王臣等为天皇造观世音像,则说观世音经于大官大寺"。八月初二,"度僧尼并一百。因以坐百菩萨于宫中,读观世音经二百卷"。九月初四,"亲王以下逮于诸臣,悉集川原寺,为天皇病誓愿"。然而,并未解救天皇的病情,初九,天皇病死。[①] 虽然佛教没有解决实际问题,但从天武天皇对佛教的重视我们仍然可以看出佛教自传入日本后在社会上层所具有的影响力。

从推古天皇到持统天皇在位时,不断有朝鲜半岛的高丽、百济和新罗三国分别派遣僧尼来到日本列岛,传播佛教使佛教引起日本社会的重视。以高丽僧尼传播佛教的情况来看,推古天皇即位后,崇信佛教,佛教开始盛行起来。圣德太子早年曾"习内教于高丽僧慧慈",推古天皇三年五月十日,"高丽僧慧慈归化。则,皇太子师之"。这一年"百济僧慧聪来之。此两僧弘演佛教,并为三宝之栋"。九年闰十月十五日,"高丽僧僧隆、云聪,共来归"。十三年四月,"高丽国大兴王闻日本天皇造佛像,贡上黄金三百两"。十八年春三月,"高丽王贡上僧昙征、法定"。昙征不仅熟知五经,"且能作彩色及纸墨,并造碾硙",因而日本有"盖造碾硙,始于是时欤"的说法。二十三年十一月十五日,"高丽僧慧慈归于国"。二十四年秋七月,"新罗遣奈末竹世士,贡佛像"。二十九年二月,"高丽僧

---

① 《日本书纪》卷廿九《天武纪》。

慧慈闻上宫皇太子薨,以大悲之,为皇太子请僧而设斋,仍亲说经之日,誓愿"。高丽屡次派遣僧人来到日本,传播佛教,对日本佛教兴盛起了重要的推动作用。百济对佛教的传播日本也有重要贡献。推古天皇十年十月,百济僧观勒渡海来到日本。"仍贡历本及、天文、遁甲、方术之书也"。观勒所携带的是有关科技的书籍,为了学习这些传自河洛地区的科技知识,推古天皇"是时选书生三四人,以俾学习于观勒矣。阳胡史祖玉陈习历法,大友村主高聪学天文、遁甲,山背臣日立学方术。皆学以成业"。十七年四月初四,百济僧人道欣、惠弥为首一十人,俗七十五人在出使吴国途中,被风暴吹到日本,在被送回百济途中,"至于对马,以道人等十一,皆请之欲留。乃上表而留之。因令住元兴寺"。前文曾记载,推古天皇三十二年四月,百济僧人曾上表劝说天皇对佛教采取宽松的政策。次年正月初七,"高丽王贡僧惠灌,仍任僧正"。新罗僧人也曾派遣僧人来到日本。推古天皇二十四年七月,"新罗遣奈末竹世士,贡佛像"。三十一年秋七月,新罗遣大使奈末智洗尔,任那遣达率奈末智并来朝。"仍贡佛像一具及金塔并舍利,且大观顶幡一具、小幡十二条。即佛像居于葛野秦寺。以余舍利、金塔、观顶幡等,皆纳于四天王寺"。① 在推古时期,上述三国都派遣僧人到日本,这与三国之间争夺朝鲜半岛的控制权有关。因为新罗与日本争夺任那的原因,到达日本的新罗僧人较少,而高丽和百济的僧人较多。这表明佛教自从传到朝鲜半岛以后,又从朝鲜半岛传到了日本。

持统天皇时期,朝鲜半岛的三国仍然不断有僧人至日本国。就新罗国来讲,朱鸟元年(686年)十月,皇子大津谋反被发觉,包括"新罗沙门行心及帐内砺杵道作等三十余人"在内的僧人因为参与谋反也被逮捕。因不忍加罪,持统天皇将行心等僧人"徙飞骚国伽蓝"。闰十二月,"筑紫大宰献三国高丽、百济、新罗百姓男女并僧尼六十二人"。持统天皇元年(690年)十二月初一,"筑紫大宰献投化新罗僧尼及百姓男女二十二人,居于武藏国,赋田受禀,使安生业"。到了次年二月,"(筑紫)大宰献新罗调赋,金、银、绢、布、皮、铜、铁之类十余物,并别所献佛像,种种彩绢,鸟、马之类十余种,及霜林所献金、银、彩色,种种珍异之物,并八十余物。"三年四月二十日,新罗在"遣级餐金道那等,奉吊瀛真人天皇丧"

---

① 《日本书纪》卷廿二《推古纪》。

的时候,"并上送学问僧明聪、观智等。别献金铜阿弥陀像,金铜观世音菩萨像、大势至菩萨像各一躯,彩帛、锦、绫"。四年二月十七日,"新罗沙门诠吉、级餐北助知等五十人归化"。① 在天武天皇佛教昌盛时期,百济的僧人也不断来到日本,并在社会生活中发挥过重要的作用。朱鸟十二年七至八月间,因为天旱,"百济僧道藏雩之得与"。十三年五月十四日,"化来百济僧尼及俗人男女并二十三人,皆安置于武藏国"。十四年十月初四,"百济僧常辉封三十户。是僧寿百岁"。初八,"遣百济僧法藏、优婆塞益直金锤于美浓,令煎白术。因以赐絁、绵、布"。② 持统天皇二年七月二十日,因天大旱,乃"命百济沙门道藏请雨。不崇朝,遍雨天下"。我们在上面所列的诸多事例,表明在唐朝初年经由大陆地区的佛教传播到朝鲜半岛,再由朝鲜半岛间接传到日本,促使了日本社会出现了阶段性的全面信仰的时代。虽然我们无法确定这一现象是由河洛地区传播过去的,但作为一种文化现象其影响之深远,从汉魏以来佛教在东亚地区的传播过程则可以做出这样的认识。

(三)僧人与中日文化交流

随着遣唐使的到来,跟随遣唐使的除了留学生之外,还有一种特殊的人物即留学僧。留学生在唐朝的活动遍及黄河流域及江南地区,为中日之间的佛教文化交流做出了重要的贡献,促使日本社会迅速摆脱落后的奴隶制残余,迅速走向封建社会起了重要的作用。而中国大陆的僧人出于弘扬佛法的目的也历尽千辛万苦,东渡大海到达日本,从而形成了中外文化交流史上的独特的文化现象。

留学僧到唐朝前后不绝。隋朝跟从小野妹子来的僧人的目的,其来华用意的一段话:"使者曰:'闻海西菩萨天子重兴佛法,故遣朝拜,兼沙门数十人来学佛法。'"共有四人,分别是:"学问僧,新汉人僧旻、南渊汉人请安、志贺汉人慧隐、新汉人广济等",③僧旻和南渊请安和高向玄理对大化革新起过核心的领导作用。舒明天皇四年八月,唐朝使节到达日本时,"学问僧灵云、僧旻及胜鸟养,新罗送使等从之"。十一年九月,"大唐学问僧惠隐、惠云,从新罗送使入京"。

---

① 《日本书纪》卷三十《持统纪》。
② 《日本书纪》卷二十九《天武纪》。
③ 《日本书纪》卷廿二《推古纪》。

次年十月十一日,"大唐学问僧清安、学生高向汉人玄理,传新罗而至之"①。前文所引文曾有推古三十一年(622年)七月,新罗遣大使奈末智洗尔,任那遣达率奈末智到达日本时,曾有"大唐学问者僧惠齐、惠光及医惠日、福因等,并从智洗尔等来之"。并且向推古天皇建议:"留于唐国学者,皆学以成业。应唤,且其大唐国者,法式备定珍国也! 常须达!"这里提到唐朝"法式备定",说明唐朝的法律制度和政治制度的完善,也是日本派遣遣唐使和留学生以及学问僧的原因。

　　唐代日本的僧人随遣唐使节来中国,回去的时候多是至新罗而回国的。白雉四年(653年)五月十二日,孝德天皇"发遣大唐大使小山上吉士长丹,副使小乙上吉士驹,驹,更名丝。学问僧道严、道通、道光、惠施、觉胜、弁正、惠照、僧忍、知聪、道昭、定惠(定惠,内大臣之长子也)、安达(安达,中臣渠每连之子)、道观(道观,春日粟田臣百济之子了)、学生巨势臣药(药,丰足臣之子)、冰连老人(老人,真玉之子。或本,以学问僧知弁、义德,学生阪合部连盘积而增焉)。并一百二十一人,俱乘一船。以室原首御田为送使。又大使大山下高田首根麻吕。更名,八掬脛、副使小乙上扫守连小麻吕,学问僧道福、义向,并一百二十人,俱乘一船。以土师连八手为送使"。这些使节有的死于唐朝,有的死于海上,有的回到日本。《伊吉博得》言:"学问僧惠妙于唐死。知聪于海死。智国于海死。智宗以庚寅年付新罗船归。觉胜于唐死。义通于海死。定惠以乙丑年付刘德高等船归。妙位、法胜,学生冰连老人、高黄金,并十二人,别倭种韩智兴、赵元宝,今年共使人归。"②在齐明天皇四年(658年)七月,"沙门智通、智达奉敕乘新罗船往大唐国,受无性众生义于玄奘法师所"③。智通、智达到达长安后,跟随唐玄奘和窥基受无性众生义、传法相宗。持统天皇四年(693年)九月二十三日,"大唐学问僧智宗、义德、净愿、军丁筑紫国上阳咩郡大伴部博麻,从新罗送使大奈末金高训等,还至筑紫"。十月十日,智宗到达京师。④ 这些日本僧人在回国以后都要将从大陆所带回的佛教经典进行传播。及至唐玄宗时期,日本僧人至大陆求法的也有很多,"天宝中,遣使及僧入唐求内外经教及传戒"。"二十四年,遣二僧

①　《日本书纪》卷廿三《舒明纪》。
②　《日本书纪》卷廿五《孝德纪》。
③　《日本书纪》卷廿六《齐明纪》。《日本考》卷二《朝贡》云:"显庆三年,天丰财(即齐明天皇)遣僧智通辈求大乘法相教。"
④　《日本书纪》卷三十《持统纪》。

灵仙、行贺入唐,礼五台山学佛法。次桓武天皇,遣腾元葛野与空海大师及延历寺僧澄入唐,诣天台山传智者止观义,当元和元年也"。仁明天皇时期,"当开成、会昌中,遣僧入唐,礼五台"。会昌五年(845 年)六月一日,日本僧人圆仁在由长安返回日本途中,经由洛阳、郑州时,也有一些文化活动。如在郑州遇见了在长安结交的辛文昱,辛文昱时为郑州长史,二人"今在州相见,悲喜交驰,存问至厚,便唤宅里断中歇息"。圆仁在郑州受到厚重馈赠,刺史李舍人"施两匹绢",任判官"施夹缬一匹",辛文昱"施绢一匹、袜肚一、汗衫、褐衫,书一"。圆仁离开郑州时,辛文昱又追赶十五里相送,"遂于土店里任吃茶",他们又"语话多时"。相别时辛文昱云:"此国佛法即无也。佛法东流,自古所言。愿和尚努力,早建本国,弘传佛法。弟子多幸,顶谒多时。近日已别,今生中应难得相见。和尚成佛之时,愿不舍弟子。"① 由此也可见圆仁与辛文昱结下了深厚的友谊。在唐僖宗光启元年,光孝天皇"遣僧宗睿入唐传教"。② 贞观十六年(874 年)六月十五日辛未,"传灯大法师位以船,求法入唐。敕大宰府,赐管内国正税稻千束"③。入唐的日本僧人在经由河洛地区时多有文化活动。日本僧人圆珍在唐宣宗大中七年(853 年)七月十六日,随新罗商人王超等人的商船渡海入唐。大中九年五月至十二月,达到长安时,曾经经过洛阳,他所进行的宗教活动,留下了一系列文化痕迹。《天台宗延历寺座主圆珍传》云:

　　五月六日,得到东都洛阳之城。从上东门入,一日停住。七日,自徽安之门出,至碨涧宿。次过新安,至缺门。缘雨止住。十日,过三壕、五谷等难处,至陕府宿。二十一日入,遂达上都长安城。权住春明门外。④

　　从这段记载我们无法看出圆珍在洛阳的活动情况,但并不能确定在洛阳所停留的一天内没有活动,至少应当对洛阳的城市风貌有所浏览,熟悉了洛阳的有关佛教宗教寺院的位置,也为他后来在返回途中在洛阳停留进行宗教活动提供

① 　[日]圆仁《入唐求法巡礼行记》卷四,上海古籍出版社,1986 年 8 月第 1 版,第 188 页。
② 　《宋史》卷四百九十一《外国传七·日本国传》
③ 　《日本三代实录》卷廿五《清和纪》。
④ 　白化文、李鼎霞《行历抄校注》,花山文艺出版社,2004 年 1 月第 1 版,第 141 页。

了前提条件。同年十一月二十七日,圆珍与日本僧人圆载离开长安,经由晋南进入陕州府,又由甘棠驿,"自硖石官路而登土岭,入洛州界"。进入洛阳之后圆珍进行了一系列的宗教活动。《天台宗延历寺座主圆珍传》云:

> 十二月十七日,踏雪没膝,至东都龙门伊水之西广化寺。礼拜无畏三藏和尚舍利之塔。沙门道圆授三藏碑一本,流传海东。
>
> 十八日,又踏雪至东京。从长夏门入,至水南温柔坊新罗王子宅。专知宅官王原甚与安堵。乘闲诣于大圣善寺善无畏三藏旧院,礼拜真容。向后游历敬爱、安国、天宫、菏泽等诸寺。
>
> 大中十年正月十三日,与圆觉等回至龙门西冈,寻三藏金刚阿阇梨坟塔,遂获礼拜,兼抄塔铭。便望伊川东岸,看故太保白居易之墓。十五日,辞洛向吴室,至于河阳。①

通过圆珍在洛阳的活动我们可以看出,作为来自日本的僧人,他所进行的一系列活动都与宗教、文化有关。上文中所提到的无畏三藏和尚是中印度摩揭陀国人。开元十二年(724 年),他随唐玄宗到洛阳,于开元十三四年间,在龙门奉先寺译出《大毗卢遮那神变加持经》等三种。开元二十年,他曾请求还归印度,优诏慰留。二十三年十一月病卒于洛阳大圣善寺,享年九十九。开元二十八年葬于龙门西山广化寺。唐肃宗乾元元年(758 年),于塔院侧建碑,他的弟子李华撰文。由此可以看出,圆珍礼拜无畏三藏和尚,是对他不愿万里来到中原传教的敬仰。他在拜访诸寺院过程中,先后获得了三藏碑一本,使其"流传海东",他又"寻三藏金刚阿阇梨坟塔",并且"兼抄塔铭"。他还拜白居易之墓。所有这一列活动无不体现出圆珍对河洛地区所传播的佛教文化的崇敬和对中国文化的景仰。

与此同时,大陆地区的僧人也不断东渡日本,弘扬佛法。如东渡日本的鉴真,虽然我们无法确认他所带往日本的那些佛教经典是从河洛地区获得的,但从鉴真在"景龙元年杖锡东都",并追随"荆州南泉寺弘景律师为和上巡游二京,究

---

① 白化文、李鼎霞《行历抄校注》,花山文艺出版社,2004 年 1 月第 1 版,第 153－157 页。

学三藏"①来看,其佛学思想与佛教义理有一些是在河洛地区形成的,他在日本所传的佛教必然包含这些内容。开元二十一年,日本元兴寺僧隆尊因为日本虽有戒律,但没有有一定声望的受戒人,因此他请求舍亲王的恩准,派遣"沙门荣睿、普照等随遣唐大使丹墀真人广成,至唐国留学"。当他们看到"唐国诸寺三藏、大德,皆以戒律为入道之正门;若有不持戒者,不齿于僧中"。他们遍访当时名寺,"仍请东都大福先寺沙门道璿律师,附副使中臣朝臣名代之舶,先向本国去,拟为传戒者也"。道璿一行五月十八日到达筑紫太宰府,七月入朝拜见。住大安寺。《册府元龟》卷九百九十九《外臣部》云:"(开元)二十三年闰十一月,日本国遣其臣名代来朝,献表,恳求《老子》经本及天尊像,以归于国,发扬圣教。许之。"天宝元年十月,荣睿、普照在唐朝留学十年,在回国途中曾邀请包括东都僧德清在内的四位高僧东渡日本。② 中日史籍中有许多中日僧人在中日文化交流中所发挥重大历史作用的记载,通过这些生动的例子可以看出,在唐代盛事,僧人已经成为两国文化交流的使者,他们不仅成为沟通两国佛教文化的媒介,也成为促进河洛地区文化传播日本列岛的重要力量。

(四)遣唐使与中日经济交流

随着遣唐使的往来,中日之间的经济交流也随之而来。遣唐使除了与唐王朝建立起密切关系,以便在文化上吸收唐王朝的优秀文化,遣唐使还利用职务上的便利,建立起了中日之间的贸易关系。

众所周知,从汉魏以来,河洛地区的封建王朝与周边地区的政权所建立的贸易关系可以分为两种,一种是政府为代表的贸易主体,另一种是民间的贸易关系。在隋唐时期,特别值得一提的是中日两国之间通过遣唐使建立起了政府之间的贸易关系。

遣唐使出使唐王朝时往往如同其他少数民族政权一样,带着当地的土特产到唐王朝进行朝贡。永徽五年十二月癸丑,"倭国献琥珀、玛瑙,琥珀大如斗,玛瑙大如五斗器。"③长安元年(701 年),日本文武天皇立,改元曰太宝,"遣朝臣真

---

① [日]真人元开著、汪向荣校注《唐大和上东征传》,中华书局,2000 年 4 月第 1 版,第 34 页。
② [日]真人元开著、汪向荣校注《唐大和上东征传》,中华书局,2000 年 4 月第 1 版,第 38 - 39 页。
③ 《新唐书》卷四《高宗纪上》。

人粟田贡方物"。粟田所贡的方物即是官方贸易的物品。虽然史书没有武则天赏赐给粟田物品的记载,但按照惯例武则天应当赏赐比粟田所带物品还要丰厚的物品。《延喜式》卷三十《大藏省》云:

> 赐蕃客例大唐皇:银大五百两,水织絁,美浓絁各二百疋,细絁、黄絁各三百疋,黄丝五百丝句,细屯绵一千屯,别送彩帛二百疋,迭绵二百帖,屯绵二百屯,纻布三十端,望陀布一百端,木绵一百帖,出火水精十颗,玛瑙十颗,出火铁十具,海石榴油六斗,甘葛汁六斗,金漆四斗。

虽然日本史籍记载的口吻称贡献给大唐物品为"赐",但实际上反映了日本倾其国所有的精美物品,详细提供遣唐使出发前日本朝廷通过遣唐使转赠唐朝廷的礼品清单,对于我们认识唐与日本之间的贸易关系有着重要的价值。

遣唐使在唐朝活动时,除了唐王朝赏赐物品外,遣唐使还充分利用出使的机会,购买日本所缺少的物品。《旧唐书》卷一百九十九《东夷传·日本传》云:

> 开元初,又遣使来朝,因请儒士授经。诏四门助教赵玄默就鸿胪寺教之,乃遗玄默阔幅布以为束修之礼,题云"白龟元年调布"。人亦疑其伪。所得锡赉,尽市文籍,泛海而还。

吉备真备和玄昉此次朝贡所购买的是唐朝所流行的古籍。在唐代还有专门的管理与蕃客交易的机构。其中"诸互市:监各一人,从六品下。丞一人。正八品下。诸互市监掌诸蕃交易马驼驴牛之事"①。这说明日本来的客商也归互市监管理。

关于日本所派遣的遣唐使至唐朝进行贸易的情况,从日本天皇在派遣遣唐使时赏赐大量物品作为其费用也可以看出,使遣唐使有可能借机购买本国所没有的物品。《延喜式》卷三十《大藏省》云:

---

① 《旧唐书》卷四十四《职官志三》。《新唐书》卷四十八《职官志三》云:"互市监:每监,监一人,从六品下。丞一人,正八品下。掌蕃国交易之事。"

入诸蕃使入唐大使,絁六十疋,绵一百五十屯,布一百五十端。副使,絁四十疋,绵一百屯,布一百端。判官,絁十疋,绵六十屯,布四十端。录事,絁六疋,绵四十屯,布廿端。知乘船事、译语、请益生、主神、医师、阴阳师、画师,各絁五疋,绵三十屯,布十六端。史生、射手、船师、音声长、新罗奄美等译语、卜部、留学生、学问僧、傔从,各絁四疋,绵廿屯,布十三端。杂使、音声生、玉生、锻生、铸生、细工生、船匠、柁师,各絁三疋,绵十五屯,布八端。傔人、挟杪,各絁二疋,绵十二屯,布四端。留学生、学问僧、各絁四十疋,绵一百屯,布八十端。还学僧,絁廿疋,绵六十屯,布四十端。已上布各三分之一给上总布。水手长,絁一疋,绵四屯,布二端。水手各绵四屯,布二端。

根据木宫泰彦的研究认为:"此等物原作彼地之旅费者。但唐朝对日本使人等,亦各各给禄。如桓武朝及仁明朝遣唐人员之赴长安者,判官以下水手以上每人赐绢五疋。故至唐以后,殆无须自用旅费,则日本所给者,盖充作交易之资矣。"[1]这也就是日本在派遣遣唐使之时,给每一位人员都有一定数量的絁、绵、布作为其活动的资金,也许在遣唐使后期,日本天皇已经知道了原配给遣唐使的絁、绵、布旅费,已经不被使用,但仍然给其资助,其目的就是为了满足其购买唐朝物品的需求,因为这些使节所购买的物品回国以后绝大部分仍然送给了天皇。天皇在获得这些货物以后,往往要举行大规模的交易活动。《大日本史》卷三百卅二《食货志十五》云:"承和六年(839年),陈唐货于建礼门前,令内藏客官人及内市等交易,名曰宫市。"宫市这种名称也是来自唐朝。《南部新书》卷甲云:"自贞元来,多令中官强买市人物,谓之宫市。"卷戊云:"时元载执政也,尤切于罢宫市。"而承和六年日本所实行的宫市与唐朝宫市内容不同,仅仅沿用其名字而已。从日本天皇在建礼门前举行宫市的分析,遣唐使所获得的货物,在回国后自然也上交给了天皇,从而使其能够变卖遣唐使所带回的货物。

从遣唐使在中日文化交流中所发挥的作用来看,虽然我们无法确定这些遣唐使都完全与河洛地区有关,但以洛阳为中心的河洛地区的独特地位,使日本使节必然更多地关注河洛地区,并以此为文化交流的重镇,充分吸取河洛文化中的

---

① 木宫泰彦著、陈捷译《中日交通史》(上卷),商务印书馆,1931年5月第1版,第135页。

rt111111111t11

精髓,这在中日文化交流中的文化、经济等方面都有所体现,从而展示出河洛文化的广泛影响。

三、唐代商人东渡日本

随着中日交流的增多,除了官方往来外,唐代获得日本的物品除了遣唐使朝贡进献外,也有唐朝的商人开始东渡日本,通过贸易与日本建立起贸易关系,从而谱写出中日文化交流的新篇章。

首先,唐代所派遣的使节出使日本也带回来一些物品,虽然这些物品与日本遣唐使所贡献的物品性质一样,但是,这些物品也具有商品贸易的性质。关于这一点不再赘述。

其次,唐朝到日本的商人是在唐朝末年开始出现的。仁明天皇嘉祥二年(849 年)八月初四,大宰府驰驿言上:"大唐商人五十三人,多赍货物,驾船一只来着。"①从大宰府的报告我们可以看出,一艘可以承载 53 人的船只,且还携带有货物,说明货物的数量之大。虽然仅仅从现有的史料来看,这是第一次有唐人到日本经商的事例,但在此之前,唐人到日本经商当有不少。此后,来自大陆的商人源源不断地涌入,使唐朝与日本之间的商业贸易日趋活跃。《天台宗延历寺座主圆珍传》云:"至仁寿二年(852 年,唐大中六年)闰八月,值唐国商人钦良晖交关船来。"圆珍得以随船到达唐朝岭南道福州连江县界。所谓交关船乃供往来交通之船。②《日本三代实录》有清和天皇时期许多唐朝商人到达日本的记载。贞观四年(862 年)七月,"廿三日庚寅,大唐商人李延孝等卌三人来,敕大宰府:'安置供给。'"(卷六)又过了三年,即贞观七年七月廿七日丙午,先是,大宰府言:"大唐商人李延孝等六十三人,驾船一艘,来著海岸。"当日,清和天皇敕:"安置鸿胪馆,随例供给。"(卷十一)贞观八年"九月一日大唐商人张言等卌一人,驾船一艘,来著大宰府。是日,敕太宰府,安置鸿胪馆,随例供给"(卷十

---

① 《续日本后纪》卷十九《仁明天皇》。
② 白化文、李鼎霞《行历抄校注》,花山文艺出版社,2004 年 1 月第 1 版,第 125 页。

三) 贞观十六年七月十八日, 大宰府言: "大唐商人崔岌等卅六人, 驾船一艘, 六月三日著肥前国松浦郡岸。" 是日, 敕: "宜准归化例, 安置供给。" (卷廿六) 贞观十七年七月十四日, "大唐商人杨清等卅一人, 驾一只船, 著荒津岸。敕宜准归化例, 安置供给。" (卷二十九) 元庆元年 (877 年) 七月廿二日庚寅, 先是, 大宰府言: "去七月廿五日, 大唐商人崔铎等六十三人, 驾一只船, 来著管筑前国。问其来由, 崔铎言: '从大唐台州, 载贵国使多治安江等, 颇赍货物。六月一日解缆, 今日得投圣岸。' 是日, 敕: '宜依例安置供给。'" (卷廿九) 这说明从唐朝末年开始, 中日之间的商品交流来自大唐的商人发挥了重要作用。随着来自唐朝的商人增多, 开始出现商人未经日本官府的批准, 擅自进入日本。贞观八年四月十七日, 清河天皇谴责丰前、长门等国司曰: "关司出入, 理用过所。而今唐人入京, 任意经过。是国宰不慎督察, 司不责过所之所致也。自今以后, 若有警急, 必处严科。"[1] 随着交易额的扩大, 还出现了日本国内砂金大量外流现象。元庆三年十月十三日敕: "令大宰府库物之代, 砂金六百卅二两, 水银百七十五斤, 注附官帐。" 而在此之前, 府司申请: "每唐人来, 募货物直, 借用库物。交关毕后, 以砂金准官给绵。惣计返纳。其砂金一两充绵十六屯。绢一疋充绵十四屯。府司不能勘却, 行来尚矣。今当交代之日, 新司论曰: '物非其实, 相违官帐。' 仍不受领。而太政官去年八月十四日符, 只免唐人崔铎之时返上砂金三百六十一两。望请, 准据彼例, 被许注账。"[2] 大宰府为了应对来自大陆商人的贸易需求, 不得不准备大量的砂金。这种现象一直延续到宋代。

唐代商人东渡日本虽然是唐代与日本交往的过程中的正常现象, 但从这一事件发生和此后商人源源不断地到达日本列岛, 足以反映出中日关系在唐代已经形成全面化的态势, 表明唐代中日交往涉及社会经济、文化多个层面。

通过本章的论述我们认为, 作为一衣带水的邻邦, 中日两国之间的文化交流源远流长, 内容丰富。在这一交流过程中, 河洛地区因为长期作为中国的政治、经济和文化中心, 从先秦到汉唐王朝, 双方的交流从早期的单向交流发展到双向交流, 这一过程的完成大约是在唐代。交流的层面也从早期的政府之间的交流

---

[1] 《日本三代实录》卷十二《清和纪》。
[2] 《日本三代实录》卷卅六《阳成纪》。

发展到民间交流,表明双方已经将对方作为重要的文化、经济依赖的对象。通过这种交流,就日本社会而言,开始摆脱旧有的社会架构,实现了社会结构的飞跃,从东汉末年由原始社会开始过渡到国家出现,在经由魏晋南北朝的发展,到隋唐时期经过大化改新,又迎来了日本社会政治架构的全面变革。在经济方面,通过学习和模仿来自黄河流域封建经济的经营方式,促进了日本社会的经济全面发展。如东汉末年学习纺织技术,开始有了自己的纺织技术等。隋唐时期以遣隋使和遣唐使为代表的中日文化交流达于鼎盛,使日本开始了全面学习唐文化的时代。

虽然说中日文化交流在宋代开始趋于衰落,但并没有由此沉落,而是以其他方式继续存在。如双方的文化交流依然很频繁。宋太宗太平兴国九年三月,日本奈良东大寺僧人奝然率领弟了成算、祚壹、嘉因等人朝贡,在洛阳朝见了宋太宗,"献铜器十余事,并日本《职员》、《年代纪》一卷"。宋太宗召见他们后,"存抚甚厚,赐紫衣,给郑氏注《孝经》一卷、记室参军任希古撰《越王孝经新义》一卷,印本《大藏经》一部"。这些人在中国停留至次年随同台州宁海县商舶回日本。① 这件事情反映了中日文化交流的持续不断,也说明中日之间的往来并没有随着历史的推移而有所减弱。

---

① [明]李言恭、郝杰著,汪向荣、严大中校注《日本考》卷二《朝贡》,中华书局,2000 年 4 月第 1 版,第 60 页。

第五章　河洛文化对东南亚的传播与交往

东南亚地区自古以来与河洛地区交往颇多,追溯两地的文化交往,弄清许多似是而非的内容,对于我们充分了解河洛文化的对外传播,河洛文化吸纳其他地域文化的精髓而丰富和完善自己都具有重要的意义。

一、先秦两汉河洛文化对南越地区的传播与交往

河洛文化作为黄河流域的主流文化,在先秦两汉时期已经完成了其形成与发展的历程,河洛地区经济社会出现了快速腾飞,河洛地区的社会发展对其他地区的影响也是很明显的。河洛地区与东南亚的交往是与南越地区渐次开发联系在一起的,随着河洛文化的南传,南越地区开始摆脱落后的局面,走向文明的道路。

(一)先秦对南越地区的认识

南越地区与黄河流域的交往可以追溯到传说时代,虽然说后世所流传下来的相关记载,有后人理想化的因素在内,但无疑反映了传疑时代黄河流域的文化对南越地区的影响。

从先秦以来的史书中不断有从黄帝其他诸先贤势力达到南越地区的记载,应当反映了先民最为朴实的认识,即黄河流域的河洛文化对南越地区的影响。汉代人就认为神农氏时代,"其地南至交阯,北至幽都,东至旸谷,西至三危,莫

不听从"①。汉人记述颛顼部落的活动范围时也说："北至于幽陵，南至于交阯，西至于流沙，东至于蟠木"②。尧在位时，"申命羲叔，宅南交"③。故有"尧南抚交阯"之说。④ 史书在言及大禹的功绩时也说"南至交阯、孙朴、续樠之国，丹粟漆树沸水漂漂九阳之山，羽人、裸民之处，不死之乡"⑤。虽然说这些记载有许多是后人的理想因素在内，但反映了文明初始阶段黄河流域与南越地区的交往。

西周初年，周朝建立后，交阯之南的越裳国派使臣出使周朝，并贡献白雉。伏生《尚书大传》卷二《嘉禾》云：

> 交阯之南有越裳国。周公居摄六年，制礼作乐，天下和平，越裳以三象重译而献白雉，曰："道路悠远，山川阻深，音使不通，故重译而朝。"成王以归周公。公曰："德不加焉，则君子不飨其质；政不施焉，则君子不臣其人。吾何以获此赐也！"其使请曰："吾受命吾国之黄耇曰：'久矣，天之无烈风澍雨，意者中国有圣人乎？有则盍往朝之。'"周公乃归之于王，称先王之神致，以荐于宗庙。周德既衰，于是稍绝。⑥

关于越裳国的地理位置，《梁书》卷五十四《海南诸国传·林邑国传》云："林邑国者，本汉日南郡象林县，古越裳之界也。"越裳国辗转到达黄河流域的西周朝贡，表明周朝建立以后对越裳国产生了影响。因为在中国历史上影响较大，在汉代许多学者的著述中都提到这一事件。陆贾《新语》、桓宽《盐铁论》、王充《论

---

① 《淮南子》卷九《主术训》。
② 《史记》卷一《五帝本纪》。《大戴礼记·五帝德》。
③ 《尚书·虞书·尧典第一》。《史记》卷一《五帝本纪》也提到尧"居南交"、"南抚交阯"。
④ 《尚书大传》卷一《尧典》。关于尧时影响达于交阯，在许多著作中都有涉及。《墨子》卷六《节用中》云："古者尧治天下，南抚交阯，北降幽都，东西至日所出入，莫不宾服。"《韩非子·十过》由余云："臣闻昔者尧有天下，饭于土簋，饮于土铏。其地南至交阯、北至幽都，东西至日月所出入者，莫不宾服。"《新书》卷九《修正语上》云："尧教化及雕题、蜀、越，抚交阯。"
⑤ 《吕氏春秋·慎行论·求人》。
⑥ 《后汉书》卷八十六《南蛮西南夷列传》所载文字与此类同。

衡》、刘向《新序》、《说苑》和《韩诗外传》都有记载,并给予高度评介。① 汉代史籍中对这一事件也是颂声不断,班固说:"周封八百,重译来贺。"②即使到后来,也仍有周天子为了显示国势强大而欲招致越裳国朝贡的事实。《楚辞》卷三《天问》中的"厥利惟何,逢彼白雉",汉代王逸注云:"言昭王南游,何以利于楚乎?以为越裳氏献白雉,昭王德不能致,欲亲往逢迎之。"这说明越裳国向周朝朝贡已经成为衡量周朝国势的一个标志,当越裳国没有朝贡时,周昭王甚至远至楚国寻求与越裳国的交往。③ 从这里也可以看出越裳国不远万里通过重译到西周所在的中原地区贡献白雉,充分说明代表河洛文化新因素的农业文明已经对遥远的南方产生了影响,而且周朝统治者也很重视这种影响。

到后来"越裳贡"就演变成封建王朝政通人和的一个象征。《汉书》卷十二《平帝纪》云:"元始元年春正月,越裳氏重译献白雉一,黑雉二,诏使三公以荐宗庙。"正因为越裳国献白雉有王莽比周公的功德,太后王政君也非常重视,认为是王莽"典周公之职,建万世策,功德为忠臣宗,化流海内,远人慕义",故而有"越裳氏重译献白雉"的祥瑞,特地下诏褒奖王莽。而王莽为了迷惑王太后,在所上奏章中则说:"太后秉统数年,恩泽洋溢,和气四塞,绝域殊俗,靡不慕义。越裳氏重译献白雉……"④班固《白虎通义》卷五《封禅》云:"德至八方则祥风至佳气时喜,钟律调,音度施,四夷化,越裳贡。"班固甚至有《白雉诗》赞颂汉的功

---

① 《新语·无为》云:"周公制作礼乐,郊天地,望山川,师旅不设,刑格法悬,而四海之内,奉供来臻,越裳之君,重译来朝。故无为者乃有为也。"《新语·明诚》云:"周公躬行礼义,郊祀后稷,越裳奉贡而至,麟凤白雉草泽而应。"桓宽《盐铁论》卷七《崇礼》云:"昔周公处谦以卑土,执礼以治天下,辞越裳之贽,见恭让之礼也。"《盐铁论》卷八《伐功》云:"昔周室之盛也,越裳氏来献,百蛮致贡。"同卷《和亲》云:"周公修德,而越裳氏来。"《新序》卷二《杂事》云:"成王任周召,而海内大治,越裳重译,祥瑞并降,遂安千载。"《说苑》卷十八《辨物》云:"成王时有三苗贯桑而生,同为一秀,大几盈车,民得而上之成王,成王问周公:'此何也?'周公曰:'三苗同秀为一,意天下其和而为一乎?'后三年则越裳氏重译而朝,曰:'道路悠远,山川阻深,恐一使之不通,故重三译而来朝也。'周公曰:'德泽不加,则君子不飨其质;政令不施,则君子不臣其人。'译曰:'吾受命于吾国之黄发久矣,天之无烈风淫雨,意中国有圣人耶?有则盍朝之!'然后周公敬受其所以来矣。"《论衡》卷八《儒增篇》云:"周时天下太平,越裳献白雉,倭人贡鬯草。"
② 《汉书》卷十六《高惠高后文功臣表》。《汉书》卷六十四下《贾捐之传》记载汉元帝初元元年贾捐之在答对王商时云:"武丁、成王,殷、周之大仁也,然地东不过江、黄,西不过氐、羌,南不过蛮荆,北不过朔方。是以颂声并作,视听之类乐其生,越裳氏重九译而献,此非兵革之所能致。"
③ 究其实则昭王是在汉水溺水而亡。《竹书纪年》记载,昭王之季,荆人卑词致于王曰:"愿献白雉。"昭王信之而南巡,遂遇害……据载周昭王是汉水溺水而亡的,但起因却为猎白雉之奇。
④ 《汉书》卷九十九《王莽传上》。

德。封建王朝政治清明、德音远播，就会吸引周边地区的四夷朝贡，越裳国朝贡已经成为这种象征。

《庄子·外篇·山木》曾记述市南子对鲁侯说："南越有邑焉，名为建德之国。其民愚而朴，少私而寡欲；知作而不知藏，与而不求其报；不知义之所适，不知礼之所将；猖狂妄行，乃蹈乎大方；其生可乐，其死可葬。"关于"建德之国"的地理位置，学术界说法颇为不一。顾祖禹《读史方舆纪要》卷九十九《福建五》记载，福建漳浦县的太武山有小石城，"有小石城，相传南粤王建德避汉兵尝保此，亦名建德城。似误"。顾祖禹认为这一传说是错误的，是不符合历史事实的。因为元鼎六年汉朝大军灭南越国时，吕嘉与赵建德逃往海上，"其故校尉司马苏弘得建德"后，还被"封为海常侯"①。且传说发生的时间较之于庄子时代要晚的多。以此而言，这一传说是将后来所发生的事情附会到以前的历史时代。张星烺先生云："上古之世，西方文明之邦，与我最近而最易于交通者莫若印度……老子撰《道德经》有浮提国人相助，《庄子·山木篇》有建德国，似皆指印度而言。"②袁冰凌先生认为："建德国，很可能就在现在的漳州地区。"③这些看法都有一定道理，但通过分析庄子的记述和先秦时期中国南部地区尚未开发的事实，我们认为建德国不过是庄子对理想国度的一种设想而已，而非指具体的国度。

春秋初年，南越地区仍然处在"无君"的状态。④楚国占据了江南地区直至两广一带，但因为楚国的主要精力放在北方，所以对南越地区采取了相对宽松的政策，主要以朝贡之法与百越建立起联系。司马迁曰："吴楚之君以诸侯役百越。"⑤在楚悼王时，吴起变法后，"于是南平百越"⑥。"楚子称霸，朝贡百越"⑦。

---

① 《史记》卷一百一十三《南越列传》。
② 张星烺编著，朱杰勤校订《中西交通史料汇编》（第六册），中华书局，1979年5月第1版，第7页。
③ 袁冰凌《〈庄子·山木篇〉中的"建德国"——福建历史探源（二）》，《福州大学报》2005年3月5日。
④ 《吕氏春秋·恃君览》云："扬、汉之南，百越之际，敝凯诸、夫风、徐靡之地，缚娄、阳禺、驩兜之国，多无君"。潘小平《广东博罗县春秋时期墓葬群的发掘，将是——岭南古代文明的重要佐证》记载，2000年6月5日在广州至惠州高速公路建设沿线的惠州罗阳镇，考古人员发掘出广东省最大的春秋时期墓葬群，发掘面积达8000多平方米，共有300多座墓葬，其中出土的珍贵文物不仅将摘掉广东古代"南蛮之地"的帽子，还为史书中记载的"缚娄"古国的存在提供了重要资料。参见《人民日报·华南新闻》2000年6月14日。
⑤ 《史记》卷二十《建元以来侯者年表》。
⑥ 《史记》卷六十五《孙子吴起列传》。
⑦ 《后汉书》卷八十六《南蛮西南夷列传》。

从楚国开始越人就不用纳赋税,这种现象一直持续到东汉初年。《后汉书》卷七十六《循吏·卫飒传》记载,建武二年,卫飒任桂阳太守,这里与交州接壤,其中"含洭、浈阳,曲江三县,越之故地,武帝平之,内属桂阳。民居深山,滨溪谷,习其风土,不出田租"。从汉武帝"习其风土,不出田租"可以说明西汉虽然平定了南越,但汉武帝仍然继承了楚国以来的风习,当地居民不出田租。《史记》卷三十《平准书》也记载汉武帝灭南越后,"番禺以西至蜀南者置初郡十七,且以其故俗治,毋赋税"。南越地区不征收赋税的现象沿袭下来,卫飒到任后才开始征收租赋。含洭、浈阳,曲江三县不出租赋的规定可能就是楚国立下的。可见楚人对南方的百越地区大都保持朝贡与贸易关系,而不征收地租税。① 这也再次反映南粤地区因为远离黄河流域封建政权,先秦及西汉对这里的控制都相对宽松。

先秦以来,黄河流域发达的文明地区对南越地区的认识是逐步实现的,从西周时期以越裳国朝贡为国势强盛的标志,到楚国对南越地区采取宽缓的羁縻政策,都表明了南越地区在先秦时期尚未真正开发,河洛文化对南越地区的影响是间接实现的,是以南越地区对黄河流域政权的朝贡关系进行交往的。

(二)秦朝对南越地区的经营

秦对南越地区的占领是秦始皇统一天下后实现的。秦始皇从公元前 230 年开始到公元前 221 年相继灭六国,最终实现天下的统一。秦始皇二十四年(前222 年),秦将王翦灭楚,并完成对楚地占领。秦灭楚以后,原来与楚国保持朝贡关系的南越地区的百越君长都先后叛逃。王翦在"平荆地为郡县,因南征百越之君"②。秦始皇统一天下后,积极对外开拓的策略也是秦扩大疆土向南占领南越地区的重要原因,《史记》卷六《秦始皇本纪》多次说到秦朝南部疆域"南至北向户","南尽北户"③。史书还记载秦始皇"奢淫暴虐,务欲广地;南戍五岭,北筑长城,以备胡、越"④。秦始皇三十三年,"发诸尝逋亡人、赘婿、贾人略取陆梁

① 刘玉堂《楚国经济史》,湖北教育出版社,1996 年 8 月第 1 版,第 57 页。
② 《史记》卷七十三《白起王翦列传》
③ 《集解》《吴都赋》曰:"开北户以向日。"刘逵曰:"日南之北户,犹日北之南户也。"
④ 《汉书》卷二十七下之上《五行志七下之上》。

地,为桂林、象郡、南海,以適遣戍"①。三十四年,"適治狱吏不直者,筑长城及南越地"。《后汉书》卷八十六《南蛮西南夷列传》云:"秦并天下,威服蛮夷,始开领外,置南海、桂林、象郡。"《晋书》卷十五《地理志下》"交州"条云:"秦始皇即略定扬越,以谪戍卒五十万人守五岭。自北徂南,入越之道,必由岭峤,时有五处,故曰五岭。后使任嚣、赵他攻越,略取陆梁地,遂定南越,以为桂林、南海、象等三郡,非三十六郡之限,乃置南海尉以典之,所谓东南一尉也。"随着秦朝将治狱吏不公正者谪戍南越地,这些人带来了黄河流域的生产与生活方式,促使了河洛文化在南越地区的传播。随着秦对南越地区的占领,"百越之君,俯首系项,委命下吏"②。但是,河洛文化与南越文化两种不同的文化在交往过程中发生了冲突,一方是逐步成熟的农业文明,另一方则是较为原始的南越文化,黄河流域的农业文明进入南越地区是以武力方式实现对南越文化的征服,引起了社会的动荡不定。《淮南子》卷十八《人间训》云:

　　(秦始皇统一天下后)又利越之犀角、象齿、翡翠、珠玑,乃使尉屠睢发卒五十万,为五军,一军塞镡城之岭,一军守九疑之塞,一军处番禺之都,一军守南野之界,一军结余干之水。三年不解甲驰弩,使监禄无以转饷。又以卒凿渠而通粮道,以与越人战,杀西呕君译吁宋。而越人皆入丛薄中,与禽兽处,莫肯为秦虏。相置桀骏以为将,而夜攻秦人,大破之。杀尉屠睢,伏尸流血数十万,乃发谪戍以备之。

　　从表面看秦人为了夺取南越地区的珍宝,③不惜动用 50 万军队,以加强对南越地区的控制,实际上与秦始皇好大喜功和秦人急剧对外扩张有关,反而引起越人的强烈反抗,使秦人损失惨重。面对如此失利,秦人不甘退出,"乃使尉佗将卒以戍越"④。赵佗到南越后,"知中国劳极,止王不来,使人上书,求女无夫家

①　《集解》徐广曰:"五十万人守五岭。"《正义》引《广州记》云:"五岭者,大庾、始安、临贺、揭杨、桂阳。"《舆地志》云:"一曰台岭,亦名塞上,今名大庾。二曰骑田。三曰都庞。四曰萌诸。五曰越岭。"

②　《新书》卷一《过秦上》。

③　《史记》卷一百二十九《货殖列传》云:"番禺亦其一都会也,珠玑、犀、玳瑁、果、布之凑。"

④　《史记》卷一百一十二《平津侯主父列传》。

者三万人,以为士卒衣补。秦皇帝可其万五千人"①。跟随赵佗至南越的黄河流域民众,"行者不还,往者莫返,皆不聊生,亡逃相从,群为盗贼"。征讨南越不仅给当地带来了战争的灾祸,而且也给秦朝民众带来了无穷的负担。这一政策的执行者丞相李斯晚年在狱中也曾进行过反思:"地非不广,又北逐胡貉,南定百越,以见秦之强,罪二矣。"②在黄河流域刚刚统一的情况下,秦始皇为了满足自己的好大喜功,对外无限制地开拓,虽然疆域得到扩大,但对黄河流域的百姓无疑是沉重的负担。

秦二世末年,秦南海郡尉任嚣病重,召龙川县令赵佗并以后事相托。任嚣曰:"闻陈胜等作乱,秦为无道,天下苦之,项羽、刘季、陈胜、吴广等州郡各共兴军聚众,虎争天下,中国扰乱,未知所安,豪杰畔秦相立。南海僻远,吾恐盗兵侵地至此,吾欲兴兵绝新道,自备,待诸侯变,会病甚。且番禺负山险,阻南海,东西数千里,颇有中国人相辅,此亦一州之主也,可以立国。郡中长吏无足与言者,故召公告之。"任嚣告诉赵佗利用黄河流域混乱之际,凭借"番禺负山险,阻南海"的地理优势割据自立。赵佗代行南海郡尉之职并发布檄文守关隘,断绝与内地来往,并培植自己的势力。任嚣死后,赵佗就发布檄文告知横浦、阳山、湟谿关等与内地相通的关隘"急绝道聚兵自守",并且"稍以法诛秦所置长吏,以其党为假守"。秦朝灭亡后,赵佗以南海郡为根据地,吞并桂林、象郡,自立为南越武王,建立南越国。③

从宏观上来看,秦人对百越地区的占领仍然有其历史功绩。首先,将南越地区纳入黄河流域封建政权控制之下,有利于黄河流域农业文明在南越地区的传播。我们知道,南越地区在战国时代仍然是一片相对落后的蛮荒之地,社会形态和经济发展都比较落后。秦始皇迁徙五十万人进入这一地区,"与越杂处",④即使到了秦始皇末年,仍然将内地一万五千余女性送往南越地区,这些人的到来无疑将黄河流域先进的农耕文明传播到这里,使这里迅速得到开发,农业经济开始成为社会生活的重要方式。其次,随着秦人对百越地区的占领,黄河流域的政治

---

① 《史记》卷一百一十八《淮南衡山列传》。
② 《史记》卷八十七《李斯列传》。
③ 《史记》卷一百一十三《南越列传》。
④ 《资治通鉴》卷七《秦纪二·始皇帝下》。

体制在这一地区得到推行。秦始皇二十六年(前 221 年)统一天下后,"分天下以为三十六郡,郡置守、尉、监"。裴骃《集解》引《汉书·百官表》曰:"秦郡守掌治其郡,有丞;尉掌佐守典武职甲卒;监御史掌监部。"这些在秦朝统治的核心地区实行的地方行政体制,在秦始皇三十三年设置了桂林、象郡、南海三郡后也被推广到南越地区。据马非百先生考证,南海郡下设番禺、龙川、博罗、揭阳、乐昌五县;桂林郡下辖四会;象郡下辖临尘、象林。① 当然这是目前可考的县的名称。秦朝在南越地区实行郡县制具有重要的历史意义,将南越地区纳入黄河流域封建王朝的控制之下,有利于南越地区在封建王朝的发展规划之中迅速发展,这从西汉以后南越地区的发展即可得到证明。而秦朝末年赵佗的割据自立在某种意义上维持了这一地区的安定,使秦朝在南越地区所传播的河洛文化得以维持下来,秦朝对南越地区的开发可以说奠定了南越地区发展的基础,在岭南社会经济发展过程中具有重要的历史地位。

(三)河洛文化对南越国的影响

西汉王朝建立以后,赵佗所建立的南越国成为偏居南方游离于封建中央集权之外的一个地方政权,成为黄河流域汉政权的心腹之患,所以,在西汉初年,从汉高祖刘邦开始到汉武帝灭南越国为止,南越政权与汉王朝既有平等基础上的交往,也有汉朝对其军事相向。

赵佗率领北方的军队到达南越以后,为了能够在这里生存下去,他首先接受了南越地区的社会习俗,使跟随他来自黄河流域的士兵能够很快与当地民众融为一体。王充说:"南越王赵他,本汉贤人也,化南夷之俗,背畔王制,椎髻箕坐,好之若性。"②"赵他入南越,箕踞椎髻……之性习越土气,畔冠带之制。"③"赵他王南越,倍主灭使,不从汉制,箕踞椎髻,沉溺夷俗。"④陆贾在见赵佗时,"尉他魋结箕倨见陆生"。《索隐》云:"谓为髻一撮似椎而结之,故字从结。且案其'魋结'二字,依字读之亦得。谓夷人本被发左衽,今他同其风俗,但魋其发而结

---

① 马非百《秦集史》,中华书局,1982 年 8 月第 1 版,第 632 – 634 页。
② 《论衡》卷二《率性篇》。
③ 《论衡》卷十四《谴告篇》。
④ 《论衡》卷二十《佚文篇》。

之。"从上述记载来看,赵佗为了能够在南越地区生存下来,顺应和接受了百越民族的"椎髻箕坐"习俗。而且南越地区用孔雀毛装饰门户也为北方人所羡慕,汉昭帝始元六年,在进行盐铁官营与否的辩论时,贤良说:"中国所鲜,外国贱之,南越以孔雀珥门户。"①这些现象都说明,赵佗为了融入南越社会以灵活的方式接受了当地的习俗。但是,他同时用黄河流域的习俗对越人进行了改造。如越人相互攻击的习俗在赵佗的治理下逐渐减少。《汉书》卷二十八下《地理志》亦云:"吴、粤之君皆好勇,故其民至今好用剑,轻死易发。"汉十一年五月,汉高祖在派遣陆贾出使南越国时,曾下诏指出:"粤人之俗,好相攻击,前时秦徙中县之民南方三郡,使与百粤杂处。会天下诛秦,南海尉它居南方长治之,甚有文理,中县人以故不耗减,粤人相攻击之俗益止,俱赖其力。"②师古曰:"长治,谓之长帅而治理之也。"这说明南越地区民众喜好相互攻击的习俗,在赵佗的教化和治理下已经有所减少。从这一点即可以看出河洛文化的进步之处对南越地区的影响。

因黄河流域处于战后的恢复期,无暇顾及南越国。汉十一年,汉高祖派遣陆贾立赵佗为南越王。针对赵佗接受南越之俗,陆贾出使南越后对赵佗进行了一系列的说服工作。王充在《论衡》中多次赞扬陆贾的劝说功劳。《率性篇》云:"陆贾说以汉德,惧以圣威,蹶然起坐,心觉改悔,奉制称蕃,其于椎髻箕坐也,恶之若性。"《谴告篇》云:"陆贾说之,夏服雅礼,风告以义,赵他觉悟,运心向内。"《佚文篇》亦有类似的记载。陆贾在见赵佗时甚至直接指责他"反天性,弃冠带",赵佗也对陆贾承认自己"居蛮夷中久,殊失礼义"。因为陆贾劝说,"赐陆生橐中装直千金,他送亦千金"。陆贾最终"拜尉他为南越王,令称臣奉汉约"。"与剖符通使,和集百越,毋为南边患害"③。陆贾此次出色地完成了出使南越的使命,使西汉暂时解除了南顾之忧,从而全力对付北方的匈奴族。继而,汉高祖刘邦对赵佗又采取了架空的措施,汉十二年十二月刘邦下诏:"南武侯织亦粤之世也,立以为南海王。"④文颖曰:"今复封织为南海王,复遥夺佗一郡,织未得王

<hr>

① 《盐铁论》卷七《崇礼》。
② 《汉书》卷一《高帝纪下》。
③ 《史记》卷九十七《郦生陆贾列传》。
④ 《汉书》卷一《高帝纪下》。

之。"刘邦故伎重演,其目的还是为了孤立赵佗。这无疑使汉与南越国的关系蒙上了一层阴影。

　　高后时期,汉朝与南越国关系交恶,吕后下令:"毋予蛮夷外粤金铁田器;马、牛、羊即予,予牡,毋与牝。"而当时南越国的"马牛羊齿已长",繁殖困难,因此激化了与南越的矛盾。① 更令赵佗无法容忍的是"遥闻高后尽诛佗宗族,掘烧先人冢"。在高后五年春自称南越武帝后,高后七年九月,赵佗"发兵攻长沙边,败数县焉"。高后派遣刘灶抗击,因士兵不服水土而疾疫流行,不能越过五岭。一年后,高后崩,即罢兵。赵佗凭借武力威胁汉朝边境的安全,还用财物收拢闽越、西瓯、骆,形成"东西万余里"的疆域,于是,赵佗"乃乘黄屋左纛,称制,与中国侔"②。这是南越国力最为强盛的时期。由此可见,南越地区因为缺少矿产资源,所以在农业经济发展过程中要完全依赖黄河流域的汉政权为他提供生产工具才能完成,另外,黄河流域所提供给南越国的马、牛、羊中的雌牲畜断绝以后,无疑断绝了南越国农业经济发展的支撑,故而引起赵佗的恼怒,与汉朝断绝来往并且以武力进攻汉朝的边郡。

　　汉文帝即位后,南越与汉朝对峙的局面使汉文帝深感忧虑。为了安抚赵佗,汉文帝"乃为佗亲冢在真定,置守邑,岁时奉祀。召其从昆弟,尊官厚赐宠之",并且再次派遣陆贾以太中大夫③的身份出使南越,同时带去了汉文帝写给赵佗的亲笔信。陆贾"因让佗自立为帝,曾无一介之使报者"。陆贾到南越后,以"上褚五十衣,中褚三十衣,下褚二十衣"送给赵佗。赵佗自知难以与汉政权抗衡,于是下令国中曰:"吾闻两雄不俱立,两贤不并世。皇帝,贤天子也。自今以后,去帝制黄屋左纛。"赵佗还"谨北面因使者献白璧一双,翠鸟千,犀角十,紫贝五百,桂蠹一器,生翠四十双,孔雀二双"。陆贾回到长安,汉文帝非常高兴。但因为南越国偏远,赵佗"居国窃如故号名,其使天子,称王朝命如诸侯"。汉景帝时南越与汉朝相安无事。到汉武帝建元四年,赵佗病死。④

----

① 《汉书》卷九十七《南粤传》云:"高后时,有司请禁粤关铁器。佗曰:'高皇帝立我,通使物,今高后听谗臣,别异蛮夷,隔绝器物。'"
② 《史记》卷一百一十三《南越列传》。
③ 《秦汉南北朝官印徵存》卷三《前汉官印·朝官及其属官印》中有"南越中大夫",为鱼纽形,可能就是朝廷中专门负责与南越交往的官员之官印。
④ 《史记》卷一百一十三《南越列传》,《汉书》卷九十五《西南夷两粤朝鲜传》。

　　汉武帝初期南越国与汉朝关系密切,因黄河流域已经安定,汉武帝最终灭亡了南越国,在南越地区设置郡县。赵佗死后,其孙赵胡即位。建元六年八月,闽越王郢进攻南越边邑。赵胡向汉武帝上书求救。汉武帝"多南越义,守职约,为兴师",派遣大行王恢将兵出豫章、大司农韩安国出会稽攻击闽越王郢。此时,闽越内讧,闽越王郢之弟余善杀郢投降,汉军撤退。汉武帝派遣庄助出使南越,赵胡"遣太子婴齐入宿卫",并答应入朝拜见天子,后听从大臣的意见,称病不再入朝。十余年后,赵胡病重,婴齐回国,在父亲死后即位。婴齐在位期间,首先去除僭号。但对汉朝多次派遣使节要其归顺的劝说,"婴齐尚乐擅杀生自恣,惧入见要用汉法,比内诸侯",称病不愿入朝,又将次子送往长安。婴齐死后,其太子即位,丞相吕嘉掌控政权,并且发动叛乱。元鼎六年,汉武帝派大军灭南越国。

　　南越国时期是南越文化与河洛文化交流的重要时期。河洛文化南传虽然因高后时期双方关系交恶受到一定程度的影响,但总的趋势是双方交流日趋频繁。

　　在政治制度上,南越国吸收黄河流域汉政权的制度,建立起自己的政治体制。秦末赵佗"稍以法诛秦所置长吏"后,为了培植自己的势力,"以其党为假守"。《索隐》案:"谓他立其所亲党为郡县之职或假守。"这说明此时赵佗仍然沿用秦朝的政治体制。赵佗称南越武王后,其国内所设官职见诸记载有内史、中尉、御史等,[1]他曾给汉文帝写信说,在高后时期,他曾经"使内史藩、中尉高、御史平凡三辈上书谢过,皆不反"。在统一闽越、西瓯、骆越后,骆人中有骆王、骆侯,"诸县自名为'骆将',铜印青绶,即今之令长也"[2]。这说明在赵佗时期,骆越人的最高统治者为"骆王、骆侯",其下属的县一级长官为"骆将",相当于内地的县令长之类官员。大约此时赵佗并不能完全控制各个少数民族政权,而是采取利用各少数民族的首领统治各自的部落。陆贾出使南越时,赵佗就曾自称"蛮夷大长老",并说闽越、瓯骆的首领都称王。由此可见,赵佗在地方政权的设置方面并没有完全实行黄河流域已经成熟的政治体制,而是根据南越地区社会发展的具体情况,分别实施不同的管理体制。

　　建元四年,赵佗孙赵胡为南越王直至南越国灭亡,南越国的政治体制越来越

----

　　①　关于南越国官制的设立情况,张荣芳先生已有很深的研究,兹仅举数例加以说明。参见张荣芳《南越国史》,广东人民出版社,1995年版,第112－130页。

　　②　《史记》卷一百一十三《南越列传》索隐引《广州记》。

多地效法汉政权的王国体制。除了国王外,还有太子、王后、王太后,实行太子继承王位制度。赵胡死后,其太子婴齐从长安回到国中即位,婴齐死后,太子兴继承王位。王死后都有谥号,赵胡谥为文王,婴齐谥为明王。从赵胡开始,接受了汉朝以太子入朝宿卫的制度。赵胡时期,婴齐入朝宿卫,婴齐在位时,让其子次公入朝宿卫。另外,从南越国的印玺制度来看,也明显地受到来自黄河流域的汉文化影响。首先,社会上层的玺、印多由西汉政府颁给。南越王的印称玺,元鼎四年,汉武帝赐南越国丞相吕嘉银印,以及内史、中尉、太傅印。《秦汉南北朝官印徵存》卷六《两汉颁给兄弟民族官印·滇越倭奴国印》中有"越青邑君"印和"越贸阳君",均为瓦纽。这些印的发现说明青邑君和贸阳君地位之高。其次,较为低级官员的印由南越国自置,这就是史书中所说的其他官员的印,"余得自置"。1979 年在广西贵县发掘的罗泊湾二号墓,属西汉初期南越王国时期,墓主为王侯一级官吏的配偶。在此墓中发现了"夫人"玉印和"家啬夫印"封泥。①此外,越王墓出土的 23 颗玺印,包括"文帝行玺"龙纽金印和 4 位"夫人"印("右夫人玺"龟纽金印、"左夫人印"、"泰夫人印"和"口夫人印")。1980 年,广西贺县金钟 1 号西汉墓,也出土有"左夫人印"龟纽玉印。这是南越国自行制作的印玺。

从经济交往来看,南越国经济发展受汉政权的影响也是明显的。除了前文所述及的高后时期禁止铁器和雌牲畜进入南越,引起南越经济动荡外,南越的经济与内地的交往始终很频繁。在刘邦时期,虽然双方的关系不太协调,但是从流传下来的史料我们可以看到交往依然存在。《西京杂记》卷四云:"南越王献高帝石蜜五斛蜜烛二百枚。白鹇黑鹇各一双。高帝大悦。厚报遣其使。"《西京杂记》卷一云:"积草池中有珊瑚树,高一丈二尺,一本三柯,上有四百六十二条,是南越王赵他所献,号为烽火树,至夜光景常欲然。"这也有可能是陆贾出使南越,两地关系密切以后,赵佗所进献给西汉朝廷的。南方的奇珍异兽在汉与南越建立联系以后也被送往长安,司马相如《上林赋》描述上林中野兽有"沈牛麈麋"。张衡《西京赋》有云:"搤水豹,馽潜牛。"李善曰:"《南越志》曰:潜牛,形角似水

---

① 《广西贵县罗泊湾二号汉墓》,《考古》1982 年第 4 期。

牛,一名沈牛也。"元狩二年夏,"南越献驯象、能言鸟"①。"能言鸟"颜师古曰:
"即鹦鹉也,今陇西及南海并有之。万震《南州异物志》云有三种,一种白,一种
青,一种五色。交州以南诸国尽有之。白及五色者,其性尤慧解,盖谓此也。"这
说明南越与汉交往后,南越地区的水牛、驯象、鹦鹉都被进贡给北方。司马迁曾
经说越地"处近海,多犀、象、毒冒、珠玑、银、铜、果、布之凑,中国往商贾者多取
富焉。番禺,其一都会也"。北方的铁器、牲畜也开始运到南越国,双方交往频
繁。南越国与巴蜀地区也有商业往来。建元六年,王恢借灭闽越的机会,派遣番
阳令唐蒙出使南越,"南越食蒙蜀枸酱",唐蒙得知南越通过夜郎与蜀地也建立
了联系。左思《蜀都赋》有"蒟酱流味于番禺之乡"赞颂南越与蜀地的交往。

　　南越国与黄河流域的汉朝还建立了婚姻方面的联系,汉政府也欲通过婚姻
使南越成为汉的附庸,并最终吞并南越国。婴齐在建元四年入朝宿卫时,娶邯郸
人樛氏女,生子兴。婴齐即位后,"上书请立樛氏女为后,兴为嗣",得到汉朝廷
的允许。其丞相吕嘉"男尽尚王女,女尽嫁王子兄弟宗室,及苍梧秦王有连"。
《集解》引《汉书音义》曰:"苍梧越中王自名为秦王,连亲婚也。"《索隐》案:"苍
梧越中王自名为秦王,即下赵光是也,故云'有连'。连者,连姻也。赵与秦同
姓,故称秦王。"吕嘉因为赵兴即位后,与其母樛氏亲汉,并因此引起汉武帝派兵
入境,于是起兵造反,攻杀赵兴及其母和汉使者,"立明王长男越妻子术阳侯建
德为王"。这说明婴齐在与樛氏女结婚前已经在越地与越人的女子结婚生子。

　　从先秦到西汉初年与南越地区的交往历史来看,黄河流域政权实力的强弱
变化对双方的交往有着深刻的影响。当黄河流域政权处于弱势阶段时,双方的
交往尚属平和,而当黄河流域政权处于强势阶段,南越地区的政权则处于被动的
地位。特别到西汉时期,汉政权以其强大的政治影响,促使河洛文化不断影响南
越地区。南越地区无论从政治制度乃至社会生活都受到河洛文化的影响,并在
汉武帝时期以武力暂时完成了河洛文化对南越文化的整合。

(四)汉武帝后河洛文化对南越地区的影响

　　汉武帝统一了南越地区,解除了南部边境的战争威胁,南越地区融入汉朝

---

① 《汉书》卷六《武帝纪》。

后,该地区的经济与社会在河洛文化的影响之下得到了快速发展。

内地已经成熟的郡县制继续在南越地区推行。秦朝在南越地区设立桂林、象郡、南海三郡实施管理,赵佗南越国时期虽然亦有郡县制的设立,但毕竟不同于中央集权制度下的郡县制,所以,汉武帝在元鼎六年灭南越国后,"遂为九郡"。"遂定越地,以为南海、苍梧、郁林、合浦、交阯、九真、日南、珠厓、儋耳郡"①。《汉书》卷二十八下《地理志下》记载,南海郡下辖六县,郁林郡下辖十二县,苍梧郡下辖十县,交阯郡下辖十县,合浦郡下辖五县,九真郡下辖七县,日南郡下辖五县。元封元年,汉朝设珠厓郡和儋耳郡,关于这两郡的基本情况,《汉书》卷二十八《地理志下》云:

> 自合浦徐闻南入海,得大州,东西南北方千里,武帝元封元年略以为儋耳、珠厓郡。民皆服布如单被,穿中央为贯头。男子耕农,种禾稻、纻麻,女子桑蚕织绩。亡马与虎,民有五畜,山多麈麚。兵则矛、盾、刀、木弓弩、竹矢,或骨为镞。

从《汉书》所记载的情况可以看出两郡社会状况相当落后,大约还处在原始社会末期。汉朝在这里设郡以后,"广袤可千里"的土地上"合十六县,户二万三千余"。汉武帝末年,"珠崖太守会稽孙幸调广幅布献之,蛮不堪役,遂攻郡杀幸",孙幸的儿子孙豹"合率善人还复破之,自领郡事,讨击余党,连年乃平。豹遣使封还印绶,上书言状,制诏即以豹为珠崖太守。威政大行,献命岁至"。因"中国贪其珍赂,渐相侵侮,故率数岁一反"②。因民风暴虐,加之汉朝的强力弹压,故从设立郡到汉昭帝始元元年的二十余年,共发生了六次叛乱。所以到始元五年,汉朝撤并儋耳郡归属珠崖郡,汉宣帝时,珠崖郡又两次叛乱。汉元帝初元元年,珠崖郡再次叛乱,汉朝政府派军镇压,结果引起更大的叛乱,最后,汉朝政府采纳了贾捐之的建议,罢珠崖郡,"民有慕义欲内属,便处之。不欲,勿强。"西汉政府在原南越国所控制的地区设立了九个郡,除了南海、苍梧、郁林、合浦、交

---

① 《汉书》卷六《武帝纪》。
② 《后汉书》卷八十六《南蛮传·序》。

阯、九真、日南等七郡尚能实行黄河流域已经成熟的郡县制外,另外的珠厓郡和儋耳郡无法实行黄河流域业已成熟的政治制度,其中重要的原因是因为这一地区因地理位置偏远,"皆在南方海中洲居,广袤可千里",尚未受到河洛文化的沐浴,表现在民风原始,"其民暴恶,自以阻绝,数犯吏禁",再加上"吏亦酷之",所以出现了"率数年壹反,杀吏",而汉朝则"辄发兵击定之",我们前文所说的两郡反复反叛,"连年不定"的现象,①也正是两种文化的激烈碰撞。

　　西汉时,河洛文化对南越地区的影响除了上述的碰撞外,也有黄河流域的民众到达南越地区的其他郡,并在此生存,影响到这里的社会。汉平帝元始二年,"日南之南黄支国来献犀牛","凡交阯所统,虽置郡县,而言语各异,重译乃通。人如禽兽,长幼无别。项髻徒跣,以布贯头而著之。后颇徙中国罪人,使杂居其间,乃稍知言语,渐见礼化。"②可以说是对河洛文化影响的概括。

　　到了东汉时期,河洛文化对南越地区的影响日益加深,不仅在汉朝交阯刺史控制下的其他七郡与东汉王朝交往,即使已经放弃的珠崖和儋耳郡也开始与东汉王朝有了来往。在东汉初期传播河洛文化于南越地区的代表性人物当属九真太守任延和交阯太守锡光。建武初年,光武帝刘秀拜任延为九真太守。当时九真郡的情况是"俗以射猎为业,不知牛耕","俗烧草种田",处在刀耕火种的九真郡因为生产力水平低下,粮食紧缺,"民常告籴交阯,每致困乏"。任延到任后,"乃令铸作田器,教之垦辟。田畴岁岁开广,百姓充给"。通过铸造铁器,开垦荒地,发展农业生产,解决了居民的温饱问题。在此基础上,他用黄河流域进步的社会习俗对九真郡落后的社会习俗加以影响,使这里尽快摆脱了落后的局面。当时九真郡的习俗是"骆越之民无嫁娶礼法,各因淫好,无适对匹,不识父子之性,夫妇之道",可见到了东汉初年,九真郡一带仍然处在原始的婚姻形态之中,有鉴于此,任延"乃移书属县,各使男年二十至五十,女年十五至四十,皆以年齿相配。其贫无礼娉,令长吏以下各省俸禄以赈助之。同时相娶者二千余人。是岁风雨顺节,谷稼丰衍。其产子者,始知种姓"。当地民众感激任延说:"使我有

---

① 《汉书》卷六十四下《贾捐之传》。

② 《后汉书》卷八十六《南蛮传·序》。《三国志》卷五十三《吴书·薛琮传》亦云:"汉武帝诛吕嘉,开九郡,设交阯刺史以镇监之。山川长远,习俗不齐,言语同异,重译乃通,民如禽兽,长幼无别,椎结徒跣,贯头左衽,长吏之设,虽有若无。自斯以来,颇徙中国罪人杂居其间,稍使学书,粗知言语,使驿往来,观见礼化。"

是子者,任君也。"并且产子多用"任"字命名,甚而出现了"九真吏人生为立祠"的现象。①

西汉平帝时期,"汉中锡光为交阯太守,教导民夷,渐以礼义,化声侔于(任)延。王莽末,闭境拒守。建武初,遣使贡献,封盐水侯。领南华风,始于二守焉"②。《后汉书》卷八十六《南蛮传》亦称:"光武中兴,锡光为交阯,任延守九真,于是教其耕稼,制为冠履,初设媒娉,始知姻娶,建立学校,导之礼义。"孙吴时期,薛琮也赞美任延和锡光说:"锡光为交阯,任延为九真太守,乃教其耕犁,使之冠履。为设媒官,始知聘娶。建立学校,导之经义。"③范晔称颂二人云:"任延、锡光移变边俗,斯其绩用之最章章者也。"在以任延、锡光为代表的官员感召下,建武十二年,"九真徼外蛮里张游,率种人慕化内属,封为归汉里君"。次年,"南越徼外蛮夷献白雉、白菟"。因为任延、锡光勤政的影响,今东南亚地区的政权能够到洛阳朝贡。

光武帝建武十三年(37年),苏定任交阯太守,十六年二月,交阯女子徵侧、徵贰因不满交阯太守苏定的压迫而造反,李贤云:"徵侧者,麊泠县洛将之女也,嫁为朱鸢人诗索妻,甚雄勇。交阯太守苏定以法绳之,侧怨怒,故反。"并且"略有城邑"。因为汉政府强力推行黄河流域的政治制度引起了当地民众的不满,"于是九真、日南、合浦蛮里皆应之,凡略六十五城,自立为王",使当地的汉政权处于风雨飘摇的境地,"交阯刺史及诸太守仅得自守"。究其实,这一冲突是两种文化之间的碰撞,因为来自河洛地区的汉文化的传入,改变了这一地区民众的生活与生产方式,故而引起冲突。有鉴于此,汉光武帝"乃诏长沙、合浦、交阯具车船,修道桥,通障谿,储粮谷",在做好准备以后,建武十八年(42年)四月,光武帝派遣以伏波将军马援为首的万余人军队征讨征侧,到了次年正月,马援就平息了叛乱,"因击破九真贼都阳等,降之"。马援随后又剿灭了二征起义的残余武装,并将黄河流域先进的文化带到这一地区,通过兴建城池,兴修农田水利,制定新的法律条文,实现了汉文化的大规模移植。史称"援所过辄为郡县治城郭,穿渠灌溉,以利其民。条奏越律与汉律驳者十余事,与越人申明旧制以约束之,自

---

① 《后汉书》卷七十六《循吏·任延传》。
② 《后汉书》卷七十六《循吏传》。
③ 《三国志》卷五十三《吴书·薛琮传》。

后骆越奉行马将军故事"①。后人也称马援"平定交部,始调立城郭置井邑"②。随着东汉政府在南越地区实施统治,河洛文化的影响逐步扩大,汉明帝永平十七年二月,儋耳等地的少数民族,"前后慕义贡献",所以,当汉明帝死后,有关官员称颂他:"泽臻四表,远人慕化,僬侥、儋耳,款塞自至。"③马援在平定二征起义后,在返回时,曾有部分士兵留在当地。《新唐书》卷二百二十二下《南蛮传下·环王传》云:"又有西屠夷,盖援还,留不去者,才十户,隋末孳衍至三百,皆姓马,俗以其寓,故号'马留人',与林邑分唐南境。"《交广志》亦云:"马文渊立两铜柱于林邑岸北,有遗兵家十余家,不反,居寿冷岸南而对铜柱,悉姓马,自相婚姻。交州以其流寓,号曰马流,历年既长,人物与之俱化,语言㖞喇,故取譬云。"④由此可见,在南越地区文化的包围下,汉文化反被同化。

南越地区的稳定对于河洛文化的南传带来了许多便利的条件,也吸引了南越地区许多少数民族政权的频繁内附。汉章帝元和元年,"日南徼外蛮夷究不事人邑豪献生犀、白雉"。汉安帝永初元年,"九真徼外夜郎蛮夷举土内属,开境千八百四十里"。延光元年,"九真徼外蛮贡献内属。三年,日南徼外蛮复来内属"。汉顺帝永建六年,"日南徼外叶调王便遣使贡献,帝赐便金印紫绶"。灵帝建宁三年,郁林太守谷永以恩信招降乌浒人十余万内属,皆受冠带,开置七县。当然,此间也有一些南越地区发动叛乱的记载,因与本主题相左,具体过程略而不论。⑤

随着河洛文化影响的日益扩大,南越地区的文人也不断增多,且开始北上到黄河流域求学。西汉末年,苍梧广信人陈元的父亲陈钦,"习《左氏春秋》,事黎

---

① 《后汉书》卷一《光武帝纪下》,《后汉书》卷二十四《马援列传》。《水经注》卷三十七《叶榆河》引《交州外域记》云:"后朱鸢雒将子名诗索,⋮米⋮泠雒将女名征侧为妻,侧为人有胆勇将诗起贼,攻破州郡,服诸雒将,皆属徵侧为王,治⋮米⋮泠县,得交阯、九真二郡民二岁调赋。后汉遣伏波将军马援将兵讨侧,诗走入金溪究,三岁乃得。尔时西蜀并遣兵共讨侧等,悉定郡县为令长也。"
② 《晋书》卷十五《地理志下》。《水经注》卷三十七《叶榆河》云:"马援以西南治远,路迳千里,分置斯县。治城郭,穿渠,通道溉灌,以利其民。"
③ 《后汉书》卷三《肃宗孝章帝纪》。
④ [宋]赵彦卫《云麓漫钞》卷五。[宋]王应麟《困学纪闻》卷十八《评诗》引《唐书·环王传》云:"西屠夷,盖援还,留不去者才十户,隋末孳衍至三百,皆姓马,俗以其寓,故号马留人,与林邑分唐南境。"
⑤ 《后汉书》卷八十六《南蛮传》。

阳贾护,与刘歆同时而别自名家。王莽从钦受《左氏》学,以钦为厌难将军"①。陈钦虽然来自南越,但学有所成。陈留长垣人吴恢为南海太守时,曾经"欲杀青简以写经书",后来他的儿子吴祐担心父亲的举动"上为国家所疑,下为权戚所望",故而吴恢"及止"②。虽然吴恢没有最终写下在南海的见闻,但表明当时介绍南海地区的书籍成为可能。而且黄河流域封建政权所派往南越地区的官员,用自己的廉洁行动为河洛文化的南传提供了许多便利的条件。东汉初年,李善迁任日南太守,"到官,以爱惠为政,怀来异俗"③。孟尝在任合浦郡太守时,针对前任"宰守并多贪秽",大规模采珠,造成"行旅不至,人物无资,贫者饿死于道"的现象,到任后"革易前敝,求民病利",使珍珠生产逐渐恢复,"百姓皆反其业,商货流通,称为神明",以至于他在离任时,"吏民攀车请之"。杨乔曾向汉桓帝前后七次举荐孟尝,称孟尝在任时,"前更守宰,移风改政,去珠复还,饥民蒙活",虽然他而"掌握之内,价盈兼金",但他本人则"单身谢病,躬耕垄次,匿景藏采,不扬华藻"④。这种廉洁之风对南海地区的社会风俗也产生了很大的影响。汉灵帝中平年间(187-188年),交州人李进"代贾琮为交州刺史,请依中州例贡士。其后阮琴以茂才仕至司隶校尉,人才得与中州同选,盖自进始"⑤。

交趾一带的丰富物产也开始北运河洛地区,成为当时河洛地区民众的喜爱之物。如这一带的珠宝运往洛阳的频频见诸记载。东汉初年,马援自交趾返回洛阳时带回南方的薏一车,用以治病,"时人以为南土珍怪,权贵皆望之"。马援卒后,"有上书谮之者,以为前所载还,皆明珠文犀"。可见东汉初年,交趾的明珠文犀等珍宝有可能运销洛阳市场。到了章帝元和年间,因为谷贵,"县官(指朝廷——引者注)经用不足",尚书张林建议,"宜因交趾、益州上计吏往来,市珍宝,收采其利"。最后章帝"有诏施行"。这可以明显地看出因东汉中央政府的组织贩运,交趾的珠宝已经销往洛阳市场。《后汉书》卷三十一《贾琮传》云:"旧交阯土多珍产,明玑、翠羽、犀、象、玳瑁、异香、美木之属,莫不自出。"丰富的珠宝,首先成为达官贵人掠夺的资源,"前后刺史率多无清行,上承权贵,下积私

① 《后汉书》卷三十六《陈元传》。
② 《后汉书》卷六十四《吴祐传》。
③ 《后汉书》卷八十一《独行列传·李善传》。
④ 《后汉书》卷七十六《循吏列传·孟尝传》。
⑤ 《嘉庆重修一统志》卷五百五十三《越南·人物》。

赂,财计盈给,辄复求见迁代,故吏民怨叛"。同时成为往来客商和官吏以职务
之便贩运于洛阳的大宗商品,"中国往商贾者多取富焉。"①

在与南越地区的交往过程中,南越地区的特产不断地北运,成为南北文化交
流的一大特点。东汉初年,苍梧太守杜穆、交阯太守锡光等,"相率遣使贡献",
正因为这些人相继归附东汉王朝,"于是江南之珍始流通焉"。《后汉书》卷四
《孝和帝纪》云:"旧南海献龙眼、荔支,十里一置,五里一候,奔腾阻险,死者继
路。时临武长汝南唐羌,县接南海,乃上书陈状。帝下诏曰:'远国珍馐,本以荐
奉宗庙,苟有伤害,岂爱民之本。其敕太官勿复受献。'由是遂省焉。"李贤注引
《谢承书》曰:"唐羌字伯游,辟公府,补临武长。县接交州,旧献龙眼、荔支及生
鲜,献之,驿马昼夜传送之,至有遭虎狼毒害,顿仆死亡不绝。道经临武,羌乃上
书谏曰:'臣闻上不以滋味为德,下不以贡膳为功,故天子食太牢为尊,不以果实
为珍。伏见交阯七郡献生龙眼等,鸟惊风发。南州土地,恶虫猛兽不绝于路,至
于触犯死亡之害。死者不可复生,来者犹可救也。此二物升殿,未必延年益
寿。'帝从之。章报,羌即弃官还家,不应征召,著《唐子》三十余篇。"由此也可以
看出,在南越地区经济尚未全面发展之际,过分追求南越地区的奇珍异宝无疑是
对南越发展的阻碍,汉和帝及时地终止了这种行为,对南越地区的经济发展无疑
是有利的。关于东汉王朝对南越地区的贸易情况,越南学者明峥说:"中国与南
洋、印度、中亚和罗马的贸易日渐频繁。因此,东汉朝廷更加注意搜括交阯、九真
和日南的各种物资如香料、各种贵重木材、象牙和玳瑁运到各处去出卖。另一方
面三郡又是便利当时中国商人往南洋、印度及西方各地通商的航海船只往来的
联站。"②

从先秦两汉时期河洛文化的南传对南越地区的影响我们可以看出,在漫长
的历史时期,黄河流域日趋成熟的农业文明逐步对南越地区浸润,使这里曾经的
蛮荒之地开始发展农业经济,社会制度也采用了黄河流域封建政权所实行的郡
县制,社会风俗也开始摆脱原始落后的状况。可以这样认为,先秦两汉时期河洛
文化对南越地区的影响奠定了此后南越地区社会经济发展的基础,使南越地区

① 《汉书》卷二十八《地理志下》。《隋书》卷三十一《地理志下》文为"故商贾至者,多取富焉"。文
意与《汉书》相同,足证该时期类皆如此。
② (越)明峥著,范宏科、吕荣译《越南史略》,三联书店,1958年11月第1版,第20页。

纳入进了中国社会发展的序列之中。

二、先秦秦汉时期东南亚国家与河洛地区的交往

东南亚由中南半岛、马来群岛组成。在先秦两汉时期,东南亚地区与河洛地区之间的交往史书记载较少,但仍然有蛛丝马迹可寻。双方的交往或通过南越地区进行,或辗转东南沿海实现,其间的交往呈现出临时性和间歇性的特点。下面在学术界已有的基础之上,对此间与河洛地区有所交往的国家加以考述。

究不事。在建武十三年(37 年)九月,"日南徼外蛮夷献白雉、白兔"①。及至汉章帝元和元年(84 年)正月,"日南徼外蛮夷献生犀、白雉"②。在交州日南郡边外的国家到洛阳朝贡,并献上当地的土特产。那么日南徼外蛮夷到底是哪一个国家?《后汉书》卷八十六《南蛮传》云:"肃宗元和元年,日南徼外蛮夷究不事人邑豪献生犀、白雉。"李贤注云:"究不事人,蛮夷别号也。"究不事据学术界研究是今天的柬埔寨。③《广东新语》卷二十《禽语·白鹇》云:"建武中,南越徼外蛮献白雉。肃宗时,日南徼外蛮究不事人献白雉,皆白鹇也。"此后,史书中仍有日南徼外蛮夷派遣使节到洛阳朝贡的记载。汉安帝延光三年(124 年)五月,"日南徼外蛮夷内属",到了七月,"日南徼外蛮豪帅诣阙贡献"④。虽然不能肯定这里的日南徼外蛮夷就是指究不事,但可能性较大。许永璋先生指出:"柬埔寨是史籍记载的最早遣使访华的国家。其使者所走的路线,显然是循海路,经由交趾、广州或东冶,然后北上到达洛阳。"⑤这说明从东南亚到洛阳交通线路是畅通的。

叶调。《后汉书》卷六《孝顺帝纪》云:"(永建六年)十二月,日南徼外叶调

① 《后汉书》卷一下《光武帝纪下》。

② 《后汉书》卷三《肃宗孝章帝纪》。

③ 程爱勤《〈后汉书〉所载"究不事"考辨》,《聊城大学学报(社会科学版)》,1992 年第 1 期;程爱勤《再考"究不事"》,《东南亚纵横》1988 年第 4 期;程爱勤《三考"究不事"》,《东南亚纵横》1989 年第 4 期。

④ 《后汉书》卷五《孝安帝纪》。《后汉书》卷八十六《南蛮传》。

⑤ 许永璋《古代洛阳与南海丝绸之路》,《中国与亚非国家关系史论考》,香港社会科学出版社有限公司,2004 年 11 月初版,第 7 页。

国、掸国遣使贡献。"李贤注引《东观记》云:"叶调国王遣使师会诣阙贡献,以师会为汉归义叶调邑君,赐其君紫绶,及掸国王雍由亦赐金印紫绶。"①据学术界考证,叶调在今印度尼西亚爪哇岛或苏门答腊岛。叶调使者到洛阳所走路线,是沿邦加、苏门答腊、中南半岛海岸航行,抵达交趾和广州后,再北上到达洛阳。②

敦忍乙。《后汉书》卷八十六《南蛮传》云:"永元六年,(永昌)郡徼外敦忍乙王莫延慕义,遣使译献犀牛、大象。"据夏光南先生考证,敦忍乙即下缅甸的楞族(孟族),而方国瑜先生则认为它是"都卢"的对音,似在上缅甸的太公。③ 这是缅甸境内古代国家与河洛地区建都的国家交往地开始。

掸国。《后汉书》卷四《孝和帝纪》云:"(永元)九年春正月,永昌徼外蛮夷及掸国重译奉贡。"关于掸国此次朝贡的较为详细的记载,《后汉书》卷八十六《南蛮传》云:"(永元)九年,徼外蛮及掸国王雍由调遣重译奉国珍宝,和帝赐金印紫绶,小君长皆加印绶、钱帛。"对远在异域的国家赏赐金印紫绶,这是汉代的传统,如前所云汉光武帝赏赐给日本的"汉倭奴王"金印。到了汉安帝在位期间,掸国又多次派遣使节朝贡。"安帝元初中(114 - 120 年),徼南塞外檀国幻人,能变化吐火,自支解,又善跳丸,能跳十丸。"④这里的檀国即掸国,这次使者也是由雍由调所派遣的。汉安帝永宁元年(120 年)十二月,"永昌徼外掸国遣使贡献"。掸国再次派遣使节到洛阳贡献了杂技、魔术人员。关于汉安帝永宁元年掸国派遣使节出使洛阳的情况,《后汉书》卷八十六《西南夷传》云:

> 永初元年,徼外僬侥种夷陆类等三千余口举种内附,献象牙、水牛、封牛。永宁元年,掸国王雍由调复遣使者诣阙朝贺,献乐及幻人,能变化吐火,自支解,易牛马头。又善跳丸,数乃至千。自言我海西人。海西即大秦也,掸国西南通大秦。明年元会,安帝作乐于庭,封雍由调为汉大都尉,赐印绶、

---

① 《后汉书》卷八十六《南蛮传》云:"顺帝永建六年,日南徼外叶调王便遣使贡献,帝赐调便金印紫绶。"
② 许永璋《古代洛阳与南海丝绸之路》,《中国与亚非国家关系史论考》,香港社会科学出版社有限公司,2004 年 11 月初版,第 9 页。
③ 陈炎《中缅文化交流两千年》,周一良主编《中外文化交流史》,河南人民出版社,1987 年 11 月第 1 版,第 6 页。
④ 袁宏《后汉纪》卷十五。

金银、彩缯各有差也。

《后汉书》卷五十一《陈禅传》亦云:"永宁元年,西南夷掸国王献乐及幻人,能吐火,自支解,易牛马头。明年元会,作之于庭,安帝与群臣共观,大奇之。"掸国不远万里辗转到达洛阳向东汉朝廷所贡献的乐及幻人,是来自罗马帝国所属的埃及亚历山大城,说明有一条从埃及经由掸国到达洛阳的道路。[①] 到了汉顺帝永建六年(131年)十二月,掸国再次遣使贡献。李贤注引《东观记》云:"掸国王雍由亦赐金印紫绶。"[②]掸国在今缅甸境内,有人认为是今掸邦。明代沈德符《万历野获编·补遗》卷四《缅甸盛衰始末》云:"缅甸,古朱波地,汉谓之掸国。和帝永元中,其工献新乐及幻人,能变化吐火,自支解易牛马头,或云即大秦国也。"土婆楞先生指出:"今缅甸北境有掸人,居怒江、湄公河之间,号为掸部,其后裔也。"[③]对于掸国使者来洛阳的线路,学术界看法不一,有人认为掸国使者"其来也或遵陆路而非循海",有的认为"实际上更多的可能性是航海而来"。许永璋先生认为海、陆两路均有可能,掸国使者既可从陆路进入中国,经永昌(云南境内)、益州(四川境内),到达洛阳;也可以由缅甸沿海岸东航,经交趾(今越南北部)、广州,从中国东南地区北上洛阳。这两条交通线路早在西汉时期已经开辟了。[④]

僬侥。关于僬侥从春秋以来就为中原地区所熟知。孔子曾经说:"僬侥氏三尺,短之至也。长者不过十之,数之极也。"[⑤]《集解》韦昭曰:"僬侥,西南蛮之别名也。"东汉时期,僬侥多次到洛阳朝贡。永明十七年,"西南夷哀牢、儋耳、僬侥、槃木、白狼、动黏诸种,前后慕义贡献"[⑥]。李贤注引《山海经》曰:"周侥国在三首国东,为人短小,冠带,一名僬侥。"《国语》曰:"僬侥氏三尺,短之至也。"杨浮《异物志》曰:"儋耳,南方夷,生则镂其颊,皮连耳匡,分为数支,状如鸡肠,累

① 许永璋《中国与亚非国家关系史论考》,香港社会科学出版社有限公司,2004年11月初版,第86页。
② 《后汉书》卷六《孝顺帝纪》。
③ 王婆楞《中缅关系史》,商务印书馆,1941年版,第7页。
④ 许永璋《东汉时期东南亚国家使者访问洛阳》,《中国与亚非国家关系史论考》,香港社会科学出版社有限公司,2004年11月初版,第87页。
⑤ 《史记》卷四十七《孔子世家》。《国语》卷十《晋语四》也有僬侥的相关记载。
⑥ 《后汉书》卷二《显宗孝明帝纪》。

累下垂至肩。"汉章帝即位后,相关官员在所上奏折中称颂汉明帝"泽臻四表,远人慕化,僬侥、儋耳,款塞自至"①。汉安帝即位后,永初元年三月,"永昌徼外僬侥种夷贡献内属"②。《后汉书》卷八十六《西南夷传》云:"永初元年,徼外僬侥种夷陆类等三千余口举种内附,献象牙、水牛、封牛。"僬侥的具体所指,在学术界有不同的看法,一说可能是缅甸境内的原始居民小黑人即尼格黎多人,一说"东汉永昌郡徼外的焦侥人,自今缅甸北部逐步分两路迁徙,一路沿着萨尔温江与湄公河、媚南河之间的他念他翁山脉逐渐南迁到马来半岛的泰国南部及马来西亚北部山区和西部沼泽地带……另一支沿着湄公河以东的长山山脉南迁到越南,今聚居在同奈省东南与西南的春乐、朱城等县"。③ 作为中南半岛的僬侥人,虽然说至今仍然有很多问题难以弄清楚,但不可否认在这一历史阶段的汉明帝和汉安帝时期,僬侥人派遣使节辗转来到洛阳,而这一历史时期是东汉王朝国力强盛且对外影响扩大的历史时期。

我们在上述所列的见诸史书记载的与河洛地区交往的带有部落性质的东南亚国家,大多还处在相对落后的状态。与处在河洛地区的先秦两汉的封建王朝交往过程中,除了获得丰厚的物质享受外,还获得诸封建王朝的封号,提高了他们在当地的地位,随着使节的往来,将河洛地区的文明传播到遥远的异域,加深了两个地区之间的友谊,也使河洛文化深深影响到异域文明的发展。

三、魏晋时期河洛文化对东南亚的传播与交往

东汉末年,董卓之乱发生后,黄河流域诸军阀为了争夺对汉献帝的控制权,陷于长期的混战,民众生灵涂炭。曹操《蒿里行》描述当时的情况云:"关东有义士,兴兵讨群凶。初期会孟津,乃心在咸阳。军合力不齐,踌躇而雁行。势利使人争。嗣还自相戕。淮南弟称号。刻玺于北方。铠甲生虮虱。万姓以死亡。白

① 《后汉书》卷三《肃宗孝章帝纪》。

② 《后汉书》卷五《孝安帝纪》。

③ 陈炎《中缅文化交流两千年》,周一良主编《中外文化交流史》,河南人民出版社,1987 年 11 月第 1 版,第 6 页。何光岳《僬侥考》,《广西民族研究》1998 年第 4 期。

骨露于野。千里无鸡鸣。生民百遗一。念之断人肠。"在这种情况下,河洛地区的民众纷纷南迁,有一部分在河洛地区活动的士人远至南越地区,促使河洛文化在新的地区传播。魏晋时期,对于交州的统治更加严密,孙吴政权继承了东汉在这一地区的传统,于越南北部和中部增置新昌、武平和九德三郡,与此前设立的三郡,共有六郡。而这一过程是艰难历程的显现。

首先,东汉末年河洛地区的士人南逃至交州地区的复杂过程,也促使河洛文化在交州地区的发扬光大。桓晔祖籍沛郡,从其先祖到其父亲都先后在朝中任职,初平年间,天下大乱,桓晔"避地会稽,遂浮海客交阯"。到达交州后,桓晔教化当地百姓,"越人化其节,至闾里不争讼"①。很显然,桓晔用以教化当地百姓的是来自河洛地区的文化理念,促使了内地文化在南越地区的传播。当时来自河洛地区的民众中也有许多士人,南朝梁代僧祐《弘明集》卷一《牟子理惑论》云:

是时灵帝崩后,天下扰乱,独交州差安,北方异人咸来在焉,多为神仙辟谷长生之术,时人多有学者。牟子常以五经难之,道家术士莫敢对焉。比之于孟轲距杨朱、墨翟。先是,时牟子将母避世交阯,年二十六归苍梧娶妻,太守闻其守学,谒请署吏。时年方盛,志精于学,又见世乱,无仕宦意,竟遂不就。

在东汉末年战乱的情况下,交州因地处偏远,远离战争的侵扰,北方民众多来此避难,其中"多有学者",牟子来到这里后,"志精于学","锐志于佛道,兼研《老子》五千文",最终完成了《牟子理惑》。可以说通过他的努力将河洛地区佛道理论传播到南越地区。再如,汉末混乱的情况下,苍梧广信人士燮,其祖籍鲁国汶阳,其先祖在王莽当政时,"避地交州"。他的父亲士赐在汉桓帝时为日南太守。士燮"少游学京师,事颍川刘子奇,治《左氏春秋》。察孝廉,补尚书郎,公事免官。父赐丧阕后,举茂才,除巫令,迁交阯太守"。为了控制当地的形势,他令自己的三个弟弟担任周边郡的太守。"交州刺史朱符为夷贼所杀,州郡扰乱。

---

① 《后汉书》卷三十七《桓荣传附鸾子晔传》。

燮乃表壹领合浦太守,次弟徐闻令领九真太守。弟武,领南海太守。"①正因为在洛阳受到传统儒学教育,所以他在任交阯太守后,善待从河洛地区到交州避难的士人,"燮体器宽厚,谦虚下士,中国士人往依避难者以百数。耽玩《春秋》,为之注解"。袁徽曾经给尚书令荀彧写信赞美士燮,称赞士燮"官事小阕,辄玩习书传,《春秋左氏传》尤简练精微,吾数以咨问传中诸疑,皆有师说,意思甚密。又《尚书》兼通古今,大义详备。闻京师古今之学,是非忿争,今欲条《左氏》、《尚书》长义上之"②。正因为士燮的努力,使河洛地区的文化也在这里得到传播。旧志称:"时有刺史名仕变(士燮)乃初开学,教取中夏经传,翻译音义,教本国人,始知习学之业。然中夏则说喉声,本国话舌声,字与中华同而音不同。"③然而,囿于当时的形势,士燮也无法保护所有跟随他的名士。如袁忠在汉末任沛相时,"尝欲以法治太祖",沛国人桓邵也轻视曹操,所以,在汉末混乱的情况下,袁忠、桓邵逃到士燮处时,"太祖遣使就太守士燮尽族之"。桓邵自首后,也被曹操处死。④ 朱符被杀后,汉朝廷派遣张津为交州刺史(张津约建安五年至十五年在位),张津后又被其将区景所杀。当时荆州刺史刘表试图控制交州,他首先派遣零陵人赖恭代替张津为交州刺史。当苍梧太守史璜死后,刘表又派遣吴巨任苍梧太守,与赖恭一同赴任。汉朝廷闻知张津死后,特地给士燮玺书,其文云:"交州绝域,南带江海,上恩不宣,下义壅隔,知逆贼刘表又遣赖恭窥看南土,今以燮为绥南中郎将,董督七郡,领交阯太守如故。"汉朝廷以士燮任交阯刺史,很明显是为了牵制刘表。而士燮仍然忠于东汉朝廷,乃"遣吏张旻奉贡诣京都,是时天下丧乱,道路断绝,而燮不废贡职"。正因为如此,东汉朝廷"特复下诏拜安远将军,封龙度亭侯"。建安十五年,孙权遣步骘为交州刺史。士燮归附步骘,孙权加封士燮为左将军。士燮在汉末动荡不定的情况下,保有了一方的平安,而且不断向东汉朝廷朝贡。至于说士燮贡献给朝廷的物品,虽然说史书没有记载,但从士燮归附孙权后,"燮每遣使诣权,致杂香细葛,辄以千数,明珠、大贝、流离、翡

---

① 《三国志》卷四十九《吴书·士燮传》。《越史略》卷上《历代守任》记载,士燮"少游学京师,好《左氏春秋》,为之批注。又通《尚书大义》"。

② 《越史略》卷上《历代守任》云:"(士燮)谦恭下士,汉避乱者多往依焉。献帝闻其贤,赐玺书褒谕,以为绥南中郎将,领交阯太守如故。"

③ [明]严从简《殊域周咨录》卷六《安南》。

④ 《三国志》卷一《魏书·武帝纪》裴注引《曹瞒传》。

翠、玳瑁、犀、象之珍,奇物异果,蕉、邪、龙眼之属,无岁不至。壹时贡马凡数百匹"。① 由此分析,士燮贡献东汉朝廷的物品,也不外乎是当地的土产。

当时远逃交州至士燮处避难的士人非常多,除了前文我们所列举的数人外,还有其他一些士人不断南来,而这些士人在东汉末年都先后在洛阳受过儒学教育,所以他们到交州后多传播儒学文化,使河洛地区的儒家文化在交州地区传播。汝南南顿人程秉,早年在洛阳"逮事郑玄",后来"避乱交州,与刘熙考论大义,遂博通《五经》",士燮以其为长史。薛综"少依族人避地交州,从刘熙学"。②刘熙著有《释名》和《孟子注》,这些跟随他学习的和研讨的人,都是在传播儒家文化于交广地区有影响的人。袁徽"以儒素称,遭天下乱,避难交州",他曾说:"兵革既兴,外患必众,徽将远迹山海,以求免。"③很显然,袁徽也是当时远遁交州的河洛地区的士人。袁徽曾向曹操所控制的汉政权尚书令荀彧写信推荐许靖,信中写道自董卓之乱发生后,许靖离开董卓阵营,对跟随他的亲近之人,"收恤亲里,经纪振赡,出于仁厚"。辗转到达交州,"既至交阯,交阯太守士燮厚加敬待"。使他能够"与群士相随",曹操也乘机派遣出使交州的张翔"乘势募靖,欲与誓要",许靖拒绝了张翔的要求,并且给曹操写信表明了自己的心态。④ 然而,交州地区特殊的环境,使许靖在建安年间与许慈"俱自交州入蜀",投奔占据蜀汉的刘璋。⑤ 孙权控制江南地区以后,归附士燮的士人多归附孙权。《越南四字经》云:"三国吴时,士王为牧,教以诗书,熏陶美俗。"《大越史记全书·外纪全书》卷三《士纪》云:"我国通史书,习礼乐,为文献之邦,自士王始,其功德岂特施于当时,而有以远及于后代,岂不圣载!"因中间阻隔,交州地区与河洛地区之间的交往中断,直到西晋统一全国后,两个地区之间的正常交往才开始实现。

西晋时期,河洛地区的封建政权对与中南半岛的交往仍然很重视。对于吴、晋之际政区的变化,《晋书》卷十五《地理志下·交州》云:

　　吴黄武五年,割南海、苍梧、郁林三郡立广州,交阯、日南、九真、合浦四

① 《三国志》卷四十九《吴书·士燮传》。
② 《三国志》卷五十三《吴书·程秉传》。
③ 《三国志》卷十一《魏书·袁涣传》。
④ 《三国志》卷三十八《蜀书·许靖传》。
⑤ 《三国志》卷四十二《蜀书·许慈传》。

郡为交州。戴良为刺史,值乱不得入,吕岱击平之,复还并交部。赤乌五年,复置珠崖郡。永安七年,复以前三郡立广州。及孙晧,又立新昌、武平、九德三郡。蜀以李恢为建宁太守,遥领交州刺史。晋平蜀,以蜀建宁太守霍弋遥领交州,得以便宜选用长吏。平吴后,省珠崖入合浦。交州统郡七,县五十三,户二万五千六百。

通过相关材料的研究可以看出,在三国末年和西晋初年,孙吴、蜀汉乃至魏晋对交州地区的统治更加重视。高贵乡公甘露二年(孙亮太平二年,257年)六月,孙吴的夏口督孙壹投奔曹魏,虽然他所携带的人口仅仅有"口不至千,兵不过三百"①,但在曹魏政权看来意义重大,司马昭借高贵乡公之口,"其以壹为侍中车骑将军、假节、交州牧、吴侯,开府辟召仪同三司,依古侯伯八命之礼,衮冕赤舄,事从丰厚"②。这里所任命的交州牧显然不是孙壹所担任的实职,仅仅是一种象征性的安慰。魏晋对交州的占领是在取得蜀地之后来完成的。孙休末年,交阯郡太守孙谞贪暴,为百姓所患,孙休又派遣邓荀征调"孔雀三千头,遣送秣陵",百姓因要背井离乡送至秣陵,"咸思为乱"。交阯郡吏吕兴乘机杀孙谞和邓荀,"以郡内附"。司马昭任命吕兴为安南将军、交阯太守。但不久吕兴被部下李统所杀。③ 司马昭又任命建宁人爨谷为交阯太守。爨谷又死,司马昭派遣巴西人马融任交阯太守,马融又病死。在这种情况下,南中监军霍弋又派遣犍为杨稷代替马融,与将军毛炅,九真太守董元,牙门孟干、孟通、李松、王业、爨能等率

---

① 《三国志》卷十三《魏书·锺繇传附毓传》。
② 《三国志》卷四《魏书·三少帝纪·高贵乡公髦纪》。
③ 关于吴兴起兵归附曹魏之事,《三国志》卷四《魏书·三少帝纪·元帝纪》记载咸熙元年正月辛未诏云:"吴贼政刑暴虐,赋敛无极。孙休遣使邓句,敕交阯太守锁送其民,发以为兵。吴将吕兴因民心愤怒,又承王师平定巴蜀,即纠合豪杰,诛除句等,驱逐太守长吏,抚和吏民,以待国命。九真、日南郡闻兴去逆即顺,亦齐心响应,与兴协同。兴移书日南州郡,开示大计,兵临合浦,告以祸福;遣都尉唐谱等诣进乘县,因南中都督护军霍弋上表自陈。又交阯将吏各上表,言'兴创造事业,大小承命。郡有山寇,入连诸郡,惧其计异,各有携贰。权时之宜。'其结果是曹奂的"策命未至,兴为下人所杀"。即使在这一阶段,曹魏政府仍然不忘任命交州的官员,瓦解孙吴政权。《三国志》卷四十八《吴书·孙休传》记载,永安六年,"五月,交阯郡吏吕兴等反,杀太守孙谞。谞先是科郡上手工千余人送建业,而察战至,恐复见取,故兴等因此扇动民民,招诱诸夷也。……吕兴既杀孙谞,使使如魏,请太守及兵。"

领大军,"自蜀出交阯,破吴军于古城,斩大都督修则、交州刺史刘俊"①。结果在下一步的战斗中晋军被吴军将领陶璜打败,孙皓建衡元年(269 年)十一月,孙皓"遣监军虞汜、威南将军薛珝、苍梧太守陶璜由荆州,监军李勖、督军徐存从建安海道,皆就合浦击交阯"。建衡三年,虞汜、陶璜攻破交阯,"禽杀晋所置守将,九真、日南皆还属"。孙皓随即分交阯为新昌郡。诸将破扶严,置武平郡。天纪三年(279 年)夏季,原合浦太守脩允部曲督郭马因脩允死后孙皓要夺取其兵权,"皓时又科实广州户口",因而造反。孙皓调集大军镇压脩允。② 此后,陶璜任交州刺史。孙皓投降后,陶璜"遣使送印绶诣洛阳"。晋武帝"诏复其本职,封宛陵侯,改为冠军将军"。可以说西晋在占领交州初期,依然使用的是孙吴时期的旧将。这是因为交州地区远离河洛地区,控制这一地区需要大量的人力物力,而陶璜作为原交州刺史,对这一地区的社会风情以及经济情况了如指掌,所以他才能够在西晋时期继续留任这一职务。陶璜又针对晋武帝"普减州郡兵"的政策,上书分析了交州地区的形势。其中"南郡去州海行千有余里,外距林邑才七百里。夷帅范熊世为逋寇,自称为王,数攻百姓。且连接扶南,种类猥多,朋党相倚,负险不宾"。"而此州之人,识义者寡,厌其安乐,好为祸乱。又广州南岸,周旋六千余里,不宾属者乃五万余户,及桂林不羁之辈,复当万户。至于服从官役,才五千余家。二州唇齿,唯兵是镇。又宁州兴古接据上流,去交阯郡千六百里,水陆并通,互相维卫"。因而他建议"州兵未宜约损,以示单虚"。他还针对合浦郡产珠情况做了分析,"合浦郡土地硗确,无有田农,百姓唯以采珠为业,商贾去来,以珠贸米",然而因为孙吴珠禁政策的限制,致使"百姓私散好珠,禁绝来去,人以饥困。又所调猥多,限每不充"。鉴于产珠之地的特殊情况,陶璜建议晋武帝:"今请上珠三分输二,次者输一,粗者蠲除。自十月讫二月,非采上珠之时,听商旅往来如旧。"③对于陶璜的两个建议晋武帝都予以采纳。陶璜死后,晋武帝以吾彦为南中都督、交州刺史。九真郡"戍兵作乱,逐其太守,九真贼帅赵祉围郡城,彦悉讨平之"④。吾彦任交州刺史前后二十余年,保有了交州的社会稳

---

① 《晋书》卷五十七《陶璜传》。《三国志》卷四十八《吴书·孙皓传》记载,宝鼎三年,"是岁,遣交州刺史刘俊、前部督脩则等入击交阯,为晋将毛炅等所破,皆死,兵散还合浦"。
② 《三国志》卷四十八《吴书·孙皓传》。
③ 《晋书》卷五十七《陶璜传》。
④ 《晋书》卷五十七《吾彦传》。

定,也使西晋王朝在交州地区建立起了稳固的社会秩序。交州地区的物产也很丰富,"桑蚕年八熟茧"名闻遐迩,左思《三都赋》有"所谓八蚕之绵者矣"的记载,①就是反映了这里的丝绸业发展的状况。

除了魏晋政府与当时其所控制的地区建立了密切的联系外,日南郡之南的扶南(今柬埔寨以及老挝南部、越南南部和泰国东南部一带)、林邑(今越南中部)、堂明(今老挝)等也辗转万里与魏晋政府联系。扶南三国时期开始被时人所认知,韦昭曾经云:"外夷书皆旁行,今扶南犹中国,直下也。"②说明扶南的书写习惯与河洛地区相似,很明显是受河洛地区的影响而形成的。孙吴时期,因南北限隔,扶南主要是向长江下游的孙吴政权朝贡。《吴历》曰:"黄武四年,扶南诸外国来献琉璃。"③吕岱在任交州刺史期间,"遣从事南宣国化,暨徼外扶南、林邑、堂明诸王,各遣使奉贡"④。赤乌六年十二月,"扶南王范旃遣使献乐人及方物"⑤。虽然说这主要是孙吴与上述诸"徼外"国家进行交往,但无疑开启了西晋时期诸国朝贡的先河,是确实可信的柬埔寨与中国最早交往的开始。西晋武帝时期,诸国不断派遣使臣到洛阳进行朝贡。泰始四年十二月,"扶南、林邑各遣使来献"。太康五年十二月,"林邑、大秦国各遣使来献"。六年四月,"扶南等十国来献,参离四千余落内附"。此后连续两年,扶南等二十余国持续遣使来献。⑥《交州杂记》也曾记载:"太康四年,林邑王范能献紫水精唾壶一口。"⑦陈显泗先

---

① 《水经注》卷三十六《青衣水》。《文选》卷五《赋丙·京都下》左思《吴都赋》云:"国税再熟之稻,乡贡八蚕之绵。"唐李善注引《异物志》:"交趾稻夏熟,农者一岁再种。"刘欣期《交州记》曰:"一岁八蚕茧,出日南也。"《太平御览》卷八百二十五《资产部五·蚕》引《林邑记》曰:"九真郡,蚕年八熟,茧小轻薄,丝弱绵细。"

② 《史记》卷一百二十三《大宛列传》司马贞《索隐》。但是,《汉书》卷九十六《西域传上·安息国传》记述安息国时有"书革,旁行为书记"。师古曰:"今西方胡国及南方林邑之徒,书皆横行,不直下也。革为皮之不柔者。"可见林邑与扶南的差异。

③ 《艺文类聚》卷八十四《宝玉部下·琉璃》引。《太平御览》卷八百八《珍宝部七·琉璃》引《吴历》曰:"黄龙,扶南诸外国来献琉璃。"

④ 《三国志》卷六十《吴书·吕岱传》。

⑤ 《三国志》卷四十七《吴书·吴主传》。

⑥ 《晋书》卷三《武帝纪》。《晋书》卷九十七《四夷·南蛮传附扶南国传》云:"武帝泰始初,遣使贡献。太康中,又频来。"

⑦ 《初学记》卷二十《政理部·贡献第三》。《太平御览》卷七百五十八《器物部三·盘》引《交州杂事》曰:"太康四年,刺史陶璜表送林邑王范熊所献缥绀水精盘各一枚。"《太平御览》卷七百五十九《器物部四·钵》引《交州杂事》曰:"太康四年,刺史陶璜表林邑王范熊所献银钵一只、白水精钵一口。"《太平御览》卷七百六十《器物部五·碗》引《交州杂记》曰:太康四年,刺史陶璜表送林邑王范熊所献青白石碗一口,白水精碗二口。

生指出:"这时在扶南,出现了一股"中国热"。在从公元265年至287年的短短22年间,扶南5次派出使者访问中国。出使的时间分别是泰始元年(公元265年)、四年(公元268年)、太康六年(公元285年)、七年(公元286年)、八年(公元287年)。其频繁的程度是前所未有的。"①嵇含《南方草木状》记载,公元285年来访的使者带来诸蔗和抱香履送给中国。这种诸蔗长一丈三节,抱香履百双。②荀勖《食举乐东西厢歌》中有"扶南效珍"的赞誉,③大概也是扶南贡献土产的记载。关于扶南的情况,《晋书》卷九十七《四夷·南蛮传附扶南国传》云:

> 扶南西去林邑三千余里,在海大湾中,其境广袤三千里,有城邑宫室。人皆丑黑拳发,裸身跣行。性质直,不为寇盗,以耕种为务,一岁种,三岁获。又好雕文刻镂,食器多以银为之,贡赋以金银珠香。亦有书记府库,文字有类于胡。丧葬婚姻略同林邑。
>
> 其王本是女子,字叶柳。时有外国人混溃者,先事神,梦神赐之弓,又教载舶入海。混溃旦诣神祠,得弓,遂随贾人泛海至扶南外邑。叶柳率众御之,混溃举弓,叶柳惧,遂降之。于是混溃纳以为妻,而据其国。后胤衰微,子孙不绍,其将范寻复世王扶南矣。

通过上述相关记载,反映了魏晋时期对扶南的认识。这说明扶南的社会还是带有浓厚母系氏族社会残余,女性在国家的社会生活中发挥主要的作用。扶南的社会经济以农业为主,有自己的文字,但书写方法与河洛地区相似。从这些记述可以看出魏晋时期扶南社会的发展状况,并且积极与河洛地区的封建王朝进行交往。

在日南郡之南的林邑,与魏晋政府的来往也颇多。关于林邑的情况,《晋书》卷九十七《四夷传·南蛮传附扶南国传》记载,林邑本为东汉象林县,汉末,县功曹区连杀县令自立为王,后来区姓绝户,其外孙范熊代立,范熊死后,其子范逸继立。林邑的婚丧习俗还比较落后,"贵女贱男,同姓为婚,妇先娉婿。女嫁

---

① 陈显泗《柬埔寨两千年史》,中州古籍出版社,1990年版,第147页。
② 《南方草木状·诸蔗条》。
③ 《晋书》卷二十二《乐志》。

之时,著迦盘衣,横幅合缝如井栏,首戴宝花。居丧翦鬓谓之孝,燔尸中野谓之葬"。在晋武帝太康年间,林邑范逸派遣使节到洛阳朝贡。范逸手下有奴文,本日南郡西卷县夷帅范椎之奴,早年"随商贾往来,见上国制度,至林邑,遂教逸作宫室、城邑及器械"。文所至之地显然是西晋政权所控制的发达地区,虽然说史书没有指明何处,但无疑跟随商贾到了河洛地区,否则学习"上国制度"则无从谈起。林邑的特产即使到北魏时期仍然被运到北方地区。太和十八年,崔挺为光州刺史,当时掖县有一年逾九十的老人造访崔挺。自称"少曾充使林邑,得一美玉,方尺四寸,甚有光彩,藏之海岛,垂六十岁。忻逢明治,今愿奉之"。崔挺曰:"吾虽德谢古人,未能以玉为宝。"于是"遣船随取,光润果然。竟不肯受,仍表送京都"①。虽然这是一典型和唯一的材料证明林邑地区的特产在北魏时期被运到洛阳,但也说明了虽然南北限隔,但文化的交流仍然存在。

关于上文提到的堂明(道明)国的方位,据申旭先生考证,唐代道明国的疆域大致如下:南接真腊,北邻南诏,西面是僧高(后为真腊),东面与罐、演二州相接,东南为林邑,西北与参半接界,东北则与生僚居住地区毗邻。三国时期堂明的疆域范围是不会与此完全相同的,肯定存在着时大时小、常有变迁的情况。但是这个国家的领土大体上是这一范围,况且它的统治中心一直在今川扩地区一带。堂明不是扶南的属国,是吉蔑人建立的奴隶制国家②。

曹魏西晋时期,是中国社会发生巨变的历史时期。虽然黄河流域陷于长期的战乱,使社会经济受到很大的摧残。但是,一旦战乱既平,魏晋政府就积极与东南亚的国家建立起联系。在河洛地区与东南亚诸国的交往过程中,首先是河洛地区的文人担负了重要的职责。在汉末动荡的环境下,河洛地区的文人背井离乡,辗转万里到达交州地区,对他们本人来讲是痛苦的,但不可否认随着他们的到来,也将河洛地区日趋成熟的儒家文化传播到这一地区。这从政治制度在东南亚的建立,城池的建设,乃至农业耕作方式的变化,甚而关于婚丧嫁娶的方式也都发生了根本性的变化。这只能归功于文化传播的功劳。当然,我们对河

---

① 《魏书》卷五十七《崔挺传》。
② 申旭《关于堂明国若干问题的考辨》,《东南亚》1984 年第 2 期。侯献瑞先生认为堂明国是僚人建立的国家,其主体民族亦为僚族,而不是吉蔑族。参见侯献瑞《论堂明国的族属》,《东南亚》1986 年第 4 期。

洛文化在这一地区的传播也不能估计过高,因为传统的力量及习俗,这种影响主要是在社会上层进行的,社会下层的变化并不大。再者,从双方往来的使节来看,双方的不对等性也是很明显的。虽然到六朝以后不断派遣使节到东南亚地区的国家,但在早期即曹魏西晋时期,因为路途遥远,魏晋中央政府派遣使节的情况极少,反而是东南亚地区的国家多次派遣使节辗转到达洛阳进行朝贡,这也表明了东南亚地区努力向善的勇气和决心。

四、古籍所反映的东南亚物产

魏晋南北朝时期是中国文化人放异彩的时期,相关古籍不断反映出河洛地区与东南亚交往的历史真实,这也从一个侧面反映出河洛地区的民众对东南亚的认识。为了真实地再现当时河洛地区与东南亚的交往所取得的成就,我们选取当时有名的古籍相关内容加以比较。

西晋嵇含所撰写《南方草木状》是关于今天两广地区以及越南的植物的著作,大体包括岭南番禺、南海、合浦、林邑以及南越九真、交趾等郡县,这是中国最早关于区系植物的著作。这部书卷上草类分为 29 种,计有甘蔗、豆蔻花、甘(艹藷)、蒟酱、诸蔗、肥马草、乞力伽、芜菁菘附、薤、良耀草、耶悉铭、山姜花、水莲、菖蒲、草麹、冬叶、赪桐、茄、冶葛、蕙、末利、鹤草、水蕉、留求子、芒茅、蒲葵、水葱、绰菜、吉利草等;卷中有木类 28 种,计有枫人、榕、朱槿、沉香、栈香、鸡舌香、苏枋、棹、紫藤、抱香履、枫香、益智子、指甲花、鸡骨香、青桂香、桄榔、水松、杉、榼藤、薰陆香、桂、蜜香、黄熟香、马蹄香、诃梨勒、刺桐、荆、蜜香纸等;卷下包括果类 17 种和竹类 6 种等,其中果类有槟榔、杨梅、橄榄、千岁了、海梧子、石栗、荔枝、橘、龙眼、五敛子、海松子、人面子、椰、柑、海枣、钩缘子、菴摩勒等;竹类有云丘竹、思摩竹、(竹思)簩竹、箪竹、石林竹、越王竹等。嵇含所撰的《南方草木状》是他在任广州刺史时,观察南方的植物而撰成的一部区系植物志。其中涉及的植物品种多记述其产地、特征和功用,标志着北方地区对南方的了解。嵇含曾经指出他撰写此书的目的时说:"南越交趾植物,有四裔最为奇,周秦以前无称焉。自汉武帝开拓封疆,搜来珍异,取其尤者充贡。中州之人,或昧其状,乃以所闻诠叙,有裨子弟云尔。"①就是让北方地区讹传已久的观念得到纠正。

　　成书于西晋太康二年和太安二年(281－303年)之间的《南中八郡志》,作者魏完记述了南中八郡犍为、朱提、越嶲、牂牁、建宁、云南、永昌、兴古。其范围包括南中(今云南、川西、黔西)和交州(今越南)风土物产的一部方志。其中包括交州的内容很多,有交趾、新昌、武平、九真四郡。② 这也反映了魏晋时期河洛地区民众对南越地区的认识。即使北魏时期也仍然有南越地区物产传入河洛地区的消息。贾思勰的《齐民要术》中虽然主要是记述了黄河中下游地区农作物种植,但也有专门的篇幅记述南越地区的特殊物产,主要体现在卷十《五谷、果蓏、菜茹非中国物产者》一目中。现综合时人的相关记载对河洛地区民众所了解的交州及其以外地区的物产及其他情况做一研究。

　　交趾的果品为民众所知者颇多,在相关著作中多有反映。如槟榔,《南中八郡志·交州》记述槟榔云:"槟榔大如枣,色青如莲子,彼人以为贵异。婚族好客,辄先进此物;若邂逅不设,用相嫌恨。"③《南方草木状》曰:"槟榔,三月花色,仍连著实,实大如卵,十二月熟,其色黄;剥其子,肥强可不食,唯种作子。青其子,并壳取实,曝干之,以扶留藤、古贲灰合食之,食之即滑美。亦可生食,最快好。交趾、武平、兴古、九真有之也。"④此外,《林邑国记》和《广州记》都有林邑以及岭南产槟榔的事实。产于交州的果品还有橘(《南方草木状》、《齐民要术》、《南中八郡志》)、甘蔗(《齐民要术》)、甘薯(《南方草木状》、《齐民要术》)、椰树(《南方草木状》、《齐民要术》、《异物志》、《广志》、《交州记》)、橄榄(《南方草木状》、《齐民要术》、《广志》)、桶子(《南方草木状》、《齐民要术》、《广志》、《交州记》)、芭蕉(《齐民要术》、《异物志》、《广志》)等。还有扶留、梧竹、沈藤等。关于粮食作物,《齐民要术》卷十提到了两季稻的种植问题,引《异物志》云:"稻,一岁夏冬再种,出交趾。"俞益期《笺》曰:"交趾稻再熟也。"《太平御览》卷八百三十九《百谷部三·稻》引《异物志》曰:"交趾稻,夏冬又熟,农者一岁再种。"俞益期《笺》云:"交趾稻再熟而草深,耕重,收谷薄。"《水经注》卷十三《青衣水》载俞

①　《南方草木状》卷上《序》。
②　王叔武辑注《云南古佚书钞》,云南人民出版社,1979年1月第1版,第6－7页。
③　王叔武辑注《云南古佚书钞》,云南人民出版社,1979年1月第1版,第11－12页。
④　《齐民要术》卷十《五谷、果蓏、菜茹非中国物产者》。张宗子《嵇含文辑注》所录文字与此有出入。

益期《与韩康伯书》曰："火耨耕艺,法与华同。名白田,种白谷。七月火作,十月登熟,名赤田,种赤谷。十二月作,四月登熟,所谓两熟之稻也。"这里所列的仅仅是具有代表性的植物品种,从这些植物品种可以看出河洛地区对南越地区的认识在逐步深入。

诸如此类物品能够为黄河流域的民众所了解,应当可以确认虽然魏晋南北朝时期南北分裂,但南方地区的物产为黄河流域所认知,应当归功于文化交流的结果。对于黄河流域与东南亚地区的物质交流应当透过这些现象看出历史的本来面目。

五、隋代河洛文化对东南亚的传播与交往

隋朝灭陈后,结束了长达四百年的南北分裂局面,天下复归统一。全国统一格局的形成,使隋王朝的对外交往也呈现出繁荣的局面,形成了东到日本列岛,西至遥远的西域诸政权信使往来不绝的景象,而遥远的南土所濒临的诸国也不断地派遣使节到隋王朝的政治中心黄河流域进行朝贡或贸易。去长安朝贡者虽然不在本论题的地域范围之内,但作为一种连续的现象,我们在这里为了保持事项的完整性,也略作论述。隋朝东南亚地区见诸记载的仅有四国,所谓"大业中,南荒朝贡者十余国,其事迹多湮灭而无闻。今所存录,四国而已"。这四国分别为林邑、赤土、真腊和婆利等,所以有关隋朝与东南亚的交往仅仅能够根据现存的史料加以勾勒。

(一)林邑与河洛地区的交往

汉晋时期林邑的发展概况,在前文已经介绍。经过魏晋南北朝的发展,到了隋代其社会已经发生了很大的变化。关于林邑的情况,《隋书》卷八十二《南蛮·林邑传》云:

其国延袤数千里,土多香木金宝,物产大抵与交阯同。以砖为城,蜃灰涂之,东向户。尊官有二:其一曰西那婆帝,其二曰萨婆地歌。其属官三等:

其一曰伦多姓,次歌伦致帝,次乙他伽兰。外官分为二百余部。其长官曰弗罗,次曰可轮,如牧宰之差也。王戴金花冠,形如章甫,衣朝霞布,珠玑璎珞,足蹑革履,时复锦袍。良家子侍卫者二百许人,皆执金装刀。有弓、箭、刀、槊,以竹为弩,傅毒于矢。乐有琴、笛、琵琶、五弦,颇与中国同。每击鼓以警众,吹蠡以即戎。

通过上述材料我们可以看出,林邑是物产丰富的地区,有"香木金宝"。其官僚群体已经形成。其尊贵的官僚有西那婆帝、萨婆地歌两种。其分为内官伦多姓、歌伦致帝、乙他伽兰三个等级,外官分为弗罗、可轮等两个等级,类似于内地"牧宰之差"。从国王的服饰及侍卫的状况,说明林邑国已经建立起稳定的社会秩序。从其所用的武器来看,说明其具有自己独有的特色,即利用当地的竹子,"以竹为弩,傅毒于矢"。而其所用的乐器琴、笛、琵琶、五弦"颇与中国同",说明是受中国内地影响的结果。

关于林邑的婚丧习俗,《隋书》卷八十二《南蛮·林邑传》接着记载:

每有婚媾,令媒者赍金银钏、酒二壶、鱼数头至女家。于是择日,夫家会亲宾,歌舞相对。女家请一婆罗门,送女至男家,婿盥手,因牵女授之。王死七日而葬,有官者三日,庶人一日。皆以函盛尸,鼓舞导从,舆至水次,积薪焚之。收其余骨,王则内金瓮中,沉之于海,有官者以铜瓮,沉之于海口;庶人以瓦,送之于江。男女皆截发,随丧至水次,尽哀而止,归则不哭。每七日,然香散花,复哭,尽哀而止。尽七七而罢,至百日、三年,亦如之。

这一婚丧习俗的形成显然是内地的婚俗与当地的社会发展密切联系在一起。而其丧俗则再次体现出林邑的社会等级制明显。不过从林邑的丧俗焚烧尸体来看,可能受印度的影响较大。

隋朝统一天下后,随着黄河流域逐步趋于稳定,远在异域的其他国家不断到黄河流域进行朝贡。林邑也派遣使节到隋朝朝贡。开皇十五年(595 年)六月,"林邑遣使来贡方物",此次进献的是白鹦鹉,杜正玄曾受命作赋,《隋书》卷七十六《文学·杜正玄传》云:"会林邑献白鹦鹉,(杨)素促召正玄,使者相望。及至,即令作赋。正玄仓卒之际，援笔立成。素见文不加点，始异之。"此次林邑朝贡之所以引起朝野关注，因为是隋朝建立后南越地区的首次朝贡，因而引起重视，然而"其后朝贡遂绝"。当时因为"天下无事，群臣言林邑多奇宝者"，因而建议隋文帝出兵林邑掠夺"奇宝"。杜宝《大业拾遗录》曰："南方林邑，有大蚌盈车，明珠至寸，不以为贵，国人不彩。"仁寿末年，交州俚人李佛子起义，占据了越王故城，又令其兄子大权占据龙编城，其别帅李普鼎占据乌延城。隋文帝派遣刘方为交州道行军总管，以度支侍郎敬德亮为长史，"统二十七营而进"。敬德亮因病危留在尹州。刘方最终平定交州李佛子起。隋炀帝即位后，又派遣大将军刘方为驩州道行军总管，率钦州刺史宁长真、驩州刺史李晕、开府秦雄步兵与骑兵万余人以及犯罪者数千人组成的军队进攻林邑。林邑王梵志率众乘巨象与刘方作战，刘方失利。刘方采取挖坑诱敌之法，大败梵志。梵志因"频战辄败，遂弃城而走"，隋朝军队"俘馘万计"，又经过八天的进军，刘方大军攻入林邑都城。四月，梵志弃城走入海，刘方"获其庙主十八枚，皆铸金为之，盖其有国十八叶矣"。刘方"刻石纪功而还"。因为不服水土，"士卒肿足，死者什四五"，刘方也染病身亡，"梵志复其故地，遣使谢罪，于是朝贡不绝"[1]。隋朝破林邑后，"分其地为三郡"。[2] 刘方平定林邑，虽然说其开始的目的是为了掠夺林邑的珍宝，但林邑的归附对周边地区产生了很大的影响。史臣赞颂曰："刘方号令无私，治军严肃，克剪林邑，遂清南海，檄外百蛮，无思不服。"

随着林邑的平定，林邑的音乐也为隋炀帝所制定的音乐所吸收。《唐六典》云："扶南、天竺二国乐，隋代全用《天竺》列于乐部，不用《扶南》。因炀帝平林邑

[1] 《新唐书》卷九十九《李纲传》云："会大将军刘方讨林邑，(杨)素言林邑多珍赆，非(李)纲不可任，遂署行军司马。方揣素指，数危辱之，几殆。军还，不得调。稍除齐王府司马。复诏出南海，应接林邑。久不召，乃身入奏。"《安南志略》卷四《前朝征讨》云："文帝末，有言林邑多宝货，累世不宾。会刘方新平交州，炀帝大业初，授方驩州道行军总管，率大将军张逊等，以尚书右丞李纲为行军司马，舟师趣比景。大业元年夏四月，征林邑。其王梵志遣兵守险，方击走之。师渡阇黎江，贼乘巨象四面而至。方乃多掘小坑，草覆其上，与战，伪退。贼兵逐之，象陷坑，颠踬。方以弩射象，象却走，蹂其阵。因以锐师继之，贼大败，俘馘万计。师过大缘江，贼据险，又击走之。经马援铜柱，南行八日，至其国都。梵志弃城奔，走入海。获其庙主金人十八板，污其宫室，刻石纪功而还。士卒死者十四五，方亦得疾，卒于道。"
[2] 《隋书》卷三《炀帝纪上》。《隋书》卷八十二《南蛮传》。《隋书》卷五十三《刘方传》。《太平御览》卷九百五十九《木部八·荆》引杜实《大业拾遗录》曰："(大业)五年，南方置北景、林邑、海阴三郡。北景在林邑南大海中，与海阴接境。"

国,获扶南工人及其匏琴,朴陋不可用,但以天竺乐转写其声。"①虽然隋炀帝因林邑地区的音乐"朴陋不可用",但他仍然"以天竺乐转写其声",表明对扶南的音乐仍然予以接受。林邑的物产开始继续传到河洛地区。杜宝《大业拾遗录》曰:"(大业)四年夏四月,征林邑国。兵还,至获彼国,得杂香、真檀、象牙百余万斤,沉香二千余斤。"此次所携带回到中原的有"杂香、真檀、像牙百余万斤,沉香二千余斤",足以显示出规模之大。而上述产于南方地区的物品,在隋朝廷中的应用很广泛。隋代随着林邑的归附,经过林邑传到河洛地区的佛教经典也被翻译成汉语。《缘生经并论序》云:"大业二年十月,南贤豆国三藏法师达摩笈多,与故翻经法师彦琮,在东都上林园,依林邑所获贤豆梵本,译为隋言。三年九月,其功乃竟。经二卷,论一卷。三藏师究论闲明,义解沈密,琮法师博通经论,兼善梵文,共对叶本,更相扣击。一言靡违,三覆逾审。辞烦简质,意存允正。比之昔人,差无尤失。"②正因为林邑归附,所以有"林邑克平,隋刊盛绩"的赞誉。③

(二)赤土与河洛地区的交往

赤土国在今天何处,学术界还有争论,但大多主张在今马来西亚北部一带。赤土属于扶南别种,其国"在南海中","东波罗剌国,西婆罗娑国,南诃罗旦国,北拒大海,地方数千里",国都在僧祇城。僧祇城"有门三重,相去各百许步。每门图画飞仙、仙人、菩萨之像,县金花铃毦,妇女数十人,或奏乐,或捧金花。又饰四妇人,容饰如佛塔边金刚力士之状,夹门而立。门外者持兵仗,门内者执白拂。夹道垂素网,缀花"。"王宫诸屋悉是重阁,北户"。其国王有左右兵卫百余人,也形成了自己的官僚机构,"其官有萨陀迦罗一人,陀拏达义二人,迦利蜜迦三人,共掌政事;俱罗末帝一人,掌刑法。每城置那邪迦一人,钵帝十人"。赤土国崇信佛法,"尤重婆罗门"。社会的等级已经很明显,"妇人作髻于项后。男女通以朝霞、朝云杂色布为衣。豪富之室,恣意华靡,唯金锁非王赐不得服用"④。从上述赤土国的情况来看,赤土国已经进入阶级社会。

---

① 《旧唐书》卷二十九《音乐志二》云:"炀帝平林邑国,获扶南工人及其匏琴,陋不可用,但以《天竺乐》转写其声,而不齿乐部。"
② 《全隋文》卷三十五。
③ 《全唐文》卷八百九司空图《复安南碑》。
④ 《隋书》卷八十二《南蛮·赤土传》。

关于赤土国的婚丧习俗,《隋书》卷八十二《南蛮·赤土传》云:

> 每婚嫁,择吉日,女家先期五日,作乐饮酒,父执女手以授婿,七日乃配
> 焉。既娶则分财别居,唯幼子与父同居。父母兄弟死则剃发素服,就水上构
> 竹木为棚,棚内积薪,以尸置上。烧香建幡,吹蠡击鼓以送之,纵火焚薪,遂
> 落于水。贵贱皆同。唯国王烧讫,收灰贮以金瓶,藏于庙屋。

这里的自然环境与河洛地区截然不同,"冬夏常温,雨多霁少"。其农业经
济"种植无时,特宜稻、穄、白豆、黑麻,自余物产,多同于交阯。以甘蔗作酒,杂
以紫瓜根。酒色黄赤,味亦香美。亦名椰浆为酒"。

隋朝统一天下后,为了昭显国威,不断派遣使节出使境外国家,特别是隋炀
帝时期,"募能通绝域者"。大业四年①三月,赤土国"遣使贡方物",再加上"屯
田主事常骏、虞部主事王君政等请使赤土"。隋炀帝很高兴,"赐骏等帛各百匹,
时服一袭而遣。赍物五千段,以赐赤土王"。这一年十月,常骏自南海郡乘船,
经过23个昼夜航行,到达赤土国界。其国王瞿昙利富多塞"遣婆罗门鸠摩罗以
舶三十艘来迎,吹蠡击鼓,以乐隋使,进金锁以缆骏船"。又经过一个月的航行,
到达赤土国的国都。常骏受到赤土国国王的隆重欢迎。《隋书》卷八十二《南蛮
·赤土传》云:

> 王遣其子那邪迦请与骏等礼见。先遣人送金盘,贮香花并镜镊,金合二
> 枚,贮香油,金瓶八枚,贮香水,白叠布四条,以拟供使者盥洗。其日未时,那
> 邪迦又将象二头,持孔雀盖以迎使人,并致金花、金盘以藉诏函。男女百人
> 奏蠡鼓,婆罗门二人导路,至王宫。骏等奉诏书上阁,王以下皆坐。宣诏讫,
> 引骏等坐,奏天竺乐。事毕,骏等还馆,又遣婆罗门就馆送食,以草叶为盘,
> 其大方丈。因谓骏曰:"今是大国中人,非复赤土国矣。饮食疏薄,愿为大

---

① 关于常骏出使赤土国的时间,《隋书》各卷记载不一,《炀帝纪上》记载为大业四年三月,《南蛮
传》《食货志》记载为大业三年,《资治通鉴》卷一百八十一《隋纪五·炀皇帝上之下》记载为大
业四年三月。《北史》卷十二《炀帝纪》记载为大业三年三月。卷九十五《蛮传》也记载为大业三
年三月。

国意而食之。"后数日,请骏等入宴,仪卫导从如初见之礼。王前设两床,床上并设草叶盘,方一丈五尺,上有黄白紫赤四色之饼,牛、羊、鱼、鳖、猪、蝳蝐之肉百余品。延骏升床,从者坐于地席,各以金钟置酒,女乐迭奏,礼遗甚厚。寻遣那邪迦随骏贡方物,并献金芙蓉冠、龙脑香。以铸金为多罗叶,隐起成文以为表,金函封之,令婆罗门以香花奏蠡鼓而送之。

　　常骏离开赤土国后,经水路到达交阯,于大业六年春回到隋朝,是年春天,常骏与那邪迦于弘农拜谒隋炀帝,隋炀帝非常高兴,"赐骏等物二百段,俱授秉义尉,那邪迦等官赏各有差"。即使在此期间,大业五年二月,"辛丑,赤土国遣使贡方物"。次年"六月辛卯,室韦、赤土并遣使贡方物"①。常骏出使赤土国后,结合自己的所见所闻,留下了《赤土国记》二卷。②

　　赤土国作为远隔重洋的国家,派遣使节辗转到达河洛地区朝贡,表明了隋王朝的巨大影响力。特别是隋炀帝派遣常骏出使赤土国,使遥远的异域感受到河洛文化的无穷魅力,而常骏所留下来的《赤土国记》也使河洛地区对异域文化有了新的认识,双方的彼此交流,提升了河洛地区的文化影响力。

(三)真腊、婆利与河洛地区的交往

　　《隋书》卷八十二《南蛮传·真腊传》记载,真腊在林邑国西南,"本扶南之属国也"。其国王姓刹利氏,名质多斯那。从其先祖时国力已经开始强盛,"至质多斯那,遂兼扶南而有之"。质多斯那死后,其子伊奢那先即位,以伊奢那城为国都,城中有200户。国内有"大城三十,城有数千家,各有部帅,官名与林邑同",国王三日一听朝。国王属下"有五大臣,一曰孤落支,二曰高相凭,三曰婆何多陵,四曰舍摩陵,五曰髯多娄,及诸小臣"。其婚丧习俗也颇有特色:

　　娶妻者,唯送衣一具,择日遣媒人迎妇。男女二家各八日不出,昼夜燃灯不息。男婚礼毕,即与父母分财别居。父母死,小儿未婚者,以余财与之。

---

① 《隋书》卷三《炀帝纪上》。
② 《旧唐书》卷四十六《经籍志上》。《新唐书》卷五十八《艺文志二》。

若婚毕,财物入官。其丧葬,儿女皆七日不食,剔发而哭,僧尼、道士、亲故皆来聚会,音乐送之。以五香木烧尸,收灰以金银瓶盛,送于大水之内。贫者或用瓦,而以彩色画之。亦有不焚,送尸山中,任野兽食者。

从真腊的婚丧习俗可以看出其社会已经达到较高的层次,婚丧礼俗的等级色彩开始越来越明显。社会信仰呈现出复杂化的迹象,"多奉佛法,尤信道士,佛及道士并立像于馆"。虽然说道教的流行或传播有可质疑的地方,但是,佛教的兴盛应当是可信的。隋炀帝大业十二年二月,"真腊国遣使贡方物",隋炀帝"礼之甚厚,其后亦绝"。

婆利国在赤土国与丹丹国以南地区,"自交阯浮海,南过赤土、丹丹,乃至其国"。婆利国的官僚机构分为"官曰独诃邪挐,次曰独诃氏挐"两个层次。国家开始有较早的成文法,"其杀人及盗,截其手,奸者锁其足,期年而止"。在大业十二年,也遣使朝贡,其后遂绝。与此同时,"丹丹、盘盘二国,亦来贡方物"①。

从隋代与东南亚四个主要国家的交往来看,隋朝统一全国后,随着国力的逐步强盛,开拓海外以提升国家的影响力,就成了以隋炀帝为代表的封建王朝的追求,为了扩大国家的影响,隋炀帝派遣使臣不断出使周边地区的国家,甚而远到海外,以吸引这些国家的不断朝贡,昭显隋王朝的国势强盛。向东南亚地区所派出的使节也属于这一战略决策的推行与实践。隋炀帝时期以洛阳为政治中心,这些国家的使节到洛阳朝贡隋炀帝,自然使隋朝河洛地区的影响远及海外。

六、唐代河洛文化对东南亚的传播与交往

唐代是中国封建社会的盛世,在这一历史阶段,河洛地区作为与长安地区齐名的政治中心之一,其社会经济的发展代表了中国经济发展的基本走向。再加之唐代曾经依赖河洛地区实现社会的稳定,因此之故,在于东南亚的交往过程中,河洛地区曾经发挥了重要的作用。分析和探讨唐代河洛地区与东南亚的交

①　《隋书》卷八十二《南蛮·婆利传》。

往历史,对于我们丰富和完善认识河洛地区有着重要的历史意义。

(一)河洛地区与林邑的交往

隋末河洛地区的异动,对遥远的东南亚地区也产生了影响。东南亚地区虽然地域偏远,但社会也因此动荡不安。首先,林邑王梵志的遗民,因"道阻不得通,梵志衰遗众,别建国邑"。林邑趁和洛地区动荡不定的时机开始独立。隋朝在这里的统治残暴也引起了当地民众的不满,"大业末,以海南僻远,吏多侵渔,百姓咸怨,数为乱逆,于是选淳良太守以抚之"。裴矩向隋炀帝举荐了丘和为交趾太守,丘和到任以后,"抚诸豪杰,甚得蛮夷之心"。隋王朝灭亡后,两广地区的割据势力迅速兴起,"鸿胪卿宁长真以郁林、始安之地附于萧铣,冯盎以苍梧、高凉、珠崖、番禺之地附于林士弘"。而丘和因不知道隋朝已经灭亡,对宁长真、冯盎等割据势力的拉拢,"皆不就"。当时,"林邑之西诸国,并遣遗和明珠、文犀、金宝之物,富埒王者"。萧铣贪图丘和所拥有的财富,派遣宁长真率领"率百越之众渡海侵和,和遣高士廉率交、爱首领击之,长真退走,境内获全,郡中树碑颂德"。当得知隋朝灭亡的消息后,"遂以州从铣"。萧铣被平定后,"和以海南之地归国"。唐高祖派遣李道裕授予丘和上柱国、谭国公、交州总管。[①] 交州开始归入唐王朝的版图控制。

唐代林邑与河洛地区的交往延续了隋朝的传统。《旧唐书》卷一百九十七《南蛮西南蛮传·林邑传》云:

> 武德六年,其王范梵志遣使来朝。八年,又遣使献方物,高祖为设《九部乐》以宴之,及赐其王锦彩。贞观初,遣使贡驯犀。[②] 四年,其王范头黎遣使献火珠,大如鸡卵,圆白皎洁,光照数尺,状如水精,正午向日,以艾承之,即火燃。五年,又献五色鹦鹉。太宗异之,诏太子右庶子李百药为之赋。又

---

① 《旧唐书》卷二十九《丘和传》。《新唐书》卷九十《丘和传》云:"炀帝崩,而和未知。于是鸿胪卿宁长真举郁林附萧铣,冯盎举珠崖、番禺附林士弘,各遣使招和,不从。林邑西诸国,数遗和明珠、文犀、金宝,故而富埒王者。铣闻,利之,命长真以南粤蛮、俚攻交阯,和遣长史高士廉率兵击走之,郡为树石勒其功。会隋骁果自江都来,乃审隋亡,和即陈款归国,而岭峤闭岨,乃权附铣。铣平,遂得归。诏李道裕即授和交州大总管,爵谭国公。"

② 《旧唐书》卷一百九十七《南蛮西南蛮传·真腊传》云:"贞观二年,又与林邑国俱来朝献。"

献白鹦鹉,精识辩慧,善于应答。太宗悯之,并付其使,令放还于林薮。自此朝贡不绝。① 头黎死,子范镇龙代立。太宗崩,诏于陵所刊石图头黎之形,列于玄阙之前。十九年,镇龙为其臣摩诃漫多伽独所杀,其宗族并诛夷,范氏遂绝。国人乃立头黎之女婿婆罗门为王。后大臣及国人感思旧主,乃废婆罗门而立头黎之嫡女为王。

　　这里虽然没有提及林邑直接与河洛地区的交往,但从高祖到唐太宗时,林邑频繁朝贡来看,唐高祖与唐太宗在洛阳活动期间,林邑使节有可能到洛阳进行朝贡。"贞观初,林邑献火珠,状如水精。云得于罗刹国。"②《新唐书》卷二百二十二下《南蛮传下·环王传》云:"贞观时,王头黎献驯象、镠锁、五色带、朝霞布、火珠,与婆利、岁刹二国使者偕来。"唐高宗永徽四年四月,"林邑国王遣使来朝,贡驯象"③。唐人李濬《松窗杂录》记载,唐玄宗时林邑曾进献白鹦鹉,"上初以林邑国进白鹦鹉,惠利之性,特异常者。因暇日,以金饰之,示于三相,上再三美之。"当时苏颋刚入朝为相,规劝唐玄宗应当"以忠让励上"。苏颋引用《尚书》"鹦鹉能言,不离飞鸟"相劝,希望唐玄宗引以为戒。④ 但由这条材料可以看出唐玄宗时也有鹦鹉进献。唐玄宗给林邑王下诏云:"卿国在海南,远通朝贡,所献方物,深达款诚。今赐卿马两匹,宜知朕意。"⑤虽然我们无法确定此时林邑国是否到洛阳进行朝贡,但从这条材料我们可以确定此间唐朝仍然与林邑有朝贡和

① 《旧唐书》卷一百九十七《东夷传·新罗传》记载,贞观五年,唐太宗曾经对侍臣曰:"近日林邑献白鹦鹉,尚解思乡,诉请还国。鸟犹如此,况人情乎。"《新唐书》卷二百二十《东夷传·百济传》记载,贞观五年,宗曰:"比林邑献鹦鹉,言思乡,丐还,况于人乎?"同卷《南蛮传下·环王传》亦云:"又献五色鹦鹉、白鹦鹉,数诉寒,有诏还之。"《全唐文》卷五百二十八顾况《高祖受命造唐赋》云:"林邑贡能言之鸟。"《贞观政要》卷八《贡赋》云:"贞观中,林邑国贡白鹦鹉,性辩慧,尤善应答,屡有苦寒之言。太宗愍之,付其使,令还出于林薮。"[宋]何薳《春渚纪闻》卷五《陇州鹦歌》云:"昔唐太宗时,林邑献五色鹦鹉,新罗献美女二人,魏郑公以为不宜受。太宗喜曰:'林邑鹦鹉,犹能自言苦寒思归,况二女之远别亲戚乎?'并鹦鹉各付使者归之。"[宋]罗璧《罗氏识遗》卷八《玩物之戒》云:"唐太宗还林邑鹦鹉曰:鸟兽怀土,亦与人同。"
② 《隋唐嘉话》卷中。《唐语林》卷八《补遗》云:"林邑献火珠,云得于罗刹国。"
③ 《旧唐书》卷四《高宗纪上》。
④ 《唐语林》卷五《补遗》云:"玄宗时,以林邑国进白鹦鹉,慧利之性特异常者,因暇日以金笼饰之,示于三相。上再三美之。时苏颋初入相,每以忠谠厉己,因前进曰:'《记》云:"鹦鹉能言,不离飞鸟。"臣愿陛下深以为志。'"
⑤ 《全唐文》卷四十玄宗《赐林邑国王建多达摩书》。

使节之间的往来。可以印证唐朝与林邑之间有往来关系的史实,在唐玄宗时,张九龄曾代唐玄宗拟《敕日本国王书》,其中也记载了日本遣唐使从海上漂流到林邑的过程及被林邑居民所杀的过程。其文云:"名代未发之间,又得广州表奏,朝臣广成等飘至林邑国,既在异国,言语不通,并被劫掠,或杀或卖,言念灾患,所不忍闻。然则林邑诸国,比常朝贡,朕已敕安南都护,令宣敕告示,见在者令其送来,待至之日,当存抚发遣。"①从这一诏书可以看出林邑虽然受河洛地区的影响,且与河洛地区的唐王朝保持着密切的关系,但其社会还处在无序状态,且民风慓悍。唐玄宗天宝年间,林邑还向唐王朝赠送了驯象,杜甫在《越人献驯象赋》云:"倬彼驯象,毛群所推;特禀灵於荒徼,思入贡于昌期。岂不以献我令辰,自林邑而来者?"②杜泄《越人献驯象赋》也曾描述大象云:"所驭之者越人,所出处者林邑,近之可仰,远之可望。"③唐代宗大历十四年(779 年)进士独孤授有《放驯象赋》,其中有"比驯象兮,越俗所珍。化之式孚,则必受其来献;物或违性,所用感於至仁。吾君于是诏掌兽之官,谕如天之意。惟越献象,不远而致。""是用返诸林邑之野,归尔梁山之隅。"④大致是对唐德宗时释放南越进贡的驯象地赞美,也反映了此时东南亚与河洛地区的交往仍然存在。正因为东南亚地区与唐朝的交往,所以给河洛地区带来了大量的异域珍品。"其海外杂国,若耽浮罗、流求、毛人、夷亶之州,林邑、扶南、真腊、于陀利之属,东南际天地以万数,或时候风潮朝贡,蛮胡贾人舶交海中。"所以唐王朝对于岭南节度使的选任非常重视,"若岭南帅得其人,则一边尽治,不相寇盗贼杀,无风鱼之灾,水旱疠毒之患,外国之货日至,珠香象犀玳瑁奇物溢于中国,不可胜用。故选帅常重于他镇,非有文武威风、知大体、可畏信者,则不幸往往有事"⑤。随着东南亚地区的特产不断进入河洛地区,社会上层使用者也见诸记载。唐太宗曾经对魏徵说:"往者见林邑使人,每旦磨沈水等诸香,用涂身体,皆共笑之,以为虚费。"⑥可见北方地区已经有人部分使用香料进行沐浴。

---

① 《全唐文》卷二百八十七张九龄《敕日本国王书》。
② 《全唐文》卷三百五十九杜甫《越人献驯象赋》。
③ 《全唐文》卷四百六杜泄《越人献驯象赋》。
④ 《全唐文》卷四百五十六独孤授《放驯象赋》。
⑤ 《全唐文》卷五百五十六韩愈《送郑尚书序》。
⑥ 《魏郑公谏录》卷一《谏国家爱珠》。

林邑作为唐代南方边域之外的地方政权,在唐代中央集权建立后,辗转来到黄河流域进献其当地的土特产,并获得唐王朝的赏赐,双方所建立的联系使河洛地区的对外影响迅速扩大。

(二)河洛地区与真腊的交往

真腊国从隋代与河洛地区的隋王朝在大业十二年交往过后,因河洛地区陷于战乱,双方往来断绝。唐王朝建立后,真腊国多次朝贡。关于进入唐代以后真腊朝贡与社会发展情况,《旧唐书》卷一百九十七《南蛮西南蛮传·真腊传》云:

> 武德六年,遣使贡方物。贞观二年,又与林邑国俱来朝献。太宗嘉其陆海疲劳,锡赉甚厚。南方人谓真腊国为吉蔑国。自神龙以后,真腊分为二:半以南近海多陂泽处,谓之水真腊。半以北多山阜,谓之陆真腊,亦谓之文单国。高宗、则天、玄宗朝,并遣使朝贡。

> 水真腊国,其境东西南北约员八百里,东至奔陀浪州,西至堕罗钵底国,南至小海,北即陆真腊。其王所居城号婆罗提拔。国之东界有小城,皆谓之国。其国多象。元和八年,遣李摩那等来朝。

真腊国的朝贡与分裂大致反映了当时真腊社会的分化。从上述记载来看,即使分为水真腊和陆真腊后,仍然各自向唐王朝进行朝贡。永徽二年(651年),文单国"遣使献驯象"。此后,"圣历元年、开元五年、天宝九年,并遣使朝贡,并献犀牛。"[①]"开元、天宝时,王子率其属二十六来朝,拜果毅都尉。"到了大历八年十一月,"文单国王婆弥来朝,献驯象一十一"。十二月,唐代宗"制以文单王婆弥为开府仪同三司、试殿中监"[②]。大历十四年五月唐代宗死后,唐德宗即位,闰五月,唐德宗"诏文单国所献舞象三十二,令放荆山之阳",史臣曾赞美唐德宗"放文单之驯象"为"有国之大猷"。[③] 真腊国向唐王朝进贡大象等特产,又从唐

---

① 《唐会要》卷九十八《真腊国》。

② 《旧唐书》卷十一《代宗纪》。《新唐书》卷二百二十二《南蛮传下·真腊传》云:"大历中,副王婆弥及妻来朝,献驯象十一。擢婆弥试殿中监,赐名宾汉。是时,德宗初即位,珍禽奇兽悉纵之,蛮夷所献驯象畜苑中,元会充廷者凡三十二,悉放荆山之阳。及元和中,水真腊亦遣使入贡。"

③ 《旧唐书》卷十二《德宗纪》。

朝购进马匹等,当时曾发生过真腊国人在唐朝购买马匹发生的经济纠纷,并因此引起过朝廷的辩论。① 这足以说明朝廷对与真腊交往的重视。随着包括真腊国在内的周边地区国家不断朝贡,在武则天时期曾经颁发诏令给予这些国家的使节粮食和衣服。证圣元年九月五日敕:"蕃国使入朝,其粮料各分等第给:南天竺、北天竺、波斯、大食等国使宜给六个月粮,尸利佛誓、真腊、诃陵等国使给五个月粮,林邑国使给三个月粮。"圣历三年三月六日敕:"东至高丽国,南至真腊国,西至波斯、吐蕃及坚昆都督府,北至契丹、突厥、靺鞨,并为入番,以外为绝域,其使应给料各依式。"②通过这些材料我们可以看出唐王朝对于与真腊关系的重视,也说明与真腊交往对唐朝的重要性。

(三) 河洛地区与骠国的交往

骠国在西晋时期永昌郡西南。晋朝魏完《南中八郡志·永昌郡》有关于"剽国"的记载,其文云:"传闻永昌西南三千里,有剽国,君臣、父子、长幼有序。""永昌西南三千里,有剽国,以金为刀戟。"③到了唐代,对于骠国的认识较之于魏晋时期更加全面,并通过在云南的地方政权南诏实现了对骠国的认识,弄清了骠国的方位四至。"其国境,东西三千里,南北三千五百里。东邻真腊国,西接东天竺国,南尽滇海,北通南诏些乐城界,东北拒阳苴咩城六千八百里。"与骠国建立起联系的国家有"迦罗婆提等二十国",《新唐书》卷二百二十二《南蛮传下·骠传》云:"凡属国十八:曰迦罗婆提,曰摩礼乌特,曰迦梨迦,曰半地,曰弥臣,曰坤朗,曰偈奴,曰罗聿,曰佛代,曰渠论,曰婆梨,曰偈陀,曰多归,曰摩曳,余即舍卫、瞻婆、阇婆也。"其统辖的城镇有"道林王等九城",《新唐书》记述的九城分别为"曰道林王,曰悉利移,曰三陀,曰弥诺道立,曰突旻,曰帝偈,曰达梨谋,曰乾唐,曰末浦"。另外还有"罗君潜等二百九十部落"。《新唐书》云:"凡部落二百九十八,以名见者三十二:曰万公,曰充惹,曰罗君潜,曰弥绰,曰道双,曰道瓮,曰道勿,曰夜半,曰不恶夺,曰莫音,曰伽龙睒,曰阿梨吉,曰阿梨阇,曰阿梨忙,曰达磨,曰求潘,曰僧塔,曰提梨郎,曰望腾,曰担泊,曰禄乌,曰乏毛,曰僧迦,曰提追,

---

① 《全唐文》卷九百七十八一一《对真腊国人市马判》。
② 《唐会要》卷一百《杂录》。
③ 王叔武辑注《云南古佚书钞》,云南人民出版社,1979 年 1 月第 1 版,第 10 页。

曰阿末逻,曰逝越,曰腾陵,曰欧咩,曰砖罗婆提,曰禄羽,曰陋蛮,曰磨地勃。"骠国已经出现了城池并且其罗城已经形成,"其罗城构以砖甃,周一百六十里,濠岸亦构砖,相传本是舍利佛城。城内有居人数万家,佛寺百余区。其堂宇皆错以金银,涂以丹彩,地以紫矿,覆以锦罽"。佛教信仰在骠国非常发达,"男女七岁则落发,止寺舍,依桑门,至二十不悟佛理,乃复长发为居人"。正因为崇信佛教,所以其服饰也受此影响,"其衣服悉以白氎为朝霞,绕腰而已。不衣缯帛,云出于蚕,为其伤生故也"。也开始有了原始的成文法,"其理无刑名桎梏之具,犯罪者以竹五十本束之,复犯者挞其背,数止五,轻者止三,杀人者戮之"。农业经济占据社会经济的主导地位,"其土宜菽粟稻粱,无麻麦"①。从骠国的社会发展来看,骠国已经进入阶级社会,不同的社会等级已经形成。如国王"近适则舁以金绳床,远适则乘象。嫔姝甚众,常数百人",很明显是社会的上层的代表。而在唐代以前与河洛地区的封建王朝没有建立起联系。

骠国在唐代受南诏的控制,"南诏以兵强地接,常羁制之"。765 年,南诏筑拓东城,"曾徙骠国人数千充之"。832 年攻陷骠国,又"掠其民三千徙之拓东"。南诏在"大和九年(835 年)曾破其国,劫金银,掳其族三二千人,配丽水淘金"。很显然骠国在当时是处于附属国的地位。骠国与唐代建立起联系是在唐德宗贞元十八年。"贞元中,其王闻南诏异牟寻归附,心慕之。十八年,乃遣其弟悉利移因南诏重译来朝,又献其国乐凡十曲,与乐工三十五人俱。乐曲皆演释氏经论之词意。寻以悉利移为试太仆卿。"②这次骠国派遣使节悉利移朝贡是受了南诏的影响,因为在此前的"贞元十六年正月,南诏异牟寻作《奉圣乐舞》,因韦皋以进",所以才有贞元十八年骠国入唐献乐。③《新唐书》卷二十二《礼乐志》云:"十七年,骠国王雍羌遣弟悉利移、城主舒难陀献其国乐,至成都,韦皋复谱次其声,又图其舞容、乐器以献。凡工器二十有二,其音八:金、贝、丝、竹、匏、革、牙、角,大抵皆夷狄之器,其声曲不隶于有司,故无足采云。"《骠国乐》与《扶南乐》、

---

① 《旧唐书》卷一百九十七《南蛮西南蛮传·骠国传》。
② 《旧唐书》卷一百九十七《南蛮西南蛮传·骠国传》。《旧唐书》卷十三《德宗纪下》云:"十八年春正月戊午朔,大雨雪,罢朝贺。乙丑,骠国王遣使悉利移来朝贡,并献其国乐十二曲与乐工三十五人。"《旧唐书》卷二十九《音乐志二》云:"《骠国乐》,贞元中,其王来献本国乐,凡一十二曲,以乐工三十五人来朝。乐曲皆演释氏经论之辞。"
③ 《旧唐书》卷二十八《音乐志一》。

《天竺乐》都是当时"南蛮之乐",也有将扶南、天竺、南诏、骠国之乐称为南蛮之乐的说法,并被列于十部乐之中。而在此之前的隋朝,扶南乐伎就因杂糅在印度伎中受到朝廷的重视。唐代扶南乐舞震惊京城,《旧唐书》卷二十九《礼乐志》云:"《扶南乐》,舞二人,朝霞行缠,赤皮靴。隋世全用《天竺乐》,今其存者,有羯鼓、都昙鼓、毛员鼓、箫、笛、筚篥、铜钹、贝。"①与扶南乐一样,骠国献乐受到了当时唐朝社会各阶层的关注。元稹《和李校书新题乐府十二首》中有《骠国乐》一首,白居易也有《骠国乐》一首,赞颂骠国归附唐朝的事迹,其中有"骠国乐,骠国乐,出自大海西南角。雍羌之子舒难陀,来献南音奉正朔。德宗立仗御紫庭,黈纩不塞为尔听。玉螺一吹椎髻耸,铜鼓一击文身踊。珠缨炫转星宿摇,花鬘斗薮龙蛇动。"②通过白居易的诗我们也可以看出骠国乐被进献唐朝的过程,以及骠国乐演奏的场景。白居易还通过诗文表达了骠国愿意归附之意:"曲终王子启圣人,臣父愿为唐外臣。左右欢呼何翕习,至尊德广之所及。须臾百辟诣阁门,俯伏拜表贺至尊。伏见骠人献新乐,请书国史传子孙。"白居易还代拟了《与骠国王雍羌书》,对雍羌父子大加赞赏。胡直钧《太常观阅骠国新乐》云:"异音来骠国,初被奉常人。才可宫商辨,殊惊节奏新。转规回绣面,曲折度文身。舒散随鸾吹,喧呼杂鸟春。襟衽怀旧识,丝竹变恒陈。何事留中夏,长令表化淳。"③通过见证骠国乐的演奏,不同的人有各自的描述来看,说明来自异域的音乐对唐王朝的影响之深远。

(四)唐代河洛文化对东南亚的影响

隋唐时期河洛地区对东南亚的影响表现在各个方面,在河洛地区占据指导地位的儒家思想经河洛地区南行的人们的传播,特别是地方官的努力,在东南亚

---

① 《新唐书》卷二十二《礼乐志》云:"扶南乐,舞者二人,以朝霞为衣,赤皮鞋。天竺伎能自断手足,刺肠胃,高宗恶其惊俗,诏不令入中国。睿宗时,婆罗门国献人倒行以足舞,仰植铦刀,俯身就锋,历脸下,复植于背,觱篥者立腹上,终曲而不伤。又伏伸其手,二人蹑之,周旋百转。开元初,其乐犹与四夷乐同列。"

② 《唐会要》卷三十三《南蛮诸国乐》云:"《骠国乐》:贞元十八年正月,骠国王来献,凡有十二曲,以乐工三十五人来朝。乐曲皆演释氏经论之词。骠国在云南西,与天竺国相近,故乐多演释氏之词。每为曲皆齐声唱,各以两手十指,齐开齐敛,为赴节之状,一低一昂,未尝不相对,有类中国《柘枝舞》。骠一作僄,其西别有弥臣国,乐舞亦与骠国同,多习此伎以乐。后敕使袁滋、郄士美至南诏,并皆见此乐。"

③ 《全唐文》卷六百六十五。

地区得到广泛的传播。

在今天越南地区,唐代为安南节度使所控制,并在这里行使了有效的控制,所以河洛地区的儒家思想在这里得到了广泛的传播。清代徐延旭《越南辑略》卷二《名宦》云:"唐,王福畤为交趾令,大兴文教,士民德之,至今祀之,号王夫子祠。"王福畤为隋唐之际绛州龙门王通之子。元和年间,安南都护马聪"用儒术教其俗,政事嘉美,獠夷安之"①。安南都护张舟在位期间,面对"乌蛮酋帅,负险蔑德"的现象,张舟"于是外申皇威,旁达明信,一动而悉朝其长,取州二十,以被于华风。易皮弁以冠带,化奸宄为诚敬,皆用周礼,率由汉仪"②。显示了为了传播儒家文化,唐朝对安南地区的学校教育很重视。早在隋文帝开皇年间,"上以岭南夷、越数为反乱,征拜(令狐熙)桂州总管十七州诸军事,许以便宜从事,刺史以下官得承制补授",令狐熙到任后,"大弘恩信",又"为建城邑,并设学校,华夷感敬,称为大化"③。学校建设使河洛地区的传统儒家经典在这里得到了传播。

唐政府还通过官员选拔建立起内地与安南地区的联系。唐高宗上元三年八月壬寅,"置南选使,简补广、交、黔等州官吏"④。《唐会要》卷七十五《选部下·南选》云:"上元三年八月七日敕:桂、广、交、黔等州都督府,比来所奏拟土人首领,任官简择,未甚得所。自今已后,宜准旧制,四年一度,差强明清正五品已上官,充使选补,仍令御史同往注拟。其有应任五品已上官者,委使人共所管督府,相知具条景行艺能,政术堪称所职之状,奏闻。"在交广地区选拔官员,使其进入朝廷的官僚系统,使当地豪强阶层看到了希望,对社会稳定具有重要的意义。而所置南选使选拔的条件自然而然也是对儒学的熟稔。在武则天大足元年七月二十九日又敕:"桂、广、泉、建、贺、福、韶等州县,既是好处,所有阙官,宜依选例省补。"从上述州县的管辖范围说明今越南北部也依南选之例进行选官。唐玄宗开元八年八月、九月又先后颁布敕令选拔岭南官吏。特别是天宝十三载七月敕令更明确地指明岭南地区的管理选拔应注重儒学。敕令云:"如闻岭南州县,近

---

① 《新唐书》卷一百六十三《马聪传》。
② 《全唐文》卷五百八十九柳宗元《招讨处置等使上柱国武城县开国男食邑三百户张公墓志铭(并序)》。
③ 《隋书》卷五十六《令狐熙传》。
④ 《旧唐书》卷五《高宗纪下》。

来颇习文儒。自今已后,其岭南五府管内白身,有词藻可称者,每至选补时,任令应诸色乡贡。仍委选补使准其考试,有堪及第者,具状闻奏。如有情愿赴京者,亦听。其前资官并常选人等,有词理兼通,才堪理务者,亦任北选,及授北官。"唐德宗即位后,于大历十四年十二月二日,下诏"南选使可以专达,勿复以御史临之"①。给南选使更多的权力,以便交广地区的人才脱颖而出。太和三年敕:"岭南选补,虽是旧例,远路行李,未免劳人。当处若有才能,廉使宜委推择。待兵息事简,续举旧章,其南选使,可更停一二年。"再一次精简了官员选拔的程序。陈归、王洁、姚向等都先后担任过南选使。② 通过南选使选拔到唐朝廷任职的官员比较有名的是姜公辅。姜公辅为爱州日南人,唐德宗时"第进士,补校书郎,以制策异等授右拾遗,为翰林学士",后来唐德宗"擢公辅谏议大夫、同中书门下平章事"③。他所留下来的《白云照春海赋》辞藻华丽,堪称传世名作。所留下的《对直言极谏策》说理透彻,显示极强的政论水平。④

在会昌五年,唐政府规定安南和岭南、桂府、福建等地一样,每子可选送进士和明经到中央。《会昌五年举格节文》云:"公卿百寮子弟及京畿内士人寄客外州府举士人等修明经、进士业者,并隶名所在监及官学,仍精加考试。所送人数:……金汝、盐丰、福建、黔府、桂府、岭南、安南、邕容等道,所送进士不得过七人,明经不得过十人。"

随着河洛地区与安南地区交往的增多,有不少中原地区的著名诗人杜审言、沈佺期、刘禹锡、韩偓等人都先后到达过安南,并留下了许多诗文。杜审言《旅寓安南》云:"交趾殊风候,寒迟暖复催。仲冬山果熟,正月野花开。积雨生昏雾,轻霜下震雷。故乡逾万里,客思倍从来。"通过杜审言的诗我们的思绪仿佛飞到遥远的异域,体味南国的风情。在唐人笔下南国风情不时留在唐人的笔下。沈佺期《赦到不得归题江上石》云:"家住东京里,身投南海西。风烟万里隔,朝夕几行啼。"骆宾王有"交趾枕南荒,昆弥临北户"之句。也有不少留下送别友人归南海的诗作。

① 《旧唐书》卷十二《德宗纪上》。
② 《酉阳杂俎》卷十九《广动植类之四·草篇》。
③ 《新唐书》卷一百五十二《姜公辅传》。
④ 《全唐文》卷四百四十六。

东南亚地区作为遥远的异域,从先秦两汉以来就通过使节辗转来到河洛地区朝贡,唐代全国统一后,与东南亚地区诸国家建立起长久的联系,而这种联系的保持与交通线路的开辟是紧密地联系在一起。

第六章　河洛文化和丝绸之路

　　以洛阳为中心的河洛地区,大体相当于今河南省的西部、中部和山西省的南部。这一区域地处"天下之中",是本来意义上的"中国"。它不但最早进入"文明时代",而且在以后的长时期里,都是我国国家首都及各级地方行政机构治所的所在地,是全国政治、经济、文化的中心,也是全国水陆交通的中心。

　　多年来学术界的研究成果和考古资料表明,洛阳是饮誉中外的丝绸之路的起点,它对丝绸之路的形成、发展和繁荣、鼎盛作出了历史性的突出贡献。丝绸之路把包括四大文明古国在内的亚、欧、非三大洲联系在了一起,把众多文化和宗教背景不同的国家和地区、众多经济区联系在了一起,这对加强各国、各地区的相互往来和相互了解,对促进各国、各地区社会经济文化的发展和进步,都发挥了不可替代的重大作用。

一、丝绸之路的形成与发展

　　丝绸之路是横贯亚洲大陆,联结亚、欧、非三洲的一条交通大动脉。它从中国内地出发,经中亚、西亚到地中海东岸,再转达北非和欧洲。这是一条商贸交往之路,也是一条文化交流之路。由于当时产于中国的丝和各种丝织品大量经由此路西运,1877 年,德国地理学家李希霍芬在他的《中国》一书中提出"丝绸之路"一称,沿用至今。需要说明的是,李希霍芬《中国》一书中的"丝绸之路",仅指汉代时中国与中亚及印度间的商贸交通线;30 多年后,即 1910 年,德国历史学家赫尔曼在他的《中国和叙利亚之间的古丝路》一书中，将这条路线延展到地中海及小亚细亚，使"丝绸之路"的长度达到 7000 多公里。以后人们所称的"丝绸之路"，即多指这条延展后的路线。

按一般传统说法，西汉武帝时张骞通西域开辟了丝绸之路，实际上，几十年来的研究和考古资料表明，"丝绸之路"有一个长期形成和发展的过程。中原地区和其他边陲地区、甚至域外的交通、交往，从很早的古代就开始了。唐嘉弘先生《论洛阳为"天下之中"》①一文称："夏人在豫西黄土高原活动，后发展到山西的西南部称为大夏。商汤灭夏，虞夏联盟中的一支向西方、北方迁徙，古史中'秦夏'（'秦'为'泰'之误，泰夏即大夏）、西虞（西吴）、月氏（禺知、禺氏、虞氏）地名之向西延展，即其史证。葱岭西部妫水（原苏联境内流入咸海的阿姆河）亦有月氏大夏足迹。"该文又称："《史记·匈奴传》记匈奴自称：'其先祖夏后氏之苗裔也，曰淳维。'《索隐》引张晏曰：'淳维以殷时奔北边。'这些夏后氏苗裔与当地土著结合，形成匈奴族群。后来先后迁徙到亚洲蒙古草原、阿尔泰山、伏尔加河、顿河、克里木、多瑙河直到大西洋岸。"再如《竹书纪年》曾记载成汤之时，远在玉门关西四万里的奇肱氏曾来朝见；又如在殷墟的发掘中，"曾发现许多远方传来的物品，比如南方的象，海上的鲸，好些玉器是用新疆的和田玉制造的，有的龟甲经鉴定来自东南亚，有的甲骨上粘有棉布（土卢布），也可能源于外国"。②这些均表明在先秦时期中西交通已经开始。

西晋太康二年（281 年，一说咸宁五年即公元 279 年），汲县人不準盗掘汲郡（今河南卫辉）古墓（魏襄王墓或魏安釐王墓），导致大量竹简出土，"简长二尺四寸，以墨书，一简四十字"，相传有数十车之多。晋王朝令运回京师洛阳，由侍中中书监荀勖、中书令和峤等进行整理，发现这是一批古书，包括《竹书纪年》、《穆天子传》（也称《周王游行记》）等。其中的《穆天子传》记载，西周第五土周穆王十三年（约公元前 989 年），周穆王用伯夭作向导，乘坐造父所驾八骏大车，率领大队人马，携带大量丝织品等礼物，从洛阳出发，北过黄河，入山西，经山西北部滹沱河北岸，先到犬戎地区，再西行至删人之地，继续溯黄河而上，登昆仑山，上

① 洛阳市地方史志编纂委员会办公室编《洛阳——丝绸之路的起点》，中州古籍出版社，1992 年版。
② 李学勤：《洛阳——丝绸之路起点·序》，《洛阳——丝绸之路的起点》，中州古籍出版社，1992 年版。

春山,到赤乌人之地,复经过曹奴人、剞闾氏、鄄韩氏等兄弟族聚居之地,最终来到西工母之邦,会见西王母,西工母在瑶池设盛宴招待周穆王一行,并即席"为天子谣曰":"白云在天,山陵自出。道路悠远,山川间之。将子无死,尚能复来。"周穆王亦答之曰:"予归东土,和治诸夏。万民平均,吾顾见汝。比及三年,将复而野。"宴毕,西王母还陪同周穆王游览,穆王登上弇山,立碑纪念,还种了一棵槐树,象征此次友好交往。

周穆王此次西游,据后人研究,其路线大体是:由洛阳入山西,出山西北部雁门关到内蒙草原,再沿黄河过宁夏至甘肃,再到青海,入新疆,西越葱岭,到达中亚。回程时,东返新疆,经甘肃入宁夏,再经内蒙入山西,返达洛阳,往返行程约三万五千里。

不少研究者认为:《穆天子传》所提供的材料,除去神话传说和夸张的成分,有助于了解先秦时期中西交通径路及文化交流情况,说明早在西汉张骞"凿空"之前,中国内地和中亚之间已有交往和接触。① 李学勤先生也认为:《穆天子传》所载周穆王西游故事,虽充满了神话色彩,"但近年对西周青铜器铭文的研究已证明其间的若干人物实有其人,并非虚构,所以还是反映了周人与西域交通的真实。"李先生更指出:"值得注意的是,周穆王西行的起点、终点都是成周(《穆天子传》作宗周),以由成周到所谓西北大旷原的路线道里计算,远远超过我国的疆界之外。这最低限度是表明了先秦人们对东西交通的认识。"②这条由淳维北迁及匈奴西迁、穆天子西游的古代东西方交通线,至少早于张骞"凿空"400年。这些年来,在丝绸之路研究中,也有研究者将其称为"草原丝绸之路",其起点也在洛阳。

汉代是我国历史上繁荣昌盛的时期,对北方强敌匈奴战争的全面胜利,为丝绸之路的正式开通打下了基础,张骞通西域的成功,标志着丝绸之路的正式形成。

匈奴是我国古代北方一个古老的部族。秦代初年,他们分布在阴山(今内蒙古南部)南北一带。蒙恬北击匈奴,夺得河南地(今内蒙古黄河河套一带),修

---

① 《中国大百科全书·中国历史·Ⅱ》。
② 李学勤:《洛阳——丝绸之路起点·序》,《洛阳——丝绸之路的起点》,中州古籍出版社,1992年版。

筑万里长城,西起临洮,东抵碣石,以防匈奴南侵。秦二世元年(前209年),匈奴夺取河南地,冒顿单于(? -前174年)时,匈奴的武力空前强盛,控弦三十万,向东占有了辽河上游地区,向北扩地至贝加尔湖,向西驱走大月氏,征服塔里木盆地楼兰、乌孙等绿洲小国,统治了祁连山、天山一带地区,整个占据了亚洲东部沙漠草原。面对匈奴族的武力威胁,西汉初期只能采取守势,通过"和亲"、开放关市、贡奉财货等办法,以保持边境的暂时平静。经过六十余年的休养生息,至汉武帝时,国力达到了空前强盛,于是开始了大规模征讨匈奴的战争。其中最重要以下三次。第一次,元朔二年(前127年),将军卫青统率大军,从云中(今内蒙古托克托县境内)向西,击败匈奴白羊王等,收取河南地,建朔方郡(治今内蒙古黄河河套南)、五原郡(治今内蒙古包头西北),徙贫民十万户居朔方。公元前123年,匈奴被迫不得不将龙廷北迁至漠北。第二次,元狩二年(前121年),将军霍去病自陇西出击匈奴,逾焉支山(今甘肃山丹、永昌县境)、祁连山(今甘肃境),斩获四万余,匈奴浑邪王杀休屠王,率属部四万余降汉,汉王朝将降众安置在陇西、北地、上郡、朔方、云中五郡塞外,称"五属国"。又在浑邪王、休屠王故地置酒泉、武威、张掖、敦煌四郡。从此,金城(今甘肃兰州)至盐泽(罗布泊)无匈奴。河西走廊的打通,对丝绸之路的开通有重大意义。第三次,元狩四年(前119年),大将军卫青、骠骑将军霍去病,各率骑兵五万、步兵、辎重兵数十万人,分道并出,击匈奴于漠北。卫青大败单于,逼使单于率数百骑远逃,汉兵一直追至寘颜山赵信城;霍去病大败匈奴东部兵,斩获七万余。汉武帝通过这三次大规模,重创了匈奴,是北方边境赢得了暂时的安定。

在汉王朝派大军对匈奴作战的过程中,为联合大月氏共击匈奴,汉武帝又命张骞为使节出使西域(汉时西域,狭义上是指今新疆地区;广义上还包括了中亚、西亚,以至北非、欧洲等地区)。建元二年(前139年),张骞、堂邑父等100多人,从长安出发,出陇西郡边塞入匈奴控制地,被匈奴所俘。此后,张骞被扣留匈奴十多年,还在那里娶妻生子。但他始终不忘使命,秉汉节而不失。十几年后,匈奴对他的监管逐渐松弛,张骞趁机逃脱,带着部属西行,至大宛(今乌兹别克费尔干纳一带),经过康居(今巴尔喀什湖和咸海之间一带),再到大月氏。当初大月氏被匈奴冒顿单于攻掠,被迫西迁中亚。他们降服大夏,定居于妫水北岸。此时已无复仇的意愿,不愿与汉朝合作共击匈奴。过了一年多,张骞只好离开大月氏返回汉朝。回途中在东越葱岭后,他们顺南山(今昆仑山)北麓东行,不料又被匈奴所俘,被扣留一年多。此时匈奴国内发生内乱,张骞乘乱回到汉朝。

张骞向汉武帝报告了他所经历的西域各国的情况,大大拓展了中国人对西域的认识。如乌孙(今新疆北部):"在大宛东北可二千里,行国,随畜,与匈奴同俗。控弦者数万,敢战。……"如安息:"在大月氏西可数千里。其俗土著,耕田,田稻麦,葡萄酒。城邑如大宛。其属小大数百城,地方数千里,最为大国。临妫水,有市,民商贾用车及船,行旁国或数千里。以银为钱,钱如其王面,王死辄更钱,效王面焉。画革旁行以为书记。"如大夏:"在大宛西南二千余里妫水南。其俗土著,有城屋,与大宛同俗。……其兵弱,畏战。善贾市。……大夏民多,可百余万。……其东南有身毒国。"①此后,武帝又派张骞为中郎将,率三百人,携牛羊上万只及大量其他财物,再次出使西域。张骞到达乌孙,并遣副使分赴大宛、康居、月氏、大夏、安息、身毒、于阗等。乌孙国即派遣使者送张骞归汉,并献马数十匹报谢汉朝。其后张骞所遣副使也陆续归汉,有些还带来了出使国的使者,从此开启了汉与西域诸国交好的新局面,丝绸之路也随之正式开通。至西汉宣帝神爵二年(前60年),以郑吉为西域最高军政长官——都护,兼领南北两道诸国,都护府驻乌垒城(今新疆轮台县东北策大雅)。西域都护的设置,巩固了汉在西域的势力,保证了丝绸之路的畅通。

以上我们简略叙述了丝绸之路滥觞及形成的过程。近几十年来,随着对"丝绸之路"研究在广度和深度上的拓展,不少研究者将古代中西交通的其他有关线路也泛称为"丝绸之路",或称为是"丝绸之路"的支线。

周得京先生将古代洛阳和日本的交往之路,称为"东路'丝绸之路'";由洛阳南行经襄阳、江陵、溯长江而上至成都、由成都南下雅安、京山(或经宜宾、乐山)至云南滇池、再由滇池南下至越南,或经云南德宏至缅甸和印度的路线,称为"南方'丝绸之路'";还有"北路'丝绸之路'"(也叫"草原丝绸之路"等)。②

《洛阳市志·交通志》将"丝绸之路作为洛阳古代交通的重要组成部分",并

---

① 《史记》卷一百二十三《大宛列传》。
② 周得京《洛阳与丝绸之路》,《洛阳交通》1986年第7期。

提出"构成洛阳作为丝绸之路重要起点的因素","除了洛阳长期以来成为全国政治中心之外","还因为宋代以前河洛地区发达的桑蚕业,为以丝绸生产为主的手工业提供了广阔的发展前景"。在该志第四节《丝绸之路》中,它列出的主要线路有:

"洛阳通西域道",该道是指"以洛阳为起点,向西穿过数以百计的国家和部族,通至以罗马帝国代表的欧洲腹地","这是洛阳通往西方时间最早、里程最长的国际通道"。

"洛阳通中天竺道",这是"指唐初以洛阳名宿王玄策为代表开辟的一条新的洛阳至域外的通道",该路分四大段,"东段为两京道(亦称京洛道),西段为唐蕃道,中段为蕃泥道,南线为泥中道"。

"洛阳通掸国道",该道"即指西南'丝绸之路'",有五个区段组成:洛阳——长安段,长安——成都段,成都——云南驿段,云南驿——永昌段,永昌——掸国、海口段。

"洛阳通林邑道",该道"指洛阳与今中南半岛之间的交通要道"。汉代以后,走向是:从洛阳南下,经鲁阳(今河南鲁山)、南阳郡宛县(今南阳市)、穰县(今邓州市)、襄阳(今湖北襄樊)、南郡(今湖北江陵)、零陵、桂阳、龙编(东汉至南朝,为交州交趾郡治所在地,在今越南河内东天德江北岸)至林邑(今越南中南部),西行至扶南(今柬埔寨)、天竺(印度)。唐时,多由洛阳至江州(今江西九江市),从江州南下到洪州(今江西南昌市),然后经"梅岭之路"到广州,从广州出海西南行,经林邑、赤土通向欧洲和非洲。

"洛阳通日本道",该道被称为"丝绸之路的东线之一",东汉时的路线大体是:从洛阳东北行,渡黄河,穿河北平原,过长城,至辽东半岛最南端,沿辽东半岛东"循海岸北行,历朝国,乍南乍东,到其北岸狗邪韩国(加罗)",再渡海,"至对马国(今对马岛)"。再度瀚海,"至一大国(今壹岐岛)后陆行而东南到伊都国","至奴国"。……

"洛阳通高丽道",该道亦被称为"丝绸之路东线之一",路线走向是:从洛阳至涿郡,再东北行至辽东,南行过鸭绿江,至高丽、百济、新罗。另一条路线是,从洛阳出发,东行至汴州,然后东北行至山东半岛,从登州出海至百济,再南行至新罗。

　　"洛阳通云中道",该道以洛阳为起点,北抵今蒙古高原一带,"与北方草原丝绸之路联接"。大致走向是:从洛阳出发,东北行过黄河至怀州(今河南沁阳),沿今丹水河谷而上,入太行山径,又沿白水河谷,越太行山脊的天井关至泽州(今山西晋城),经高平,达潞州(今山西长治),西北行经铜鞮县、断梁城、越护甲岭,过团柏至太原。北经雁门郡(今山西右玉),西北行经云中郡(今内蒙古托克托)、稠阳(今内蒙古包头市)至龙城(今蒙古国鄂尔浑西侧、硕柴达木湖附近)。亦可由洛阳西行,经两京道至长安,再北行,过云阳(今陕西淳化),经秦直道至五原郡(今内蒙古包头市西),再北行至龙延。① 对于以上这些新拓展的路线,学界目前的看法并不一致。

　　宋晓梅《巴泽雷克墓出土铜镜新考——兼谈早期丝绸之路与洛阳》②一文称:公元前六至二世纪,以阿尔泰山及其北部地区为汇聚点的交通线,向东经过蒙古高原到河套内外与黄河流域相连,往西经过南俄草原,与黑海北岸相连,形成了横贯欧亚大陆的"丝绸之路",考古资料为此提供了充分证据。"这或许正反映了公元前二世纪以前北方草原路是联结欧亚大陆,沟通东西方两个世界的交通干线。相比之下,前二条道路(指羌中路、河西路)不及北方草原路那样重要。"李学勤先生说:大体说来,当前大家艳称的丝绸之路,实际上有狭、广两义。狭义的丝绸之路,专指汉唐时期丝绸西运的途径,如一些著作所讲,是指长安经过中亚、西亚,以至地中海西岸,路程约七千公里。广义的丝绸之路,则泛指亚欧大陆古代的东西交通,年代可上溯先秦,路线也兼包海陆。"观察学术界近年研究的起势,多数似已倾向广义"。但也有不少研究者认为,近些年来,一些学者扩大了丝绸之路的概念,将通过沙漠绿洲的道路称为"绿洲道"外,又提出了"草原道"、"海上丝绸之路"或"南海道"等。"这些提法虽然对研究东西交通有意义,但已非原来意义上的丝路了。"③

---

① 洛阳市地方史志编纂委员会编:《洛阳市志·交通志》,中州古籍出版社,1997年版。
② 洛阳市地方史志编纂委员会办公室编《洛阳——丝绸之路的起点》,中州古籍出版社,1992年版。
③ 《中国大百科全书·中国历史·Ⅱ》。

二、汉魏时期洛阳与丝绸之路

东汉、曹魏、西晋、北魏四代,均曾建都洛阳。在三个多世纪里,洛阳代表着当时中国政治、经济、文化发展所达到的最高水平。洛阳是当时世界东方的中心城市,也是全球范围内最为繁荣昌盛的国际大都会。这使洛阳无可争议地成为丝绸之路的起点。国内外丰富的文献资料和新中国成立前后出土的大量文物,对丝绸之路发展繁荣的新局面以及东西交往的活跃,都作了具体生动地记载和反映。

(一)汉魏时期的洛阳城

东汉、曹魏、西晋、北魏时期的洛阳城,位于今洛阳市与其下辖之偃师市、孟津县相与毗连之处,西距今洛阳市区大约 15 公里,地当伊洛平原中心。其遗址北依邙山,南逾洛河,残垣逶迤,蒿榛丛莽,当年京华雄姿,依稀可见。

在我国历史上,先后有六个朝代在这里建都,是我国建都时间最长的古城。东汉建都此城,始于光武帝,下传明帝、章帝、和帝、殇帝、安帝、顺帝、冲帝、质帝、桓帝、灵帝、献帝,凡 12 帝,196 年。三国魏建都此城,始于魏文帝,下传明帝、废帝(齐王曹芳)、少帝(高贵乡公曹髦)、元帝(陈留王曹奂),凡 5 主,46 年。晋代建都此城,始于晋武帝,下传惠帝、怀帝、愍帝,凡 4 帝,52 年。北魏建都此城,始于孝文帝,下传宣武帝、孝明帝、孝庄帝、节闵帝、孝武帝,凡 6 帝,42 年。

还在东汉建都之前,东周敬王之时,曾在晋国帮助下,召集各诸侯国在此营修都城,即东周成周城。由敬王在此建都始,下传元王、贞定王、哀王、思王、考王、威烈王、安王、烈王、显王、慎靓王,凡 11 王,205 年。这里曾住过"殷顽民",《洛阳伽蓝记》卷五《城北》载有民谣云:"洛城东北上商里,殷之顽民昔所止。今日百姓造瓮子,人皆弃去住者耻。"20 世纪 30 年代,曾在这里发现 8 座东周王室大墓。1984 年,中国社会科学院考古研究所洛阳汉魏故城队,对汉魏故城(北魏内城)城墙遗址进行解剖试掘,取得了重大成果。考古研究表明,早在西周时,这里已经出现了一座规模可观的城址,约合当时的东西六里、南北五里,地当汉魏晋故城中部;至春秋晚期,以此西周城为基础向北扩展,形成东周时期的成周城,地当汉魏晋故城中部和北部,这便是由敬王开始东周11王的都城,也即战国时期东周的都城。另有西汉高帝都此三个月。

以上六代共40帝(王),541年。新莽时,绿林军拥立的更始帝也曾都此,这里不予计算。这六代之中,东汉、西晋均为全国大一统政权,洛阳自然是全国政治、经济、文化、交通的中心;东周时期,虽各路诸侯霸据一方,但洛阳仍不失为中心城市之一;三国鼎立,魏最强大,洛阳地位也远在成都、建业之上;北魏占有半壁河山,洛阳是全国最大、最繁荣的城市,所谓"衣冠士族,并在中原",就是这个意思。

由古代文献及考古发掘表明,今存汉魏洛阳故城遗址,主要为北魏所遗留,由宫城、内城、外廓城构成。北魏内城、外廓城,平面略呈"回"字形。其中内城,即汉、魏、晋时的洛阳城,据晋《元康地道记》说"南北九里七十步,东西六里十步,为地三百顷一十二亩有三十六步",古人称作"九六城"。东汉时设有城门12座,并置城门校尉与司马等官掌管;每门又设侯一人,负责看守城门事务。其中东城垣三门,由北向南依次为上东门、中东门、望京门;南城垣四门,由东向西为开阳门、平城门、苑门、津门。平城门原为宫门,皇帝多由此门出入,为诸门中之最尊者;西城垣三门,由南向北为广阳门、雍门、上西门;北城垣二门,由西向东为夏门、谷门。

曹魏洛阳城门形制规模,如东汉旧观,惟城门名称多有更改。东垣三门为建春门、东阳门、清明门;南面四门为开阳门、平昌门、宣阳门、津阳门;西垣三门为广阳门、西明门、阊阖门;北垣二门为大夏门、广莫门。西晋洛阳城城门12个,位置、名称依魏制未变。

北魏时洛阳内城,城门出现一些新变化,西垣中间一门,位置北移以正东对东阳门;另在西垣北端新开了一座承明门,取曹植诗"谒帝承明庐"而名之。城门名称也略有变更。东垣三门为建春门、东阳门、青阳门;南垣四门为开阳门、平昌门、宣阳门、津阳门;西垣四门为西明门、西阳门、阊阖门、承明门;北垣二门为大夏门、广莫门。

经新中国成立后考古勘测得知:内城东垣残长3895米,宽14米;西垣残长4290米,宽约20米;北垣全长3700米,宽25～30米;南垣已被洛水冲毁,无法度量。如暂以东西垣之距 2460 米计算,则内城周长约合 14 公里,折合西晋三十三里,若减去西北隅三小城的长度,则折合西晋三十里,与古文献所载大体相符。其外廓城,经过考古发掘与研究,也已大体搞清。其中东垣,位于内城东垣东 3500 米处,两垣基本平行,残长 1800 米,宽 8～13 米;西垣位于分金沟村西,与内城西垣之距,近者 3500 米,远者 4250,残长 4400 米,宽 7～12 米;北垣位于内城北垣以北 850 米处,残长 1300 米,两垣基本平行;尚未找到南垣。

《洛阳伽蓝记》卷三《城南》记载,洛阳城东西二十里,南北十五里,居民十万九千户。如我们将当时洛河南之"四夷里"、"四夷馆"也加上计算,则南北也为二十里。其遗址范围,东至今偃师市后张村到白村间南北一线,西至洛阳市洛龙区白马寺镇分金沟村西到潘村间南北一线,南到偃师市佃庄乡王圪垱村东西一线,北到孟津县平乐镇上屯村东西一线,涉及五个乡镇,总面积约 100 平方公里。西汉长安城曾是世界上规模最大的都城,总面积 36 平方公里,约为西方罗马城的四倍。隋唐长安城总面积约 83 平方公里,以前曾以为是我国古代规模最大的城市。隋唐洛阳城总面积小于长安城。因此就规模范围而言,汉魏洛阳故城是名副其实的世界古城之最。

据《括地志》载,早在秦代,已在洛阳城内建置南宫、北宫。时至东汉,在继续使用南宫的同时,又重修了北宫。据文献记载:二宫相去七里,中间以"复道"相连。诗云"两宫遥相望,双阙百余尺"。宫门及城中大道皆分作三:中央御道,供皇帝出入行走,两边筑土墙,高四尺余。其余人等,只准走左右偏道。左入右出,各有规矩。夹道种榆槐树。南宫正殿初为却非殿,光武帝刘秀"幸南宫却非殿"即指此。此外还有崇德、九龙、嘉德、阳明、长秋、万龙、清凉、凤凰、竹殿、承福、建始、千秋万岁等殿。汉明帝刘庄曾于长秋殿画二十八宿将图像于云台。南宫正门为端门。宫门之外,各殿尚有殿门。南宫还在四方设朱雀、苍龙、白虎、玄武四阙,其中朱雀阙巍峨峻丽,相传当时在四十五里之外的偃师,犹可望见,"其上郁然与天连"。

永平三年(公元 60 年),汉明帝刘庄营建北宫及诸官府,至公元 65 年竣工。张衡《东京赋》中"逮至显宗,六合殷昌,乃新崇德,遂作德阳"即指此。德阳殿为北宫正殿,"南北行七丈,东西行三十七丈四尺"。另有记载说,德阳殿"周旋容万人,陛高三丈,皆文石作坛,激沼水于殿下,画屋朱梁,玉阶金柱,刻镂作宫掖之好,厕以青翡翠,一柱三带,韬以赤缇",异常崇高华丽,被美誉为"珠帘玉户如桂宫"。天子临朝,百官受赐,宴飨朝仪,都在这里举行。李尤有殿铭曰:"大汉体天,承以德阳。崇高宏丽,包受万方。内综朝贡,外候遐荒。"此外,还有百官朝会殿,宣明、章台、天禄、迎春、永宁、华光、崇光、显亲、云气等殿。其中的百官朝会殿,为决定国策之所,宣明殿为引见群臣之殿。另有承光宫,即是皇太子的东宫。据《水经注》记载,各宫殿门额,则是由大书法家蔡邕等人以大篆所书的。

苑囿建筑则有上林苑、灵囿、芳林苑、西苑、鸿德苑、显扬苑、长利苑、灵琨苑、菟苑等,皆为帝王贵臣郊猎之苑。游赏之观则有东观、白虎观、增喜观、听讼观、平乐观、承禄观、临洛观、百尺观。宴乐之台则有温明、清凉、皇女诸台,另有石渠、广内、秘书、麒麟、天禄诸阁。这些建筑皆壮观华丽,殿观多以复道相通。此外尚有濯龙、灵芝、御龙等池,引渠绕流,乘船以游。华峤《后汉书》云:"灵帝于平乐观下起大坛,上建十二重五彩华盖,高十丈。"平乐观在上西门处,今孟津县平乐镇当距遗址不远。观上建有高台可供凭眺,是东汉朝廷校阅兵将、宣扬武威之处。高台之下有宽敞华丽、层楼通阁的平乐馆,也是达官贵人宴乐之处。曹植诗曰:"归来宴平乐,美酒斗十千"即指此。另有裸游馆等。平乐观西有著名的长分桥,谷水由此桥分为南北而流,绕洛阳城东行。当时仕宦辈送行,多至此桥上。

洛阳城内有纵横24条大街,街有街亭。陆机《洛阳记》云:"汉时有二铜驼,在宫之南街四会道头,夹路东西相对,高九尺,名谓铜驼街。"据勘测,发现城内有南北纵道、东西横道各四条,宽可达40～50米,穿过城门直达城外,大约应是当时的主干道。据史书记载,当时已有洒水车,以供清扫街道之用。

曹魏时,明帝曹睿曾在洛阳城西北角新筑一座小城,名叫金墉城。《水经注》卷十六《谷水》云:"谷水又东,迳金墉城北,魏明帝于洛阳城西北角筑之,谓之金墉城。"《洛阳伽蓝记》卷一《城内》载:"瑶光寺北有承明门,有金墉城,即魏氏所筑。"

魏明帝景初元年(公元237年),在洛阳城南,伊水、洛水交汇处营建之圜丘,则为朝廷祭天之所。此外曹魏时期还导谷水过九龙殿之前,铸黄龙高四丈,凤凰三丈余;另建有崇扬文学的崇文观、总章观,可供宴游的凌霄观、昌都观等;有烛台高三十丈,土筑而成,台下四周罗列明烛,远远望去,如粲粲群星;有辟寒台,魏明帝于台上饲养昆明国所献"嗽金鸟",以此鸟畏霜雪,特置小屋以处之,用水晶作户牖,以珍珠龟脑作饲料,这种鸟会吐出象米粒那样的金屑,宫人争求,铸作各种装饰品,名叫"辟寒金"。

晋都洛阳大体上依然为曹魏时旧貌。宫城正殿仍为太极殿。[①] 据《河南志》记载:"正殿太极十二间,殿前南行布阁三百二十八间、南上总章观阁十三间,东上凌云台阁十一间,殿前有两株万年树。"城北大夏门有宣武观,始建于曹魏时,至晋武帝司马炎时改作阅兵场,登观南望华林园内天渊池,北瞻宣武阅兵场,气势极为雄伟壮观。洛阳城内东北隅有华林园,本名芳林园,曹魏时因避齐王曹芳之讳而作更改。冰室在宣阳门内,内常藏有冰块,供皇帝赏赐王公众官。

北魏宫殿多依魏晋旧基而重建,宫城正南门为阊阖门。门外巨阙双立,阙前渠水淙淙;宫墙"皆施短椽","以瓦覆之"。门桁榜题,皆中书舍人沈含馨以隶书成之,至宣武帝元恪时,又令江式用大篆书就。宫城千秋门内,道北有西游园,园内有曹魏文帝所筑之凌云台。台上有八角井,北魏孝文帝在八角井北建造凉风观,登观远望,洛河两岸.尽收眼底。台下有碧海曲池;台东有宣慈观,"去地十丈"。观东有灵芝钓台,为木构建筑,高二十丈,"丹楹刻桷,图写列仙",用大石雕刻鲸鱼背负钓台;钓台南有宣光殿、北有嘉福殿、西有九龙殿,殿前九龙吐水汇成一个大水池。各殿皆有飞阁可与灵芝台往来。每年三伏天气,皇帝常在灵芝台上避暑。宫中正殿为太极殿。正殿之外.还有太极前殿、观德殿、式乾殿、光明殿、显扬殿等。其中光明殿则是孝庄帝手刃尔朱荣之处。

在宫城之北,有著名的华林园,胜景之美,冠于当世。《洛阳伽蓝记》卷一《城内》曾对此园作了生动细致的描绘。园中有大海,即东汉天渊池。池中的九华台,初建于曹魏文帝时期,北魏孝文帝于台上造清凉殿。宣武帝又在海内建蓬莱山,山上有仙人馆;海西有藏冰室,每年酷暑季节,取冰以赐百官。园内景阳山南为百果区,产一种"仙人枣",亦称"西王母枣",长五寸,核细如针,至霜降才熟,味道佳美。另有一种"仙人桃",亦称"西王母桃",红色,清澈晶莹,见霜始熟,相传原产昆仑山。园中并建有流觞池、扶桑海,均有石窦流于地下,西通谷

---

① 《初学记》卷二十四《居处部·殿第四》云:"历代殿名,或沿或革,唯魏之太极,自晋以降,正殿皆名之。"

水,东连阳渠,景色绮丽,风光秀美。《水经注》卷十六还记载,华林园内有疏圃,"圃中有古玉井,井悉以珉玉为之,以缁石为口,工作精密,犹不变古,璨焉如新"。园北有瑶华宫,南即景阳山,"山有都亭。堂上结方湖,湖中起御坐,石也。御坐前建蓬莱山,曲池接筵,飞沼拂席,南面射侯夹席,武崎背山。堂上则石路崎岖,严嶂峻险,云台风观,缨峦带阜。游观者升降阿阁,出入虹陛,望之状凫没鸾举矣"。

今孟津县平乐镇金村,明朝时曾称金墉镇,坐落于汉魏晋故城(北魏内城)北端。村南高地,当地人称金銮殿,它的南面有午门台。据考古勘查,这一带就是北魏的宫城范围,因目前尚未全面发掘,详情不得而知。

北魏洛阳城衙署遍布。宫城前面铜驼街两侧,西有右卫府、太尉府、将作曹、九级府、太社;东侧有左卫府、司徒府、国子学、宗正寺、太庙、护军府。西阳门内御道北,有太仆寺、乘黄署、武库署。东阳门内御道北,有太仓署、导官署。建春门内御道南,有句盾署、典农署、藉田署;御道北有翟泉,泉北为河南尹,洛阳县治则在建春门外绥民里。北魏洛阳城建筑的另一特点是刹庙林立,多达一千多所。

汉魏洛阳故城在我国都城发展史上起着承先启后的作用,而它的这种作用是任何一座同时代的其他城市所无法代替的。我国最早的都城,作为军事、政治城堡的色彩更浓些,后来才逐步发展成为全国政治、经济、文化、交通的中心。其规模、城门、道路、礼制建筑、宫殿、市场的布局,也逐渐形成完备的规定。《周礼·冬官考工记》上说"匠人营国,方九里,旁三门。国中九经九纬,经涂九轨,左祖右社,面朝后市,市朝一夫",就是这种规划理论的主要内容。

作为都城的重心,即宫城、宫殿,此前都位于都城南部。东汉初年,重心仍在南部(南宫),自汉明帝永平三年(60年)开始营修北宫,便形成南、北宫对峙的局面。到了北魏,则将宫殿集中建置于城内北部,形成单一宫城、建中立极的局面。宫城正殿太极殿,则雄踞宫城中部。

东汉洛阳已逐步形成以南门为正门、南门大街为轴线的城市布局;至北魏,由宫城正门向南的铜驼大街宽40~42米,两侧置建中央衙署及宗庙、社稷,使内城带有某些后代皇城的性质。这条南北大道就成了都城的轴线。后到明清之际的北京城,就形成了穿永定门、正阳门、地安门的长达8公里的南北中轴线。

《魏书》卷八《世宗纪》云:"(北魏景明二年九月),发畿内夫五万人筑京师三百二十三坊,四旬而罢";《北史》卷十六《道武七王·广阳王建传附子嘉传》记载宣武帝初年,"于京四面筑坊三百二十,各周一千二百步"。《洛阳伽蓝记》卷五《城北》说:"(洛阳城内)庙社宫室府曹以外,方三百步为一里,里开四门,门置里正四人,吏四人,门士八人。"将内城南部、廓城大规模的辟为规整的里坊区,按里坊制度布局管理,是北魏洛阳城的创举,其后为隋唐长安城、隋唐洛阳城所仿效。将主要市场由宫侧移向东郭城(牛马市)、西郭城(大市)、洛河浮桥(四通市),这种规划布局也影响了隋唐长安城、隋唐洛阳城。

以上诸端,完全可以看出汉魏洛阳故城在中国都城规划谱系上重大的、甚至是划时代的作用。同时还应指出,汉魏故城也对日本等国的都城建设产生了重大影响,有研究者以为日本的藤原京即是仿照北魏洛阳城而修建的。甚至还有日本学者认为,以藤原京为蓝本的平城京、平安京也间接地受到了北魏洛阳城的影响。

汉魏晋洛阳城具有优越的地理优势。班固《东都赋》说:洛阳"处乎土中,平夷洞达,万方辐辏","(光武帝)迁都改邑,有殷宗中兴之则焉;即土之中,有周成隆平之制焉。"张衡《东京赋》说:"土圭测景,不缩不盈,总风雨之所交,然后以建王城","惠风广被,泽泊幽荒,北燮丁零,南谐越裳,西包大秦,东过乐浪,重舌之人九译,金稽首而来王"。北魏孝文帝元宏论迁都洛阳曰:"崤函帝宅,河洛王里,因兹大举,光宅中原。"任城王元澄论曰:"伊洛中区,均天下所据,陛下(指孝文帝)制御华夏,辑平九服,苍生闻此,应当大庆。"[①]北魏常景作《洛汭颂》曰:"浩浩大川,泱泱清洛","纳谷吐伊,贯周淹亳,近达河宗,远朝海若","兆唯洛食,实曰土中,上应张、柳,下据河、嵩,寒暑攸叶,日月载融,帝世光宅,函夏同风","四险之地,六达之庄","天地发辉,图书受命","水陆兼会,周郑交衢"[②]。这些都说明东汉、三国魏、西晋、北魏国都洛阳城,这种独特的自然、地理、历史、政治、经济、文化、交通优势,对于它能够成为当时世界范围内第一流的、甚至数一数二的国际大都会,对于它能够成为当时丝绸之路的东方起点,可以说是极其自然和顺理成章的事,是一种必然的趋势和结果。

---

① 《魏书》卷十九中《景穆十二王传中·任城王云传附子澄传》。
② 《洛阳伽蓝记》卷三《城南》。

（二）汉魏时期的洛阳商业贸易

东汉、曹魏、西晋、北魏时期的洛阳城,作为当时的国都和经济中心,这里的商业贸易显得相当活跃昌盛。从先秦以来,洛阳就形成了善于经商的优良传统。《史记》卷六十九《苏秦列传》曰:"周人之俗,治产业,力工商,逐什二以为务。"《史记》卷一百二十九《货殖列传》曰:洛阳大商人师史"转毂以百数,贾郡国,无所不至","洛阳街居在齐、秦、楚、赵之中,贫人学事富家,相矜以久贾,数过邑不入门,设任此等,故师史能致七千万"。同传又记东周洛阳大商业家白圭经营战略曰:"白圭乐观时变,故人弃我取,人取我与。夫岁熟取谷,予之丝漆;茧出取帛絮,与之食。……欲长钱,取下谷。长石斗,取上种。"又说他"能薄饮食,忍嗜欲,节衣服,与用事僮仆同苦乐,趋时若猛兽挚鸟之发",还说白圭称自己经商"治生产"犹如"伊尹、吕尚之谋,孙、吴用兵,商鞅行法"一般。《汉书》卷二十八下《地理志》曰:"周人之失,巧伪趋利,贵财贱义,高富下贫,熹为商贾,不好仕宦。"以上说明早在丝绸之路正式开通之前,东周洛阳的"周人"就喜为工商,也说明洛阳社会、洛阳民风中的商业观念、商业意识源远流长,由来已久。

到了东汉,这种商业观念、商业意识更为强烈。王符《潜夫论·浮侈篇》说:"今举俗舍本农,趋商贾,牛马车舆,填塞道路,游手为巧,充盈都邑,务本者少,浮食者众,'商邑翼翼,四方是极'。今察洛阳,资末业者什于农夫,虚伪游手什于末业。"《后汉书》卷四十九《仲长统传》说:"船车贾贩,周于四方;废居积贮,满于都城。琦赂宝货,巨室不能容;马牛羊豕,山谷不能受。"当时的洛阳设有三处工商业市场,华延儁《洛阳记》曰:"大市名金市,在城中;南市在城之南;马市在大城之东。"另在城东还有汉明帝所设立的粟市。负责市场管理的有河南尹下属的洛阳市长、丞各一人及属吏三十六人等。市内经营的有纺织品、粮食、铜铁器、陶器、漆器、酒类等各种货物。还有经销书籍的"书肆"等。更有甚者,连皇帝也在宫中经商。如《后汉书》卷八《孝灵帝纪》记载汉灵帝在光和四年(181年)"作列肆于后宫,使诸采女贩卖,更相盗窃争斗。帝著商估服,饮宴为乐",就是历史习俗的传承和影响。

三国魏都洛阳,也是一个手工业、商贸业颇为兴盛的大都市。《三国志》卷二十一《魏书·傅嘏传》裴注引《傅子》曰:"河南尹内掌帝都,外统京畿,兼古六乡六遂之士。其民异方杂居,多豪门大族,商贾胡貊,天下四会,利之所聚,而奸之所生。"晋时洛阳仍设有三市。陆机《洛阳记》曰:"洛阳凡三市,大市名曰金市,在临商观之西;马市在大城之东;洛阳县市在大城南。"一说三市谓平乐市、金市、马市。《洛阳伽蓝记》卷二《城东》记载,建春门外阳渠北建阳里,有土台高三丈,相传是西晋时旗亭,上有二层高楼,"悬鼓击之以罢市"。当时,上自皇帝公卿,下至庶民商贾皆欲经商求富。《晋书》卷五十三《愍怀太子传》云:"于宫中为市,使人屠酤,手揣斤两,轻重不差。"又说:"其母本屠家女也,故太子好之。""又令西园卖葵菜、蓝子、鸡面之属,而收其利。"从市场建设到社会各阶层从事的商业活动都反映了洛阳是著名的商业都会。

到了北魏,洛阳于工业、商业更为繁荣。《魏书》卷六十五《刑峦传》说:"逮景明之初,承升平之业,四疆清晏,远迩来同,于是蕃贡继路,商贾交入,诸所献贸,倍多于常。"自西晋末十六国之乱,造成货币无法流通,商业凋敝。北魏迁都洛阳后,先后于太和十九年(495年)、永平三年(510年)、永安二年(529年)分别铸造过"太和五铢"、"五铢"、"永安五铢"三种钱币,并规定这些钱币和绢帛、谷物一样,可在京师及全国各州镇使用。这对洛阳商业的发展自然会产生积极的促进作用。当时洛阳有大市、四通市、小市等商贸市场。大市位于洛阳西阳门外四里,御道南(即今白马寺火车站一带),"周回八里"。《洛阳伽蓝记》卷四《城西》对这个市场有详细生动的记载:

> 市东有通商、达货二里,里内之人,尽皆工巧,屠贩为生,资财巨万。
> 有刘宝者,最为富室。州郡都会之处皆立一宅,各养马十匹。至于盐粟贵贱,市价高下,所在一例。舟车所通,足迹所履,莫不商贩焉。是以海内之货,咸萃其庭,产匹铜山,家藏金穴,宅宇逾制,楼观出云,车马服饰,拟于王者。
> 市南有调音、乐律二里,里内之人,丝竹讴歌,天下妙伎出焉。
> 市西有延酤、治觞二里,里内之人,多酿酒为业。……
> 市北有慈孝、奉终二里,里内之人,以卖棺椁为业,赁輀车为事。
> 别有阜财、金肆二里,富人在焉。凡此十里,多诸工商货殖之民。千金比屋,层楼对出,重门启扇,阁道交通,迭相临望。金银锦绣,奴婢缇衣,五味

八珍,仆隶毕口。

四通市在洛水南,民间呼为永桥市。伊、洛二水之鱼,多于此售,其味鲜美,故京师语曰:"洛鲤伊鲂,贵于牛羊。"内城东有洛阳小市,地近租场,为全国各地贡赋聚集之地,大约为牛马牲畜、粟米粮食交易之地。同时这里又是出卖"水族"的市场,《洛阳伽蓝记》卷二《城东》说:洛阳小市在孝义里东,"三千余家,自立巷市,所卖口味,多是水族,时人谓鱼鳖市"。

《魏书》卷九十四《阉官传·刘腾传》说:当时权倾朝野的刘腾,"舟车之利,水陆无遗,山泽之饶,所在固护;剥削六镇,交通互市。岁入利息以巨万计"。像刘腾这样的朝廷官员参与经商,自然会大大推动工商业的昌盛。《洛阳伽蓝记》卷四《城西》还说:"神龟年中,以工商上僭,议不听衣金银锦绣。""工商上僭",恰恰反映了当时工商业的兴盛和繁荣。十分明显,东汉、曹魏、西晋、北魏洛阳商业贸易的活跃和繁荣,正是丝绸之路东方起点所必具的基础条件之一。

(三) 汉魏时期的洛阳文化

东汉、曹魏、西晋以及北魏时期,我国的学术、文化、科学技术取得了重大成就,而作为当时国都的洛阳,集中地代表和反映了这些成就,所谓"汉魏文章半洛阳",并非虚夸之辞。

首先要说到的是经学、玄学、佛学。经学本系阐释儒家经典之学,在汉魏晋以后的长时间里,一直是中国文化的正统,对中国封建社会的发展有重大作用,对我国传统文化如哲学、史学、文学、艺术等产生过重大影响。

西汉时期,汉武帝在思想领域罢黜百家,独尊儒术,设立《周易》、《尚书》、《诗经》、《仪礼》、《春秋》五经博士,这些经书因用当时通行的文字隶书书写,故叫"今文经";而当时刘歆在整理国家图书馆藏书时,发现《春秋左氏传》、《古文尚书》等儒家著作,因这些书用秦以前的古文字篆书书写,称之为"古文经",后逐渐形成今文经学和古文经学两大派别。东汉时,今文经学派和古文经学派展开了空前热烈的大讨论。今文经学本为东汉官方学术的主体,但它妖妄而且烦琐;古文经学虽为私学主流,但它"通训诂"、"举大义"、"不为章句",显得简明而犀利,最终占了上风。当时古文经学大师辈出,成就辉煌,最有名的有桓谭、班固、王充、贾逵、张衡、许慎、马融、郑玄等。

　　贾逵,东汉天文学家、经学家,系西汉洛阳才子贾谊的九世孙。其曾祖父常山太守贾光,将家从洛阳迁至扶风平陵(今陕西咸阳)居住。父贾徽,曾从刘歆等受学。贾逵"悉传父业",又在东汉太学攻读经书,后留居京都洛阳,在经学和天文、历法研究方面卓有建树。《后汉书》卷三十六《贾逵传》载,贾逵在太学钻研经学十分投入,竟达到了"不通人间事"的地步。贾逵以讲学获取粟米为生,在京都洛阳一时传为佳话。汉明帝十分赏识贾逵,封他为"郎",让他和东汉史学家、文学家班固同校秘书,应对左右。建初元年(公元76年),汉章帝即位,他倡导儒家学说,又特别喜欢古文经的著作,于是下诏让贾逵在东汉北宫的白虎观和南宫云台继续解释经典。后贾逵又获准了在原受《公羊春秋》的太学生中挑选20名高才生改授他们古文经《春秋左氏传》,《说文解字》的作者许慎就是其得意门生之一。建初八年(公元83年),汉章帝下诏,抨击今文经支离破碎,"去圣弥远",下令今文经的名家大师推选自己的高才生,改学古文经。贾逵还与今文经学家李育辩论,进一步提高了古文经的地位。撰有《春秋左氏传解诂》、《国语解诂》等。古文经在贾逵的努力下,最终取代了今文经的地位。儒家以其为宗,号为通儒,他的学说也被尊称为"贾学"。永元三年(公元91)年,汉和帝任其为中郎将,后升为侍中,辅佐皇帝,成为汉和帝的心腹之臣。贾逵在京都洛阳的另一重大贡献就是天文历法。汉代儒家普遍重视天文历法,并有所造诣。这不仅有政治方面的原因,也与儒家讲"天人合一"有着密切的关系。贾逵参与修订的东汉《四分历》,比以往各家的历法都有显著的进步。根据《续汉书·律历志》中的"贾逵论历"记载,贾逵在天文学上的贡献有以下这几点:一是明确否定了冬至日在牵牛初度的说法,为后来岁差(冬至点逐渐西移)的发现做了准备;二是主张用黄道坐标测算日月运行的轨道,认为以赤道坐标测算会出现误差;三是明确指出日、月运行速度有缓疾。这些重要发现均为后人所证实。

　　许慎,东汉经学家、文字学家,字叔重,汉汝南郡召陵(今河南郾城)人。他博通经籍,有"五经无双许叔重"之誉。时儒学大师贾逵在洛阳北宫的白虎观和南宫的云台讲授"五经",许慎"从逵受古学",因"聪明威重",入朝任太尉南阁祭酒一职。也就是在洛阳的20余年里许慎完成了《说文解字》的编撰。《说文解字》,简称《说文》,文字学论著。每字下的解释大抵先说字义,再说形体构造及读音,依据"六书"解说文字。该书创稿于东汉和帝永元十二年(100年),定稿于安帝建光元年(121年),是我国第一部系统地分析字形和考究字源的著作,是第一部"字典",也是世界上最古老的字书之一。

东汉时期,正是古文经学和今文经学争论激烈的时代,今文经学家解说经书多臆造妄想,解注文字,纯粹是主观想法,缺乏客观科学的依据。为提高古文经的地位,纠正今文经学家的妄说,首先必须弄懂文字的结构、语音及其意义。许慎认为先有文字而后才有"五经","文字者,经艺之本,王政之始,前人所以重后,后人所以识古"。许慎还注重研究小篆、古文,兼学"六书",根据"六书"的规则研究造字的规律,这都为他编著《说文解字》打下了坚实基础。永初四年(110年),安帝下诏选拔诸儒及博士,校订皇家图书馆东观的书籍。由于许慎通晓诸子百家著作,精通天文地理,被安帝选中。他经常给中官近臣传授经典,中常侍孟生、李善等人均拜许慎为师。一代儒宗马融,也对许慎敬重有加,推崇备至。

《说文解字》一书产生了广泛而深远的影响。不仅在今天,即使在将来,大凡研究语言文字学、古文献者,也都离不开《说文解字》。而且凡涉及古代历史、哲学等,都需要从《说文解字》中寻找科学的线索和答案。《说文解字》总结了东汉文字学的研究成果,保存了古代汉字的形、音、义。研究《说文解字》,不仅有助于辨认甲骨文,而且也是解读诸子百家经典的津梁。许慎创立了部首检字法,晋代的《字林》、明代的《字记》、清代的《康熙字典》以及今天的《辞源》、《现代汉语字典》等,都沿用了部首检字法。许慎在洛阳完成的《说文解字》是我国古代汉语史上的一座丰碑。1985年,有关方面为纪念这位为古汉语作出杰出贡献的伟大学者,特在洛阳图书馆门前敬塑了许慎像。《说文解字》对世界影响也很大,日本、美国和瑞典都有专门研究该书的学者,日本还专门成立有《说文解字》研究学会。

至魏晋时期,有一大批所谓"名士",用老庄思想从各个不同角度解释儒家经典,大兴"清谈"之风,玄学应运而生。其主要代表人物有何晏、王弼、嵇康、阮籍、向秀、郭象等。西晋时期,由于大官僚王衍的倡导,玄学大盛,已经超越旧时经学而取得统治地位。

佛教原诞生于南亚次大陆的古代印度,东汉初年开始在中国正式传播,洛阳白马寺是官方营建的第一座佛寺,被誉为"祖庭"、"释源"、"中国第一古刹"。

据载最先来到洛阳的两位印度高僧摄摩腾、竺法兰,曾经带来了佛经原本——梵文《贝叶经》。入华后,他们又很快学会了汉语。自白马寺建成后,他们便居住在白马寺内奉佛译经。首先他们共同译出了《四十二章经》,汉明帝极为珍视,敕令将它藏于兰台石室(皇家图书馆)第十四间。在摄摩腾去世后,竺法兰又一个人单独译出了《十地断结经》四卷、《法海藏经》一卷、《佛本生经》一卷,《佛本行经》五卷等,[1]这是中国最早的一批佛学著作,对中国佛教的最初传播关系极大。摄摩腾、竺法兰遂被尊为中国佛教的两位开山鼻祖。

东汉一代的佛经,绝大多数是在洛阳翻译出来的。据不少学者考证,《四十二章经》不是汉人伪造,而且《四十二章经》在汉代确已问世。《四十二章经》的内容属于佛教中的小乘学,应是《阿含经》(佛教早期经典)中部分章节的编译。"汉地见存诸经,惟此为始也"。

大约在白马寺创建之后 80 年,东汉后期桓帝、灵帝时期,安息王之子安世高,从东汉建和二年(公元 148 年)至东汉建宁三年(公元 170 年)的 20 多年内,在洛阳先后译出《安般守意经》、《阴持人经》、《大十二门经》、《小十二门经》、《百六十品经》等共九十五部合一百一十五卷。月氏人支娄迦谶,来华不久,即通晓汉语。他在洛阳先后译出《般若道行经》、《般舟三昧经》、《首楞严三昧经》等二十三部合六十七卷。[2] 安世高偏重宣扬坐禅法,多佛教小乘内容;支娄迦谶偏重宣扬般若学,多佛教大乘内容。这就成为东汉后期佛学的两大系统。和安世高、支娄迦谶两位译师大体同时在洛阳译经的还有:天竺的竺佛朔(或称竺朔佛)、安息的安玄、月氏的支曜、康居的康孟祥、康巨等。当时汉人参与译经者,有亲自受教于安世高的严佛调以及洛阳人孟福、张莲等十多人。据有关资料记载,从东汉永平十年(公元 67 年)至东汉延康元年(公元 220 年)这 154 年间,译经者计有 12 人,共译出佛经 292 部合 395 卷。安世高善汉语,他在洛阳讲经,"听者云集",大约中国的讲经即开始于安世高。东汉最高统治阶层中,汉明帝刘庄,楚王刘英,都崇尚佛教。迄东汉末桓、灵之世,佛教已经形成为一种独立的宗教势力了。

---

[1]　释慧皎撰、汤用彤校注《高僧传》卷一,中华书局,1992 年版。
[2]　释慧皎撰、汤用彤校注《高僧传》卷一,中华书局,1992 年版。

东汉时究竟有没有汉人出家为僧？《僧史略》说："汉明帝听阳城侯刘峻等出家，僧之始也；洛阳妇女阿潘等出家，尼之始也。"也有人说，东汉时严佛调已经出家，乃是中国最早的一位僧人。

经过曹魏、西晋时期的传播、发展和普及，到了北魏迁都洛阳以后，佛教呈现出了十分繁荣昌盛的局面。"昭提栉比。宝塔骈罗，争写天上之姿，竞摸山中之影。金刹与灵台比高，广殿共阿房等壮"，城内外有佛寺1367所，每年四月八日，各个寺院的佛像，有一千余尊，依次由宣阳门入城，至宫城正门阊阖门前，接受皇帝散花、致礼，"于时金花映日，宝盖浮云，幡幢若林，香烟似雾。梵乐法音，聒动天地。百戏腾骧，所在骈比。名僧德众，负锡为群"。有西域胡僧睹此情景，唱赞佛事之盛，俨如"佛国"。①

当时洛阳的西域僧人多达"三千余人"。著名西域僧人菩提达摩，"起自荒裔，来游中土"，面壁少林寺，最终灭化于洛滨，被尊为禅宗"初祖"。天竺僧人勒那摩提，在洛阳翻译《十地经论》、《法华经论》、《宝积经论》等，并与弟子慧光共创地论学派之"南道派"。北天竺僧人菩提流之，住洛阳永宁寺、与勒那摩提、佛陀扇多共译《十地经论》，后在洛阳和邺城先后共译经论三十九部一百二十七卷，并与弟子道崇共创地论学派之"北道派"。天竺僧人佛陀扇多，先后在洛阳白马寺、邺城金华寺译出经论十部十一卷。

白马寺是东汉、曹魏、西晋、北魏时期最著名、最重要的寺院之一，少林寺创建于北魏，佛教文化艺术宝库——龙门石窟也在北魏时期开始雕凿。为了叙述的方便，关于白马寺、少林寺、龙门石窟等佛教胜迹，将在本章第三节中的《隋唐时期的洛阳文化》再作介绍。

20世纪30年代，李健人先生指出，经学盛于洛阳，佛学传于洛阳，理学渊源于洛阳。② 戴逸先生也指出，汉学（主要指贾逵、马融、郑玄等为代表的东汉经学）、宋学（主要指二程等为代表的理学）和洛阳有极密切的关系。③ 而当时的洛阳城实为中国经学的昌盛之地以及中国佛学、玄学的真正源头。

除了经学、玄学、佛学等学术方面之外，当时的洛阳城还取得了其他许多文

---

① 《洛阳伽蓝记》卷三《城南》。
② 李健人：《洛阳古今谈》，史学研究社，1935年版。
③ 徐金星主编《河洛史话·序》，中州古籍出版社，1995年版。

化、科技成就。就史书编纂而言,班固在其父亲班彪的《史记后传》的基础之上所完成的《汉书》开启了中国断代史编纂的先河。班固为班彪之子,班超、班昭之兄。班固及其弟妹的少年、青年时代是在洛阳度过的。班彪去世后,班固兄妹回到了家乡。班固认为班彪所著的《史记后传》未完稿,就潜心研究,想完成父亲未竟的事业。不久有人上书汉明帝,告发班固私修国史。明帝下诏将班固关进监狱,把他家乡的藏书及书稿全部抄走。其弟班超来到洛阳,向汉明帝上书,诉兄之冤,受到明帝的召见。当汉明帝明白了班固之狱为冤狱,就下诏为其平反昭雪,并让班固入朝为官,任兰台(宫中藏书之所)令史,成为六名令史之一。班固来洛阳后,与其他人一起完成了《世祖本纪》,明帝提升班固为郎官,做典校秘书的工作。班固又写了功臣、平林、新市、公孙述等列传、载记共二十八篇。明帝就让他重新去完成以前他所编撰的著作。班固认为史臣司马谈和司马迁追述皇家的功德作本纪,却将大汉朝的历史编在百王之末,置于秦朝和项羽之侧,太初年以后的事,又没有载录,因此,有必要在其父班彪《史记后传》的基础上,完成一部记述西汉兴衰的全史《汉书》。班固和其父班彪一样,认为《汉书》的编纂,其断代应从汉高祖写起,到汉平帝之世及王莽被诛杀结束,共 12 世、230 年。为此,班固从永平中期开始写作,潜心精思 20 年,完成了《汉书》的大部分篇章。在此期间,班固还撰写了《两都赋》、编撰了《白虎通义》等著作。

汉和帝永元初年,大将军窦宪出征匈奴,以班固为中护军。窦宪大破匈奴于稽落山,斩获甚众,降服二十余万人。窦宪出塞三千余里,登燕然山,命中护军班固刻石记功而还。后来,班固又随窦宪破匈奴于金微山。永和四年(92 年),汉和帝诛杀窦宪,班固受到牵连,病死狱中。班固去世后,其所著《汉书》尚有八表和《天文志》未完成,汉和帝令其妹班昭及同郡人马续接续完成之。

《汉书》是我国第一部纪传体断代史,包括传、志、表等一百篇。从史学成就看,《汉书》的精华在十志,其规模宏大,比《史记》八书丰富。十志即《律历志》、《礼乐志》、《刑法志》、《食货志》、《郊祀志》、《天文志》、《五行志》、《地理志》、《沟洫志》、《艺文志》。同时,《汉书》又是东汉纪传体文学的代表,《霍光传》、《苏武传》等篇章下笔有神,感情丰富,刻画人物形神兼备,自古传为名篇。《汉书》著成后,受到社会广泛重视,史称“当世甚重其书,学者莫不讽诵焉”。

科学家张衡的一系列发明创造,昭显了河洛地区科技发明的重大突破。张衡,字平子,东汉南阳郡西鄂县(今属南阳市)人,是我国历史上伟大的科学家和文学家。张衡幼时十分勤奋,十七岁时离家出外游学,先到长安,后到洛阳,并在太学学习。张衡23岁时,任南阳郡主簿;永初四年(110年),被召至京师洛阳。元初二年(115年),调任太史令,掌天文、历法、朝廷祀典等,计五年。永建元年(126年)再任太史令,计七年。晚年出任河间(今河北献县)相。永和三年(139年),回到京师,任尚书,同年病逝于洛阳。"衡善机巧,尤致思于天文、阴阳、历算"。元初四年(117年),他创制了世界上第一部用水力推动的"浑天仪"。该仪器铜质球状,其上标出赤道、黄道、南极、北极、日月星辰等天文现象,并用漏壶滴出的水力,推动铜球转动,一天恰恰转一圈。浑天仪安置在灵台的"密室"里,人们坐在密室里,便可看到"某星始见"、"某星方中"、"某星已没",和实际情况完全一致。后人在此基础上制造了世界上最早的天文钟。阳嘉元年(公元132年),他创制了世界上第一台测报地震的仪器地动仪。地动仪用铜铸成,直径八尺,形似酒樽,中间有一根立柱,旁连八个方向的机械,外部装八条龙,龙头向下,龙口各衔铜丸;下蹲八只铜蟾蜍,仰头向上,正对龙口。如哪里发生地震,那个方向的龙即吐出铜丸,落入蟾蜍之口,发出响声,从而便可推知"震之所在"。"验之以事,合契若神。"①地动仪是"世界上地震仪的鼻祖",早于欧洲同类仪器一千七百多年。张衡还创制了测定风向的"候风仪"。有人认为,《晋书》卷二十九下《五行志下》中的候风木飞鸟即为张衡所创制之"候风仪"。以上即通常所称之"张衡三仪"。他创制的自飞木雕,浑身粘满羽毛,在邙山上放飞,可飞十几里,故有人赞誉张衡为世界上第一架飞行器的创制者。他还创制了指南车、计里鼓车、测影土圭等。张衡撰写有《浑天仪图注》、《灵宪》等科学著作。他提出"宇之表无极,宙之端无穷",认识到宇宙的无限性;他第一次指出月亮本身不会发光,月光是日光的反照,第一次正确解释了月食的成因;他精确地统计了当时在洛阳观察到的星数:较亮的星2500颗,常明星124颗,叫出名字的星320颗。这和现代天文学所统计的在同一时间、同一地点用肉眼可以看到的星为2500颗至3000颗的数据大体相同。他还绘制了我国第一张完备的星图。他用十年时间,完成了规模巨大、脍炙人口的文学作品《二京赋》;他也是东汉著名画家之一。

---

① 《后汉书》卷五十九《张衡传》。

还有像蔡伦创制的"蔡侯纸",也是东汉洛阳科技史上的重大成就之一(详后)。

魏晋时期,陈寿在这里完成《三国志》,司马彪撰写《续汉书》,张华撰《博物志》,裴秀绘《禹贡地域图》并提出"制图六体",马钧创制指南车、龙骨水车、水转百戏,杜预在黄河上架起了第一座浮桥。还有三曹父子、建安七子、竹林七贤等著名文人长期在洛阳生活;左思《三都赋》问世后,洛阳富贵人家争相传抄,致使纸价上涨,留下"洛阳纸贵"一段佳话。北魏洛阳,"礼仪富盛,人物殷阜",郦道元的《水经注》、杨衒之的《洛阳伽蓝记》等都是和洛阳有密切关系而具有重大学术价值、史学价值、文学价值的著作。

这里还要特别提及的是,和文化、教育、礼制有着重大关系的四大建筑及其遗址,即太学、灵台、明堂和辟雍。太学位于东汉洛阳开阳门外,今偃师市佃庄镇太学村西北,是当时的"国立大学"。它创建于建武五年(29年),早于湖南岳麓书院和摩洛哥加鲁因大学、埃及艾资哈尔大学各八、九百年,应是世界上现存或现有遗迹可寻的最早的大学和研究生院。在校学生曾多达三万余人,超过当今世界上许多名牌大学。东汉之后,曹魏、西晋相继沿用。太学研读的主要内容是儒家经典,贾逵、郑玄、王充、张衡等都曾在太学就读。太学遗址,南北长220米,东西宽150米,四周有墙。遗址内发现大面积夯土建筑基址,有一排排整齐划一的夯筑房基,排列有序。这里曾出土大量石经残石,其中"熹平石经"约计8000余字,"正始石经"约计2500余字。

灵台位于东汉洛阳平城门外大道西,今偃师市佃庄镇大郊寨与岗上村之间,是当时观测天象的场所,略类今天的国家天文台。创建于中元元年(56年),曹魏、西晋相继沿用。伟大的科学家张衡先后两次任职太史令,亲自领导、主持和参与灵台的天象观测和天文研究。灵台遗址已经过发掘,长宽各220米,东西有夯筑墙垣。中心为夯筑高台,南北残长41米,东西残宽31米,残高约8米,迄今仍屹立于洛河南岸,巍峨壮观。

明堂位于平城门外大道东,今岗上村。《白虎通义》说:天子立明堂,所以通神灵,感天地,正四时,出教化,崇有德,重有道,显有能,褒有行者也,即所谓"布政之宫,在国之阳"者。创建于中元元年(56年),曹魏、西晋相继沿用。其遗址南北长近400余米,东西宽386米,四周有夯筑墙垣,主体建筑遗址为直径60米的圆形夯筑殿基。

辟雍位于偃师市岗上村东,西距明堂 300 米,是"天子之学",是所谓"行礼乐、宣德化"的地方。创建于中元元年(56 年),曹魏、西晋相继沿用。其遗址长宽各 170 米,由四个不同方位的品字形夯基构成。1931 年,在这里出土古代巨碑一方,额题"大晋龙兴皇帝三临辟雍皇太子又再莅之盛德隆熙之颂"23 字,即通常所谓之"西晋辟雍碑",是一件极可宝贵的文物。①

以上这些都是中国古代文化极重要的组成部分,也是洛阳古代文化、河洛文化的光辉篇章。我国是当时东方乃至世界文明、文化的中心,至少是中心之一。而作为这种文化、文明中心的集中代表,洛阳对世界上的众多国家和地区,尤其对通过丝绸之路联结起来的众多国家和地区,具有强大的吸引力。同时,先进发达的中华文明、文化,通过各种途径(丝绸之路为重要途径之一)向世界各地传播,对人类社会、人类历史产生了深远的影响。

(四)汉魏时期洛阳与丝绸之路

光武帝建武元年(25 年),东汉建都洛阳,洛阳代替长安,成为全国政治、经济、文化的中心,陆路丝绸之路的东方起点。同时,洛阳又是东汉时地方政权司隶校尉部、河南尹、洛阳县治所的所在地。司隶校尉部下辖七郡,其首郡为河南尹(郡)。河南尹下辖洛阳、偃师等 21 县,大体相当于河洛地区的范围。

东汉时期,汉与西域之间,曾经经历了"三绝三通"的曲折过程。

西汉末年,王莽篡汉自立,西域诸国多与新莽政权断绝关系,西域又被匈奴所控制。东汉初年,莎车王康抗击匈奴,光武帝刘秀诏河西大将军窦融立康为"汉莎车建功怀德王,西域大都尉",管辖西域诸国。建武十四年(38 年),莎车、鄯善遣使洛阳"诣阙贡献",葱岭以东诸国皆为莎车所统辖。建武十七年(41 年),莎车复遣使奉献,并请求置立都护,光武帝刘秀"乃因其使,赐(莎东王)贤都护印绶及车旗、黄金、锦绣"。随后却又收回都护印绶,改赐以"汉大将军印绶",这很使莎车国不满。建武二十一年(45 年),车师前王、鄯善、焉耆等十八国

---

① 段鹏琦:《汉魏洛阳故城的调查与发掘》,《新中国的考古发现和研究》,文物出版社,1984 年。洛阳市地方史志编纂委员会:《洛阳市志·文物志》,中州古籍出版社,1995 年。

皆"遣子入侍",奉献珍宝,"愿得都护",但因光武帝刘秀"以中国初定,北边未服"为由未予答应。建武二十二年(46 年)鄯善王又上书"更请都护",又被拒绝。于是鄯善、车师等国无奈之下降附匈奴,汉与西域关系断绝。此即所谓"一绝"。

永平十五年(72 年),汉明帝"遣奉车都尉窦固、驸马都尉耿秉屯凉州"。永平十六年(73 年),汉明帝派窦固率兵攻打匈奴,会战于天山,"斩首千余级",北匈奴呼衍王北走,汉军占领伊吾庐(今新疆哈密附近),汉置宜禾校尉以屯田。在这次出击匈奴的战争中,东汉时期著名的军事将领和外交家班超奉命出征,任假司马之职。他率一支部队,出击伊吾庐,大战蒲类海(今新疆巴里坤湖),立下战功,窦固很赏识他,派遣他出使西域其他国家,以说服和争取各国脱离匈奴,归附汉朝。班超率属员 36 人,出使鄯善(今新疆若羌县一带),得知匈奴使者到来,遂以"不入虎穴,焉得虎子"的英雄气概,夜攻纵火,杀匈奴使者,后于阗国(今新疆和田县一带)也杀了匈奴监督官,班超又更换了臣民怨恨的疏勒王,新立了另一位疏勒王,于是鄯善、于阗、疏勒三国国王均派儿子到洛阳作"侍子",隔绝 58 年的西域及"丝绸之路",至此复通。此即所谓"一通"。

东汉永平十八年(75 年),明帝驾崩。北匈奴攻占车师,焉耆(今新疆焉耆县一带)、龟兹(今新疆库车县一带)反叛,"攻没都护陈睦"。次年,汉章帝继位后决定召回汉官戊己校尉,不再派遣都护。后匈奴进占伊吾庐,汉与西域二次断绝联系。班超奉诏将欲回国,从汉诸国大为震动,疏勒(今新疆喀什一带)国都尉黎弇怕班超离去后遭匈奴报复,拔刀自杀;于阗国王侯抱住班超的马腿,号哭不放。于是班超与 36 名属员留了下来,后在东汉援军支持下,先后大败莎车、龟兹、焉耆及向东越过葱岭的大月氏等,"五十余国悉纳质内属。其条支、安息诸国至于海濒四万里外,皆重译贡献"。此谓之"二通"。和帝永元九年(97 年),都护班超派副使甘英等出使大秦(罗马帝国),经安息(即波斯,今伊朗)、条支(今叙利亚),直达波斯湾边,"距玉门、阳关者四万余里","临西海以望大秦"。因安息国一向用东汉的丝和丝织品与罗马交易,不想让甘英到达大秦,开通汉与大秦的直通商道,故意夸大航海困难,甘英不得已返回。这是中国使者第一次远达波斯湾。史书称甘英穷临西海而还,"皆前世所不至,《山经》所未详,莫不备其风土,传其珍怪焉。于是远国蒙奇、兜勒皆来归服,遣使贡献"①。班超在西域经营30年,和帝永元十四年(102年),班超上书朝廷,愿返回洛阳。当年八月班超回到洛阳,一个月后辞世,年71岁,葬洛阳北邙山。今孟津县张阳村有高大土冢,历来相传为班超墓。和帝于永兴元年(105年)驾崩后,即位的殇帝又在半年余夭折,东汉内部动荡,接班超而任西域都护的任尚不能掌控西域,安帝即位后难以西顾,遂下诏罢都护,自此"遂弃西域"。此谓"三绝"。

安帝延光二年(123年),东汉派班超之子班勇出任西域长史。班勇"将弛刑士五百人西屯柳中""遂破平车师"。延光五年(126年),班勇大破北匈奴;顺帝永建二年(127年),班勇、张朗(敦煌太守)讨伐焉耆、尉犁、危须三国,三国臣服,"并遣子奉献"。班勇重新打通并保护了边塞与丝绸之路的畅通。此谓之"三通"。班勇长期生活在西域,对西域的方方面面十分熟悉。他撰写的《西域记》一书,是范晔撰写《后汉书》卷八十八《西域传》的重要依据。正如《后汉书》卷八十八《西域传》所说:"班固记诸国风土人俗,曾已详备前书,今撰建武以后其事异于先者,以为《西域传》,皆安帝末班勇所记云。"

东汉时期,尽管有"三绝三通"的反复,但总的来说是"通"的时间多于"绝"的时间。还有,东汉时从敦煌玉门关进入西域的路线,也由西汉时的两条增加为三条。这三条路线在《三国志》卷三十《魏书·东夷传》注所引《魏略·西戎传》有云:"从敦煌玉门关入西域,前有二道,今有三道。从玉门关西出,经婼羌转西,越葱领,经县度,入大月氏,为南道。从玉门关西出,发都护井,回三陇沙北头,经居卢仓,从沙西井转西北,过龙堆,到故楼兰,转西诣龟兹,至葱领,为中道。从玉门关西北出,经横坑,辟三陇沙及龙堆,出五船北,到车师界戊己校尉所治高昌,转西与中道合龟兹,为新道。"新道又称"北新道"或"径道",为东汉时新开辟的一条路线。《后汉书》卷八十八《西域传》云:"汉世张骞怀致远之略,班超奋封侯之志,终能立功西遐,羁服外域。自兵威之所肃服,财赂之所怀诱,莫不献方奇,纳爱质,露顶肘行,东向而朝天子。故设戊己之官,分任其事;建都护之帅,总领其权。""立屯田于膏腴之野,列邮置于要害之路。驰命走驿,不绝于时月;商胡贩客,日款于塞下。"这些记载充分反映了当时丝绸之路上的繁忙景象。

---

① 《后汉书》卷八十八《西域传》。

曹魏立国,仍以洛阳为都。同时洛阳又是司州(东汉司隶校尉部改)、河南尹、洛阳县治所新在地。据《三国志》卷三十《魏书·东夷传》说:"魏兴,西域虽不能尽至,其大国龟兹、于阗、康居、乌孙、疏勒、月氏、鄯善、车师之属,无岁不奉朝献,略如汉氏故事。"同书卷二《文帝纪》又说:"黄初三年二月,鄯善、龟兹、于阗王各遣使奉献,是后西域遂通,置戊己校尉。"同书卷十六《仓慈传》说:"太和中,(仓兹)迁敦煌太守","常日西域杂胡欲来贡献,而诸豪族多逆断绝;既欲贸迁,欺诈侮易,多不得分明。胡常怨望,慈皆劳之。欲诣洛者,为封过所,欲从郡还者,官为平取,辄以府见物与其交市,使吏民护送道路,由是民夷翕然称其德惠。"仓慈卒后,"西域诸胡闻慈死,悉共会聚于戊己校尉及长史治下发哀,或有以刀画面,以明血诚,又为立祠。遥共祠之。"这些记载可以大体反映出曹魏时丝绸之路的情况,即"略如汉氏故事"。

西晋洛阳,既是首都,又是司州、河南郡(魏河南尹改)、洛阳县治所所在地。据朱绍侯先生说,西晋在西域仍设戊己校尉,以保持与丝绸之路上诸国的贡使关系。司马炎即皇帝位,"设坛于南郊,百僚在位及匈奴南单于、四夷会者数万人",在这数万人之中,肯定也包括西域诸国的使者。①

建兴四年(316 年),西晋亡祚。此后的 170 多年间,洛阳失去了昔日的辉煌,不再是丝绸之路东端起点。北魏太和十八年(494 年),孝文帝迁都,洛阳成为北魏都城,同时也是司州、河南尹、洛阳县治所所在地。丝绸之路东端起点的地位得以恢复。至孝武帝元恪时,丝绸之路商贸及文化交往达到了高潮。《洛阳伽蓝记》卷三《城南》云:"自葱岭已西,至于大秦,百国千城,莫不欢附,商贩胡客,日奔于塞下,所谓尽天地之区已。"《魏书》卷一百二《西域传》说,当时西出西域的路线有四条:"自玉门关渡流沙,西行二千里,至鄯善为一道;自玉门关渡流沙,北行二千二百里,至车师为一道;从莎车西行一百里至葱岭,葱岭西一千三百里,至伽倍为一道;自莎车西南五百里,葱岭西南一千三百里,至波路为一道。"

前面我们围绕东汉、曹魏、西晋、北魏时期的一些历史实进行了简略叙述,可以看出作为东汉、曹魏、西晋、北魏(迁洛以后)的都城、地方行政机构的驻地,作

---

①　朱绍侯《曹魏至北魏时期洛阳在丝绸之路上的地位》,《洛阳——丝绸之路的起点》,中州古籍出版社,1992 年版。

为陆路丝绸之路的东方起点,洛阳城对丝绸之路的畅通、发展和兴盛是发挥了重大的积极作用的。

从 20 世纪甚至更早的时间以来,在东汉、曹魏、西晋、北魏时期的洛阳城(即汉魏故城)遗址以及当时的墓葬中,出土了不少珍贵的古代文物,其中有一些是和丝绸之路有关的。这些古代的遗迹遗物,无疑是洛阳作为丝绸之路东方起点,并为丝绸之路发展作出过重大贡献的见证。20 世纪 20 至 30 年代,在汉魏故城遗址出土了一批残石经,掀起了收集研究的热潮。1923 年,国立北京大学研究所派该所古迹古物调查会的马衡亲赴洛阳,于汉魏洛阳故城考察太学遗址、石经出土处,后又数次来洛。当时他曾在洛阳征得四块弧形石条运回北京,后入藏北京大学研究所国学门考古学室。自 1925 年以后,这几块石条曾受到中外多位学者的关注。1926 年,在北京的法国神甫步履仁撰写《北京国立博物馆所藏洛阳闪语碑铭》一文,1961 年,英国语言学家亨宁认出石条上的铭文为佉卢文而非希伯来文,当年伦敦大学教授布腊夫发表《中国所出佉卢文碑铭》一文,对铭文进行研究。1989 年,林梅村先生对这几块条石的发现过程、铭文、历史背景、东汉洛阳佛寺等作了深入、精到的研究,其结论为许多学者所认可。据林文说,这三块弧形石条,宽度一样,约 15.24 厘米;长度不同,分别为 45.72 厘米、27.94 厘米、20.32 厘米;石质一样,"应属同一个体","石条均呈弧形,步(履仁)氏根据其弧度推算直径接近 1.5 米,现存石条约为圆周的五分之一","很可能就发现于 1924 年马衡考察的汉魏洛阳故城附近"①。"佉卢文表达的则是印欧语系中古印度雅利安语的西北方言,被定名为'犍陀罗语'。""石条的特殊形态表明,它们是井阑的一部分。在犍陀罗地区发现过六处佉卢文井阑的题记,内容大同小异。"洛阳佉卢文井阑题记意为:"唯……年……第十(五)15(日),此寺院……顺祝四方僧团所有(僧)人皆受重。""这条题记首次以实物证明,东汉京都洛阳有佛教僧团和寺院,年代约在灵献之际(179 – 190 年)。","洛阳这座佛寺的兴建无疑和贵霜人在洛阳的活动有关。""洛阳出现佉卢文题记不是孤立的现象,敦煌汉长城烽燧遗址、塔里木盆地楼兰遗址和于阗故地都发现过属于这一

---

① 林梅村《洛阳所出佉卢文井阑题记——兼论东汉洛阳的僧团和佛寺》,《中国历史博物馆馆刊》1989 年 13、14 期。

时期的佉卢文材料。""这就清楚地勾勒出一条从犍陀罗经丝绸之路南道,过河西走廊,至东汉首都洛阳佉卢文入华路线。""洛阳发现的佉卢文井阑题记与179年数百名贵霜大月氏人流寓洛阳的史实有关。""这个井阑属于洛阳贵霜人寺院一个浴堂的附属设施。""铭文明确提到了僧团与寺院,丰富了以往对东汉洛阳佛教的贫乏知识。""该寺院很可能在汉魏洛阳故城西雍门外。"

1931年,在汉魏洛阳故城辟雍遗址发现西晋咸宁四年所立碑石一通,通高3.22米,宽1.10米,厚0.30米。碑首约占碑身1/3,碑额隶书"大晋龙兴皇帝三临辟雍皇太子又再莅之盛德隆熙之颂"等23字。碑身高2.05米,隶书30行,行56字。1974年又于辟雍遗址发现碑座,后与碑身合为一体。① 关于辟雍碑的发现,傅振伦先生曾在1984年的一封信中写了下面一段话:"晋太学辟雍碑是1931年故宫博物院的古物馆馆长徐鸿宝(字森玉)先生发现,雇工掘出,拓了廿份,就又掩埋起来了。赠北大考古学会二份,马衡(字叔平)先生定名为'晋盛德隆熙颂碑'。"当年该碑出土曾经轰动一时,顾廷龙在《燕京学报》1931年10期发表的《大晋龙兴皇帝三临辟雍皇太子又再莅之盛德隆熙之颂跋》、余嘉锡在《辅仁学志》1932年3卷1期发表的《晋辟雍碑考证》,"代表了当时的研究水平"。顾文曰:"其可订补史书阙失者甚多,非可作等闲碑志观焉。"余文曰:"文辞典丽堂皇,上承汉魏,下开南北朝,读之,觉崔蔡风流去人不远。""其字画挺劲朴茂,有上尊号奏受禅表遗意,与曹真、王基等碑尤为相近,而稍逊其厚重,唐人分体即从此出。""吾敢断其决非赝品。"这些论述都是十分中肯、十分有见地的。值得注意的是,辟雍碑中有这样一段话:"戎夏既泰,九域无事,以儒术久替,古典未隆,乃兴道教以熙帝载,廓开太学,广延群生,天下鳞萃,远方慕训,东越于海,西至流沙,并时集至,万有余人。"而且在碑阴所刻的学生名单中,更明确刻有"散牛西域朱乔尚建(姓朱名乔字尚建,卜同)、散生西域王迈世光、散生西域隗景大卿、散生西域隗元君凯"等,这自然是西晋时期洛阳通过丝绸之路和西域交往的确证。

1965年7月,考古工作者清理发掘了北魏皇族元邵墓。元邵为北魏孝文帝元宏之孙、清河王元怿之第二子。武泰元年(528年)在"河阴之役"中被杀。其

___

① 《洛阳市志·文物志》第二章第四节《汉魏洛阳城》。

墓位于今洛阳老城东北约 4 公里、瀍河之东 1.5 公里、盘龙冢村南不足 0.5 公里的邙山南坡。该墓在新中国成立前曾遭盗掘。关于该墓的出土遗物，洛阳博物馆清理发掘曾有详细的记载。其中有陶骆驼一件，高 24.2 厘米，长 23.3 厘米，"朱绘，双峰，峰间设鞍，上披长毯，毯上横置货袋，袋前后分置扁壶、兽各一"。另有昆仑奴俑(在《洛阳北魏元邵墓》文中称"童俑")一件，"长衣俑"二件。其中昆仑奴俑高 9.20 厘米，[①]《洛阳市志·文物志》描述说："蹲坐，左臂横按两膝上，右手弯曲抱头，头埋于两臂之间，只见卷发，不见其面。身穿红色长袍，脚踏长筒靴。""长衣俑"2 件，高 15.3 厘米，"皆卷发，虬髯，深目高鼻，穿红色圆领大衣，长裤"。显然这几件陶俑均为西域胡人形象。

1985 年秋，洛阳市文物工作队在汉魏故城西北约 3 公里、孟津县三十里铺村东北约 1.5 公里、邙山南麓发掘清理了 4 座墓葬，其中之一为北魏侯掌墓。据墓志称：侯掌，字宝之，上谷郡居庸县崇仁乡修义里人，北魏正光五年(524 年)卒于洛阳。曾祖浮，曾官司隶校尉、颍川太守、汲郡太守。祖旬，曾任中书议郎、扬烈将军。父麓，曾任北征子都将、本县令、伏波将军、广宁太守。侯掌墓出土了数十件陶器，十数件陶俑。陶俑之中有 4 件男胡俑，"形制、大小均基本相同"。发掘清理者对其中的一件记述说："高鼻深目，双目凝视，络腮胡，身着圆领长袍，腰束带，鞋尖微露，右臂下垂，左臂弯曲置于胸前，双手均握拳，拳中有孔，原应持物，高 17 厘米。"[②]元邵墓、侯掌墓出土的身背货袋、水壶的骆驼，头发卷曲、深目高鼻、身着长袍的胡俑，十分清楚地向我们传达了这样的信息，即当时洛阳一带，日常生活中人们一定会经常看到这样的骆驼和西域人，而这些骆驼和西域人一定是沿着丝绸之路长途跋涉抵达洛阳的。

在汉魏洛阳故城，曾先后出土两件双翼童子造像。关于这两件文物，段鹏琦先生曾在《从北魏通西域说到北魏洛阳城——公元五六世纪丝绸之路浅议》[③]一文中详作论述，今将主要内容转录如下：

---

① 洛阳博物馆《洛阳北魏元邵墓》，《考古》1973 年第 4 期。
② 洛阳市文物工作队《洛阳孟津晋墓、北魏墓发掘简报》，《文物》1991 年第 8 期。
③ 段鹏琦《从北魏通西域说到北魏洛阳城——公元五六世纪丝绸之路浅议》，《洛阳——丝绸之路的起点》，中州古籍出版社，1992 年版。

　　这两个造像,一为采集品,一为科学发掘品,出自太学遗址第二层,即北魏(或北朝)层中。两者皆铜质,铸造,大小相若,高不足5厘米,圆雕,男性,裸体,圆脑袋,头项蓄发如留海,面部稍平,五官毕具,前胸及小腹微凸,以阴线小圆圈表示双乳及肚脐。双腿浑圆,膝部微前屈,跣足,双臂前屈,双掌合十,上臂外侧附以张开的双翼。全身无纹饰,颈部系一串珠项链,背后都有"仙子"二字铭文,系篆书汉字。神态虔诚可爱,俨然就是中国型的小天使。"在我们看来,这仙子二字并不一定带有否定其为天使的含义,而更可能是小天使们的中国名字。""在内地他们可能不属于佛教造像体系,但天使颈部的串珠项链表明,在他们身上佛教艺术的影响也是存在的。"

　　20世纪,在新疆发现有绘有这种双翼天使艺术形象的壁画。"新疆、洛阳两地发现的双翼天使艺术形象,为我们勾画了造像题材包括双翼天使的一种西方宗教沿丝绸之路自西向东传播的轨迹。""从当时的历史环境及文化面貌分析,这种宗教,肯定不是佛教,但也不能说一定就是基督教或基督教的聂斯托利派,它究竟是哪种宗教,仍是一个有待探讨的学术问题。"

发现于汉魏洛阳故城而又和丝绸之路有关的文物还有很多,不再一一赘述。

三、隋唐时期洛阳与丝绸之路

　　隋、唐二代,洛阳和长安并称东西二京,二代相加共计三百多年。这期间,洛阳或为首都,或二京并重,或为陪都,都是全国的中心城市或副中心城市,其地位,远非同时期除长安以外的其他城市可与之相比。尤其大运河的开通,更使洛阳成为全国水陆交通纲的枢纽。隋、唐二代,是我国历史上疆域辽阔的强大帝国,洛阳城也创造了洛阳城市史上最为辉煌灿烂的局面,经济繁荣,文化昌盛。以洛阳为起点的丝绸之路,尤其是陆上丝绸之路,在经过了数百年甚至一千多年的滥觞、形成、发展、繁荣后,至此进入了它的鼎盛期。

(一)隋唐时期的洛阳城

我国历史上长达170年的南北朝对峙之局,迄隋文帝杨坚灭陈,重新统一中国而宣告结束。隋文帝定都长安(今陕西西安),仁寿四年(604 年),太子杨广弑父自立,即隋炀帝。当年冬,隋炀帝驾幸洛阳,北登邙峰,南望伊阙,但见伊洛两岸开阔平坦,遂说道:这不是龙门吗?自古以来,历代帝王何不建都于此呢?大臣苏威对曰:前代所留,正是等待陛下您啊!炀帝听罢十分高兴,便决定在汉魏洛阳故城以西十八里处重建新都。隋炀帝大业元年(605 年)春,尚书令杨素、纳言杨达、将作大匠宇文恺,受命营建东都洛阳,月役工匠多达 200 万人,历一年而告成。大业二年(606 年)四月,隋炀帝率文武大臣,"陈法驾,备千乘万骑",由龙门入洛阳城。隋都洛阳凡 15 年。其后唐代以及五代时期的梁、唐和晋亦曾相继以此为都。其中唐代约 60 余年,五代梁 14 年、唐 13 年、晋约 2 年。这座新洛阳城便是我国历史上著名的都城之一隋唐东都城了。

　　隋唐东都洛阳城,地介东周王城与汉魏洛阳故城之间,北负巍巍邙山,南瞻古塞龙门,东瀍西涧,洛水横贯城中,水上建天津桥。规模宏伟,气势壮观,是当时我国政治、经济、文化、交通的中心或中心之一,也是当时世界范围内并不多见的大城市。全国解放后,有关文物考古工作者,已对隋唐东都城遗址进行了勘察和部分发掘,基本上搞清了这座古城的轮廓和布局,对于一些重点遗址的科学发掘,更获得了不少重要的收获。据记载隋唐东都城规模,"东面十五里二百一十步,南面十五里七十步,西面十二里一百二十步,北面七里二十步,周回六十九里二百一十步。"[1]另有记载说:"东西五千六百一十步,南北五千四百七十步,西连苑,北自东而东二千五百四十步,周二万五千五十步。"[2]由中国科学院考古研究所(今属中国社会科学院)的勘测可知,隋唐洛阳城的外廓城(亦称罗城)东墙长 7312 米,南墙长 7290 米,西墙长 6776 米,北墙长 6138 米,合计周长 2.7516 万米,折今 27 公里。城平面南宽北窄,与文献所记"南广北狭"之说相符。

　　隋时洛阳共有城门 10 座,其中南垣 3 座:中为建国门(唐改称定鼎门),东为长夏门,西为厚载门;东垣 3 座:中为建阳门(唐改称建春门),南为永通门,北为上春门(唐改称上东门);西垣 2 座:南为丽景门,北为宣曜门;北垣 2 座:东为延喜门,西为徽安门。定鼎门位于今曹屯村东北,1997 年至 1999 年,考古工作

---

① 徐松辑、高敏点校《河南志·隋城古迹》注引,中华书局,1994 年。
② 《新唐书》卷三十八《地理志二》。

者对定鼎门遗址进行了发掘。该门为一门三道式,中门道已遭破坏;东西两门道基石保存较好,还发掘出城门两侧的一段城墙等。

城内街道,纵横交错。其中由皇城正南门端门,过天津桥,直达外廓城正南门定鼎门的大道,即定鼎门街,亦曰天门街、天津街、天街,宽百步,长九里。中为御道,两侧通行人,旁植樱桃、石榴、榆、槐等树,是当时最宽敞的大街。定鼎门大街遗址,位于今洛(阳)龙(门)公路西侧约 0.5 公里处,地下存留路面宽达 90—121 米。

隋时,城内洛河南共有 96 坊,洛河北共有 30 坊。唐时共有 109 坊,畦分棋布,布局井然。每坊东西、南北均广 300 步,十字街,坊有墉,墉开四门,门皆重楼。经勘查,已在洛水南发现了 55 坊遗址,洛河北 9 坊遗址,均为正方形,约450 米见方。其中位于履道坊的大诗人白居易故居遗址(今狮子桥村东北)取得了重要发掘成果。故居内有中厅、回廊、东西厢房、门房等遗址。此外洛阳外廓城内,还分布着皇城、宫城、东城、含嘉仓城以及曜仪城、圆壁城等。

皇城位于外廓城内西北隅,"长千八百一十七步,广千三百七十八步,周四千九百三十步"(《新唐书·地理志》),为百官衙署之所在。皇城东西两墙与宫城之间的地带,形成所谓"夹城"。其中西"夹城"已经过发掘。皇城正南门端门遗址,位于定鼎南路东侧,周公庙大门南侧。端门东西,分别有左掖门、右掖门。

宫城即禁城,也称紫微城,"长千六百二十步,广八百有五步,周四千九百二十一步",①城址套入皇城北部,平面近方形,经勘测,南墙长 1710 米,东墙长1275 米,西墙长 1270 米,北墙长 1400 米。墙以夯筑、砖包,宽度一般约 15—16米。

隋时,宫城内最豪华壮观的大殿为乾阳殿,此殿乃皇帝举行大典之所。殿基高九尺,从地至鸱尾,高一百七十尺,柱粗二十四围,"绮井垂莲,仰之者眩曜,南轩垂以蛛丝网络,下不至地七尺,以防飞鸟。四面周以轩廊,坐宿卫兵"。殿庭东南、西南各建重楼,一悬种,一悬鼓,刻漏在楼下,依刻漏计时间而鸣钟鼓。②另有大业殿、文成殿、武安殿、修文殿、观象殿等。

---

① 《新唐书》卷三十八《地理志二》。
② 《大业杂记》。

　　唐时,宫城正南门为应天门,应天门内有乾元门,乾元门内即正殿乾元殿。垂拱三年(687年),武则天毁乾元殿,改建明堂,又称万象神宫、通天宫,高二百九十四尺,方三百尺。凡三层:下层法四时,各随方色;中层法十二辰,上为圆盖,九龙捧之;上层法二十四气,亦为圆盖,上施铁凤,高一丈,饰以黄金。中有巨木粗十围,上下通贯。①　另据《朝野佥载》记载,证圣元年(695年),薛怀义于明堂北造功德堂,高一千尺。中有大佛像高九百尺,鼻如千斛船,小指中容数十人并坐,夹纻以漆之。这应该是唐代最高的佛教造像。另有紫宸殿、集贤殿、仙居殿、同明殿、仪凤殿、迎仙殿、仁智殿、贞观殿、积善殿等。

　　武则天曾不惜巨资铸九鼎,各依方位排列。豫州鼎最高大,高一丈八尺,受一千八百石;其余各鼎高一丈四尺,受一千二百后。鼎上画各州山川景物,共用铜五十六万七百余斤。武则天还欲用黄金千两涂之,后因大臣谏阻而罢。自玄武门曳九鼎入明堂,令宰相、诸王率南北衙署卫兵十余万人,并大牛、白象共曳之。武则天自作曳鼎歌,令相唱和。武则天又于皇城南门端门之外铸天枢,铭刻功德。天册万岁元年(695年)铸成。高一百零五尺,径十二尺,八面,各径五尺。下为铁山,周一百七十尺尺,以铜为蟠龙、麒麟萦绕;上为腾云承(铜)露盘,径三丈,四龙人立棒火珠,高一丈。刻百官及四夷酋长名,武则天亲书榜曰"大周万国颂德天枢"。至唐玄宗开元二年(714年)毁天枢,调工匠熔其铁,历月不尽,可见工程之浩大。

　　近数十年来,有关文物考古单位曾陆续在宫城范围内发掘了多处建筑遗址,有宫殿遗址、庭院遗址以及圆形建筑遗址等。如位于应天门内中轴端线略偏东的7号殿基,系由中心殿基、东西廊房、龙尾道(即御道)、后通道及散水组成;圆形建筑基址,位于今定鼎北路东侧,中心是一座青石镶砌的圆坑,底部为八角形,构筑精美,气势壮观,几与现代建筑无异。

　　东城位于皇城之东,平面为长方形,南北长1270米,东南宽620米。据载:东城南门曰承福门,东门曰宣仁门,北门曰含嘉门。其中宣仁门位于老城西大街新华书店南侧,1996年进行了发掘。

　　含嘉仓城位于宫城之东北、东城之北,今洛阳老城西北郊一带,北靠邙山,南

---

① 《资治通鉴》卷二百四《唐纪二十》。

临老城北墙。整座仓城为长方形,总面积约 43 万平方米。仓城内的东北部和南部为粮窖区,已探出近 300 座,东西成行、南北成排,井然有序,按其排列应有 400 余座仓窖。窖口大底小,径大者达 18 米,一般为 10 多米,最深者 12 米。大致建窖程序是:先在地面上挖一窖穴,夯实底部,继用火烧烤窖底和窖壁,再在底和壁上铺设木板、杂草、谷糠、席子等,意在防潮。如此处理后便可装入粮食。最后用席子、谷糠、土等封盖。仓城内西北部为管理区。在发掘仓窖过程中出土的"铭砖",作方形,上面墨书(或阴刻)着粮窖位置、贮粮来源、品种、数量、存放日期、管理官员的姓名等,具有重要史料价值。据铭砖所记,当时所藏粮食的品种有谷子、糙米、小豆等,分别来自苏州、楚州、滁州、冀州、陆州、邢州、濮州、沧州、魏州等 11 个州。另据载,唐玄宗大宝八年,含嘉仓贮粮 583.34 万石。令人感兴趣的是在新中国成立后发掘时,还发现有一整窖谷子保存下来,约计五六十万斤,虽已炭化,但颗粒可辨,含有机物仍高达 50.7%。地下仓窖贮粮,经济方便,防火防盗,是我国古代劳动人民的创造之一。① 据《大业杂记》说:"出含嘉城西有圆璧门,(门)西有圆璧城,(圆璧)城正南有曜仪门,(门)南曜仪城,(曜仪)城南玄武门,门内即宫"。经文物工作者勘查,由郭城西北角顺西墙往南约 460 米处,有一道东西向城垣,长 1415 米,它将宫城以北地区划分为两座小城。北边一城为矩形,东西长 2110 米,东端宽 590 米,西端宽 460 米,这便是圆璧城遗址;南边一城为狭长形,东西长 2100 米,南北宽 120 米,此为曜仪城遗址。

隋炀帝所营建的西苑,亦名会通苑、上林苑,是我国历史上最为奢华的苑囿之一。其范围北起邙山,南抵伊阙,向西直至新安县境内,周围"二百二十九里一百三十八步",谷、洛二水会于其中。苑内有海,周回十余里,水深数丈,海内造蓬莱、方丈、瀛洲三神山,相距各三百步,高出水面百尺,台观殿阁,罗置山上;海北有龙鳞渠,渠面宽二十步,上修飞桥。沿渠建宫院 16 处,分别为延光院、明彩院、含香院、承华院、凝晖院、丽景院、飞英院、流芳院、曜仪院、结绮院、百福院、万善院、长春院、永乐院、清暑院、明德院,均由四品夫人主持。秋冬之季,花叶凋落,乃剪彩为叶花,缀于枝头,色退则更新之,又剪彩作荷菱置渠中。隋炀帝特喜欢在月明之夜,率宫女数十骑从皇城西门阊阖门出游西苑,作"清夜游曲",于马

---

① 河南省博物馆、洛阳博物馆:《洛阳隋唐含嘉仓的发掘》,《文物》1972 年第 3 期。

上奏之。

唐时东都苑,一名芳华苑,武则天改称神都苑,"天宝"年后仍名西苑。"太宗嫌其阔,毁之以赐居人"。"东抵宫城,西临九曲,北背邙阜,南拒非山",周一百二十里。苑内有合璧宫、积翠宫、明德宫(隋曰显仁宫)等。

唐时的上阳宫,位于郭城西南隅涧水两岸、洛河之滨。正殿座西向东,名观风殿。王建有诗赞曰:"上阳花木不曾秋,洛水穿宫处处流。画阁红楼宫女笑,玉箫金管路人愁。嫚城入涧橙花发,玉辇登山桂叶稠。曾读列仙王母传,九天未胜此中游"。女皇武则天生前常居此宫,最后病死在这里。"天宝"年后常为幽闭宫人之所。元稹《行宫》诗曰:"寥落古行宫,宫花寂寞红。白头宫女在,闲坐说玄宗。"即指此。

据载,每年正月岁首,炀帝便令在端门大街,绵亘八里,列为戏场,文武百官夹路起棚纵观,从昏达旦,热闹异常,歌女多达3万人,皆衣锦绣缯彩。大业六年正月十五夜,天津街盛陈百戏,戏场周围五千步,海内奇伎,尽集洛阳,崇设器玩,盛饰衣服,皆用珠翠,金银锦绣,耗费巨万。金石匏革之声,闻于数十里外,"执丝竹"奏乐者1.8万多人,百戏之胜,实称空前。其间,隋炀帝曾多次微服往观。后世我国民间的传统节日"十五元宵节"便由此而来。

隋唐东都洛阳城,体现了我国古代劳动人民的伟大智慧和无限创造力,不但在我国城市发展史上占有重要地位,而且对其他国家(如日本)的城市建设也产生了重大影响。

(二)隋唐时期的洛阳商业贸易

隋唐二代是我封建社会的鼎盛时期。当时的洛阳不论是在作为首都的数十年中,还是在两京并重或作为陪都的时期,其国内商业贸易国际商业贸易都呈现出空前繁荣昌盛的局面。

这里先介绍一下以洛阳为中心的隋唐大运河,因为它的开凿贯通,对隋唐时期洛阳商业贸易的繁荣发挥了至关重要的作用。

隋炀帝修建大运河,其工程大体分为四段进行。大业元年(605年),隋炀帝征调河南、淮北诸郡一百多万民工,开挖"通济渠",从洛阳西苑,引谷水、洛水入黄河,再由黄河人汴水,复引汴水入泗水,通达淮水边的山阳(今江苏淮安)。又遣人去江南采集木料,造龙舟、凤舟昌、黄龙、赤舰、楼船等数万艘。同年,征调淮南十余万民工,沿春秋时吴王夫差所开的运河故道重开邗沟,自山阳至扬子(今江苏扬州南)入长江。运河宽四十步,两岸修成御道,栽植柳树,形成水陆并行的交通线。大业四年(608年),隋炀帝征调河北诸郡男女一百余万人,开挖"永济渠",引沁水南通黄河,北接卫河至涿郡。大业六年(610年),在长江以南开"江南河",从京口(今江苏镇江)引江水,穿越太湖流域,直达钱塘江边的余杭。至此,工程异常浩大、复杂的大运河全线告竣。大业七年(611年),隋炀帝乘坐龙舟,率文武百官及数千人,由江都(今江苏扬州)出发,沿大运河北行,一路浩浩荡荡,50多天后达到涿郡。隋炀帝开凿的大运河,南达余杭(今杭州),北通涿郡(今北京),贯通钱塘江、长江、淮河、黄河、海河五大水系,南北纵贯四五千里,是世界上最长的人工河,也是我国腹地唯一的一条南北走向的长河,它和长城同为中国古代创建的两大工程奇迹!"商旅往返,舳乘不绝",大运河是沟通南北的大动脉。隋唐至宋代,以洛阳为中心的大运河,一直是南北交通运输的主要干线,对加强南北经济、文化的联系和发展,对国家的统一,发挥了重大的历史作用。

隋炀帝营建东京洛阳城时,曾"徙豫州郭下居人以实之",还曾在全国迁富商大贾数万家至洛阳,大业三年(607年)又迁河北诸郡三千余家工艺户于洛阳,这自然会对洛阳城的商业贸易产生重大的影响。当时的洛阳城,有三大商业市场,即通远市(北市)、丰都市(东市)、大同市(南市),其商业经贸,较西京长安(仅有二市)更加繁荣昌盛。《大业杂记》载:大同市,周围四里;通远市周围六里,"其内郡国舟船舳舻万计",市南临洛水;丰都市,周围八里,开有十二道门,市内有一百二十行,三千余肆(即店铺),建筑规范整齐,榆柳交荫,通渠相注,市之四壁有邸店(提供客商交易、住宿、堆放货物之行栈)四百余个,"重楼延阁,互相临映,招致商旅,珍奇山积"。

当时西域诸国和西北少数民族,大多集至张掖(今甘肃张掖)和隋朝内地做买卖。隋炀帝命吏部侍郎裴矩负责此事。裴矩知道隋炀帝正希望向边外扩充势力,凡来往张掖的西域客商,都"诱令言其国俗山川险易",撰写出《西域图记》一书,献给隋炀帝,隋炀帝非常高兴。隋炀帝在东都,裴矩因"蛮夷朝贡者多,讽令(炀)帝都下大戏",遂征召各地奇技异艺之人,在端门(皇城正南门)大街演出。

"衣锦绮、珥金翠者以数十万",又令文武百官和广大男女百姓,列排坐在棚阁内观看,大家都穿着华丽的衣服,一直演了一个月。[1] "诸蕃请入丰都市交易",隋炀帝同意后,先令丰都市的中国商人盛饰市容,"檐宇如一,盛设帷帐,珍货充积"。商人都穿上华美的服装,连卖菜的人也要用龙须草编织成"龙须席"铺在地上,陈摆菜蔬,市内树木都用缯帛缠饰起来。胡客只要经过酒食店,一律邀请入内就座,酒足饭饱后散去,皆不收一分钱。并对他们说:中国富有得很,吃饭喝酒向来不收钱。胡客听罢,一个个惊叹不已!也有较为狡黠的胡客,觉察到其中有诈,说道:中国也有穷人,衣不遮体,何如将此缯帛给他们做衣服穿,缠树干什么呢? 在市场做买卖的中国人都感到羞惭而不能回答。

唐代洛阳仍有三大商贸市场,分别为南市、北市、西市。南市即隋时丰都市,"邸凡三百一十二区,资货一百行。"另有资料说:"(南市)东西南北居二坊之地,其内一百二十行,三千余肆,四壁有四百余店,货贿山积。"北市在洛河之北临德坊,近傍漕渠,舟船泊集,市场繁荣。至今在龙门石窟仍然保存有"北市丝行像龛"和"北市彩帛行净土堂";西市,即隋时大同市,唐代改迁至固本坊,内有邸店141区,资货66行。三市之外,武周长安年间(701—704年),司农卿宗晋卿在立德坊之南开新潭,"以通诸州租船。四面植柳,中有租场。""天下舟船所集,常万余艘,填满河洛,商贩贸易,车马填塞。"[2]足证这一带也为商业贸易繁盛之地。

隋唐时期,洛阳地区的桑蚕业与丝织业都相当发达繁荣,丝织品是当时市场的主要商品之一,洛阳是全国最大的丝织品集散地。据记载,武则天垂拱年间(685–688年),少府监有织锦巧儿365人,内作使绫匠83人,掖庭绫匠150人,内作巧儿42人。这些仅是当时东都众多丝织能工巧匠的一部分。另有记载说唐中宗的女儿安乐公主有百鸟毛裙一件,值钱一亿,用各种珍奇禽鸟的羽毛织成,"正视,旁视,日中,影中",各呈一种颜色,可以看出织造艺术的异常高超。从武周时的"大周万国颂德天枢"以及先后出土于洛阳的众多唐代铜统,可以看出当时铜铁铸造、镶嵌工艺的高度成就。

唐三彩也是当时主要的商品之一。所谓唐三彩,是指表面施有黄、绿、白或

---

① 《隋书》卷六十七《裴矩传》。
② 《河南志》,中华书局,1994年6月第1版。

红、黄、绿三色釉彩的陶器。洛阳是唐时的东都、神都,是唐三彩的故乡,洛阳出土的唐三彩已有300多个品种,生动地反映出当时繁荣的社会面貌和精湛的釉陶工艺(详后)。洛阳龙门香山出土的三彩高颈瓶,是仿照佛教法器中的净水瓶烧制的,而龙首杯、凤首壶则是仿西亚流行的兽首杯、扁壶制成的。从个侧面反映了通过丝绸之路的中外交流对洛阳的影响。

(三)隋唐时期的洛阳文化

隋唐二代,特别是唐代,我国在文化艺术、科学技术领域也都呈现出了空前繁荣昌盛的局面,取得了许多突出的成就。作为隋唐二代的东京洛阳,是当时的文化中心之一,在中国文化史、洛阳文化史上都谱写了最为光彩夺目的篇章。下面我们分别从宗教、文学艺术、科学技术三个方面来作一介绍。

1. 宗教

隋唐时期,在洛阳流行的宗教主要是佛教、道教,另外如祆教、景教、摩尼教,即所谓的"三夷教"也有一些信众。

(1)佛教

隋文帝杨坚即位后就诏布天下,"任听出家",并令各地按人口出钱营造佛像,长安、洛阳等大都邑,则由官府书写佛经,供置于佛寺之内。隋炀帝杨广曾在洛阳设无遮大会,度男女一百二十人为僧尼;当时天下佛经大集洛阳,宝城(在洛阳大城之内、宫城之外、附于宫城东南的小城,以内有"宝城庙堂"而得名)东南洛水上有翊津桥,可以通达译经道场。新翻译的佛经,原本都是由国外带来的"贝叶经"。有关文献记载说:这种贝叶经,形状以枇杷而比较厚大,以横行书写,缀其一边。所以当时又将此译经道场称作"梵夹道场"。隋炀帝还在东都洛阳的宫廷中设立内慧日道场,礼请佛僧智果、慧乘等。《资治通鉴》卷一百八十一《隋纪五》也记载说:隋炀帝在驻马毕两都及巡游时,"常以僧、尼、道士、女官自随,谓之四道场",可见他对佛教(以及道教)的重视。

到了唐代,佛教依然受到重视,有更多的佛门高僧大德,在东都洛阳翻译佛经、传灯度徒、创宗立派,形成了洛阳宗教史上又一个繁荣昌盛时期。唐初武德年间,秦王李世民讨伐割据称雄于洛阳的王世充,少林寺僧人曾参与协助唐军作战,王世充被平定后,少林寺僧人昙宗等十三人受到嘉奖并封爵,赐寺田40顷,还特许少林寺养兵五百名。

出生在洛州缑氏县凤凰谷（今偃师县缑氏镇）的玄奘，不但自出生至19岁都是在洛阳度过的，而且他赴印度取经返国后，至少还曾二次返回洛阳。据《大慈恩寺三藏法师传》、《续高僧传》等记载，玄奘大师俗姓陈，名祎，隋文帝开皇二十年（600年），出生在今偃师市缑氏镇陈河村。隋炀帝大业六年（610年），十一岁的玄奘随其兄长捷法师入住洛阳净土寺。大业八年（612年），玄奘十三岁，被大理寺卿郑善果录取为沙弥僧，在洛阳净土寺从景法师学《涅槃经》、严法师学《摄大乘论》。大业十四年（618年），十九岁的玄奘与其兄长捷一同离开洛阳净土寺赴长安。从出生到十九岁，在故乡"京洛"度过的这十九年，正是一个人一生中极为重要的时期。贞观十九年（645年），唐太宗驻跸洛阳宫。从印度回国的玄奘大师，应召赴洛阳，谒太宗于洛阳宫。二月己亥，见于仪鸾殿，"帝迎慰甚厚"。其间，唐太宗"广问彼事"，自雪岭以西，印度之境，"并博望之所不传，班、马无得而载"，因玄奘大师亲游其地，耳闻目睹，"随问酬对，皆有条理"。唐太宗十分高兴，他希望玄奘"还俗辅政"，被玄奘大师以"少践缁门，服膺佛道，玄宗是习，孔教未闻"为由婉拒。玄奘还奏请于嵩岳少室山少林寺翻译佛经，唐太宗不同意："联奉为穆太后于西京造弘福寺，寺有禅院甚虚静，法师可就翻译。"三月一日，玄奘大师自洛阳返长安。此次在洛阳停留约一月余。

显庆二年（657年），闰正月，唐高宗驾幸洛阳宫，玄奘大师亦随从至洛阳，同来的还有"翻经僧五人，弟子各一人"，居西苑积翠宫。当年夏五月，唐高宗避暑西苑明德宫，玄奘大师陪从，居飞华殿。次月，玄奘大师还居积翠宫。玄奘大师此次扈从洛阳，还曾游览故里，访问亲故，并与老姐一人，收捧父母遗柩，改葬于西原。"时洛下道俗赴者万余人。"秋九月，玄奘大师具表请入少林寺翻译，但仍未得唐高宗许可。冬十二月，唐高宗诏改洛阳宫为东都，将原隶郑州之汜水，怀州之河阳，加上废榖州而取之宜阳、永宁、新安、渑池等县皆隶东都。玄奘大师具表称贺。此次玄奘大师由显庆二年闰正月至显庆三年二月返长安，在洛阳约一年。

禅宗北宗创始人神秀，俗姓季，少年出家，为蕲州双峯山东山寺弘忍门下十个大弟子中的上座，"大师叹曰：东山之汉，尽在秀矣。"弘忍卒后，神秀至荆州当阳山（今湖北当阳）玉泉寺。武则天闻其名，久视元年（700年）遣使者迎请年已九十的神秀至洛阳。神秀举荐慧能，武则天专使往迎，慧能却固辞不行。武则天奉神秀为国师，肩舆上殿，亲加跪礼。时王公士庶，闻风争谒，望尘拜伏，日以万计。中宗即位，尤加礼重。中书令张说"尝问法要，执弟子礼"，时称神秀为"两京法主"，"三帝国师"。神龙二年（706 年），神秀在洛阳天宫寺示寂，王公士庶皆来送葬，唐中宗谥其为"大通禅师"。张说曾为之撰《唐玉泉寺大通禅师碑》。神秀高足弟子普寂，俗姓冯，38 岁时，从洛阳端和尚受具足戒，后师事神秀先后六年，尽得神秀之道。开元十三年（725 年），玄宗令普寂住洛阳敬受寺。他先后在洛阳弘教二十余年，"人皆仰之"。开元二十七年（739 年），普寂示寂，玄宗谥其为大照禅师。葬日，洛阳士庶倾城哭送，道间为之一空。河南尹裴宽及妻子并衰麻列于门徒之次，一直送葬到嵩山。

　　华严宗三祖法藏，祖籍康居（康国，今乌兹别克斯坦撒马尔罕一带），俗姓康，号"贤首大师"，又号"康藏国师"。唐太宗贞观十七年（643 年）生于长安，"风度奇正，利智绝伦"，十七岁时，师从云华寺僧、敦煌杜顺弟子智俨学《华严经》，咸亨元年（670 年），武则天为母亲杨氏追福，在长安舍宅为太原寺，法藏受沙弥戒，开始登座讲经。于阗（今和田）僧"实叉难陀赍《华严》梵夹至"，证圣元年（695 年），奉武则天命在洛阳大遍空寺翻译，法藏参与实叉难陀译八十卷本《华严经》，任笔受，武则天曾写了《大周新译大方广佛华严经序》。又参与义净译《金光明最胜王经》，"与胜庄、大仪证义"；参与菩提流志译《大宝积经》等。万岁通天元年（696 年），法藏受武则天诏讲《华严经》，"感白光昱然自口而出，须臾成盖"，武则天命京城十大高僧为他授满分戒，并赐号"贤首戒师"。圣历二年（699 年）十月十五日，武则天敕法藏于佛授记寺讲新译《华严经》。腊月十二日，当讲到《华藏世界品》时，"讲堂及寺中地皆震动"。都维那僧恒景表奏武则天，武则天"披览来状，欣畅兼怀"。当天法藏到长生殿讲经，武则天"于此茫然未决"，法藏于是以镇殿金狮子为喻，"帝遂开悟其旨"，"豁然领解"。武周长安四年（704 年），武则天曾令法藏赴法门寺迎请佛指骨舍利，供置于洛阳明堂。法藏著述甚丰，诸如《华严经探玄记》、《华严经旨归》、《华严经问答》、《入楞伽心玄义》、《大乘起信论义记》、《华严传记》等。《宋高僧传》卷五《周洛京佛授记寺法藏传》说他"著《般若心经疏》，为时所贵，天下流行"。郭绍林先生指出："华严宗的理论经法藏在洛阳译经、著述、宣讲而发扬光大。它的法界缘起、理法界、事法界、理事无碍法界、一切即一、一即一切等理论,对后来统治中国长达八百年的程朱理学的产生和发展,起着直接的启发和推动作用。"①我以为这个结论是客观公允和恰当的。法藏所创立的宗派叫"华严宗",尊法顺为初祖,智俨为二祖,也称"贤首宗"。

南天竺菩提流志,意"觉爱",姓迦叶,属婆罗门种姓。据《宋高僧传》、《开元释教录》等载,本名"达摩流支",意"法希","菩提流志"为武则天所改。年十二,就外道出家,师事波罗奢罗,"学声明、僧佉等论。历数、咒术、阴阳、谶纬,靡不该通"。年逾耳顺,方回心皈依佛门,"隐居山谷,积习头陀",师从三藏耶舍瞿沙学习佛教经论。其后又游历五天竺,"遍亲讲肆",宣讲佛法。唐高宗远闻雅誉,于永淳二年(683 年)遣使迎接,武周长寿二年(693 年)抵达神都洛阳,受武则天礼重,居佛授记寺、大福先寺,译《佛境界》、《宝雨》、《华严》等经,凡十一部。唐玄宗开元十二年(724 年),随驾居东京洛阳长寿寺。开元十五年(727 年)十一月卒,传世寿一百五十六岁。谥曰"开元一切遍知三藏"。十二月一日,葬于龙门西北原,并建塔、勒石以记之。

唐代高僧一行,俗名张遂,魏州乐昌(今河南南乐)人,②为唐初功臣、"佐命郯国公"张公瑾之曾孙。父张擅,曾任武功令。张遂从小刻苦好学,对《易传》、阴阳五行、天文历法等都很精通。时人比之为颜回。时神秀弟子普寂禅师"大行禅要",归者甚众,21 岁的张遂不愿和武三思交往,至中岳嵩阳寺拜普寂为师,在会善寺受具足戒。一行是出家后的法名。中岳隐士卢鸿,道高学富,对一行赞佩不已,劝普寂"纵其游学"。一行曾先后到剡州天台山国清寺拜老僧学习"筹法",到荆州当阳玉泉寺拜师悟真,研习梵律等。

开元四年(716 年),中天竺僧善无畏来华,后在洛阳大福先寺译《大毗卢遮那佛神变加持经》(即《大日经》)七卷,为密宗主要经典之一,一行为主要译经助手。善无畏又讲述《大日经》要义,由一行亲为笔受,撰成《大日经疏》二十卷,成为密宗在中国正式传播之始。

开元七年(719 年),南天竺僧金刚智与弟子不空来华,一行受其灌顶,并协

---

① 郭绍林《华严宗大师法藏洛阳事迹》,《丝绸之路》1993 年第 4 期。
② 《宋高僧传》卷五《唐中岳嵩阳寺一行传》等谓"钜鹿人",钜鹿指今河北巨鹿。

助译出《金刚顶瑜伽中略出念诵经》四卷、《金刚顶一切如来真实摄大乘现证教王经》三卷等,均为密宗主要经典。一行是中国密宗的主要创始人之一。开元十五年(727年),十月十八日,一行随驾到新丰,"怡然亦寂",世寿四十五岁,赐谥"大慧禅师"。唐玄宗亲为撰写、书丹碑文,建塔于铜人原。

值得一提的是,为了给武则天称帝制造神学预言,武周天授元年(690年),僧人法明、薛怀义等奉上《大云经》,经中说太后武则天乃弥勒佛下世,应代李唐作天下主。不久,武则天下令东、西二京及各州,各建大云寺一所,收藏《大云经》,并使僧人升高座讲解。

隋唐二代,尤其是唐代,从王公贵族到庶民百姓,都不惜花费巨资兴修佛寺,开窟造像。众多的佛寺、石窟寺是当时佛教繁荣昌盛的反映,可惜留存至今的甚少。这些难得的遗迹遗物,正是我们探索当年佛教文化的宝贵实物资料。

白马寺位于今洛阳城东约12公里处,北依邙山,南临洛水。在它的东面不远处,蒿榛丛莽的古城垣,依然断断续续逶迤在伊洛平原之上,勾勒出一座昔日大国京都的宏伟轮廓。那就是东汉洛阳城的旧址。

白马寺初创于东汉永平十一年(公元68年),是佛教传入中国后,由官府正式创建的第一座寺院,是源于南亚次大陆的佛教在辽阔的中华大地赖以繁荣发展的第一座菩提道场。对佛教在中国的传播和发展,对促进中外思想文化交流和发展各国人民的友谊,是起了重要作用的。

白马寺于东汉初期创立后,在东汉末年董卓火烧洛阳时第一次被毁;其后又曾多次被毁坏和多次被重修。白马寺最繁荣的时期是在唐代。垂拱元年(685年),武则天下令大修白马寺,以薛怀义为白马寺主持。薛怀义大兴土木,广修殿阁,使白马寺规模宏大,殿宇辉煌。当时因僧舍距山门遥远,致有"跑马关山门"之说,寺内僧众多达三千余人。唐代著名诗人工昌龄曾夜宿白马寺,他给后人留下了美丽的诗篇:"月明见古寺,林外登高楼。南风开长廊,夏夜如凉秋。"

现存白马寺坐北朝南,为一长方形的院落,总面积约6万平方米。门前有宽阔的广场。寺内的主要建筑,都分布在由南向北的中轴线上。前后有五座大殿,依次为天王殿、大佛殿、大雄殿、接引殿、毗卢阁,东西两侧分别有钟鼓楼,斋堂、客堂,禅堂、祖堂、藏经阁、法宝阁等附属建筑,左右对称,布局规整。

白马寺山门,为牌坊式歇山顶,三个门洞,象征着佛教所说的"三解脱门",

佛教称之为涅槃之门。三个门洞都是用砖和青石券砌而成的,部分券石上刻有工匠的姓氏名字,如"左仲"、"李部"等。不少人认为,从字体上看,此种券石应是东汉遗物,是白马寺内现存最早的文物。

白马寺山门内西侧,有一巨大的半截残碑,残高约 1.7 米,宽 1.4 米,相传此碑为宋代翰林学士、著名文人苏易简撰,因其碑文不是由上到下一长行通写到底,而是用短行分成几排写刻出来,别具格式,故称"断文碑",为"白马寺六景"之一。

山门东侧,为元代所遗存的《洛京白马寺祖庭记》碑,通高 3.5 米,宽 1.15 米,碑额"洛京白马寺祖庭记"八字为篆书。此碑立于元代至顺四年(1333 年),由元代华严名僧仲华文才撰文,内有"上梦金人,自西飞至,身光炜,以迟旦告所梦于臣下","遣遵偕郎中蔡愔、秦景等十八人,西访至天竺,遇沙门迦摄摩腾、竺法兰"等句子,碑文称白马寺为"祖庭"和"释源",并说"释源居中天,权舆佛法之地",实为"腾、兰二神僧开教之绪"。仲华文才后来到了佛教"四大名山"之一的五台山,成为五台山名刹佑国寺的开山第一代主持。这篇碑文,应是他卓锡白马寺时所撰。碑文楷书,字体潇洒工整,丰神秀骨,实为不可多得的书法艺术珍品。因此碑不曾留下书丹者姓名,碑文究竟出自谁手,遂成一桩悬案。到了清代,经毕沅考证,定此碑为元代书法名家赵孟頫所书。但据近几年的研究结果可知,此碑并非赵氏真迹,而应是出自一位崇习"赵体"成就甚高、几乎可以乱真的书法家之手。

接下来为东西对称的钟鼓楼。在钟楼以东、鼓楼以西,靠近东西两侧围墙,分别为摄摩腾、竺法兰二位印度高僧之墓。相传二位高僧曾长期住锡白马寺内译经传教,后圆寂于白马寺,就葬于寺内,现墓前有明代崇祯七年(1634 年)所立墓碑。

天王殿是白马寺内第一重大殿,因殿内供奉四大天王而得名。大佛殿是白马寺的第二重大殿,重大的佛事活动,均在这里举行。殿内正中佛坛之上供奉着7 尊造像,正中主尊释迦牟尼佛,结跏趺坐于须弥座上。大佛胸口" "字符号,表示大佛"福德无量"、"万德圆融",所以身有瑞相,表示"吉祥之所集"。武则天时,定此符号读音为"万"。释迦牟尼左侧站像,为大弟子摩诃迦叶,右侧站像为大弟子阿难。迦叶左侧为文殊菩萨,阿难右侧为普贤菩萨,释迦牟尼佛与文殊、普贤菩萨,合称为"释迦三圣"。

第三重大殿称大雄殿。殿门外东侧壁间,嵌有宋代重立的《摩腾入汉灵异记》刻石,毕沅说它"字体绝类《圣教序》,北宋人书,犹有晋唐风格,良可爱也"。此刻石记载了汉明帝修建齐云塔的起始原委。殿中央置巨大的木雕贴金双层佛龛,佛龛内的三尊主佛,皆盘双膝坐于莲花宝座中,正中为释迦牟尼,尊称"大雄",整个形象给人以无限庄严、圣洁、恬静之感。释迦左侧为东方"净琉璃世界"的药师佛,右侧为西方"极乐世界"的阿弥陀佛。这三尊佛像形制、风格大体相同。三主佛之前,左右相对而站的是韦驮、韦力二位"护法神"。殿内两侧供置十八罗汉。

接引殿是寺内的第四重大殿。正中主尊为阿弥陀佛,右侧为观音菩萨,左侧为大势至菩萨,合称"西方三圣"。

最后一重大殿毗卢阁建于清凉台上。相传,清凉台原是汉明帝刘庄小时候避暑、读书之处,后来二位印度高僧在此居住并译经传教,第一本汉文佛经《四十二章经》就是在此译出的。自东汉以后,历来此以此为藏经之所。殿内佛坛上中间主尊为摩诃毗卢遮那佛,简称毗卢佛;毗卢佛的左侧为文殊菩萨,右为普贤菩萨。这一佛二菩萨,合称"华严三圣"。

齐云塔是一座方形密檐式砖塔,十三层,高约 25 米。齐云塔外形呈抛物线,造型别致,玲珑妩媚。据寺内现存宋代刻石记载,齐云塔初建于东汉永平十二年(69 年),即创建白马寺的第二年,应该是中国最古老的一座佛塔。现存的砖塔,则为金大定十五年(1175 年)所建,也有八百多年的历史了,是洛阳一带地面现存最早的古建筑。1990 年齐云塔院被辟为河南省第一座比丘尼道场。

少林寺位于河南省登封县城西北 13 公里处的少室山五乳峰下,始建于北魏孝文帝太和二十年(496 年)。当时印度僧人跋陀来到中国传播佛教,深得孝文帝赏识,因此令当地地方官在少室山阴五乳峰下依山劈石建造少林寺,安顿跋陀,落迹传教。

北魏孝明帝孝昌三年(527 年),印度佛徒菩提达摩从印度出发,经广州、金陵(南京),北渡长江,历时三年来到少林寺。菩提达摩广集信徒传授禅宗,僧徒日益增多。东魏孝静帝天平三年(536 年)达摩首传衣钵法器于慧可之后,便离开少林寺到洛阳龙门千圣寺,不久圆寂,葬于熊耳山,造塔于定林寺。

北周时,少林寺改称"陟岵寺"。隋开皇年间(581~600年),文帝杨坚又把"陟岵寺"改回少林寺,并赐田100顷,供寺僧食用资费。至此,少林寺佛业渐趋兴隆。唐朝初年,少林寺和尚昙宗等十三人参加了秦王李世民攻打洛阳王世充的战斗,受到李世民的赞赏。

今存少林寺,中轴线建筑共分七进。山门即寺院的大门,山门后道路两侧石刻集中,称为碑林。主要有唐永淳二年(683年)王知敬写的《大唐天后御制诗书碑》、天宝九年(750年)崔琪撰文的唐《灵运禅师塔铭》、宋代书法家米芾的《第一山》、元代日僧邵元撰文的《息安禅师碑》、日本国沙门德始书写《淳拙和尚碑》等。碑林东侧为"慈云堂"小院,院内有元代书法家赵孟頫的《裕公碑》和明代董其昌的《道公碑》等52通。

天王殿为重檐歇山式建筑,面阔5间,进深5架。殿内有跣脚赤背的二大金刚、四大天王塑像。殿后两侧为新修的紧那罗殿和六祖殿。殿后《太宗文皇帝御书碑》碑文中有唐太宗李世民草签"世民"二字,下部刻裴促撰《少林寺碑》。

藏经阁(法堂)为歇山式建筑,面阔5间,进深3架。阁后地势突起,呈一高台院落,主室为方丈室。客堂对面墙壁上嵌有"面壁之塔"刻石一块,为北宋书法家蔡京所写。还有金代二祖慧可像、达摩面壁像等。

达摩亭是一座三开间的单檐庑殿式小殿堂,面阔5间,进深3间。殿内神龛中供有达摩铜像和二祖、三祖、四祖、五祖塑像。亭东有文殊殿,西有普贤殿。相传此系二祖慧可立雪断臂、得受达摩衣钵法器处,故又称立雪亭。

千佛殿又名毗卢阁。硬山建筑,面阔7间,进深3架,殿内供明代铸铜毗卢佛像,东壁供明代石雕南无量阿弥陀佛像,殿内东、西、北三面墙壁上有明代绘制的"五百罗汉朝毗卢"巨型彩色壁画。画面有308平方米,画面背景为山林、风云和水。

千佛殿往东为白衣殿,又名拳谱殿,面阔5间,硬山出前廊。殿内神龛内供白衣大士铜像,墙壁上有清晚期的彩色壁画。北、南壁绘制"降龙"、"太虎"的少林拳谱,有六和拳、心意拳等。后壁北端壁画是唐初"少林十三和尚救驾秦王"故事,南壁是紧那罗和红巾军故事图。东北、东南壁是文殊骑青狮、普贤骑白象等内容。千佛殿西为地藏王殿,形制与白衣殿相同。内供地藏王塑像,两边道明,闵公侍立,南北两壁原画有十地阎君彩像和二十四孝图。少林寺周围的初祖庵、达摩洞、二祖庵、塔林等著名景点是少林寺不可分割的部分。

东都大福先寺，今仍存，位于洛阳市东郊的唐寺门村内。大福先寺原为武则天母之馆邸，曾改作东都太原寺，武则天称帝后改作大福先寺。清徐松辑《河南志》有载曰："至南市北，有福先寺水碾，经延福、富教、训善坊之西入洛。"此处的福先寺即应是东都大福先寺。但清代陆继辂、魏襄《洛阳县志》又说：大福先寺在"洛阳东五里塔儿湾"，又名"塔寺"。明熹宗天启年间（1621－1627年）洛河泛滥，大福先寺毁于洪水。洪水过后，乡民将寺里残存的遗物，北移数里，重新修起了寺院。清康熙三十五年（1696年），洛阳人王善信出资对该寺做了重修。民国十一年（1922年）军阀吴佩孚的参谋长张佐民再修该寺，并亲题"古唐寺"门额，从此称"古唐寺"。在古唐寺山门西侧，原有一方古碑，字迹漫漶，唯"重修塔寺碑记永垂不朽"十个大字，犹可辨识。它说明所谓古唐寺，实际上就是大福先寺。另清代嘉庆二十四年的碑刻中，也有"郡东数里有福先寺，门临大道，行人息肩所也"的记载。这些都表明，这座古唐寺就是北移重建后的唐代大福先寺。

唐时的大福先寺规模宏大，名僧云集，为四方僧俗所仰慕。武周长寿二年（693年），北印度僧人阿你真那（宝思惟）来到洛阳，曾先后在东都的天宫寺、佛授记寺、大福先寺等地翻译佛经。据载，"画圣"吴道子为大福先寺所绘的"地狱变像"壁画，"有病龙最妙"，令屠夫、渔人看后皆"畏罪返业"，从此不再屠戮生灵。另据《全唐文》记载，一代女皇武则天也曾亲自为大福先寺撰写过浮图碑文。

唐开元二十一年（733年），日本国的僧人荣叡和普照，随第九次日本遣唐使来华学习佛法。当时住在洛阳的唐玄宗敕令二位日本僧人在大福先寺居住，并由当时大福先寺的住持定宾大师给他二人授戒。开元二十四年（736年），大福先寺僧人、神秀再传弟子、普寂弟子道璿应荣叡、普照之邀，携带《华严》章疏等佛籍至日本，住大安寺西唐院弘扬"华严"兼传戒律，开讲《律藏行事钞》，是日本华严宗的第一代传人，也为日本禅宗的第二代传人（始传者为日本僧人道昭）。后圆寂于日本。

古唐寺原有五重大殿，现仅存四重，依次为山门殿、圆觉殿、万佛殿、念佛堂。山门殿正中供弥勒佛，两侧供四大天王及韦驮、关羽。圆觉殿面阔五间，进深三间，歇山顶，主尊为释迦牟尼佛。万佛殿主尊为观音菩萨，在殿内东、西、南壁间嵌满"壁佛"。第四殿为原来建筑,现辟为念佛堂。二殿、三殿东侧有厢房五间,分别为法物流通处、客堂、地藏殿。最后一重大殿,即第五殿,俗称"后大殿",原是古唐寺中最宏伟壮观的一座大殿,后被毁。历代保存下来的古碑刻,现仅存九方。另有一个雕刻精美的莲花佛座,从形制和风格看,应属唐代遗物。

今存的广化寺,位于龙门新村西边的岗丘上,始创于唐肃宗乾元元年(758年),是在善无畏塔院的基础上扩建而成的。据记载,唐大中九年(855年)十二月,日本僧人圆珍亲往广化寺拜谒无畏三藏舍利塔;后唐同光二年(925年)十二月,"舆驾广化寺祈雪";三年五月,"帝幸龙门广化寺,开佛请雨";北宋开宝八年(975年)三月,宋太祖驾幸广化寺,开无畏三藏塔;大中祥符四年(1011年)三月,宋真宗幸龙门广化寺,瞻仰无畏三藏塔,并制赞偈于塔旁。历代文人墨客游访广化寺,留下了许多著名的诗篇。如宋代文彦博的《和副枢贝谏议寄题广化寺东轩》,欧阳修的《宿广化寺》和《自菩提步月归广化寺》,张耒的《广化遇雨》等。《洛阳县志·拾遗记》中记载:"司马温公居洛,尝同景仁(即范仲淹)游嵩山,由轘辕道上至龙门……渡潜溪入广化寺,观唐郭汾阳(郭子仪)铁像……。"可知,当时广化寺内立有郭子仪铁像。

龙门石窟位于今洛阳城南,开凿于北魏孝文帝迁都洛阳(493年)前后,历经东魏、西魏、北齐、隋、唐、五代、北宋诸朝。其中,北魏和唐代开窟最多,质量也最高。北魏洞窟约占30%,全部在西山;唐代洞窟约占60%,西山、东山均有。其他时代的窟龛造像约占10%。据龙门石窟研究院最新统计,东西两山现存窟龛2345个,造像近11万尊,佛塔50余座,碑刻题记2800余块。久负盛名的"龙门二十品"和《伊阙佛龛之碑》为龙门石窟书法碑刻中的精华。

龙门石窟汇集了佛教各个宗派的造像,丰富多彩,形神兼备。从现存的碑刻题记及史志记载来看,营造者包括各色人等,既有皇室、显贵,又有民间商会、平民百姓,还有少量外国佛教徒留下的作品。龙门石窟是佛教文化的艺术表现,至今仍然保留着大量的宗教、美术、书法、音乐、建筑、服饰、医药等方面的实物史料,堪称为一座大型石刻艺术博物馆。

古阳洞,坐落在龙门石窟西山南部,是开凿最早的洞窟。窟顶穹隆形,平面马蹄形,进深11.55米,宽约6.90米,高约11米。正面雕造一佛二菩萨,本尊释迦牟尼,高4.80米,结跏趺坐于方台上。左右二菩萨,立于莲座上。本座背后雕有许多小龛,南北两壁各有三层佛龛,整个洞内合计佛龛达 1300 个以上。其中最早开凿于北魏太和十七年(493 年)。其造像清癯秀美,具有北魏晚期的造像特征。著名的魏碑书法艺术精华之作《龙门二十品》,即二十方造像题记,有十九品集中在古阳洞。

潜溪寺,原名斋祓堂,是龙门西山北端第一个大洞窟,开凿于唐代高宗年间。窟门为长方形,窟外南、北两壁有仿木建筑梁枋的遗迹。壁面上大多为长圆券形空龛。南壁一龛内刊刻"伊洛会流"四个大字。窟门外北侧有唐圣历二年(699 年)佛徒裴葆秀造观世音像龛。窟内平面为马蹄形,穹隆顶,高 9.27 米,宽 9.45 米,进深 6.72 米,造像为一佛、二弟子、二菩萨、二天王。主尊阿弥陀佛,结跏趺坐于方形束腰台座上,像高 7.8 米,肩宽 3.2 米,胸厚 1.4 米,身体各部位比例匀称,头饰旋涡纹肉髻,面相丰满圆润,胸部高高隆起,身着双领下垂袈裟,内穿僧祇支,似一成熟女性形象。这种造像风格正是佛教入唐之后更趋本土化和世俗化的反映,是唐代石刻中臻于成熟的艺术作品。二弟子迦叶、阿难分立左右两侧,头部、面部均已残损。左侧观世音菩萨,像高 7.63 米,头戴高宝冠,面部丰满,颈有三道蚕节纹,项饰链状,身著帔巾,饰璎珞,左手握净瓶,右手执麈尾搭于肩上。右侧大势至菩萨,像高 7.75 米,头戴花蔓冠,两肩有葫芦形装饰接双耳,项饰为圆形垂珠式,左手握一宝珠形物于胸前,右手提一环形物下垂,姿态与观世音同样优美动人。南北壁各有一天王像,姿态勇猛,惜北壁天王像面部风化严重。

宾阳三洞位于西山北部。其中洞,进深 12 米,宽约 11 米,高 9.3 米,穹隆顶,马蹄形平面。造像一佛、二弟子(迦叶阿难)、二菩萨(文殊、普贤)。窟内前壁的帝、后礼佛图,早在 1934 年已被盗往美国。

宾阳南洞于北魏宣武帝正始二年(505 年)开窟,至唐代高宗咸亨四年(673)年造地藏菩萨完工,营造历时 170 年,是北魏到唐代过渡阶段的代表窟。窟门高 6.44 米,宽 3.58 米。窟内平面呈马蹄形,穹隆顶,高 9.8 米,宽 8.7 米,进深 11.8 米。主像为一佛二弟子二菩萨,完工年代当在唐太宗贞观十五年(641 年),是太宗第四子魏王李泰借助北魏未就工程,为其亡母文德皇后祈求冥福作功德而修造。主尊阿弥陀佛,高 8.2 米,结跏趺坐于方形台座上,头顶饰低螺纹肉髻。眉高鼻直,唇厚耳大,面部较宽,著双领下垂式袈裟,整个造型给人以上身硕大、下身短小的感觉。左右侧立迦叶、阿难二弟子,形象较拘谨。二胁侍菩萨,皆头饰莲花宝冠,形象呆滞。佛座前尚有二狮子蹲坐。左侧已残损。

北壁中央有贞观二十二年(646年)洛州思顺坊老幼百余人造像龛。从造像题记可知,这百余造像人中,有许多是少数民族人士,如鲜卑达奚氏、单氏,西域毕氏、罗氏,乌丸郝氏,羯人盖氏等,是研究初唐民族史的珍贵资料。

摩崖三佛龛是一个依山凿石开放式的露天造像龛,高7.3米,宽16.85米,进深8米,凿造于武周时期。这项工程因武周政权结束而被废弃,所留下的半成品,是研究雕刻工序的重要实物资料。

正壁造像共有七尊,其题材与造型在龙门石窟中别具一格。首先,本尊是一弥勒佛,而非通常见到的释迦牟尼佛。弥勒是居住在兜率天弥勒净土的菩萨,是继释迦牟尼之后主持未来世界的未来佛,而此时尚未来到人间称佛。弥勒像高5.9米,结跏趺坐于高方台座上,头顶高肉髻已破损,仅雕出一个轮廓,尚未经过打磨。面相方圆,眉骨高耸,两眼细长,鼻已残损,嘴唇肥厚,双耳垂肩,颈有蚕节纹。身着双领下垂式袈裟,边缘厚重,衣褶密集。左手抚膝,右手上举而掌心向外,两足踏于小方形台座上。

其次,本尊两侧也不是我们常见的迦叶、阿难两个弟子和胁侍菩萨,而是两尊立佛。以佛为胁侍的造型,显然是为了突出本尊弥勒的效果。这样的布局在造像程式上是极为罕见的,在龙门石窟中也是绝无仅有的,北侧立佛像,高4.52米,头饰肉髻残损,五官已打磨,身躯仅有右手雕出,其他仅为胚胎;南侧立佛像仅存留立于方座的两足,其他全无。此外,本尊与立佛的南北两侧,尚有两尊结跏坐佛及两个立像,但均未完工,或径直为石胚胎。

万佛洞因洞内壁面上雕刻一万五千尊佛像而得名。完工于唐高宗永隆元年(680年)十一月三十日。系主持人比丘尼智运禅师奉命为唐高宗、武则天及太子、诸王祈福而造,是典型的皇家洞窟。

该窟结构为前后两室,方形平顶,是唐代龙门石窟的标准型洞窟。前室高5.3米,宽4.9米,深4.28米。正壁门两侧各雕一力士,高3米余,双目怒视,上身袒露,筋肌隆起,双手作握拳欲搏状,身体稍向窟口倾斜,为唐代护法力士之典型姿态。壁面像龛密布,但多为小型。比较典型的是许州仪凤寺比丘尼真智所造的观音像龛。龛中的观世音菩萨为立像,面额虽残,但仍可见其面部丰腴,双眉修长,发髻高束,长颈细腰,身姿婀娜,体态妩媚。左手提净瓶,右手执麈尾搭于肩上,全身呈"S"形扭曲,具有悠闲矜持的神态和高贵的气质,实为龙门石窟唐代菩萨造像之杰作。下壁有狮龛,狮子高1.15米,惜南、北壁双狮在20世纪30年代被盗往海外,现分别存放于美国波士顿博物馆和堪萨斯纳尔逊艺术博物馆。

后室高5.8米,宽5.87米,略大于前室。正壁造像七尊,为一佛二弟子二供养人和二菩萨。主尊阿弥陀佛,高5.65米,结跏趺坐于束腰八角莲花台座上,面相丰润,静穆安详。佛座束腰处刻有四个托重力士,形态极为生动。主佛两侧各有一个从主佛座伸出的带茎莲座,上坐供养人,均作跪姿与供奉状。两侧分立迦叶、阿难二弟子。二弟子外侧各有一世俗模样的供养人,上身著短襦,下身束长裙,足穿云头鞋,是唐代贵族妇女流行的服装。她们体态丰满而匀称,衣纹流畅而自然。再往两侧则分别是两个胁侍菩萨观世音和大势至。

正壁上部有54身雕像,除两身为飞天外,52身均为坐于莲花之上、姿态、神情各异的供养菩萨,以莲茎、莲蕾、莲花、莲蓬相间,形象生动,姿态优美。正壁下层主佛两侧有观世音像、弥勒佛像、地藏菩萨像、阿弥陀佛像等。南北两壁布满排列整齐的结跏坐佛。北壁上下85行,每行75尊,南壁上下88行,每行73尊。这些坐佛形体虽小,但雕工精细,布局严谨,看上去密密麻麻,仿佛真的进入了佛国世界。两壁正中为对称的优填王像龛。两壁下层均刻有长长的装饰带,共有伎乐人八身,手持箜篌、铜钹、笛、筝、琵琶、排箫等各种乐器,或奏或舞,与上层端庄肃穆的众坐佛相辉映,一静一动,和谐而壮观。前壁北侧有28行善跏坐佛及其他佛像,南侧有30行结跏坐佛。两侧各有一天王,全身著铠甲,双足踏魔鬼,惜头部已不完整。窟顶莲花藻井分四层,中心是莲蕊,二、三层是双瓣莲,外层题刻"大唐永隆元年十一月卅日成大监姚神表内道场智运禅师一万五千尊像龛",周围是环绕飞行的八身飞天。

奉先寺又名大卢舍那像龛或"九间房",位于龙门西山南部山腰,是龙门石窟中开凿规模最大的摩崖像龛。关于奉先寺的开凿,在像龛主尊台座北侧有唐玄宗开元十年(722年)补刊的《河洛上都龙门山之阳大卢舍那像龛记》碑一通,碑文这样记述:"……大唐高宗天皇大帝之所建也。佛身通光座高八十五尺,二菩萨七十尺,迦叶、阿难、金刚、神王各五十尺。粤以咸亨三年壬申之岁四月一

日,皇后武氏助脂粉钱两万贯。奉敕检校僧、西京实际寺善导禅师,法海寺主惠
暕法师,大使、司农寺卿韦机,副使、东面监上柱国樊元则,支料匠李君瓒、成仁
威、姚师积等。至上元二年乙亥十二月三十日毕功。……"从中可知,此龛开凿
于唐高宗时期,并于上元二年(675年)十二月完工,皇后武则天曾捐助脂粉钱两
万贯。

大像龛南北宽约36米,东西进深约40米,全为摩崖露天像龛。这里共有九
尊大型雕像:正壁造像五尊,居中为卢舍那大佛,左为弟子迦叶和文殊菩萨,右为
弟子阿难和普贤菩萨;南北两壁各雕一天王一力士。主尊卢舍那大佛,结跏趺坐
于八角束腰叠涩式莲座上,像高17.14米,头高4米,耳长1.9米,头饰波状纹高
肉髻,面相丰满圆润,细眉,长眼,高鼻梁,嘴角稍稍内缩,略带微笑,两耳长垂,颈
有蚕节纹饰,著通肩式袈裟,衣纹简炼流畅,朴素无华。惜双手已无存。左侧弟
子迦叶,像高10.3米,神情凝重,立于束腰莲台上,像已残,仅存嘴以下部位;右
侧弟子阿难,像高10.65米,头光圆,面部丰满,眉目疏朗,神情温顺稚朴,赤足立
于束腰莲台上,惜双手已残。左侧文殊普萨,像高13.25米,头饰莲花宝冠,宝缯
下垂两肩,面部丰圆,双目俯视,两耳缀葫芦形耳环,项饰呈链状,雕刻精细华丽,
璎珞由穗形串珠组成,从两肩下垂至腹前,交汇在一圆环状的玉璧中,上半身祖
露,斜披络腋,下束长裙,帔巾从双肩绕左右肘横于腹膝间,左手屈二指下伸,右
手捏二指于胸前,躯体微前倾,双足及立座稍有残损;右侧普贤菩萨,高度与服饰
略同文殊菩萨,所不同的是,左手于胸前(手指残),右手下垂。二菩萨端庄矜
持,雍容华贵。

北壁天王像,为北方多闻天王,高10.5米,头束髻,戴三珠宝冠,面部丰满,
颈项粗壮,著铠甲,腰下束膝裙,左手叉腰,右手托三层宝塔,足穿长筒战靴,踏一
仰身邪鬼。力士(金刚)像高9.75米,双目圆睁,张口,脖筋高突,作用力呵斥
状,上身祖露,胸部块状肌肉明显,左手立掌于胸前,右手抚胯,臂饰钏,腰束战
裙,立于台上;南壁天王像,为南方增长天王,高10.5米,头残,仅留右臂及前胸,
著铠甲,胸前有图案花纹,右臂饰飞禽纹祥,右手置腰间,足穿长筒靴,下踏邪鬼。
鬼抬头,面目狰狞,眼珠暴突,上唇紧咬下唇,右手支地。力士像高9.75米,胸以
上残,服饰、姿态与北壁大体相同。在正壁五尊主像及南北两壁天王、力士像的
周围壁面上,或主像间隙处或主像上方,还刻有许多小龛、立佛、供养人等,他们

对奉先寺的九尊大像尤其是卢舍那大佛,如众星拱月,起到了很好的烘托作用。

奉先寺营造于盛唐期,宏伟的规模反映了当时经济的高度发达,精湛的艺术折射出唐代文化的极其繁荣。

看经寺位于龙门东山万佛沟北侧,是东山诸窟中最大的洞窟。洞窟分为前后两室。前室为方形,平顶,窟楣风化比较严重。门上两侧对称雕刻着两个飞天,惜已严重剥蚀,仅留飘带痕迹。飞天以下刻有二力士,南侧力士剥落,仅存半屈左肘和一握拳上举的手;北侧力士左右臂均残,躯体部分剥落,头上束冠,双目圆睁,面相刚烈,颈短且筋脉突起,胸肌发达。力士外侧北壁上有四个较大的造像龛,或为空龛,或风化严重,无一完整。南侧力士外也多为空龛。后室平面大体也是方形平顶,四壁垂直,无主像,这是与唐代众多石窟最大的不同之处。南壁中层有九排千佛像,每排四身;北壁正中一方整崖面上有六排像,第一排为千佛,其余五排是姿态各异的菩萨立像,上下六排均以同茎莲座互相联结,构成一组完整的画面。北、东、南三壁下方,刻有29尊高浮雕罗汉;北壁9尊,东壁11尊,南壁9尊。这29尊高浮雕罗汉中,每尊的身姿、动态及手持物件各异:饱经风霜而睿智的,稚拙而聪慧的,慈祥而善良的,凶猛而严厉的,诙谐而幽默的,严肃而认真的,乐天而随和的……这是唐代石刻中最精美的一组罗汉群像。窟顶为莲花藻井,外围有六个飞天,刻工细致,飘逸潇洒。该窟造像气势宏大,但没有题记及刊刻经文。据《历代法宝记》载,释迦牟尼示寂后,法眼付嘱摩诃迦叶,迦叶付嘱阿难,阿难付嘱末田地,……直至菩提达摩,共为"二十九祖"。看经寺29尊罗汉正好和《历代法宝记》中的西国"二十九祖"相吻合。

高平郡王洞位于东山万佛沟北侧中段,因系高平郡王造像而得名,开凿于武周时期。该窟为典型的唐代前庭后室型。前廊方型,平顶,窟檐东部崩塌。窟门两侧各雕一力士像,服饰、姿态与西山诸窟无异。后室窟顶略作弧形,无雕饰装点。正壁设坛基,坛上有主像五尊,为一佛二弟子二菩萨,均在五个同茎莲花座上。除弟子迦叶像外,其他四尊像头部均残损。此处迦叶像不仅保存较好,而且造型极富特色。他双手持一葫芦于胸前,作虔敬与小心护持状。面额皱纹明显,神情凝重,一副苦行僧形象。这是龙门石窟迦叶造像中的佼佼者。主尊下层刻有一排十尊结跏坐佛,大多头部残损,有八尊身着通肩式袈裟,其余为偏袒右肩式袈裟,内穿僧祇支,戴臂钏,均坐于莲花盆样佛座上,手势各异,似讲经论道场面。东壁因壁面裂隙大,无造像。西臂有上、中、下三排坐佛,上排七尊,仅雕出轮廓,未经打磨。中排八尊,略同上排。下排六尊,头均残,服饰同正壁。窟室地面有 12 个下凿正方形洞孔,上置能活动的佛座,其中 10 个有题记。

擂鼓台中洞,又名"大万伍佛像龛",因其左右还有两个同期开凿的洞窟,故统称擂鼓台三洞,大约完工于武周时期。窟门长方形,高 4.1 米,宽 2.45 米,厚 0.85 米。门额正中刻楷书"大万伍佛像龛"六个大字。门道两侧刻满小千佛。窟内平面呈马蹄形,穹隆顶,高 5.78 米,宽 6.3 米,进深 7.7 米。正殿设高坛,上刻一佛二菩萨,本尊弥勒善跏趺坐于方形束腰莲台上,二胁侍菩萨分立于从本尊佛座引出的重叠莲花座上。三主像均已残损不全。窟内三个壁面上刻满密密麻麻的小千佛像,其总数当在一万五千尊以上,与西山之万佛洞有异曲同工之妙。千佛之下为一条全长 15.7 米的装饰带,其间刻有二十五尊大小一致的浮雕罗汉像,像高 0.8 米,着袈裟,穿云头履,姿态各异,惜多数头部残损。这一题材乃依据北魏释昙曜所译的《付法藏因缘传》而创作。每尊罗汉身旁均刻有一段介绍其生平事迹的铭文。西壁门内两侧刊有后秦鸠摩罗什译《阿弥陀经》及北魏菩提流支译《金刚般若波罗蜜经》各一部,这是佛经流传的又一方式。窟顶藻井刻一高浮雕莲花,周围饰以坐佛、飞天、祥云、鸣禽、乐器,并刻有隶书"上方一切诸佛"的榜题。四壁上段刻满浮雕篷花、坐佛,其间又分别刊有"南方一切佛"、"北方一切佛"、"东北方一切佛"、"东南方一切佛"、"西北方一切佛"、"西南方一切佛"等字样。擂鼓台中洞这些数以万计的小佛像与显示佛的方位的榜题相结合,向人们展示出佛国世界的广大和繁盛,更折射出武周时期大唐帝国的强大和繁荣。①

(2)道教

道教是我国土生土长的本土宗教,与儒学、佛教并称中国三大教,在东汉形成后,至隋唐时达到繁荣期。道徒众多,经籍繁富,盛况空前。

隋炀帝时期,以佛、道二教并重。时嵩山道士潘诞曾为隋炀帝合炼金丹,"帝为之作嵩阳观,华屋数百间,以童男童女各 120 人充给使,位视三品,常役数千人,所费巨万"。(《资治通鉴》)结果时经六年却没有炼成。另隋炀帝在涿郡

---

①   参见《洛阳市志·龙门石窟志》,中州古籍出版社,1996 年版。

（今北京）时，还曾于临朔宫召见王远知，并亲执弟子礼。在隋代，道士讲经，主要是讲老子的《道德经》。

唐武德八年（625 年），高祖确定三教序次为道先、儒次、佛末；唐太宗即位后，以李耳为李唐皇室先祖，定男女道士在僧、尼之前。龙朔二年（662 年），唐高宗诏令洛州刺史许力士在洛阳北邙山上修建上清宫，乾封元年（666 年），唐高宗封禅泰山返回途中，亲至老子故里亳州谷阳县（今河南鹿邑县）祭拜老君庙，"其庙置令、丞各一员"，并追封老子为"太上玄元皇帝"，并把亳州谷阳县改名真源县。唐高宗曾把道士叶法善安置在长安宫廷内道场，有记载说，叶法善随高宗来洛阳，在凌空观设坛进行宗教活动，观者如云。

咸亨五年（674 年），大后武则天上书，"请王公百僚皆习《老子》"，《老子》成为科举考试的内容之一。仪凤三年（678 年），诏令《道德经》为上经，"贡举人皆需兼通"。嵩山道士潘师正极受唐高宗、武则天礼重，调露二年（680 年），高宗、武后及太子李贤曾入山访潘师正并行拜礼；高宗还征召嵩山道士刘道合入宫，并请他在仪銮殿作法以求大雨止下；又命他合炼长生不老之药。祖籍河洛地区的司马承祯（今河南温县人），师事嵩山道士潘师正，受传符箓和辟谷、导引、服饵之术，居天台山。武则天曾把司马承祯由天台山召来神都，司马承祯还山时，武则天又令人代为饯行于天津桥。

开元十五年（727 年），司马承祯应唐玄宗之招来洛阳。因为天台山距京都太远，唐玄宗令他在东都畿县王屋县（今河南济源境）王屋山择胜地以居。并让玉真公主（玄宗之妹）和韦縚去阳台观修全箓斋。开元二十三年（735 年），司马承祯卒，谥号"贞一先生"，追赠银青光禄大夫，葬于王屋山西北的松台，玄宗曾亲为撰写碑文。开元二十一年（733 年），唐玄宗诏令"士庶家藏《老子》一本"，并列入举人策试的内容。唐玄宗亲为《道德经》作注，令学者习诵；开元二十九年（741 年），唐玄宗诏令东西两京洛阳、长安及各州置建玄元皇帝庙，在二京设置崇玄学，培养选拔道学人才；天宝元年（742 年），有人上言"玄元皇帝降见于丹凤门之通衢，告赐灵符在尹喜之故宅"。玄宗派人至函谷关（今河南灵宝境）尹喜台西"发得之"，于是置玄元庙于太宁坊，又在唐玄宗东都"积善坊旧邸"新建一处玄元皇帝庙。当年九月，"改庙为太上玄元皇帝宫"。该坊地处天津桥南、定鼎街西，原有玄宗皇帝的旧宅。玄宗于新庙祭祀老子；桃林县改为灵宝县；下诏升老子为上圣、封庄子为南华真人、文子为通玄其人、列子为冲虚真人、庚桑子为洞灵真人;次年(743年),唐玄宗又追封老子为"大圣祖玄元皇帝",将东西两京的崇玄学改名崇玄馆,改博士为学士,改东京洛阳的玄元庙为太微宫,西京长安玄元庙为太清宫,各州玄元庙为紫极宫。当年九月,"谯郡紫极宫改为太清宫"。

唐时大画家吴道子,曾在洛阳城北玄元皇帝庙绘有《五圣图》,五圣指唐高祖、唐太宗、唐高宗、唐中宗、唐睿宗。天宝八年(749年),杜甫拜谒玄元皇帝庙,并目睹了《五圣图》,留下了著名诗篇《冬日洛城北谒玄元皇帝庙》:"……山河扶诱户,日月近雕梁。……世家遗旧史,道德付今王。画手看前辈,吴生远擅扬。森罗移地轴,妙绝动宫墙。五圣联龙衮,千官列雁行。冕旒俱秀发,旌旆尽飞扬。翠柏深留景(影),红梨迥得霜。风筝吹玉柱,露井冻银床。……天宝十五年(755年),唐玄宗"颁《御注老子》并《仪疏》于天下"。

(3)三夷教

基督教起源于公元一世纪,地在今巴勒斯坦一带。四世纪末成为罗马帝国国教。其中景教为基督教的一支,属聂思脱利派,创始者为叙利亚人聂思脱利,时在公元五世纪。据明代在陕西周至发现的"大秦景教流行中国碑"记载,唐太宗贞观九年(635年),大秦国主教、景教徒阿罗本由波斯来到长安,贞观十二年,唐太宗诏许传教,创寺院名波斯寺,一般以此为景教入华之始。清末在洛阳出土了一方墓志铭《大唐故波斯国大酋长右屯卫将军上柱国金城郡开国公波斯君丘之铭》,据称:墓志铭中的大酋长名叫阿罗喊,唐高宗因功绩授他以"将军"。武则天时他曾召集诸蕃王修建"大周万国颂德天枢"。景元三年(710年)在洛阳去世,享年95岁,其子俱罗等将其安葬于建春门外。朱谦之先生说:"更可注意的是高宗显庆中(656-660年)仕唐朝为拂林国诸蕃招慰大使阿罗喊(Abraham)与碑文中'僧首罗含'实为一人。"①据《韦述记》载,唐时在洛阳南市(隋名丰都市)的修善坊有"波斯胡寺"。天宝四载(745年),唐玄宗诏令东、西两京及各地的波斯寺改称大秦寺。会昌五年(845年),唐武宗下诏"灭佛",景教受到波及,稍迟景教在中原地区中断流传。2006年5月,在隋唐东都洛阳城东郊,出

---

① 朱谦之《中国景教》,人民出版社,1998年5月第1版,第64页。

土一件唐代景教石刻《大秦景教宣元至本经》经幢,青石质,八面体,下部残缺,残高约 81 厘米,保留经文、《经幢记》等共计 800 余字,刻立于唐宪宗元和九年(公元 814 年)十二月。这是迄今所知国内外唯一一件景教经幢。该经幢的出土,和清末在大致同一地点出土的阿罗喊墓志铭一样,以考古实物证明了唐时大秦景教在洛阳的存在和流传,同时还证明了在唐代洛阳建春门外一带,有沿丝绸之路东来的西域胡人的墓葬区。

祆教也称拜火教,以火代表"善神",公元前 6 世纪由波斯人琐罗亚斯德创立,为波斯当时"三大宗教"之一。在波斯萨珊王朝时期(226－641 年)被奉为国教,大为盛行。《魏书·西域传》称波斯国俗事火神、天神,《北史·西域传》称焉耆、高昌都俗事天神,可知当时祆教已开始东传。至唐代,东京洛阳宣仁门外街南的立德坊建有"胡祆祠",长夏门街之东第四街南数第四坊会节坊也建有"祆祠"等。唐武宗废佛时,祆教及其祠也在被废之列。

摩尼教,亦为波斯"三大宗教"之一,创始者为波斯人摩尼。公元三世纪中创教,武周延载元年(694 年)波斯人拂多诞携摩尼教基本经典《二宗经》来华,其教传入中国。安史之乱时,回纥兵进入东都洛阳,毗伽可汗掳得四位摩尼教师回国,摩尼教传入回纥。唐宪宗时,回纥请求在东京所在的河南府等地建置摩尼寺,获唐宪宗准许。唐武宗会昌"灭佛",摩尼教亦遭禁止,但其后在民间仍有秘密传播。和佛、道二教比起来,"三夷教"景教、祆教、摩尼教,主要在居洛的西域人中流行,中国人信仰者甚少。

2. 文学艺术

继建安文学、太康文学之后,隋唐洛阳出现了又一个文学繁荣的高峰。

隋炀帝大臣、尚书令杨素,为隋炀帝所猜忌,忧郁成疾,作五言诗《赠薛番州》,薛番州即时仕番州刺史的薛道衡。杨诗被誉为"词气宏拔,风韵秀上,为一时盛作"。清代学者更认为杨素的诗"沉雄华赡,风骨甚遒,已辟唐人陈(子昂)、杜(审言)、沈(佺期)、宋(之问)之轨"。著名诗人薛道衡,王胄都曾在东都洛阳任职、生活。

唐高宗时的上官仪,善奉应之诗,人称"上官体"。宋之问善五言诗。某次,武则天游幸龙门香山寺,命群臣赋诗。左史东方虬诗先成,武后赐予锦袍。及宋之问诗成奉上,"文理兼美,左右称善",武后遂夺东方虬锦袍而转赐宋之问,留下了"香山寺赋诗夺锦袍"一段传话。宋之问与沈佺期等在对诗律体制的定型方面贡献甚大，是当时承先启后、继往开来的杰出诗人，在诗界，沈、宋齐名，并称"沈宋"。洛州巩县(今河南巩义)人杜审言的《春日京中有怀》云："公子南桥应尽头，将军西第几留宾。寄语洛城风日道，明年春色倍还人"表现了作者对洛都的一片深情。

武周万岁通天元年(696年)，陈子昂随军出征契丹，曾登上蓟北城楼，留下了千古绝唱《登幽州台歌》："前不见古人，后不见来者。念天地之悠悠，独怆然而泪下。"

盛唐之时的洛阳诗坛，更是百花齐放，珣烂缤纷。洛阳诗人王湾的《次北固山下》(一名《江南意》)历为传诵名篇："客路青山外，行舟绿水前。潮平两岸阔，风正一帆悬。海日生残夜，江春入旧年。乡书何处达，归雁洛阳边。"其中"海日生残夜，江春入旧年"句，特受盛唐宰相、洛阳人张说喜爱，曾亲书题于政事堂上。时称"燕(燕国公张说)许(许国公苏颋)大于笔"的张说，善文善诗，洛阳设丽正书院(后玄宗改名为集贤殿书院)，即张锐所首倡，并长期主持书院工作。其诗作《南中别蒋五岑向青州》中的"此中逢故友，彼地送还乡。愿作枫林叶，随君度洛阳"；《蜀道后期》中的"客心争日月，来往预期程。秋风不相待，先至洛阳城"，都表达了诗人对故乡洛阳的深挚思念之情。

被称为"诗仙"的伟大诗人李白，曾先后多次来洛，留下了多首赞美洛阳的光彩诗篇。开元十九年(731年)秋，李白路过中岳，拜会故交元丹邱道士，写出了《秋夜宿龙门香山寺》一诗；开元二十二年(734年)，李白畅游东都，写出了《春夜洛阳闻笛》一诗："谁家玉笛暗飞声，散入春风满洛城。此夜曲中闻《杨柳》，何人不起故园情"。此诗情景交融，想象丰富，深受世人喜爱。天宝三年(744年)，李白自长安东达洛阳，与"诗圣"、伟大诗人杜甫在诗歌之都洛阳相会，"诗中两曜"和当年老子、孔子相会一样，留下了又一桩千古佳话。他们同登邙阜，同访缑山，同游梁宋(开封、商丘一带)、齐鲁(山东一带)，后依依惜别，李白远游吴越，杜甫返回洛阳。从此天各一方。

杜甫，唐代洛州巩县人。远祖杜预，西晋名将、学者；祖杜审言，初唐著名诗人。四岁时寄养在东都洛阳建春门内仁风里二姑家，二十岁开始漫游吴越，后又曾漫游齐赵，登临泰山等。开元二十九年(741)，与司马少卿杨怡之女结婚，在偃师首阳山下筑庐(陆浑庄)居住。乾元二年(759 年),杜甫由洛阳出发,经新安、渑池、陕州、潼关到华州,留下了千古绝唱"三吏"(《新安吏》、《石壕吏》、《潼关吏》)"三别"(《新婚别》、《垂老别》、《无家别》)。新安即指今新安县,诗中云:"客行新安道,喧呼闻点兵。……就粮近故垒,练卒依旧京(指洛阳)。况及王师顺,抚养甚分明,送行勿泣血,仆射(指尚书仆射郭子仪)如父兄。"石壕,在今渑池县境内,诗中说:"暮投石壕村,有吏夜捉人。……听妇前致辞:三男邺城戍。一男附书至,二男新战死。……老妪力虽衰,请从吏夜归。急应河阳(今河南孟州市)役,犹得备晨炊。……"都表现了杜甫对国家命运的深沉忧虑和对广大人民的无限同情。

自唐大和三年(829 年)起,58 岁的白居易以太子宾客分司东都,居洛达十八年之久。他的诗流传至今的有三千多首,其中九百余首是吟唱洛阳的。《白氏洛中集》十卷,集中收录了他在洛阳的诗作。在洛期间,他曾用为元稹撰写墓志所得的七十万钱修葺龙门香山寺,并出资、倡导治理龙门"八节滩",组织"香山九老会"。"争得大裘长万丈,与君都盖洛阳城",表现了他与广大人民同苦同乐的伟大情怀。

"诗豪"刘禹锡,洛阳人,也曾长期任职、生活在洛阳,与白居易诗文唱和,有"四海齐名白与刘"之说。他的《柳枝词》之一云:"金谷园中莺乱飞,铜驼陌上好风吹;城东桃李须臾尽,争似垂杨无限时!"写了洛阳的美景,也写了世事的无常。

李贺,字长吉,河南福昌(今宜阳县三乡)人。18 岁时从昌谷到东都洛阳,拜访文坛巨匠韩愈。当韩愈看到他所写《雁门太守行》中的"墨云压城城欲摧,甲光向日金鳞开"的诗句时,甚为振奋,与李贺畅谈良久。其后李贺曾作了三年奉礼郎的小官。在李贺二十七年短暂的人生中创作了大量杰出的作品,"天若有情天亦老","雄鸡一声天下白","石破天惊逗秋雨"都是传颂千古的佳句。他有不少诗描绘赞美家乡及东都洛阳。如《昌谷诗》中的"昌谷五月稻,细青满平水。遥峦相压叠,颓绿愁堕地";再如《南园十三首》中的"花枝草蔓眼中开,小白长红越女腮;可怜日暮嫣香落,嫁与东风不用媒。"

此外,尚有众多诗坛精英游历或在洛阳生活、活动,留下众多佳作。如储光羲的"万国朝天中,东隅道最长。……出入蓬山里,逍遥伊水旁"(《洛中贻朝校书衡,朝即日本人也》);张九龄的"清洛象天河,东流形胜多。……泉鲔欢时跃,林莺醉里歌"(《天津桥东旬宴得歌字韵》);王维的"洛阳女儿对门居,才可容颜十五余。……画阁朱楼尽相望,红桃绿柳垂檐向"(《洛阳女儿行》);韦应物的"雄都定鼎地,势据万国尊。河岳出云雨,土圭酌乾坤"(《登高望洛城作》);顾况的"珂佩逐鸣驺,王孙结伴游。金丸落飞鸟,乘兴醉青楼"(《洛阳陌二首》);张籍的"洛阳宫阙当中州,城上峩峩十二楼。……六街朝暮鼓冬冬,禁兵持戟守空宫"(《洛阳行》);李德裕的"苍翠连双阙,微茫认九原。残红映巩树,斜日昭轘辕。"(《书楼晴望》);杜牧的"一片宫墙当道危,行人为尔去迟迟。……铜党岂能留汉鼎,清谈空解识胡儿"(《故洛阳城有感》);王昌龄的"洛阳亲友如相问,一片冰心在玉壶";贾至的"柳絮飞时别洛阳,梅花发后到三湘";王湾的"乡书何处达,归雁洛阳边";张继的"洛阳天子县,金谷石崇乡";张万顷的"洛阳城东伊水西,千花万竹使人迷";李益的"金谷园中柳,春来似舞腰";王建的"北邙山头少闲土,尽是洛阳人旧墓";元稹的"白头宫女在,闲坐说玄宗";韦庄的"洛阳城里春光好,洛阳才子他乡老";刘希夷的"洛阳城东桃李花,飞来飞去落谁家"等等,都从不同的角度,不同的侧面,描绘刻画了隋唐东都洛阳的方方面面,至今读来,令人浮想联翩,心驰神往!

隋唐时期,东都洛阳的音乐、舞蹈、书法、绘画、雕塑等各种艺术门类同样都呈现出辉煌灿烂的局面。隋唐时期,所谓乐,包括音乐、舞蹈。"雅乐"用于祭祀典礼,"燕乐"用于宴飨仪式。隋炀帝时定九部乐,唐太宗时改定为十部乐。十部乐包括燕乐、清乐(清商)、高丽乐、天竺乐、龟兹乐、安国乐、疏勒乐、康国乐、高昌乐、西凉乐等。《资治通鉴》卷一百八十《隋纪四》记载说:大业三年(607年)十月,"敕河北诸郡送一艺户陪东都三千余家,置十二坊于洛水南以处之",大业六年(610年),正月十五夜,于端门(皇城正南门)大街举行盛大的歌舞、杂技表演。武则天十分喜爱并擅长音乐、舞蹈。她在洛阳编纂的《乐书要录》是重要的乐律学著作。她编制的《圣寿舞》,首演于垂拱四年(688年),要用一百四十个舞伎和庞大的宫廷乐队表演;《神宫大乐舞》首演于长寿二年(693年),在万象神宫演出,要用九百位舞伎和近百位乐师表演,规模极为宏大。唐玄宗在东西二京设立"教坊",培养音乐舞蹈人才。音乐家、歌唱家李龟年、笛子演奏家李谟等众多音乐、舞蹈高手都曾活跃在东都艺坛。

隋唐时期,有众多的书法、绘画、雕塑大师在洛阳生活、活动,有不少艺术精品面世。如褚遂良所书的《伊阙佛龛之碑》、武则天所书《升仙太子之碑》、颜真卿所书《郭虚己墓志》、徐浩书《张庭珪墓志》、张旭书《严仁墓志》,还有千唐志斋所藏大量唐代书法佳作等;吴道子在大福先寺所作《地狱变》壁画,在玄元皇帝庙所作《五圣图》壁画,杨惠之在玄元皇帝庙所作神仙像泥塑等;驰名中外的龙门石窟,唐代作品占了 2/3 左右,是当时雕塑艺术的巅峰之作。唐三彩则代表了工艺美术的最高成就。

3. 科学技术

隋代著名医学家巢元方,曾任太医博士,他主持编辑的《诸病源候论》,是古代重要的医学著作。《资治通鉴》卷二百三《唐纪十九》曾载秦鸣鹤为唐高宗治病的故事:弘道元年(683 年)十一月,唐高宗"苦头重,不能视,召侍医秦鸣鹤诊之",秦鸣鹤"请刺高宗头出血",以此可治愈。武则天"在帘中,不欲上疾愈,怒曰:'此可斩也,乃欲于天子头刺血',鸣鹤叩头请命",高宗曰:"但刺之,未必不佳。"秦鸣鹤乃刺百会、脑户二穴,高宗曰:"吾目似明矣。"武则天乃"举于加额"曰:"天赐也。"并"自负彩百匹以谢鸣鹤"。《旧唐书》卷一百九十一《方伎传》云:"自则天、中宗已后,诸医咸推文仲等三人为首。"这三人即指张文仲、李虔纵、韦慈藏三位医界高手。张文仲善疗"风疾",曾总结出引起疾病的"风"有一百二十八种,引起疾病的"气"有八十种,撰有《疗风气诸方》、《随身应急方》等。

中岳僧人一行,精通天文、历法、阴阳五行等,是历史上一位有重要贡献的天文学家。开元五年(717 年),唐玄宗召一行至京城长安,主持修订历法事宜。开元十一年(723 年),一行和率府兵曹参军梁令瓒共同创制"黄道游仪",观测日月星辰运动,并重新测定 105 余颗恒星的位置。他第一次发现了星宿的位置与古代不同,他发现恒星不恒、也在自移的现象,早过西方哈雷大约一千年之久。他和梁令瓒等人在洛阳制造的浑天仪,对张衡的浑天仪进行了改进,它以水力运转,可以表现日、月、星辰在空中的运行,表现日升月落。仪器中还有二个木人,每刻击鼓,每辰击钟,用以计时和报时。这是世界上最早的天文钟。一行曾发起以河南为中心,在全国 13 个地点进行天文观测,根据测量结果,计算出相当于子午线(即经线)一度的长度(唐代三百五十一里八十步),这是世界上第一次测量子午线长度。

开元十五年(727年),一行主持编制的《大衍历》草成。《大衍历》对太阳在黄道上运行速度的不均匀性作了比较正确的描述和体现,说明冬至前后,日行最快,夏至前后,日行最慢。《大衍历》的结构表示我国古代历法体系的完全成熟。"其历,编入《唐书·律历志》"。《大衍历》一直沿用至明末。此外,一行还续撰了《后魏书》中的《天文志》,另撰有《摄调伏藏》、《梵天罗九曜》等。一行是一位卓越的天文学家,他与张衡、祖冲之、李时珍被誉为我国古代四大科学家。

(四)隋唐时期洛阳与丝绸之路

开皇元年(581年),隋文帝杨坚受北周静帝禅位,代周自立,建立隋朝。都大兴城(今陕西西安)。同年,依北周制在洛阳置洛州总管府,又改东京六部为东京尚书省,稍后罢东京,次年罢总管府,置河南道行台省;开皇三年,废行台,以洛州刺史领总监。

仁寿四年(604年),隋炀帝杨广登基,以洛阳为东京。大业元年(605年),隋炀帝迁都洛阳。同年,改洛州为豫州;大业三年又改豫州为河南郡,大业五年改东京为东都。大业十四年复置洛州,辖河南、洛阳、偃师、缑氏、阌乡、桃林、陕、熊耳、渑池、新安、巩、宜阳、寿安、陆浑、伊阙、兴泰、嵩阳、阳城等18县。这就是河洛地区的核心区域。当时的洛阳依然是丝绸之路的东方起点。据《隋书》卷六十七《裴矩传》、《资治通鉴》等记载,起初,隋王朝和西域之间,因"突厥、吐浑分领羌胡之国,为其壅遏,故朝贡不通"。因此,隋王朝采取了许多措施来打通和西域的联系,保证丝绸之路的畅通。

突厥族原游牧活动于今新疆阿尔泰山南麓,初臣服于柔然。西魏废帝元年(552年),突厥破柔然,建立汗国。后逐步扩张,领土最大时,"东自辽海以西,西至西海万里,南自沙漠以北,北至北海(贝加尔湖)五六千里",可汗牙帐建置在于都斤山(今蒙古境内杭爱山之北山)。隋初,突厥经常骚扰隋王朝,开皇三年(583年),隋王朝打败突厥,突厥分裂为东突厥和西突厥两部。

隋炀帝大业元年(605年),西突厥泥撅处罗可汗败于铁勒,后隋炀帝令西突厥射匮可汗攻击处罗可汗,"处罗大败,弃妻子,将左右数千骑东走"。大业七年(611年)处罗降隋。后射匮可汗统一了西突厥。西突厥控制的范围,东到阿尔泰山,西到里海,不少西域国家为其所属。其统治中心地区在今天的新疆伊犁河流域。汗庭位于龟兹北面的三弥山。

吐谷浑大体占有今青海、甘南及四川西北一带,建都伏俟城(青海湖西)。大业三年(607年),隋炀帝派遣裴矩出使铁勒部,铁勒部大败吐谷浑。大业五年(609年),隋军重兵进攻吐谷浑,吐谷浑可汗慕容伏允逃走,所部十万余口、六畜三十余万降隋。自此,"西平临羌城以西,且末以东,祁连以南,雪山以北,东西四千里,南北二千里,皆为隋有",隋以其地置西海郡(今青海湖西)、河源郡(今青海兴海东南)、鄯善(今新疆若羌)、且末(今新疆且末)等四郡,发罪人戍守,进行屯田。又令裴矩建伊吾城,大业六年(610年)置伊吾郡。此次出兵吐谷浑是隋炀帝本人御驾亲征的。大业五年(609年)三月,隋炀帝"车驾西巡河右",至浩亹川(今青海乐都县东),出兵破吐谷浑。六月丙午,"次张掖(今甘肃张掖)。壬子,高昌王麴伯雅来朝,伊吾吐屯设等献西域数千里之地","丙辰,上御观风行殿……宴高昌王、吐屯设于殿上,以宠异之。其蛮夷陪列者三十余国"。[1] 后在隋炀帝自张掖东还的路上,经过今甘肃武威西约二百里处的大斗拔谷山时,恰逢暴风雪,有半数以上的士卒被冻死,绝大多数的马、驴也被冻死。《隋书》卷八十三《西域传》记载,隋炀帝"令闻喜公裴矩于武威、张掖间往来以致引之。其有君长者四十四国,矩因其使者入朝,啖以厚利,令其转相讽喻。大业年中,相率而来朝者三十余国,(隋炀)帝因置西域校尉以应接之","自是西域诸胡往来相继,所经郡县,疲于送迎,糜费以万万计"[2]。

以上所列隋文帝,尤其是隋炀帝及其大臣裴矩等所进行的这些活动,对打通西城和内地、和洛阳的联系,对丝绸之路的畅通发挥了重大作用。

关于隋代通往西域的具体路线,《隋书》卷六十七《裴矩传》云:

> 炀帝即位,……时西域诸蕃多至张掖与中国交市。(隋炀)帝令(裴)矩掌其事。矩知帝方勤远略,诸商胡至者,矩诱令言其国俗山川险易,撰《西域图记》三卷,入朝奏之。其序曰:……发自敦煌,至于西海,凡为三道,各有襟带。北道从伊吾经蒲类海、铁勒部、突厥可汗庭,度北流河水,至拂菻

---

① 《隋书》卷三《炀帝纪上》。
② 《资治通鉴》卷一百八十《隋纪四》。

国,达于西海。其中道,从高昌、焉耆、龟兹、疏勒,度葱岭,又经钹汗、苏对沙那国、康国、曹国、何国、大小安国、穆国,至波斯,达于西海。其南道从鄯善、于阗、朱俱波、喝槃陀,度葱岭,又经护密、吐火罗、挹怛、帆延、曹国,至北婆罗门,达于西海。其三道诸国,亦各自有路,南北交通。其东女国、南婆罗门国等,并随其所往,诸处得达。故知伊吾、高昌、鄯善,并西域之门户也。总凑敦煌,是其咽喉之地。

隋亡唐兴。唐高祖武德四年(621年),改司州(王世充改洛州为司州)复为洛州,置洛州总管府。当年废洛州总管府,置陕东道大行台。武德九年(626年)废行台,置洛州都督府。唐太宗贞观六年(632年),称洛阳宫。贞观十年(636年),置监察机构河南道,驻洛阳;贞观十八年(644年),废都督府。高宗显庆二年(657年),改洛阳宫为东都。唐光宅元年(684年),改东都为神都。神龙元年(705年)改神都为东都。唐玄宗开元二十一年(733年),置都畿道,辖河南府、汝州、陕州、郑州、怀州。天宝元年(742年)改东都为东京。唐肃宗至德元年(756年),复为东都。天佑元年(904年)唐昭宗迁都洛阳。

隋大业十四年(618年),射匮可汗死,其弟继位,即统叶护可汗。唐代初年,在统叶护可汗统治西突厥时,国力达到鼎盛。唐太宗贞观二年(628年),玄奘大师西行取经时,曾在碎叶(素叶)看到统叶护可汗打猎的盛况,并受到统叶护可汗的盛情接待,统叶护可汗还护送玄奘大师继续西行。稍后,统叶护可汗被其伯父所杀,西突厥一分为二。

唐高宗永徽二年(651年),西突厥阿史那贺鲁统一了各部,西突厥再次统一,重新走向强盛。贺鲁自称沙钵罗可汗,牙帐建在双河(今新疆博乐、温泉一带)及千泉。贺鲁进攻唐朝的庭州(贞观十四年即公元640年所置,今新疆吉木萨尔北),两国处于交战形势。

显庆二年(657年)闰正月,唐高宗驾幸洛阳;十二月诏改洛阳宫为东都,"洛州官员阶品并准雍州"。当年,唐高宗派程知节、苏定方等大败西突厥,沙钵罗可汗西逃到中亚的石国(今中亚乌兹别克斯坦塔什干),被当地石国人擒获,献给唐朝。西突厥灭亡后,唐分西突厥故地置二都护府:一曰濛池,在碎叶川(今中亚楚河)西,一曰昆陵,在碎叶川东。

早在唐太宗贞观十四年(640 年),唐灭高昌,置安西都护府于交河城(今新疆吐鲁番西);贞观二十二年(649 年),唐在当时丝绸之路北道的碎叶,中道的疏勒、龟兹,南道的于阗等四城驻军置吏,以为军镇,即著名的"安西四镇"。"四镇"均隶属于安西都护府(驻龟兹,今新疆库车)。唐高宗永徽元年(650 年),罢安西西镇。显庆三年(658 年)唐高宗重设"安西四镇",移安西大都护府于龟兹。同年,唐高宗置康居都督府,康国(即汉时康居)及其附属国,即所谓的昭武九姓国(康国、安国、曹国、石国、米国、何国、火寻国、伐地国、史国)皆先后内附唐朝。武周长寿元年(692 年),武则天派大将王孝杰大破吐蕃,收复此前在垂拱二年(686 年)失守的安西四镇,并派出三万戍兵镇守。十年后,即武周长安二年(702 年),武则天在庭州置北庭都护府,统辖大山以北等地。原属安西都护府的碎叶军镇,划属北庭都护府。安西都护府则统领天山以南的三个军镇龟兹、疏勒、于阗。其后直到唐玄宗开元七年(719 年),唐王朝另在焉耆新置军镇,此后仍为"安西西镇"。安西四镇对保卫大唐边防,保护丝绸之路畅通发挥了重大作用。

唐时由洛阳通往西域,主要通过西出敦煌这条干线,即所谓陆上(或沙漠)丝绸之路。而洛阳作为海上丝绸之路的起点,当时的主要线路是:由洛阳分别经过扬州、洪州(江西南昌)到达广州,再出南海。

隋唐时期,洛阳和丝绸之路有关的文物考古资料,在新中国成立前后均有发现。尤其是新中国成立后,随着文物考古事业的长足发展,面世的此类资料更是丰富多彩。

1955 年,在洛阳市老城北邙山唐墓中出土一批波斯银币,完整的有 7 枚,直径2.60 - 2.70 厘米,重 3.70 - 3.90 克。银质雪白,正面饰脸向左的王者半身像,背面中央有一祭台,两侧有祭司两个,台盘上有珠形物 10 个,左侧有五角星,右侧有弯曲的明月,两祭司的后部和正面王者像的前后,都有波斯文字。按其图案特点当是波斯萨珊王朝卑路斯时期(459—484 年)铸造的。这批银币在洛阳是首次发现,对研究我国古代与波斯经济文化的交流提供了重要资料。1965 年在洛阳市关林唐墓中出土一件乘人三彩骆驼,高 38 厘米,长 31 厘米,背白色,头顶、两峰、前颈和四肢有长毛为棕黄色,背上置蓝、绿色毯子,峰间置一大型驼囊,下垫夹板,在夹板外露的各端分别系有猪、鱼、圆口小瓶和凤头壶,驼囊前后置有绿色丝卷和白色绢卷,绢上坐商人模样的小人。① 这无疑是唐代满载丝绸西行经商最生动的形象再现。

1971 年,在洛阳市关林车圪垱村唐墓中出土一件载丝绢三彩骆驼,高 90 厘米,长 79 厘米,昂首嘶鸣,背负驼囊,囊上搭丝绢、水瓶,漫步行进,造型生动,形象地表现了中国丝绸之路对外贸易的情形,同时也反映了唐代雕塑工艺的高度水平。② 1971 年,在关林唐墓出土 1 件玻璃瓶,高 11 厘米,腹径 11.50 厘米,圆唇、小口、直颈,器身作球圆形,玻璃表面有一层银白色锈蚀薄膜,呈现出与玻璃相一致的平行波纹。段鹏琦先生认为此为"萨珊玻璃器","是罗马后期和伊斯初期的香水瓶,在伊朗 3 至 7 世纪的玻璃器中经常出现。"③1973 年,在洛阳市关林唐墓出土另一件载丝绢三彩骆驼,高 81 厘米,长 68 厘米,昂首嘶鸣,背负驼囊、丝绢,漫步向前行进,全身施白绿釉,造型生动,釉色鲜艳,既反映了唐代陶塑艺术的高超水平,也再现了唐代丝绸之路上对外经商的情形。④

1981 年,文物工作者在洛阳龙门东山发掘清理了唐代安菩夫妇墓,出土了一批和丝绸之路有关的珍贵文物。⑤ 如出土的 3 件胡人牵马俑,其中一件高 67 厘米,眼略下凹,粗眉高鼻,颧骨凸鼓,满脸络腮胡须,为中年胡人形象,头戴白色尖顶毡帽,内穿棕褐色窄袖长衣,外套绿色大翻领棕褐色短外衣,腰系短裙,拴宽带和黄色布囊,脚着绿棕色的长筒尖靴,两眼平视前方,两手前曲作牵马状;另一件高 59 厘米,为老年胡人形象,两眼下凹,鼻梁高凸,满脸络腮胡须,头发后盘,外戴黑色布帽,内穿白衣短裙,外穿窄袖大翻领黄色长衣,腰系宽带和布囊,脚着黑色长筒靴,两手前曲作牵马状;再一件高 62 厘米,为青年胡人形象。头发曲卷,内穿短裤,外套窄袖大翻领长衣。腰系宽带和布囊,足着长筒靴,两手前曲作牵马状。同时在安菩夫妇墓出土的 2 件三彩骆驼,其一高 87.50 厘米,长 76 厘米。颈上曲,头昂扬,张口鸣叫,四足着地,右足在前,左脚在后,双峰左右反向,尾曲卷附于臀上,缓步行进,体施棕黄色釉,头上、颈下和前肢上部的毛及驼尾均白色,背上垫黄、白、绿三彩花毯,双峰从毯的圆孔中露出,峰间搭兽面驮囊,下垫

---

① 《洛阳市志·文物志·馆藏文物》。
② 《洛阳市志·文物志·馆藏文物》。
③ 《洛阳市志·文物志·馆藏文物》、《中国大百科全书·考古学》505 页。
④ 《洛阳市志·文物志·馆藏文物》。
⑤ 洛阳市文物工作队:《洛阳龙门唐安菩夫妇墓》,《中原文物》1982 年第 3 期。

夹板,囊的前后有绿色丝绢,丝绢两头分别系有小口瓶、鸡头壶、干粮袋和肉块。另一件棕白釉三彩骆驼,高82厘米,长65厘米。颈上曲,头昂扬,张口嘶鸣,四足停立方形板上,面部、两峰、下腹及其附毛均白色,体为棕黄色,背上垫绿底黄花毯,毯上并饰有斜格和小圆圈的几何图案,由于毯上釉下流而在腹部形成花斑。

另外还在安菩夫妇墓中出土一枚罗马金帛,直径2.20厘米,重4.30克,圆形,正面为一头戴王冠、留长须的半身男装像,两侧有十字架,左边缘处有铭文"FOCAS",背面是有翅膀的胜利女神像,右手执长柄勾状器,左手持上立十字架的球体,左边缘处有铭文"CTOPIA"。此系东罗马皇帝福克斯的铸币,其铸造年代为公元602-610年。这是洛阳出土的第一枚外国金币,它与1955年洛阳北郊发现的波斯萨珊王朝银币同为丝绸之路的遗物,从而可以看出唐代洛阳与丝绸之路的密切关系及在中西交通史上所具有的重要地位。

1981年,洛阳市郊马坡村民送交文博机构一件"三彩波斯俑"。该俑为隋代作品,高28.5厘米,深目高鼻,留八字胡,弯曲上翘。头戴扁形胡帽,身穿右衽翻领短袍,腰束带,下空窄裤,脚蹬毡靴。右手提波斯壶,右手握于胸前,双腿并立于底板上。通体施绿黄袖。造型逼真,形象生动,真实刻画了隋代波斯人的形象。1984年,在伊川县白元乡一座唐墓中出土一件唐代"三彩胡人俑"。高45厘米,头戴白色幞头,身穿黄色翻领窄袖长袍,一侧翻领及腰为绿色,足蹬白色长筒靴,头向右微仰,眼睛凝视前方,络腮胡,右手握拳上举,左手握拳前曲,作牵引状。是一个牵骆驼胡人的形象。洛阳出土的"胡商俑",高30厘米,头戴尖顶胡帽,身穿右衽翻领短袍,腰束带,脚蹬毡靴,手提水壶,背负货囊,作躬腰前行状,生动地刻画了来洛经商的西域胡人形象。[①]

除了以上提到的这些出土文物外,在龙门石窟保存下来的吐火罗僧宝隆造像龛也是和丝绸之路有关的。吐火罗僧宝隆造像龛,位于龙门东山看经寺上方偏北之山腰处,龛门西北向,唐睿宗景云元年(710年)九月一日雕造。高0.90米,深0.23米,宽0.75米。造像布局为一佛(释迦牟尼佛)、二菩萨、二力士。主像通高0.70米,体躯较完好,唯左臂及两手残毁,身着通肩式袈裟,立于束腰

① 《洛阳市志·文物志·馆藏文物》。

仰覆莲圆台座上。左菩萨通高 0.69 米,右菩萨通高 0.66 米。二菩萨上身袒露,斜披络腋,脖挂项饰,肩搭帔巾,手戴钏,下着裙,均立于束腰仰覆莲圆台座上。左菩萨左手垂握莲枝,莲茎上刻一人物像,右手举胸前,掂一小瓶;右菩萨左手平举胸前,托一经箧,右手下垂握帔巾。二力士雕于龛外中部,体躯较小,仅及菩萨之半。龛下方刻供养人,左右两组,每组二人,左方外侧第一人为女供养,第二人着圆领束腰袍服,四供养人呈跪状。该龛造像记位于龛左下方,其文字大都漫漶,幸存有"景云元年玖月一日,吐火罗僧宝隆造"等字样。该造像记下方有一观音菩萨像龛,造像题记为"□□□□用心,景龙四年六月十五日供养"。宝隆造像龛下方,为前潞州□□造 49 尊佛像龛。① 吐火罗,亦作兜佉勒、吐呼罗、覩货逻,地在今阿富汗北部。唐初玄奘曾经过此地。据玄奘记载:"出铁门至覩货罗国故地,南北千余里,东西三千里。"②地当丝绸之路要冲。唐高宗显庆年间(656－661 年),曾在此置月氏都督府。吐火罗僧人宝隆就是沿着丝绸之路东来洛阳,并在龙门开龛造像的。北市香行社像龛,位于龙门西山古阳洞与药方洞之间,洞内平面为方形,洞窟残高 1.6 米,宽 1.63 米,进深 1.50 米。正壁造像立尊。中为释迦牟尼,左右为二胁侍菩萨。北壁刻有"北市香社行"造像题记:"北市香社行,社官安僧达,录事孙香表、史玄策、□□□、康惠澄永昌元年(689 年)三月八日。"③其中的安僧达、史玄策、康惠澄就有可能是昭武九姓国的安国、史国、康国人。

四、丝绸之路与中西经济文化交流

创造了河洛文化的河洛地区,其核心部位,就是我们通常所说的洛阳平原。汉魏洛阳城,即东汉、曹魏、西晋、北魏的都城;隋唐洛阳城,即隋代、唐代的东都城,均坐落于洛阳平原之内。这二座驰名世界的都城,都曾长时间是丝绸之路的起点,历史上数不清的团体和个人,由汉魏洛阳城或隋唐洛阳城起步,踏上丝绸

---

① 《洛阳市志·文物志·石窟寺》。
② 玄奘《大唐西域记·覩货逻国故地》。
③ 《洛阳市志·龙门石窟志》,中州古籍出版社,1996 年。

之路的漫漫征途;同样有数不清的团体和个人,沿丝绸之路长途跋涉,以此为其终点。洛阳城作为丝绸之路起点的时间之长、影响之大,都超过了其他城市。以洛阳城为代表的中西经济、文化交流,谱写了亚、欧、非三大洲人民相互交流、相互学习、共谋发展进步的赞歌!丝绸之路对今天的全球经济一体化,创建和谐世界,世界和平发展,都仍然有积极的启示和借鉴作用。

(一)汉魏时期通过丝绸之路的中西往来

在东汉、曹魏、西晋、北魏先后四代以洛阳为都的 330 多年里,由于不同的动机、目的、目标,而从当时的国都洛阳出发,沿丝绸之路向西而进行的政治、军事、经济、文化、宗教等活动,曾经发生过多次。

"永平求法"是中国佛教史上的一件大事,佛教界多认为这是佛教在我国正式传播的开始。东汉末年,牟融撰《理惑论》,为我国最早的佛学著作之一。它在上距永平之世 100 多年后,第一次记载了"永平求法":

> 昔孝明皇帝梦见神人,身有日光,飞在殿前,欣然悦之。明日,博问群臣:"此为何神?"有通人傅毅曰:"臣闻天竺有得道者,号之曰佛,飞行虚空,身有日光,殆将其神也。"于是上悟,遣使者张骞、羽林郎中秦景、博士弟子王遵等十二人,于大月支写佛经四十二章,藏在兰台石室第十四间。时于洛阳城西雍门外起佛寺,于其壁画千乘万骑,绕塔三匝;又于南宫清凉台及开阳门上作佛像。明帝时,预修造寿陵,陵曰"显节",亦于其上作浮图像。时国丰民宁,远夷慕义,学者由此而滋。

此外,"永平求法"还见于其他多种文献中,如东汉《四十二章》序、袁宏《后汉记》、范晔《后汉书》、王琰《冥祥记》、释惠皎《高僧传》、郦道元《水经注》、杨衒之《洛阳伽蓝记》、北齐魏收《魏书·释老志》等等。其中《后汉书》卷八十八《西域传》云:

> 世传明帝梦见金人,长大,顶有光明,以问群臣。或曰:"西方有神,名曰佛,其形长丈六尺而黄金色。"帝于是遣使天竺,问佛道法,遂于中国图画

形象焉。楚王英始信其术,中国因此颇有奉其道者。后桓帝好神,数祀浮
图、老子,百姓稍有奉者,后遂转盛。

《水经注》卷十六《谷水》云:

> 谷水又南,迳白马寺东。昔汉明帝梦见大人,金色,项佩白光,以问群
> 臣。或对曰西方有神,名曰佛,形如陛下所梦,得无是乎? 于是发使天竺,写
> 致经像。始以榆欆盛经,白马负图,表之中夏,故以白马为寺名。此榆欆后
> 移在城内愍怀太子浮图中,近世复迁此寺。然金光流照,法轮东转,创自此
> 矣。

由以上这些记载来看,"永平求法"一事,在具体细节上或许有这样那样的
出入,但作为一个历史事件,应当还是可信的。

关于东汉明帝时窦固出征匈奴,明帝至顺帝时班超、班勇经营西域之事,已
在前面第四章第二节中作过介绍,此处不再重复。

曹魏甘露五年(260 年),颍川(今河南禹州)人朱士行,在洛阳依羯磨法而
登坛受戒,出家为僧,是我国第一位正式受戒的汉族僧人。他又是第一位开始讲
经的汉族僧人,曾在洛阳讲《道行般若经》。朱士行深感汉地旧译经文过于简略
而不连贯,难于通讲,于是誓志捐身,远求《大品》,在出家的当年,从雍州长安
(今西安)出发,西度流沙,到达于阗(今新疆和田),写得《大品般若经》梵本九
十章六十余万言,遣弟子弗如檀等送还洛阳,后由居士竺淑兰、比丘无罗叉等译
为《放光般若经》。朱士行居外 23 年,在他八十岁高龄时圆寂于于阗。

北魏神龟元年(518 年),住在洛阳闻义里的宋云与比丘惠生,受胡太后之
诏,出使西域,拜取佛经。《洛阳伽蓝记》卷五《城北》详细的记载,保存了北魏时
期丝绸之路沿线一些国家的珍贵资料。宋云、惠生一行,由京城洛阳出发,沿
"丝绸之路"西行,经过 40 天来到赤岭(即日月山,在今青海湟源县西)。"赤岭
者,不生草木,因以为名。其山有鸟鼠同穴,异种共类,鸟雄鼠雌,共为阴阳"。
从赤岭出发行 23 日,渡过流沙,到达吐谷浑国(今青海、甘肃接壤一带)。再西
行三千五百里,到达鄯善城。从鄯善西行一千六百四十里,到达左末城(今新疆

且末一带）。城中有居民约一百家，"土地无雨，决水种麦，不知用牛，耒耜而田"。再西行一千二百七十五里，到末城，"城旁花果似洛阳"。再西行二十二里，至捍魔城，城南有大佛寺，寺内金像一躯，举高丈六，"面恒东立，不肯西顾"，后人于此像边造高一丈六尺的像及诸像塔，乃至数千，悬彩幡盖，亦有万计，而"魏国之幡过半矣"。幡上隶书，多云（北魏）太和十九年、景明二年、延昌二年。从捍魔城西行八百七十八里，到达于阗国。次年七月下旬，到达朱驹波国（今新疆叶城一带）。八月初，进入汉盘陀国界（今新疆塔什库尔干自治县一带）。再西行六日，登葱岭山。自此，向上步步攀登，经过四日，方达岭上。"自葱岭以西，水皆西流"；"葱岭高峻，不生草木，是时八月，天气已冷，北风驱雁，飞雪千里"。十二月初，进入乌场国（在古北印度一带），"北接葱岭，南连天竺，土气和暖，地方数千里，民物殷阜，匹临淄之神州；原田膴膴，等咸阳之上土"。国王见宋云等由"大魏使来，膜拜受诏书"。宋云对国王讲述了中国的蓬莱仙境，圣贤事迹，国王听罢，十分仰慕和向往，感慨道：如此就是佛国了，我愿死后往生彼国。宋云、惠生等走出城外，寻访佛祖胜迹，有佛祖坐处、晒袈裟处，"并有塔记"。向城东南"山行八日"，即到佛祖"投身饲饿虎之处"。这里高峰入云，嘉木、灵芝，林泉婉丽，花彩曜日。宋云、惠生捐出行资，在山顶建塔一座，并用隶书刻石，铭记魏国功德。在王城南一百余里，有佛祖"剥皮为纸，折骨为笔"处，阿育王在此"起塔笼之"，塔高十丈。如此等等。正光元年（520年）四月，进入乾陀罗国（今巴基斯坦白沙瓦一带）。十日后，到达乾陀罗城。城东南七里，有雀离浮图。《魏书》说"高七十丈，周三百步"。宋云、惠生等在正光三年（522年）回到洛阳，取回大乘经典170部，丰富了中国的佛教文化。以上这几次西行活动，显然应以东汉时的"永平求法"和"班超通西域"意义最为重大。

当时沿丝绸之路西行而进行的这些活动，尽管规模不同、距离不同、目的地不同、内容不同、方式也不同，但无一例外，都充分体现了当时洛阳和丝绸之路密不可分的关系，体现了洛阳在丝绸之路上独特而不可替代的重要位置和作用，也就是说，当时的洛阳城是名副其实的丝绸之路的东方起点。

下面我们简略叙述一下当时西域各国、各地区沿丝绸之路东来的情况。

自东汉始，中经三国魏、西晋，迄北魏迁都洛阳，西域广大范围内的众多国家和地区，沿丝绸之路东来，"献方奇"、"纳爱质"、"东向而朝天子"，以及从事其他商贸、文化、宗教活动,并从而到达当时的国都洛阳者,可以说是史不绝书。《后汉书》卷八十八《西域传》说:东汉时,"西域内属诸国,东西六千余里,南北千余里,东极玉门、阳关,西至葱岭。……南北有大山,中央有河"。"建武五年,河西大将军窦融乃承制立(莎车王)康为汉莎车建功怀德王、西域大都尉"。"(建武)十四年,(莎车王)贤与鄯善王安并遣使诣阙贡献,于是西域始通,葱岭以东诸国皆属贤。十七年,贤复遣使奉献,请都护。""(建武)二十一年冬,车师前王、鄯善、焉耆等十八国俱遣子入侍,献其珍宝。及得见(天子),皆流涕稽首,愿得都护。"《后汉书》卷一《光武帝纪下》也说:建武二十一年,"其冬,鄯善王、车师王等十六国皆遣子入侍奉献,愿请都护"。《后汉书》卷二《显宗孝明帝纪》说:"(永平十六年)西域诸国遣子入侍。"(当年十一月)初置西域都护,戊己校尉。"《后汉书》卷三《肃宗孝章帝纪》说:"(章和元年)月氏国遣使献扶拔、师子。"《后汉书》卷四《孝和帝纪》说:"(章和二年)安息国遣使献师子、扶拔。"《后汉书》卷八十八《西域传》说:"顺帝永建二年,(疏勒王)臣磐遣使奉献,帝拜臣磐为汉大都尉,兄子臣勋为守国司马。五年,臣磐遣侍子与大宛、莎车俱诣阙贡献。阳嘉二年,臣磐复献师子、封牛。"《后汉书》卷三十四《梁统列传》说:大将军梁冀"起菟苑于河南城西,经亘数十里,缮修楼观,数年乃成","尝有西城贾胡,不知禁忌,误杀一菟,转相告言,坐死者十余人"。这条资料表明,当时洛阳一带应生活着不少"西域贾胡"。《后汉书·五行志》说:"灵帝好胡服、胡帐、胡床、胡坐、胡饭、胡空侯、胡笛、胡舞,京师贵戚竞为之。"这条资料也反映出当时洛阳肯定生活着很多胡人,从而才能影响洛阳的社会风尚。

释慧皎《高僧传·汉雒阳白马寺摄摩腾》记摄摩腾云:"摄摩腾,本中天竺人,善风仪,解大小乘经,常游化为任。……(汉明帝)遣朗中蔡愔、博士弟子秦景等,使往天竺,寻访佛法,愔等于彼遇见摩腾,乃要还汉地。腾誓志弘通,不惮疲苦,冒涉流沙,至乎雒邑。明帝甚加尝接,于城西门外立精舍以处之,汉地有沙门之始也。"同书记竺法兰云:"竺法兰,亦中天竺人。自言诵经论数万章,为天竺学者之师。时蔡愔既至彼国,兰与摩腾共契游化,遂相随而来。会彼学徒留碍,兰乃间行而至。既达雒阳,与腾同止。……兰后卒于雒阳,春秋六十余矣。"该书还记载东汉后期桓、灵之世,安息国王嫡后之子安世高,"捐王位之荣,安贫乐道……宣敷三宝,光于京师"。月支人支娄迦谶"博学渊妙"、"才思精微",时号月支菩萨。和安世高、支娄迦谶大体同时来洛阳的还有：天竺的竺佛朔、安息的安玄、月支的支曜、康居的康孟祥、康巨等。

关于曹魏时期西域各国、各地区东来的情况，《三国志》卷三十《魏书·乌丸鲜卑东夷传》云："魏兴，西域虽不能尽至，然大国龟兹、于阗、康巨、乌孙、疏勒、月氏、鄯善、车师之属，无岁不奉朝贡，略如汉氏故事。"《三国志》卷二《魏书·文帝纪》记载，黄初三年，"二月，鄯善、龟兹、于阗王各遣使奉献"，"是后西域遂通，置戊己校尉"。同书《明帝纪》云：太和元年，"焉耆王遣子入侍"。太和三年，"大月氏王波调遣使奉献，以调为亲魏大月氏王"。《乌丸鲜卑东夷传》裴注引《魏略·西戎传》说："（大秦）常欲通使于中国"，"又常利得中国丝，解以为胡绫，故数与安息诸国交市于海中"。这些"中国丝"的一部分可能由中国人西行带去，另一部分即应由西域人东来洛阳带回。

《晋书》卷九十七《四夷传》云："武帝太康中，其（焉耆国）王龙安遣子入侍。""及子会立，袭灭白山，遂据其国。""会有胆气筹略，遂霸西胡，葱岭以东莫不率服。"同传又说："太康六年，武帝遣使杨颢，拜其（大宛国）王蓝庾为大宛王。蓝庾卒，其子摩之立，遣使贡汗血马。""武帝太康中，（大秦国）其王遣使贡献。""泰始中，其（康居国）王那鼻遣使上封事，并献善马。"另据有关佛籍记载，著名高僧竺法护、佛图澄都曾在西晋时期来到洛阳。

下面简略介绍一下北魏迁洛以后的情况。《魏书》卷一百一十《食货志》云："魏德既广，西域、东夷，贡其珍物，充于王府。又于南垂立互市，以致南货，羽毛齿革之属，无远不至，神龟、正光之际，府藏盈溢。"《魏书》卷八《世宗纪》云："（景明三年）于阗国遣使朝献。""是岁，疏勒、罽宾、婆罗捺、乌苌、阿喻陀、罗婆、不仑、陀拔罗、弗波女提、斯罗、哒舍、伏耆奚那太、罗般、乌稽、悉万斤、朱居般、诃盘陀、拨斤、厌味、朱沙洛、南天竺、持沙那斯头诸国并遣使朝贡。""（景明四年）南天竺国献辟支佛牙。"同卷又记载："（永平元年二月）勿吉、南天竺并遣使朝献。""（三月）斯罗、阿陁、比罗、阿夷弋多、婆那伽、伽师达、于阗诸国并遣使朝献。""（七月）高车、契丹、汗畔、罽宾诸国并遣使朝献。""是岁高昌国王麴嘉，遣其兄子私署左卫将军孝亮，奉表来朝，因求内徙，乞师迎接。""（永平二年正月丁亥）胡密、步就磨、忸密、檗是、悉万斤、辛豆那、越拔忸诸国，并遣使朝献。壬辰，嚈哒、薄知国遣使来朝，贡白象一。乙未，高昌国遣使朝贡。""（三月）磨豆罗、阿曜社苏突阗、地伏罗诸国,并遣使朝献。""(八月)高昌、勿吉、库莫奚诸国,并遣使朝献。""(十二月)叠伏罗、弗菩提、朝陁咤、波罗诸国,并遣使朝献。"同书《肃宗纪》云:"(熙平元年二月)吐谷浑、宕昌、邓至诸国,并遣使朝贡。""(四月)高昌、阴平国,并遣使朝献。""(五月)吐谷浑遣使朝献。""(七月)高昌国遣使朝献。""(八月)宕昌国遣使朝贡。"该卷又说:"(神龟元年二月)嚈哒、高丽、勿吉、吐谷浑、宕昌、疏勒、久末陀、末久半诸国,并遣使朝献。""(三月)吐谷浑国遣使朝贡。""(四月)舍摩国遣使朝献。""(五月)高丽、高车、高昌诸国,并遣使朝贡。""(七月)戊戌,吐谷浑国遣使朝贡。""丁未,波斯、疏勒、乌苌、龟兹诸国,并遣使朝献。""(神龟二年二月)吐谷浑、宕昌国并遣使朝贡。""(四月)嚈哒国遣使朝贡。"

《洛阳伽蓝记》卷四《城西》记法云寺说:"西域乌场国胡沙门昙摩罗所立也,在宝光寺西,隔墙并门。""摩罗聪慧利根,学穷释氏。至中国,即晓魏言及隶书。""作祗洹寺一所,工制甚精,佛殿僧房,皆为胡饰。""京师沙门好胡法者,皆就摩罗受持之。""西域所赍舍利骨及佛牙经像皆在此寺。"该书卷三《城南》还记载说:永桥南,道东有白象、狮子二坊。"白象者,永平二年,乾陀罗国胡王所献。皆设五彩屏风,七宝坐床,容数人,常养于乘黄曹,象常坏屋毁墙,走出于外,逢树即拔,遇墙亦倒。百姓警怖,奔走交驰,胡太后遂徙象于此坊。""狮子者,波斯国胡王所献也……普泰元年,广陵王即位,诏曰:禽兽囚之,则违其性,宜放还山林。狮子亦令送归本国。送狮子者以波斯道远,不可送达,遂在路杀狮子而返。有司纠劾,罪以违旨论。广陵王曰:岂以狮子而罪人也,遂赦之。"

当时的洛阳,既是中国使节、商人、僧人等沿"丝绸之路"西行最主要的出发地,也是西方各国、各地沿"丝绸之路"东来的最主要的目的地。故《后汉书·西域传》《晋书·四夷传》等在介绍西域诸国时,凡记载距离里程的,皆以洛阳为起点,如《西域传》记疏勒国"去洛阳万三百里",莎车国(今新疆莎车一带)"去洛阳万九百五十里",于阗国"去洛阳万一千七百里",大月氏国"去洛阳万六千三百七十里",安息国"去洛阳二万五千里"等。据朱绍侯先生统计,《后汉书·西域传》列专条介绍西域诸国的共23国,其中有明确里程记载的13国,其起点无不始自洛阳。朱先生还指出,不仅《后汉书》,而且较《后汉书》成书早50余年的《后汉纪》,作者袁宏在记载西域诸国里程时,也是以洛阳为起点计算的,如

"鄯善治扜泥城,去洛阳七千一百里","焉耆治河南城,去洛阳八千二百里","大月氏国治蓝氏城,去洛阳万六千三百七十里","西域之远者安息国也,去洛阳二万五千里"。

洛阳作为著名的国际大都会,在东汉、三国魏、西晋、北魏(迁洛之后)时期,对生活在这里的西域人都有很好的安置。例如在东汉时,广阳门(洛阳城西垣三门之南数第一门)外有胡桃宫,另有蛮夷认置邸以居的"蛮夷邸"。北魏时,特在洛阳城南、洛水永桥以南、伊洛之间,御道东设四夷馆:一曰金陵,二曰燕然,三曰扶桑,四曰崦嵫;御道西设四夷里:一曰归正,二曰归德,三曰慕化,四曰慕义。当时的安排是:"吴人投国者处金陵馆,三年已后,赐宅归正里。……北夷来附者处燕然馆,三年已后,赐宅归德里。东夷来附者,处扶桑馆,三年以后,赐宅慕化里。东夷来附者处扶桑馆,赐宅慕化里。西夷来附者处崦嵫馆,赐宅慕义里。"当时的情况是"驰命走驿,不绝于时月,商贩胡客,日款于塞下"[1]。这些记载,生动地反映了当时西域诸国东来洛阳以及丝绸之路上政治、经贸、文化交往的繁忙景象。

(二)隋唐时期通过丝绸之路的中西往来

隋唐时期的洛阳城,是洛阳城市史上最为辉煌的时期,也是驰名世界的国际大都会。尤其是大运河的通航,更使洛阳成为全国水陆交通的中心、经济商贸的中心、最大的货物集散地,以及国际交往的中心。在三个多世纪中,有许多官方人士或民间私人沿陆上丝绸之路(或海上丝绸之路)西行的活动,是由洛阳出发或东归时回到洛阳的,至少是和洛阳有密切关系的。

据有关文献记载:隋炀帝曾派遣侍御史韦节、司隶从事杜行满出使西蕃诸国。"至罽宾得玛瑙杯,王舍城(今印度比哈尔西南拉杰吉尔)得佛经,史国(今乌兹别克沙赫里夏勃兹)得十舞女、师子皮、火鼠毛而还"。"炀帝即位之后,遣司隶从事杜行满使于西域,至其国(指安国,今乌兹别克布哈拉),得五色盐而返。"[2]尤其是裴矩,自隋炀帝大业元年(605年)至大业九年(613年),曾先后四

① 《洛阳伽蓝记》卷三《城南》。
② 《隋书》卷八十三《西域传》。

次至河西,在甘州(今甘肃张掖)、凉州(今甘肃武威)、沙州(今甘肃敦煌)活动,大大推进了隋王朝和西域各国、各地的经贸文化交流。

到了唐代,这种沿着陆上丝绸之路(或海上丝绸之路)的"西行"活动更多。下面我们首先介绍在中西交流史占有突出地位的玄奘"西天取经"活动。19 岁之前,一直在"京洛"生活的玄奘,后到长安成都、荆州、吴会、相州等地游学参访,再到长安。唐太宗贞观元年(627 年)八月,高僧玄奘踏上了万里西行的征程。唐王朝立国之初,西北地区的突厥部落势力强大,唐朝政府严禁内地人员出国。玄奘只得利用关中遭灾、饥民出行随丰就食之机,冒禁西出长安。途经秦州、兰州,到达唐朝西陲边防重镇凉州。在凉州,玄奘曾应邀讲经,但他西行求法的意图也被凉州官府发现,遂迫令他东还长安。玄奘在慧威法师及弟子的帮助下,迅速逃离凉州,昼伏夜行,风餐露宿,到达西部边境城镇瓜州(今甘肃安西县东南)。他了解了西行路线,拟出境之后先到伊吾国(新疆哈密一带)。可惜玄奘还未从瓜州出发,凉州方面已经发现他,缉拿他的公文也很快到达瓜州,公文的内容说:"有僧字玄奘,欲入西蕃,所往州县,宜严候捉。"幸亏瓜州具体办案的衙吏李昌信奉佛教,当面撕毁捉拿他的文书,曲法徇情,催他赶快离开瓜州。恰巧这时有个叫石槃陀的胡人前来礼佛受戒,交谈之下,愿意引路。他们夜晚动身,绕过玉门关的关口,偷渡瓠卢河(今疏勒河,流经玉门关)。再往前几十里,就是玉门关烽火台。每个烽火台相距百里,戍卒日夜守备,严防出境之人。除烽火台附近外,中途绝无水草。这时带路的胡人石槃陀胆怯后悔,中途离去。玄奘单人独马,进入烽火台防区。他两次趁黑在烽火台附近取水时都被守军发现,差点箭下丧生。幸有一烽火台戍守校尉敬佩玄奘西行求法的勇气和胆识,赠予饮水和干粮。从此,玄奘一人进入渺无人烟的八百里大沙漠,即莫贺延碛。茫茫黄沙,一望无际,上无飞鸟,下无走兽,只能凭一堆堆白骨和驼马的粪便为标记,踏沙迈进。才走了一百余里玄奘就迷失了道路。在他下马取皮囊饮水时,不料又因袋重失手,饮水全部倾覆。但他下定决心,宁可西行而死,决不东归而生,遂与老马相依为命,向西北方向继续前进。白天,太阳晒得人透不过气来,夜晚则寒气刺骨,冻得人如刀割一般。如此,玄奘在沙漠中走了五天四夜。由于滴水未入,人和马皆曾一度昏死过去。后幸遇夜风,人马渐渐苏醒,又勉强前行,终于发现一块绿洲和清泉,由此才走出了沙漠,到达伊吾国。

玄奘在伊吾国住了十多天后,又到了高昌国。高昌王鞠文泰笃信佛教,对玄奘极为敬重。他热情款待,并强留玄奘于高昌。玄奘滞留难行,便以绝食的方式表示抗争。鞠文泰被玄奘的决心所感动,他向玄奘表示道歉并结为异姓兄弟,又为玄奘度四沙弥充给侍,并准备了足够旅途往返二十年所用的物品,备马三十匹,派数十名役夫随行护送。他还写了二十四封书信给沿途各国国王,请他们对玄奘予以关照。玄奘非常感动,写了一篇《谢高昌国王启》以表达对鞠文泰的深切谢意。玄奘一行从高昌出发,经阿耆尼国(今新疆焉耆)、屈支国(今新疆库车)、跋禄迦国(今新疆拜城、阿克苏一带),到了葱岭北隅的凌山(今天山山脉的穆素尔岭)。这是一座陡峻崎岖、终年冰冻、气候特寒的雪山。熬过七天七夜,玄奘一行才翻过此山。此时高昌王派遣的护送人员已有十分之三、四不幸死去,驮运物品的牲畜则冻死得更多。出山后,他们沿热海(即大清池,亦即伊塞克湖)西北行五百里,在碎叶城遇见了正在围猎的西突厥叶护可汗。在他的帮助下,玄奘比较顺利地通过了羯霜那国、吐火罗等中亚各国,于唐贞观二年(628年)夏末进入北印度国境。至此用时将近一年,行程达一万四千余里。

当时的印度,分为东、南、西、北、中五部,称"五印度"或"五天竺"。玄奘入印后,从唐贞观二年夏末至贞观五年(631年)十月,三年多的时间,一直在北印度和中印度及各地游学。他沿恒河流域跋涉,瞻仰了释迦牟尼诞生地古迦毗罗卫城,参观了释迦牟尼在世时长住说法的祇树孤独园,礼拜了释迦牟尼苦修成道的菩提树以及逝世之地婆罗林。在小乘佛教发源地之一的迦湿弥罗国(今克什米尔地区),佛教史上著名的"第四结集"留下了大批的经论典籍。玄奘在这里,将三十六万颂、六百六十万言的佛教经论全部认真学习钻研。此后在三年多的时间中,他翻山越岭,穿沙漠过沼泽,历经种种艰险,有两次还陷入濒临死亡的绝境,足迹遍及北、中印度数十个国家,行程一万二千余里。

玄奘一面巡礼佛教胜迹,考察印度各地风土人情,一面求学问师,遍访高僧学者。唐贞观四年(630年),玄奘到达了印度的那烂陀寺。那烂陀寺是当时五印度著名的文化学术中心,其佛学代表了古代印度文化的最高水平。主持这个寺院的戒贤法师,是当时印度首屈一指的大学者。玄奘拜戒贤为师,戒贤特意为他开讲《瑜伽论》,先后达十五个月。玄奘在寺里五年,通读了寺内所藏各类经论。后又辞别戒贤法师,到南印度去游学。先到伊烂那钵多国(奥里萨),向高僧坦仑揭多鞠多学习。在中印度,他研究因明学。在印度最西部的狼揭罗国(喀拉蚩一带)和北印度等地研究唯识论及天文、地理等。在离开那烂陀的五年时间,玄奘走遍了五印度大小一百余国。贞观十四年,他又回到那烂陀寺。戒贤法师令玄奘担任讲座,为全寺僧众宣讲《摄大乘论》。

　　摩揭陀国的戒日王,是古代印度最杰出的帝王之一。他重新统一北印度,征服了除南部以外的大部分地区,成为五印度各邦国的盟主。他笃信佛教,尤其信奉大乘教。为了从理论上征服小乘佛教,戒日王要求戒贤法师派出高僧同小乘派论战。戒贤选派玄奘和子光、海慧、智光四大弟子前往应命。玄奘向戒日王介绍了中国的社会状况、文化艺术以及唐太宗的圣武英明,引起了戒日王对中国的仰慕。接着,玄奘畅论大小乘佛教学派的得失,令戒日王及其大臣赞叹不已。戒日王阅读了玄奘用梵文写的批驳小乘派的《破恶见论》一千六百颂,在场的二十余位小乘僧人没有一人出来和玄奘对论。为了表示对玄奘的敬重以及对他宣讲的大乘佛法的弘扬,戒日王决定在首都曲女城(今印度北方邦境内)专门为玄奘举行一次全印度的佛学辩论大会。参加曲女城盛会的除戒日王和鸠摩罗王外,五印度计有十八位国王、大小乘僧侣三千余人、婆罗门教及其他宗教教徒二千余人、那烂陀寺一千多名僧人。这是印度学术史上空前规模的盛会,贞观十六年(642年)春初,大会开始。玄奘被推为大会论主,由戒日王恭请他升上七宝论坛高座。一连十八天,玄奘主讲《大乘论》,始终没有一人和他辩论,亦无一人表示异议,大会圆满结束。大乘诸众尊玄奘为"大乘天",小乘尊为"解脱天"。紧接着玄奘又参加了戒曰王在钵罗耶加国圣地举行的五年一度、历时七十五天的佛教"无遮大会"。与会僧俗五十万人。这也是印度有史以来的一次空前盛会。

　　贞观十六年(642年)六月,玄奘谢绝戒日王的再三挽留,踏上归国的路程。唐太宗收到玄奘回国的表文,非常高兴,立即派人到于阗迎接慰劳。贞观十九年(公元645年)正月,玄奘回到长安,带回大小乘佛教经论及其他经籍共五百二十夾,六百五十七部,金檀佛像七尊,佛舍利一百五十粒,在全国引起巨大轰动。①

　　另一位赴"西天取经"的著名高僧是义净。唐代高僧义净,俗姓张,字文明,

---

① 慧立、彦悰:《大慈恩寺三藏法师传》。

唐代齐州（今山东历城）人（《宋高僧传》卷一《唐京兆大荐福寺义净传》作"范阳
（今北京城西南）人"）。义净"髫龀之时"，辞亲落发，入泰山郎公谷神通寺，其
后"遍询名匠，广探群籍，内外闲习，今古博通"。十五岁，"仰法显之雅操，慕玄
奘之高风"，立志游访西域。

唐高宗咸亨二年（671 年），37 岁的义净启程西游天竺。初至番禺（今广
州），有数十人愿意同行，及将登船，"余皆退罢"，义净则不避艰险，"唯与晋州小
僧善行同去"，"神州故友，索尔分飞"。据《大唐西域求法高僧传》卷下载：义净
"此时踟蹰，难以为怀"，曾题五绝二首。其一曰："上将可凌师，匹士志难移。如
论惜短命，何得满长祇。"后经海路，于咸亨四年二月八日到达耽摩立底国，即东
印度之"南界也"（今孟加拉国等地）。义净向在此地传法的中国僧人大乘灯学
习梵语，留往一年后，与大乘灯及数百商人为伴到达中天竺。曾先后遍游鹫峰、
鸡足山、鹿野苑、祇林精舍等佛教圣迹，在那烂陀寺学习佛法。前后经 25 年，历
30 多个国家，于武周证圣元年（695 年）仲夏返达神都洛阳。带回梵本经律论佛
籍近四百部，合五十万颂，以及金刚座真容一铺，舍利三百粒。武则天亲迎于上
东门，各寺院僧众"具旛盖歌乐前导"，敕于佛授记寺安置，与于阗僧实叉难陀、
天竺僧菩提流志、法藏、复礼等共译《华严经》（八十卷本），圣历二年（699 年）译
毕。自久视元年（700 年）起，66 岁的义净"乃自专译"，先后在洛阳大福先寺、长
安西明寺等译出《金光明最胜王经》、《能断金刚般若经》、《弥勒成佛经》、《一字
咒王经》、《庄严王陀罗尼经》、《长爪梵志经》及《根本一切有部毗奈耶》、《尼陀
那目得迦》、《百一羯磨摄》等，共 20 部。武则天亲撰《圣教序》，标于经首。长安
四年（704 年），义净还在少林寺建立戒坛，并自撰铭文。唐中宗神龙元年（705
年），义净在东都洛阳内道场译出《孔雀王经》，又在大福先寺译出《胜光天子》、
《香王菩萨咒》、《一切庄严王经》等四部。唐中宗亲撰《大唐龙兴三藏圣教序》，
又亲御洛阳西门，向文武百官宣示新译之经。神龙二年（706 年），义净随唐中宗
西归长安，在大荐福寺设翻经院，居大荐福寺。神龙三年，诏入内坐夏，又在大佛
光殿译出《药师琉璃光佛本愿功德经》，唐中宗曾亲为笔受。至唐隆元年（710
年），义净在大荐福寺译出《浴像功德经》、《毗奈耶杂事二众戒经》、《唯识宝
生》、《所缘释》等，合 20 部。景云二年（711 年），又在大荐福寺译出《称赞如来
功德神咒》等经。自武则天久视迄睿宗景云年间（700－711 年），共译佛经 56

部,230 卷。此外,在由天竺返回的归途中,他还撰写了《南海寄归内法传》四卷、《大唐西域求法高僧传》二卷,都有重要价值。先天二年(713 年)义净圆寂,世寿 79 岁。其灵塔建于"洛京龙门北之高冈"①。

义净于武周天授二年(691 年)在室利佛逝(今苏门答腊)撰成的《大唐西域求法高僧传》,全书正传五十六人,实共收六十人,其中排在第一位的是僧人玄照。玄照曾先后二次沿陆路丝绸之路西赴印度(其中第二次由洛阳首途),并在洛阳活动。六十余岁时圆寂于印度。今将《大唐西域求法高僧传》的《玄照传》主要内容转录如下。

沙门玄照法师者,太州仙掌人也。以贞观年中,乃于大兴善寺玄证师处,初学梵语。于是杖锡西迈,挂想祇园。背金府而出流沙,践铁门而登雪岭。途经速利,过睹货罗。远跨胡疆,到吐蕃国,蒙文成公主送往北天,渐向阇阑陀国。经于四载。蒙国王钦重,留之供养。学经律,习梵文。既得少通,渐次南上,到莫诃菩提。复经四夏,仰慈氏所制真容,著精诚而无替。爰以翘敬之余,沉情俱舍。既解《对法》,清想《律仪》,两教斯明。后之那批弛寺,留住三年。就胜光法师学《中百》等论。复就宝师子大德受《瑜伽十七地》。遂往琼伽河北,受国王苫部供养。住信者等寺,复历三年。后因唐使王玄策归乡,表奏言其实德。遂蒙降敕,重诣西天追玄照入京。路次泥婆罗国,蒙王发遣送至吐蕃。重见文成公主,深致礼遇,资给归唐。于是巡涉西蕃,而至东夏。以九月而辞苫部,正月便到洛阳。于时麟德年中,驾幸东洛,奉谒阙庭。还蒙敕旨,令往羯湿弥罗国,取长年婆罗门卢迦溢多。既与洛阳诸德相见,略论佛法纲纪。敬爱寺导律师、观法师等请译《萨婆多部律摄》。既而敕令促去,不遂本怀,所将梵本,悉留京下。于是重涉流沙,还经碛石。行至北印度界,见唐使人引卢迦溢多于路相遇。卢迦溢多复令玄照及使傔数人,向西印度罗荼国取长年药。渐至迦毕试国,礼如来顶骨。复过信度国,方达罗荼矣。蒙王礼敬,安居四载。转历南天,将诸杂药,望归东夏。到金刚座,旋之那烂陀寺。净与相见,尽平生之志愿,契总华于龙华。但以泥

_____

① 《宋高僧传》卷一《唐京兆大荐福寺义净传》。

波罗道吐蕃拥塞不通,迦毕试途多氏捉而难度,遂且栖志鹫峰,沉情竹苑。虽有传灯之望,而未谐落叶之心。在中印度庵摩罗跋国遘疾而卒,春秋六十余矣(言多氏者,即大食国也)。

王玄策,唐洛州洛阳人。曾任融州黄水县(今广西罗城西北)令。据有关资料及学者研究,王玄策出使印度先后共三次(有研究者以为是四次)。第一次是在贞观十七年(643 年)。《旧唐书·西戎传》曰:"贞观十五年,尸罗逸多(即戒日王)自称摩伽佗王,遣使朝贡,太宗降玺书慰问,尸罗逸多大惊,问诸国人曰:'自古曾有摩诃震旦使人至吾国乎?'皆曰:'未之有也。'乃膜拜而受诏书,因遣使朝贡。太宗以其地远,礼之甚厚。复遣卫尉丞李义表报使。"王玄策就是作为李义表的副使出使印度的。他们到达印度之后,"尸罗逸多遣大臣郊迎,倾城邑以纵观,焚香夹道。逸多率其臣下东面拜受敕书。复遣使献火珠及郁金香、菩提树。"贞观二十年(646 年)唐使回国。王玄策第二次出使印度是在贞观二十一年(647 年)。此次出使,王玄策(时为右卫率府长史)为正使,蒋师仁为副使。他们尚未到达,尸罗逸多已死,国内大乱,其臣阿罗那顺叛乱自立,并发兵抗拒王玄策等。当时王玄策之从骑 30 人全部被俘,他自己则奔走吐蕃求救,吐蕃松赞干布发援兵 1200 人,泥婆罗(即今尼泊尔)王发兵 7000 骑,共击阿罗耶顺,大破之,阿罗耶顺被俘,并被带回长安。唐太宗大喜,"擢玄策朝散大夫"。第三次出使印度是在唐高宗显庆二年(657 年)。当时唐高宗住在洛阳,王玄策等奉旨去印度送袈裟。他们曾到达婆栗阇国(今印度达班加北部),并在显庆五年(660 年)参加摩诃菩提寺举行的大法会等。此次返国后,王玄策到东都洛阳,并把从印度取回的弥勒菩萨新样供奉在洛阳敬爱寺中。他所著的《中天竺国行记》十卷,图三卷,均佚,仅在《法苑珠林》等其他文献中保存有零星片断文字。[1]

王玄策是以唐王朝官方使节的身份出使印度的,这和一般民间交往有重大区别。另外,王玄策所行路线,再次说明唐王朝与印度之间有另一条通道,即由唐蕃古道经尼泊尔进入印度。麟德二年(665),王玄策曾于龙门石窟宾阳三洞

---

[1] 冯承钧:《王玄策事辑》,《西域南海史地考证论著汇辑》,中华书局,1957 年;薛克翘:《中国印度文化交流史》第四章第二节,昆仑出版社,2008 年。

之南洞敬造弥勒像,并留下造像题记。略曰:"王玄策……敬造弥勒像一铺,麟德二年九月十五日。"①

在官、私、僧、俗沿丝绸之路西行的同时,也有众多的西域使者、商人、僧人沿丝绸之路东来,其中东抵洛阳者为数甚多。大业十一年(619年)正月,隋炀帝在洛阳举行盛大宴会,"突厥、新罗、靺鞨、毕大辞、诃咄、傅越、乌那曷、波腊、吐火罗、俱虑建、忽论、诃多、沛汗、龟兹、疏勒、于阗、安国、曹国、何国、穆国、毕衣、密失、范延、伽折、契丹等国并遣使朝贡。"②《隋书》卷八十三《西域传》对以下各国东来洛阳有更具体的记载:

> 康国者,康居之后也。迁徙无常,不恒故地。自汉以来,相承不绝。其王本姓温,月氏人也,旧居祁连山北昭武城,因被匈奴所破,西逾葱岭,遂有其国。……名为强国,西域诸国多归之。米国、史国、曹国、何国、安国、小安国、那色波国、乌那曷国、穆国皆归附之。……大业中,始遣使贡方物,后遂绝焉。"
>
> 安国,汉时安息国也。……大业五年,遣使贡献,后遂绝焉。
>
> 石国居于药杀水,都城方十余里。其王姓石名三星。……以大业五年遣使朝贡。其后不复至。
>
> 钹汗国,都葱岭之西五百里,古渠搜国也。王始昭武,字阿利柒。东去疏勒千里,……东去瓜州五千五百里。大业中,遣使贡方物。
>
> 吐火罗国,都葱岭西五百里,与挹怛杂居。……东去瓜州五千八百里。大业中遣使朝贡。
>
> 挹怛国,都乌浒水南二百里,……东去瓜州六千五百里。大业中遣使贡方物。
>
> 米国,都那密水西,旧康居之地也。无王,其城主姓昭武,康国王之支庶,字闭拙。……东西瓜州六千四百里。大业中频贡方物。
>
> 史国,都独莫水南十里,旧康居之地也。其王姓昭武,字迩遮,亦康国王

---

① 《洛阳市志·龙门石窟志》第二章第二节三、《宾阳南洞》。

② 《隋书》卷四《炀帝纪下》。

之支庶也。东去瓜州六千五百里。大业中遣使贡方物。

曹国，都那密水南数里，旧是康居之地也。国无主，康国王令子乌建领之。……东去瓜州六千六百里。大业中遣使贡方物。"

何国，都那密水南数里，旧是康居之地也。其王姓昭武，亦康国王之族类，字敦。东去瓜州六千七百五十里。大业中遣使贡方物。

乌那曷国，都乌浒水西，旧安息之地也。王姓昭武，亦康国种类，字佛食。……东去瓜州七千五百里。大业中遣使贡方物。

穆国，都乌浒水之西，亦安息之故地，与乌那曷为邻。其王姓昭武，亦康国之种类也，字阿滥密。东去瓜州七千七百里。大业中遣使贡方物。

当时，为了安置这些远道而来的西域人，隋炀帝特在洛阳置四方馆，并安排专人掌管其事："东方曰东夷使者，南方曰南蛮使者，西方曰西戎使者，北方曰北狄使者，各一人，掌其方国及互市事。"①另在东城城内第一街还置建有鸿胪寺。

至唐代，沿丝绸之路东来者更多、更频繁。对此《新唐书》卷二百二十一下《西域传下》对有关国家及其东来者也有具体记载。

康者，一曰萨末鞬，亦曰飒秣建，元魏所谓悉万斤者。……枝庶分王，曰安，曰曹，曰石，曰米，曰何，曰火寻，曰戊地，曰史。世谓九姓，皆氏昭武。……武德十年，始遣使来献。贞观五年，遂请臣。……俄又遣使献师子兽。帝珍其远，命秘书监虞世南作赋。自是岁入贡，致金桃、银桃，诏命植苑中。高宗永徽时，以其地为康居都督府，即授其王拂呼缦为都督。万岁通天中，以大首领笃娑钵提为王。死，子泥涅师师立。死，国人立突昏为王。开元初，贡锁子铠、水精杯、玛瑙瓶、驼鸟卵及越诺（布）、侏儒、胡旋女子。其王乌勒伽与大食亟战不胜，来乞师，天子不许。久之，请封其子咄曷为曹王，默啜为米王，诏许。乌勒伽死，遣使立咄曷，封钦化王，以其母可敦为郡夫人。

安者，一曰布豁，又曰捕喝，元魏谓忸密者。……武德时遣使入朝。贞观初，献方物。太宗慰其使曰："西突厥已降，商旅行矣。"诸胡大悦。其王

① 《隋书》卷二十八《百官志下》。

诃陵迦又献名马。……是岁,东安国亦入献。……显庆时,以阿滥为安息州,即以其王昭武杀为刺史。斤为木鹿州,以其王昭武闭息为刺史。开元十四年,其王笃萨波提遣弟阿悉烂达拂耽发黎来朝,纳马豹。后八年,献波斯马娄二,拂菻绣氍毯一,郁金香、石密等。其妻可敦献柘辟大氍毯二、绣氍毯一,丐赐袍带铠杖及可敦袿褘属装泽。

东曹或曰率都沙那、苏对沙那、劫布咀那、苏都识匿,凡四名。居波悉山之阴、汉贰师城地也。……武德中,与康同遣使入朝,其使曰:"本国以臣为健儿,闻秦王神武,欲隶麾下。"高祖大悦。

西曹者,隋时曹也。……有金具器,款其左曰:"汉时天子所赐。"武德中入朝。天宝元年,王哥逻仆罗遣使者献方物,诏封怀德王。即上言:"祖考以来,奉天可汗,愿同唐人受调发,佐天子征讨。"十一载,东曹王设阿忽与安王请击黑衣大食,玄宗慰之,不听。

石或曰柘支,曰柘折,曰赭时,汉大宛北鄙也,去京师九千里。……西南有药杀水,入中国,谓之真珠河,亦曰质河。……武德、贞观间,数献方物。显庆三年,以瞰羯城为大宛都督府,授其王瞰土屯摄舍提于屈昭穆都督。开元初,封其君莫贺咄吐屯,有功,为石国王。二十八年,又册顺义王。明年,王伊捺吐屯屈勒上言:"今突厥已属天可汗,惟大食为诸国患,请讨之。"天子不许。天宝初,封王子那俱车鼻施为怀化王,赐铁券。久之,安西节度使高仙芝劾其无藩臣礼,请讨之。王约降,仙芝遣使者护送至开远门,俘以献,斩阙下。于是西域皆怨。……宝应时,遣使朝贡。

米或曰弥末,曰弭秣贺。……显庆三年,以其地为南谧州,授其君昭武开拙为刺史,自是朝贡不绝。开元时,献璧、舞筵、师子、胡旋女。十八年,大首领末野门来朝。天宝初,封其君为恭顺王,母可敦郡夫人。

何或曰屈霜你迦,曰贵霜匿,即康居小王附墨城故地。城左有重楼,北给中华古帝,东突厥、婆罗门,西波斩、指菻等君王。……贞观十五年遣使者入朝。永徽时上言:"闻唐出师西讨,愿输粮于军。"俄以其地为贵霜州,授其君昭武婆达地刺史,遣使者钵底失入谢。

火寻或曰货利习弥,曰过利,居乌浒水之阳。……乃康居小王奥鞬城故地。诸胡惟其有车牛,商贾乘以行诸国。天宝十年,君稍施芬遣使者朝,献黑盐。宝应时,复入朝。

> 史或曰佉沙,曰羯霜那,居独莫水南,康居小王苏薤城故地也。……隋大业中,其君狄遮始通中国,号最强盛。……贞观十六年,君沙瑟毕献方物。显庆时,以其地为佉沙州,授君昭武失阿喝刺史。开元十五年,君忽必多献舞女、文豹。后君长数死立,然首领时时入朝。天宝中,诏改史为来威国。那色波亦曰小史,盖为史所役属,居吐火罗故地。

另据有关资料记载说,麟德二年(665 年)十月,唐高宗由东都洛阳出发东封泰山,“突厥、于阗、波斯、天竺国、罽宾、乌苌、昆仑、倭国及新罗、百济、高丽等诸蕃酋长,各率其属扈从,穹庐毡帐,及牛羊驼马,填候道路。”[1]六十年后,即开元十三年(725 年),唐玄宗由洛阳出发东封泰山,也有“四夷酋长从行”,其中自然包括来自西域各国的“酋长”。

关于拂菻国及其唐时遣使来华、来洛的具体情况,有关史籍也有记载。

公元 395 年,统一的罗马帝国分裂为东罗马帝国(也称拜占庭帝国,以君士坦丁堡即今伊斯坦布尔为首都)、西罗马帝国(以罗马为首都)。在中国古代史籍中,东罗马帝国常被称作拂森国、大秦国、海西国。拂森,玄奘《大唐西域记》作“拂懔”,道世《法苑珠林》作“拂壈”或“拂懔”,慧超《往五天竺国传》作“拂临”,而在《隋书》、《旧唐书》、《新唐书》及杜环《经行记》中则皆作“拂菻”。通常系指东罗马帝国,有时也指地中海东岸一带地区及国家。《旧唐书》卷一百九十八《西戎传》云:

> 拂菻国一名大秦,在西海之上,东南与波斯接。地方万余里,列城四百,邑居连属。其宫宇柱栊,多以水晶琉璃为之。有贵臣十二人,共治国政。常使一人,将囊随王车,百姓有事者,即以书投囊中。王还宫省发,理其枉直。其王无常人,简贤者而立之。”“隋炀帝常将通拂菻,竟不能致。贞观十七年拂菻王波多力遣使献赤玻璃、绿金精等物。太宗降玺书答慰,赐以绫绮焉。自大食强盛,渐陵诸国,乃遣大将军摩拽伐其都城。因约为和好,请每岁输

---

① 《唐会要》卷七《封禅》。

之金帛,遂臣属大食焉。乾封二年(667年),遣使献底也伽。大足元年(701年),复遣使来朝。开元七年正月,其主遣吐火罗大首领献狮子、羚羊各二。不数月,又遣大德僧来朝贡。

再有宋代的《册府元龟》一书,对西域诸国及其中来华者也有颇多记载,今选其和洛阳有关者摘录如下:

成亨二年(671年)五月,吐火罗、波斯、康国、罽宾国各遣使来朝,贡其方物。

调露元年(679年)十月,康国、拔汗那、护密国各遣使朝贡。

永淳元年(682年)九月,石国遣使献方物。

万岁通天二年(697年)四月,安国献两头犬。

开元五年(717年)三月,安国遣使献方物。康国王遣使献毛锦、青黛。

开元六年(718年)二月,米国、石并遣使来朝。

开元六年四月,米国王遣使献拓壁舞筵及鍮。是年康国遣使贡献锁子甲、水精杯、玛瑙瓶、鸵鸟卵及越诺之类。

由于大量的外籍人口来到洛阳并定居这里,武周天授三年(692年),特"析洛阳、永昌置来庭县",予以安置和管理。①

上面所叙述的都是官方"酋长"、"使者"东来的状况,政治色彩浓厚。下面我们转录几则佛教史籍的记载,这些东来的僧人主要是从事文化交流活动的。《宋高僧传》中的《唐洛京智慧传》主要内容如下:

释智慧者,北天竺迦毕试国人,常闻支那大国,文殊在中,锡指东方,誓传佛教。乃泛海东迈,垂至广州,风可飘却返,抵执师子国之东。又集资粮,重修巨舶,遍历南海诸国。二十二年,再近番禺,风涛遽作,舶破人没,唯慧存焉。夜至五更,其风方止,所赍经论,莫知所之。及登海壖,其夹策已在岸矣,于白沙内大竹筒中得之,宛为鬼物扶持而到。乃叹曰:此大乘理趣等经,想脂那人根熟矣!遂东北行,半月达广州,即德宗建中初也。奉天贞元二年始届京辇。八年,有敕令京城诸寺大德名业殊众者同译,得罽宾三藏般若开

---

① 《新唐书》卷三十八《地理志二》。

释梵本,翰林待诏光宅寺沙门利言度语,西明寺沙门圆照笔受,资圣寺道液、
西明寺良秀、庄严寺应真、醴泉寺超悟、道岸、空,并充证义。六月八日,欲衬
经题,敕右街功德使王希迁与右神策军大将军王孟涉、骠骑大将军马有邻等
送梵经出内。迎入西明寺翻译。即日赐钱一千贯、茶三十串、香一大合,充
其供施。开名题曰大乘理趣六波罗蜜多经,成十卷。又华严长者问佛那罗
延力经、般若心经各一卷,皆贞元八年所译也。是岁十月缮写毕。二十八日
设彩车,大备威仪,引入光顺门,进帝览,忻然,慰劳勤至。慧后终于洛阳,葬
龙门之西冈,塔今存矣。

同书《周洛京魏国东寺天智传》曰:

　　释提云般若,或云提云陀若那,华言天智,于阗国人也。学通大小,解兼
真俗,咒术禅门,无不谙晓。永昌元年,乘届于此,谒天后于洛阳,敕令就魏
国东寺(后改大周东寺)翻译。即以其年己丑至天授二年辛卯,出华严经法
界无差别论等六部七卷,沙门处一笔受,沙门复礼缀文,沙门德感、慧俨、法
明、恒景等证义。智终年卒地,莫得而闻。

同书《唐洛京白马寺觉救传》曰:

　　释佛陀多罗,华言觉救,北天竺罽宾人也。赍多罗夹,誓化脂那,止洛阳
白马寺,译出大方广圆觉了义经。此经近译不委何年,且隆道为怀,务甄诈
妄,但真诠不谬,岂假具知年月耶? 救之行迹,莫究其终。大和中,圭峯密公
著疏判解,经本一卷,后分二卷成部,续又为抄,演畅幽邃。今东京、太原、三
蜀盛行讲演焉。

同书《周洛京佛授记寺慧智传》曰:

　　释慧智,其父印度人,婆罗门种,因使游此方,而生于智。少而精勤,有
出俗之志,天皇时从长年婆罗门僧,奉敕度为弟子。本既梵人,善闲天竺书

语;生于唐国,复练此土言音。三藏地婆诃罗、提云若那、宝思惟等所有翻译,皆召智为证,兼令度语。后至长寿二年癸巳,智于东都佛授记寺自译观世音颂一卷。不详所终。

同书《唐洛京大遍空寺实叉难陀传》主要内容如下:

> 释实叉难陀,葱岭北于遁(阗)人也。
> 叉与经夹同臻帝阙,以证圣元年乙未于东都大内大遍空寺翻译。天后亲临法座,焕发序文,自运仙毫,首题名品。南印度沙门菩提流志、沙门义净同宣梵本,后付沙门复礼、法藏等于佛授记寺译成八十卷。圣历二年功毕。至久视庚子,驾幸颍川三阳宫,诏叉译大乘入楞伽经,天后复制序焉。又于京师清禅寺及东都佛授记寺译文殊授记等经,前后总出一十九部,沙门波仑、玄轨等笔受,沙门复礼等缀文,沙门法宝、恒景等证义,太子中舍贾膺福监护。长安四年,又以母氏衰老,思归慰觐,表书再上,方俞,敕御史霍嗣光送至于阗。暨和帝龙兴,有敕再征。景龙二年,达于京辇,帝屈万乘之尊,亲迎於开远门外。倾都缁侣,备幡幢导引。仍饰青象,令乘之入城,敕於大荐福寺安置。未遑翻译,遘疾弥留,以景云元年十月十二日,右胁累足而终,春秋五十九岁。

号称"开元三大士"的善无畏、金刚智、不空,均沿丝绸之路来华,且和洛阳有密切关系。据《东都圣善寺无畏三藏碑》、《宋高僧传》等记载:唐代僧人善无畏,本中天竺摩揭陀国人,属刹帝利种姓,为释迦牟尼季父甘露饭王后裔。父曰佛手王。"梵名戍婆揭罗僧诃,华言净师子,义翻为善无畏"。"生有神姿,宿赍德艺",10岁统军,13岁嗣王位,王乌荼国。"昆弟嫉能,称兵构乱",遂兴弃俗入道之念。18岁,让王位于兄,至南方海滨出家于殊胜招提,"得法华三昧"。后又"寄身商船,往游诸国",至中天竺,入"像法之泉源,众圣之会府"的那烂陀寺。师事达摩掬多,入坛灌顶,受习密教。接下来,又"周行大荒,遍礼圣迹",先后至鸡足山、灵鹫等地,"名震五天,尊为称首"。本师达摩掬多以他"与震旦有缘",遂依师意来华传教。途经迦湿弥罗国、乌苌国、犍陀罗、吐蕃,"以驼负经,至西州"。开元四年(716年),年已80岁的善无畏抵长安,"帝悦有缘,饰内道场,尊为教主",在皇室贵胄中弘传密教。继而敕于兴福寺南院、西明寺菩提院安置,译经授徒。开元十二年(724年),随唐玄宗至东都洛阳,奉诏丁人福先寺译《大毗卢遮那成佛神变加持经》(即《大日经》)七卷,又译《苏婆呼童子请问经》三卷、《苏悉地揭罗经》三卷等。

相传,暑天大旱,唐玄宗遣高力士请善无畏祈雨。他推辞不过,以钵盛水,以小刀搅动,且搅且咒,有白气自钵中上升,高力士刚返达洛阳天津桥,"风雨随马而骤,街中大树多拔焉"。还相传,邙山有巨蛇,善无畏"以天竺语咒数百声,不日蛇死,乃安禄山陷洛阳之兆也"。开元二十年(732年),善无畏"求还西域",唐玄宗不允许。开元二十三年(735年)示寂,世寿九十九岁,追赠鸿胪卿。开元二十八年(739年)十月三日,葬于洛阳龙门西山广化寺。

据《宋高僧传》、《大唐东京广福寺故金刚三藏塔铭并序》等记载:唐代僧人金刚智,南天竺摩赖耶国人,属婆罗门种姓。十岁时在那烂陀寺出家,二十岁受具足戒,三十一岁时赴南印度,师事龙智,学《金刚顶瑜伽真实摄经》,并受五部灌顶,又学五明诸论。后曾先后至中印度、南印度摩赖耶国近海的补陀洛伽山观自在菩萨寺、师子国楞伽城、无畏山寺、七宝山城等弘法、修学、顶礼圣迹等。金刚智"闻脂那佛法崇盛,泛泊而来",途径师子国、佛逝国等,开元七年(719年)抵广州,第二年至洛阳。唐玄宗在洛阳召见金刚智,并登坛受灌顶。此后,金刚智随驾两京,"广敷密教,建曼拿罗","沙门一行,钦尚斯教,数就咨询,智一一指授,曾无遗隐","一行自立坛灌顶,遵受斯法"。相传,金刚智在洛阳,当年自正月至五月未下雨,天下大旱,唐玄宗诏金刚智结坛祈雨。至第七日,"西北风生,飞瓦拔树,崩云泄雨",洛阳士庶都相传,金刚智曾获一龙,"穿屋飞去"。开元二十九(741年),奉敕归国,在洛阳广福寺示寂。世寿71岁。葬于龙门南伊川之后,建塔旌表。由其灌顶弟子、中书侍郎杜鸿渐"述碑记德焉"。敕谥"国师"。唐代宗又追赠"大弘教三藏"。前些年,日本佛教界在今龙门魏湾村西北立有纪念碑。

唐代僧人不空,原名阿月佉跋折罗,意译不空金刚,略称不空。本北天竺人,婆罗门种姓。幼曾"随叔父观光东国",年十五,出家师事金刚智,并随金刚智一同来华,达洛阳。不空二十岁,在洛阳广福寺受具足戒。后常随金刚智往来东西二京。开元二十七年(739年)唐玄宗敕准不空回国。不空经广州乘船达师子国,受到国王热情接待,"请往宫中七日供养,日以黄金斛满盛香水,王为空躬自洗浴"。此后在师子国和天竺国,依普贤阿阇梨受"十八会金刚顶瑜伽法门"、"毗卢遮那大悲胎藏法门",建立坛法,得密藏及诸经论五百余部,于天宝五年(746年)返回长安。天宝八年,再次敕准回国,"至南海郡,有敕再留十二载"。天宝十二年(753年),河西节度使哥舒翰奏请不空赴河西,次年,不空至武威,住开元寺,译经演教,驰誉一时。天宝十五年(756年)还长安,住大兴善寺。后受唐肃宗、唐代宗崇信,译出《宝严》、《仁王》二经后,唐代宗亲为作序。相传洛阳北邙山有巨蛇,"樵采者往往见之"。巨蛇见到不空说:我常想翻河水陷淹洛阳城,以快我意!不空为它授归戒,说因果,后樵夫"见蛇死涧下"。不空先后译《金刚顶一切如来真实摄大乘现证大教王经》(即《金刚顶经》)、《金刚顶瑜伽中发阿耨多罗三藐三菩提心论》等七十五部、一百二十余卷。唐代宗大历九年(774年)六月,不空示寂,世寿七十岁。曾被赐封开府仪同三司、肃国公,食邑三千户。死后赠司空、谥"大辩证广智不空三藏和尚"。

善无畏、多刚智、不空三位僧人,均在唐玄宗开元年间来华,他们是中国佛教密宗(也称真言宗)的创立者。其中善元畏弘传胎藏界,崇奉《大毗卢遮那成佛神变加持经》;多刚智、不空弘传多刚界,崇奉《金刚顶一切如来其实摄大乘现证大教王经》。

(三)丝绸之路与中西经济文化交流

在漫长的岁月里,中国和中亚、西亚、南亚、欧洲乃至北非,通过丝绸之路进行了极为广泛的、多层次的、多方面的交流,这些交流对促进各国、各地区的进步和发展,对增强相互了解,对全球范围内的进步和发展都发挥了重大的、不可替代的作用。

1. 丝绸之路与中西经济交流

丝绸之路首先是一条商贸之路,通过这条东西交通的大动脉进行经济交流,是丝绸之路最基本、最重要的功能。"丝绸"是中国通过丝绸之路输出的大宗商品,是"丝绸之路"赖以得名的商品,我们首先从"丝绸"说起。桑蚕业、丝织业,是我国古代的伟大发明之一。早在距今七、八千年的原始社会时期,我们的先民就已经逐渐了解了关于蚕和蚕茧的知识,如《路史·后记五》罗注引《向氏帖》就有"伏羲化蚕"、"伏羲作布"的记载;到了距今五千年左右,人们已经懂得和掌握了养蚕抽丝的技术,如《通鉴外纪》等不少古籍就有关于黄帝正妃嫘祖教民养蚕、抽丝织布的记载,她被后世奉为"先蚕"。在距今五千年上下的仰韶文化遗址中出土有家蚕茧和陶塑的家蚕蛹等,就更证明了这一点。到了夏代,保存在《大戴礼记》中《夏小正》中有"三月摄桑,妾子始蚕,摄桑委扬,执养宫事"的记载;还相传,夏代杜康将吃剩的饭放在"空桑"之中,因自然发酵而发明了酒;《水经·伊水注》有夏末之时"有莘氏女采桑伊川,得婴儿(即后来的伊尹)于空桑"的记载;商代立国后,有商汤在今偃师境内"桑林祷雨"的传说等。以上这些都直接、间接说明,以洛阳为中心的河洛地区是我国最早的桑蚕业、丝织业中心或中心之一。汉、魏以降,直至隋唐,由于洛阳地处"天下之中"的优越位置,便利的交通,繁荣的商贸活动,河洛地区都不但是桑蚕、丝织业的中心或中心之一,更成了全国丝织品的最大集散地。《后汉书·明德马皇后纪》有"乃置织室,蚕于濯龙中,数往观视,以为娱乐"的记载,《三国志·方伎传》裴松之注有博士马钧改造织绫机为十二蹑、提高效益四、五倍的记载:北魏洛阳曾积贮了大量的丝织品,这从胡太后让百官入库扛取布绢,少则百余匹,多则达二百匹可见一般。①已发现的属于东汉、魏晋时期的丝织品就有锦、缎、绫、罗、纱、绮、縠、绸、缉、缯、帛等多种。隋代大运河的开通,更强化了洛阳全国水通交通中心、商贸中心的地位。位于龙门石窟奉先寺大卢舍那像龛南的"北市丝行像龛",开凿于武则天垂拱四年(688年)至永昌元年(689年);位于龙门石窟西山南端山腰的"北市彩帛行净土堂",系唐代洛阳北市彩帛行出资营造,这些都说明当时丝织品贸易已经有了行社一类的组织形式。

我国的丝织品大量输出西域各国、各地区,不少古代文献都有记载。《汉书》卷二十八《地理志下》记黄支国,说该国面积大,户口多,多异物,"自武帝以来皆献见",而汉使前往黄支国等地,"赍黄金杂缯而往"。《后汉书》卷八十八《西域传》云:"大秦国一名犁鞬,以在海西,亦云海西国……其王常欲通使于汉,而安息欲以汉缯綵与之交市,故遮阂不得自达。"同书卷四十七《班超传》云:"是

---

① 《魏书》卷十三《皇后传·宣武灵皇后胡氏传》。

时月氏新与康居婚,相亲,超乃使使多赍锦帛遗月氏王,令晓示康居王……"《三国志》卷三十《魏书·乌丸鲜卑东夷传》裴注引《魏略·西戎传》云:"大秦国一号犁轩,在安息、条支西,大海之西。……其俗,人长大平正,似中国人而胡服,自云本中国一别也。……又常利得中国丝,解以为胡绫,故数与安息诸国交市于海中。"《魏书》卷一百二《西域传》,北魏太武帝拓跋焘太延(435-440年)中,遣散骑侍郎董琬、高明等"多赍锦帛,出鄯善,招抚九国,厚赐之"。《周书》卷五十《异域传下·吐谷浑传》云:吐谷浑商队由北齐返回,被北周凉州刺史截获"杂彩丝绢以万计"等。《大慈恩寺三藏法师传》卷二记载说:玄奘法师在北印度那揭罗喝国佛顶骨城"施金钱五十,银钱一千,绮幡四口,锦两端,法服两具"。《旧唐书》卷一百九十八《西戎传·罽宾传》记载,贞观十一年(637年),罽宾来献名马,"太宗嘉其诚款,赐以缯彩"。贞观十七年,拂菻王波多力遣使献物,"太宗降玺书答慰,赐以绫绮焉"。《册府元龟》说:开元七年(719年),玄宗赐诃毗施国使者锦彩五百匹。还有诸如开元十七年(729年),大食国遣使来,唐玄宗赐帛一百匹;开元二十年(732年),波斯王遣使和僧人来,唐玄宗赐僧紫袈裟一副及帛五十匹;开元二十三年(735年),勃律国使者来,唐玄宗赐帛五十匹;开元二十六年(738年),吐火罗使者来,唐玄宗赐绯袍及帛三十匹等等记载。

　　除我国古代文献外,国外也有一些文献资料记载中国桑蚕丝织事。如白里内(23-79)《博物志》一书记中国有关事情说:"其林中产丝,驰名宇内。丝生于树叶上,取出,湿之以水,理之成丝。后织成锦绣文绮,贩运至罗马。富豪贵族之妇女,裁成衣服,光辉夺目。由地球东端运至西端,故极其辛苦。"公元80-89年间埃及希腊人(失名)所写的《爱利脱利亚海周航记》记载说:"过克利斯国(又名黄金国,今缅甸白古一带),抵秦国后,海乃止。有大城曰秦尼,在其国内部,远处北方,由此城生丝、丝线及丝所织成之绸缎,经陆道过拔克脱利亚(大夏),而至巴利格柴(今印度孟买附近之巴罗赫港)。[①]亨利玉尔《古代中国闻见录》说:"赛里斯人习惯俭朴,喜安静读书以度日,不喜多与人交游。外国人渡边境大河,往买丝及他货者,皆仅以目相视,议定价值,不交谈也。其地物产丰富,无求于他人。"科斯麻士《世界基督教诸国风土记》云:"秦尼策国(指中国)在左边

---

　　① 张星烺编著、朱杰勤校订:《中西交通史料汇编》第一册第一编第一章,中华书局,2003年。

最远之境。丝货由陆道经历诸国,辗转而至波斯",由于"自秦尼策由陆道往波斯,实行经短捷路程"。故可以"在波斯得见有大宗丝货者"①。类似的记载还有不少,通过这些资料真实地反映了我国的丝织品通过陆上、海上丝绸之路大量输往世界各地,对世界文明作出了重要贡献。

瓷器是我国通过丝绸之路输出的另一项主要产品。中国是瓷器的故乡,瓷器的发明也是中华民族对世界文明的伟大贡献之一,在英文中"瓷器"与"中国"同为一词(China)。考古发现证实了河洛地区是我国瓷器最早制作和使用的地区。1950 年秋,小学教师韩维周在郑州市二里岗采集到一些陶片和石器,经鉴定为商代遗物。后考古专家安金槐带领考古工作者在郑州市二里岗一带开展考古发掘工作,1955 年发现城墙遗址,确定此地为商代城址。郑州商城发现后,学术界多认为这里是商代第十个王仲丁的隞都,属商代中期的都城。在郑州商城遗址内外,发现很多带釉的原始瓷尊、瓷罍和瓷罐等,还有不少这些器物的碎片。如其中有一件完整的原始青瓷尊,高 27 厘米,轮制,饰席纹和篮纹。这些器物胎骨细腻坚硬,烧成温度在千度以上,叩之有金属声。化验证明:这些原始瓷器的瓷胎与一般瓷器的胎骨所含化学成分相似,用高岭土烧成;瓷釉光亮,一般施在器表和部分口沿内,器内施釉的很少;釉色以青绿为主,少数呈褐色或黄绿色;瓷釉与一般所谓的豆青色釉所含化学成分近似;胎和釉结合紧密,釉底极薄;器物制作,基本上采用轮制,也有助以手捏和泥条盘筑法成形的;器形多尊类,敞口、鼓腹、折肩、小底;常见纹饰有细格纹、粗格纹、条状纹和云雷纹等。从瓷器的胎骨、施釉和火候看,基本上已具备了早期瓷器的特征。由于加工过程还不很精细,胎和釉的配料不够准确,控制火候还不够熟练,因此它们和以后的瓷器相比,质量较差,被称为"原始瓷器"或"原始青瓷"。1964 年在洛阳北窑西周墓出土一件原始青瓷罍,高 27 厘米,保存完整,表面施青釉,胎色灰白,硬度较大。1966 年在另一座洛阳西周墓中出土一件原始瓷尊,高 19 厘米。其他器型还有青瓷豆、青瓷罐、青瓷瓮等。这些都是西周原始青瓷中的代表作品。

除郑州、洛阳之外,在湖北黄陂盘龙城、安阳殷墟、西安丰镐遗址等也都出土有原始青瓷。这是中国最早的一批器瓷。原始青瓷是在陶器制作技术的基础上

---

① 转引自《中西交通史料汇编》第一册第一编第二章。

发明的。陶器不是中国独有的发明,由考古发现可知,世界上许多国家和地区都先后发明了制陶术。但是,中国在制陶术的基础上又前进了一大步,最早发明了瓷器,在人类文明史上写下了光辉的一页。瓷器虽是在陶器制作技术基础上发明的,但二者却有质的区别。一是烧成温度不同:陶器烧成温度一般都低于瓷器,最低甚至达到800℃以下;瓷器的烧成温度则比较高,大都在1200℃以上。二是坚硬程度不同:陶器烧成温度低,坯体并未完全烧结,胎体硬度较差;瓷器的烧成温度高,胎体基本烧结,敲击时声音清脆。三是使用原料不同:陶器使用一般黏土即可制坯烧成,瓷器则需要选择特定的材料,即以高岭土作坯。四是透明度不同:陶器的坯体即使比较薄也不具备半透明的特点,瓷器的胎体无论薄厚都具有半透明的特点。五是釉料不同:陶器有不挂釉和挂釉的两种,挂釉的陶器釉料在较低的烧成温度时即可熔融,瓷器的釉料有两种,既可在高温下与胎体一次烧成,也可在高温素烧胎上再挂低温釉,第二次低温烧成。

我国陶器的发明和应用,已有近万年的历史。在河洛地区发现的裴李岗文化、仰韶文化、龙山文化时期的陶器,制作精美,代表了那个时代陶器制作的最高水平。在夏都二里头遗址已经出现了用瓷土(高岭土)烧制的白陶器,在二里头遗址和偃师商城遗址更发现了大量陶器,造型众多,具有浓厚的生活气息和独特的艺术风格。正是在数千年制陶技术的基础上,河洛地区的制陶工匠们掌握了烧成温度的技术,并认识到高岭土与一般黏土的不同,这为瓷器的发明提供了基础条件。地处河洛地区之内的郑州商城是商代中期的王都,因此,在郑州商城遗址保存下来很多商代原始青瓷就是情理之中的事了。

自原始青瓷发明后,我国的制瓷技术不断进步。到东汉时出现质地比较高的青瓷,这是一个漫长的发展过程。到了唐代,瓷器制作已达到成熟的境界,而唐三彩成为陶器制作最后的绝唱。至宋代时,名瓷名窑已遍及大半个中国,是瓷器业最为繁荣的时期,也是当时外销的主要产品。当时的汝窑(宋代汝州,治今河南汝州市)、官窑(东京,今河南开封市)、哥窑(所在地有三说:一、即龙泉窑,分布于今浙江丽水市及其周围一带;二、在今浙江杭州;三、在今江西景德镇)、钧窑(古钧州,治今河南禹州市)和定窑(古定州,治今河北定县。窑址在今河北曲阳县,古属定州)并称为宋代五大名窑。瓷器代替陶器成为生活的必需品,人类跨入了一个崭新的瓷器时代。

　　五大名窑中的三大名窑,即汝窑、官窑、钧窑,均处河洛地区范围之内,可知当时河洛地区瓷器制造业之昌盛发达。其中汝窑的所在地为宋代京西路(治洛阳)所辖之汝州。汝瓷胎质致密,釉层匀净,色泽雅润,洁如玉,明如镜,滑如脂,声如磬。其色有粉青、豆绿、虾青等,尤以天蓝最佳,有"雨过天晴云破处"的美誉,宋时为宫廷贡品。《清波杂志》说:"汝窑,宫中禁烧,内有玛瑙末为釉,唯供御拣退,方许出卖,近尤难得。"因此,传世汝瓷甚少。《红楼梦》第三回,林黛玉初到荣国府,当作者写到黛玉之舅母王夫人住室时,特意提到在右边几上放了一件"汝窑美人觚",觚里插着时鲜花卉,可见其珍贵。现存世汝瓷,主要收藏在北京故宫博物院、台北故宫博物院等处。国画大师李苦禅曾题写道:"天下博物馆无汝瓷,难称尽善尽美也。"已经发掘的重要窑址有宝丰县(宋属汝州)清凉寺窑址、汝州市严和店窑址等。今宜阳县城西一公里的二里庙瓷窑遗址,古时生产白瓷和青瓷等,其青瓷具汝瓷特征。考古资料表明,在乌兹别克撒马尔罕、巴基斯坦、伊朗、叙利亚、约旦、伊拉克、埃及等都发现有中国古代的瓷器。

　　唐三彩是又一种通过丝绸之路向境外输出的主要商品。1928年修建陇海铁路时,在洛阳邙山脚下挖开了许多唐代的古墓葬,其中有大量涂有红、绿、白三色釉的随葬品,如各种动物、人物俑及各种器皿出土,被称为唐三彩。在以后的时期里,洛阳又出土了不少其他色彩如黄、蓝、黑、褐等釉色的随葬品,但人们依然习称"唐三彩"。唐三彩是表面施有釉彩的陶器。它的烧制历史可追溯到距今1400多年的南北朝时期,唐代达到鼎盛,故后世称之为"唐三彩"。洛阳是唐三彩的故乡,是最早发现唐三彩的地区,迄今发现的唐三彩数量最多,品种最全,艺术、历史价值最高,最具代表性,所以人们又多称其为"洛阳唐三彩"。

　　唐三彩除少数红陶胎由普通陶土烧制外,多数采用比较纯净的白色高岭土烧制。这种土具有很强的可塑性,晾干时不会开裂。唐三彩的制作工艺较为复杂,先将高岭土舂捣、洗滤、制胎,再将制好的胚胎放在窑内烧至1100℃左右,然后取出挂彩施釉,再入窑内以900℃左右的氧化焰进行第二次焙烧,就可以生产出绚丽多彩的各种器物。三彩釉质的主要成分是硅酸铝,呈色剂则为种类不同的金属氧化物,如浅黄为铁或锑、褐黄为铁、绿为铜、蓝为铜或钴、紫为锰等。用得最多的三种颜色是黄、绿、白,还有蓝、赭、紫、黑等。釉中的铅质助溶剂使釉汁在烧制品上流淌,形成丰富瑰丽的变化,所谓三彩实则釉色变化多端,并非只有三种颜色。

唐三彩是中国唐代工艺美术的精华之作,它吸纳了中国绘画、雕塑等工艺美术的优点,采用印花、堆贴、刻画等形式的装饰图案,造型浑厚丰满,工整细腻,线条简朴、流畅,具有独特的艺术风格和鲜明的民族特色。唐三彩制品种类繁多,主要可分为人物、动物、器物等几大类。洛阳出土的唐三彩已有三百多个品种,生动地反映出当时繁荣的社会面貌和精湛的釉陶工艺。洛阳龙门香山出土的三彩高颈瓶,是仿照佛教法器中的净水瓶烧制的,而龙首杯、凤首壶则是仿照西亚流行的兽首杯、扁壶制成的。从近年出土的三彩器物分析,盛唐是唐三彩制作的极盛时期,品种丰富,做工精美,产量巨大;天宝以后数量逐渐减少;安史之乱以后,其制作进入尾声,逐渐衰落。唐代三彩釉工艺对宋三彩和清三彩都有影响,在日本曾仿制成所谓"奈良三彩",朝鲜半岛曾仿制成所谓"新罗三彩"。在今乌兹别克撒马尔罕出土有三彩碗,今伊拉克、伊朗、叙利亚、埃及和苏丹境内都发现有洛阳唐三彩,充分说明了当地人对唐三彩的喜爱,这也是唐代洛阳对外交流、通商贸易的重要物证。

1972～1976年,文物考古工作者对今巩义市站街镇大黄冶村、小黄冶村的唐三彩窑址进行试掘,遗址位于由南向北穿村而过的黄冶河两岸台地上,南北长约2公里。这里有断断续续的文化层和陶片堆积层,出土了大量窑具、小型艺术品范模、众多的器物贴花范,以及建筑构件饰范等,出土的器物有炉、盆、杯、盘、玩具、建筑构件等。施三彩釉者居多。这是迄今所发现的最早的唐三彩窑址,烧造时代应始于隋末,盛于唐,下限在宋初。巩义市即巩县,为隋唐东都之畿县,先后分属隋代河南郡、唐代洛州、河南府等,正是洛阳唐三彩的产地。通过丝绸之路进行的经济交流,从一开始就相互的、双向的。在大量中国商品输出的同时,也有大量的西域出产品输入我国。在中国古代的文献中,保存有不少关于西域各国、各地来中国"朝贡"或经商贸易的记载,就反映了当时"输入"的情况。除了本章第四节中《东汉曹魏西晋北魏时期通过丝绸之路的中西往来》《隋唐时期通过丝绸之路的中西往来》两部分已经提到的外,下面再作一补充。

《旧唐书》卷三《太宗纪下》记载,贞观九年(635年)夏四月,康国献狮子。《旧唐书》卷一百九十八《西戎传》记载,贞观十七年,拂菻王波多力遣使献赤玻璃、绿金精等物。《新唐书》卷二百二十一《西域传上·天竺传》记载,贞观十五年(641年),尸罗逸多自称摩伽陀王,遣使朝贡。……复遣使献火珠及郁金香、菩提村;……有伽没路国,其俗开东门以向日,王玄策至,其王发使贡以奇珍异物及地图。摩揭它,一曰摩揭陀,本中天竺属国。……贞观二十一年(647年),始遣使者自通于天子,献波罗树,树类白杨。另有记载说,贞观十一年(637年)康国贡献金桃、银桃,被植入苑囿;①贞观十二年,波斯国献"活褥蛇"。②《册府元龟》卷九七〇记载,永隆二年(681年),大食国、吐火罗国各遣使献马及方物;万岁通天二年(697年)四月,安国献西头犬;长安三年(703年),大食国遣使献良马。唐玄宗开元五年(717年)三月,康国遣使献毛锦、青黛;开元六年(718年)四月,米国遣使献拓壁舞筵及鍮;康国遣使献锁子甲、水精杯玛瑙瓶、鸵鸟卵及越诺之类;开元七年,其(大食)主遣吐火罗大首领献狮子、羚羊各二;开元八年(720年),南天竺国遣使献五色能言鹦鹉;开元十二年(724年),大食遣使献马及龙脑香;开元十五年(727)五月,康国献胡旋女子及豹;开元十五年(727年)五月,史国献胡旋女子及葡萄酒。③

除以上资料外,先后输入我国内地的西域出产物品,见于记载的还有珊瑚、琥珀、珍珠、香料、貂皮等;农副产品则主要有胡桃、胡麻(芝麻)、石榴、胡豆(蚕豆)、大蒜、王瓜、胡萝卜、苜蓿等。

2. 丝绸之路与中西文化交流

丝绸之路把亚、欧、非三大洲联系了起来,把古代的文明古国、文明地区联系了起来,极大地促进了古代各地区、各国之间的文化交流,对人类社会、人类文明的进步和发展产生了全面深刻的影响。

我国古代文明、古代文化,通过丝绸之路传播西域诸国,史籍不乏记载。建都于今新疆吐鲁番东南的高昌国,在北魏孝文帝迁都洛阳后的第三年(太和二十一年,497年),其王曾遣使朝贡,希求"举国内迁"。至鞠嘉在位时,每年遣使朝贡。至孝明帝时,鞠嘉遣使奉表称"自以边遐,不习典诰,求借《五经》、诸史,并请国子助教刘燮为博士",得到魏孝明帝的诏准。《北史》卷九十七《西域传》说高昌国"有《毛诗》、《论语》、《孝经》,置学官弟子,以相教授","文字亦华夏",

---

① 《册府元龟》卷九七〇。
② 《新唐书》卷二百二十一下《西域传》。
③ 《册府元龟》卷九七一。

"风俗政令,与华夏略同",刑法、风俗、婚姻、丧葬也与华夏"小异而大同"。可见受内地汉文化影响之深。

唐贞观元年(627年),高僧玄奘赴印度拜取佛经,曾和戒日王有一段对话:王问曰:"师从支那来,弟子闻彼国有《秦王破陈乐》歌舞之典,未知秦王是何人?复有何功德,致此称扬?"法师曰:"玄奘本土见人怀圣贤之德,能为百姓除兇剪暴、覆润群生者,则歌而咏之。上备宗庙之乐,下入闾里之讴。秦王者,即支那国今之天子也。未登皇极之前,封为秦王。是时天地版荡,苍生乏主,原野积人之肉,川谷流人之血,妖星夜聚,沴气朝凝,三河苦封豕之贪,四海困长蛇之毒。(秦)王以帝子之亲,应天策之命,奋威振旅,扑剪鲸鲵,杖钺麾戈,肃清海县,重安宇宙,再耀三光。六合怀恩,故有兹詠。"王曰:"如此之人,乃天所以遣为物主也。"①唐初,王玄策曾先后三次出使印度。其中第一次,贞观十七年(643年)三月出发,贞观十九年(645年)正月至王舍城,登耆阇崛山,"因铭其山,用传不朽,欲使大唐皇帝,与日月而长明;佛法宏宣,共此山而同固";当年二月,王玄策又曾在摩诃菩提寺立碑,铭曰:"大唐抚运,膺图寿昌;化行六合,威凌八荒;身毒稽颡,道俗来王;爰发明使,瞻斯道场。金刚之座,千佛代居;尊容相好,弥勒规模;灵塔壮丽,道树扶疏;历劫不朽,神力焉如。"②另据《新唐书·西域传上》记载说,王玄策还曾在摩揭陀国立碑:"摩揭它,一曰摩揭陀,本中天竺属国。……贞观二十一年(647年),始遣使者自通于天子……高宗又遣王玄策至其国摩诃菩提寺立碑焉。"

王玄策之外,在印度立碑的还有道希法师。据《大唐西域求法高僧传》卷上记道希云:道希法师,齐州历城人,"涉流沙之广荡,观化中天,陟雪岭之嶔岑,轻生殉法",他途经吐蕃到达印度,曾在那烂陀寺学习大乘佛法。他"有文情,善草隶,在大觉寺造唐碑一首,所将唐国新旧经论四百余卷,并在那烂陀矣"。后卒于庵摩罗跋国(今印度阿萨姆邦西部),春秋五十余。关于南天竺求军名、寺额事,《旧唐书》卷一百九十八《西戎传》记载,开元八年(720年),"南天竺国王尸利那罗僧伽请以战象及兵马讨大食及吐蕃等,仍求有及名其军,玄宗甚嘉之,名

① 《大慈恩寺三藏法师传》卷第五。
② 道世:《法苑珠林》卷二九《感通篇》。

军为怀德军。九月，南天竺王尸利那罗僧伽宝多技摩为国造寺，上表乞寺额，敕以归化为名赐之。十一月，遣使册尸利那罗伽宝多为南天竺国王，遣使来朝"。以上所述玄奘大师和戒日王对话，王玄策、道希刻铭立碑，唐玄宗赐军名、寺额等，都直接间接具有文化传播的意义和作用。

《道德经》是我国传统文化的主要经典之一，《道德经》传入印度，是中印文化交流史上的大事。据道宣于唐高宗龙朔元年（661 年）至麟德元年（664 年）所编撰之《集古今佛道论衡》载："贞观二十一年（647 年），西域使李义表还奏称：东天竺童子王所未有佛法，外道宗盛。臣已告云：支那大国未有佛法以前，旧有得圣人说经，在俗流布。但此文不来，若得闻者，必当信奉。彼王言：卿还本国，译为梵言，我欲见之，必道越此徒，传通不晚。登即下敕，令玄奘法师与诸道士对其译出。于是道士蔡晃、成英二人，李宗之望，自余锋颖三十余人，并集五通观，日别参议，详覈《道德》。玄奘乃句句披析，穷其义类，得其旨理，方为译之。"

造纸术是中国古代的"四大发明"之一，曾经对人类文化的传播和世界文明的进步作出了巨大贡献。公元 8 世纪，我国的造纸术通过丝绸之路传入阿拉伯，后又传入欧洲。这是影响人类文明的重大事件。人类记事、书写的工具和技术，在我国有一个漫长的发展过程。最早的时候，人们用结绳、刻木、堆石等方法记事。文字出现后，人们先用龟甲、兽骨，再用竹简、木简、缣帛等记事，都极为不便。有记载说，秦始皇每天批阅的公文（竹简）就有 120 斤，可以想见其笨重的程度。再后来，人们在长期的社会实践中，逐渐知道捣碎的丝纤可以在竹席上成膜，进而知道麻类植物的纤维也可以成膜，这就逐渐出现了最早的原始的纸。

1933 年，在新疆罗布泊汉代烽燧遗址出土一张古纸；1957 年，在陕西西安市霸桥发现一叠古纸；其后还曾先后在居延、甘肃天水放马滩等发现古纸。这些古纸的年代表明，早在西汉时期，我国已经可以用麻纤纸制作纸了。到了东汉时的蔡伦，更把造纸术提高到一个崭新的阶段。蔡伦，字敬仲，东汉桂阳（今湖南耒阳）人。东汉永平十八年（公元 75 年），被召至洛阳宫中当太监。由于忠厚勤劳，善于思考，深得皇帝信任，逐渐由一名小太监升为中常侍、尚方令，掌管宫中事务，负责监造各种御用器物。当时，京都的各个作坊中，有来自全国各地的一批能工巧匠。蔡伦和他们一起，总结西汉以来造纸的技术经验，利用廉价易得的树皮、废麻、旧布、破渔网等作原料，经过反复实验，于东汉元兴元年（公元 105

年)制造出一种物美价廉的纸张,受到汉和帝的高度赞赏。"蔡侯纸"以质量好、使用方便,很快在全国各地推广使用,逐步代替简、帛而成为最主要的甚至唯一的书写材料。至今在距东汉洛阳城不远的地方,仍有前纸庄、后纸庄等村落;在偃师缑氏镇东北有造纸河,岸边立有"造纸河遗址"标志,相传均为当年蔡伦造纸之地。东汉元初元年(公元114年),邓太后封蔡伦为龙亭侯,食邑三百户。汉桓帝认为蔡伦造纸有功,命史官曹寿、延笃为蔡伦立传,收入《东观汉记》。今湖南省耒阳市保存有蔡侯祠,以纪念这位有伟大发明创造的古人。

造纸术的发明引发了一场书写材料的革命。大约在六世纪时,我国的造纸术传入朝鲜半岛和越南,后传入日本;在传入阿拉伯以及欧洲、北非后,便取代了埃及的纸草、印度的贝叶、欧洲的羊皮。"蔡侯纸"很快成为世界范围内主要的书写材料。关于造纸术的西传,和一次有名的战争有关。《新唐书》卷二百二十一《西域传下·康传》云:"石,或曰柘支,曰柘折,曰赭时,汉大宛北鄙也。去京师九千里。……天宝初,封王子那俱车鼻施为怀化王,赐铁券。久之,安西节度使高仙芝劾其无蕃臣礼,请讨之。王约降,仙芝遣使者护送至开远门,俘以献,斩阙下,于是西域皆怨。王子走大食乞兵,攻怛逻斯城,败仙芝军,自是臣大食。"文中提到的怛罗斯城唐军大败一事,大体经过是这样的:天宝十载(751年),安息节度使高仙芝统领大兵三万出击,兵至怛罗斯城(今哈萨克斯坦江布尔城南),遭遇大食兵,两军相持五天,因葛罗禄部众叛变,高仙芝军大败,率残兵数千乘夜逃回。就是这次战争,大食俘虏了众多包括有技能的唐人,如织匠、金银匠、画匠、造纸匠等。于是包括造纸技术在内的多种工艺技术从而西传。此次战争中被俘的杜环,本为杜佑族子,在经历十二年后自海路返回广州。他回国后写出的《经行记》一书,就有关于唐人"汉匠"在大食被"起作画者,京兆人樊淑、刘泚,织络者河东人乐环、吕礼"的记载。

造纸术之外,井渠法、印刷术、炼丹术、火药、炼钢术、指南针等也都先后通过丝绸之路传向了西方。

关于我国的数学,范文澜先生曾在《中国通史》中说:中国数学对天竺的贡献,最早可能是筹算制度促进了天竺位值制的诞生。唐代摩诃吠罗提出计算弓形面积和球形体积的方式,据学者研究,明显是因袭中国的《九章算术》。关于我国的医学,亲历天竺等国的义净,就认为中国的药物、中国的针灸、诊脉都胜过天竺,又说:人参、茯苓、当归、远志等神州上药,西域各国都没有。

　　和中国文明、文化西传的同时,西域广大范围内不同国家、不同地区的文化,通过丝绸之路传入中华大地,对中国历史、中国文化、中国社会以及中国人民的思想和生活都产生了重要影响。其中发挥影响最大的是佛教。

　　佛教,别称释教、梵教,起源于公元前六——五世纪时期的古代印度,相当于我国的春秋时代,距今约有两千五百年的历史。它的创立者,为北天竺迦毗罗卫国(今尼泊尔王国境内,尼、印交界之罗泊提河东北部)净饭王和王后摩耶夫人的儿子(太子)悉达多·乔答摩。悉达多,是他出家前的本名;乔达摩,亦译“瞿昙”,是他的姓。后人尊称他为“释迦牟尼”。释迦,指释迦族;牟尼,意为“隐修者”或“能仁”。释迦牟尼属刹帝利种姓。大约生于公元前563年(约当周灵王九年),卒于前483年(约当周敬王三十七年),和我国的孔子大致同时,活了大约80岁。他在19岁时结婚,八年后生子,取名罗睺罗。释迦在世时,主要在印度北部和中部恒河流域活动。

　　佛教的主要教义有“苦、集、灭、道”等“四谛”,也叫“四圣谛”、“四真谛”,即“四条真理”;以及“灵魂不灭”、“因果报应”、“生死轮回”等。到公元前三世纪的时候,在印度孔雀王朝阿育王(一译阿输迦王)的扶持之下,佛教得到广泛流传。公元一、二世纪时期,佛教内部逐渐分化成大乘、小乘二个教派。小乘教派宣扬“自我解说”;大乘教派不但要求“自我解脱”,还宣扬“救度一切众生”。

　　佛教大致上通过二条路线向世界各地传播。一为南路:公元前三世纪时,佛教先传至狮子国(今斯里兰卡);公元五世纪再传至缅甸;公元12世纪时传至泰国、柬埔寨等。此路以小乘佛教为主;一为北路:在我国西汉时期,已经传至中亚各国,如安息、康居、大月氏等;后经中亚、过葱岭,传至我国西部边陲地区的于阗、龟兹、疏勒等地。公元一世纪前后传入中原地区。至二世纪再由我国传入越南,四世纪传入朝鲜半岛,六世纪又传入日本。此路以大乘佛教为主。可以看出,这条路线其实就是人们所称的“丝绸之路”。关于佛教传入中国内地的记载,最早见于史籍而可靠的是:西汉元寿元年(公元前2年),皈依佛教的大月氏王派遣使臣伊存至西汉国都长安,博士弟子景卢(《释老志》作秦景宪)曾向他学

《浮屠经》,①但这时尚没有宗教活动。

"永平求法"引出了洛阳白马寺的创建。《魏书》卷一百一十四《释老志》云:"自洛中构白马寺,盛饰佛图,画迹甚妙,为四方式。凡宫塔制度,犹依天竺旧状而重构之,从一级至三、五、七、九,世人相承,谓之浮图,或云佛图。"许慎《说文解字》云:"塔,西域浮屠也"。浮图,或浮屠,即塔,或叫"塔婆"、"窣堵波",皆梵文音译,在印度原意为坟墓。因相传以"七宝"装饰,故亦称"宝塔"。这是说,当时的佛寺、佛塔,都是按照印度的佛教建筑样式修建的。佛塔为四方形,有一级、三级、五级、七级、九级(均取单数)的不同(据有人考证说,当时白马寺中的主要建筑就是一座木塔)。《理惑论》的记载是:"于其壁,画千乘万骑,绕塔三币"(亦见《冥祥记》)。而《高僧传》则仅仅只记为"于城西门外立精舍以处之"。此外,也有人认为,白马寺是在原东汉官署鸿胪寺的基础上营建起来的。

《嵩山志》有如下记载:"法王寺地势高敞,背负嵩岭,俯瞰二熊诸山,排列如拱,嵩前第一刹也。建自东汉永平,与洛阳白马寺最为首刹。"法王寺,原名大法王寺,建于东汉永平十四年(公元 71 年),相传特为印度高僧竺法兰而建。另,坐落在山西省五台山台怀镇北侧的显通寺,是五台山最古老的一座寺院,初名大孚灵鹫寺(相传台怀镇西侧山峰,与古代印度之灵鹫山相似,故名)。据《清凉山(五台山另名)志》记载,创建于东汉永平年间。这里的法王寺和显通寺,和白马寺大体同时,或者即为最初少数几个佛寺中间的二个。又据《释老志》记载到了晋代,洛阳有佛寺四十二所。这四十二所佛寺中,经今人可考者只有白马寺、东牛寺、菩萨寺等十余个。关于东汉时期在洛阳译经、弘法的情况,已在本章第二节中的《东汉曹魏西晋北魏时期的洛阳文化》部分坐过简略介绍,这里不再重复。

到了曹魏时期,陈思王曹植喜读佛经,魏明帝曹睿又尚佛,曾大起浮屠(塔)。曹魏齐王嘉平二年(公元 250 年),中天竺律学沙门昙柯迦罗游化洛阳,在白马寺译出了中国的第一本汉文"佛律"——《僧祇戒心》,并请西域梵僧依受戒羯磨进行传戒。此实为中国戒律之始。故后世佛徒皆尊昙柯迦罗为中国律宗之始祖。"戒",禁制过失之意;"律",调伏之意。后世则有五戒、十戒、二百五十

---

① 《三国志》卷三十《魏书·乌丸鲜卑东夷传》裴注引《魏略·西戎传》。

戒、三百四十八戒等多种。最常提到的五戒指：不杀生、不偷盗、不邪淫、不饮酒、不妄语。嘉平末年，康居僧人康僧铠，在白马寺译出《郁伽长者所问经》、《无量寿经》等；曹魏高贵乡公正元二年(公元255年)，安息沙门昙谛来洛阳，在白马寺译出《昙无德羯磨》一卷，此书后一直在中国流行。

曹魏甘露五年(公元260年)，颍川(今河南禹州市)人朱士行在洛阳依受戒羯磨而登坛受戒，出家为僧，不少人以为，他才应当是最早的沙门，是中国的第一个汉僧；而早于朱士行一百余年的东汉严佛调，未禀律仪，仅以落发剃须等为出家标志，严格说来是不能算作正式沙门的。三国时代，还有一位译经大师支谦，先世本月氏人，他却生在中国，为支娄迦谶的再传弟子。东汉末年，他为避乱由洛阳迁于武昌，再至建业(今江苏南京)。他所译出的重要佛典有：《维摩诘经》二卷、《大明度无极经》四卷、《太子瑞应本起经》二卷等，偏重宣扬般若学。他还曾为自己译的《了本生死经》作注，这乃是最早的"经注"之作。

到了西晋，统治阶层和广大民众之中，对于佛教的信仰已较为普遍，相传当时东西两京(洛阳、长安)已经有佛寺一百八十所，僧尼三千七百余人。即据《洛阳伽蓝记》、《魏书·释老志》所说，西晋永嘉年间，洛阳也已有佛寺四十二所，如有白马寺、东牛寺、菩萨寺、石塔寺、愍怀太子浮图、满水寺、磐鵄市、大市寺、法始立寺、竹林寺、太康寺等。《水经注》另有记载说，当初"永平求法"时用以盛经的榆木党，后曾移在城内愍怀太子浮图中。时著名僧人，原籍月氏，世居敦煌、人称"敦煌菩萨"的竺法护，住在白马寺翻译佛经。竺法护幼年出家，随师游历西域各地，学了多种语言，得到了不少梵文佛经。他在白马寺译出的佛经有《文殊师利净律经》、《魔逆经》、《正法华经》等多种。当时协助竺法护译经的，有聂承远、聂道真父子。竺法护之后，西域僧人佛图澄，于西晋永嘉四年(公元310年)来到洛阳。他的著名弟子有道安，法雅等。值得一提的是：中国佛徒由东晋时道安开始，皆废俗姓而改以"释"为姓。

按佛教说法，佛、道二家的第一场斗争就发生在白马寺。其后，随着佛教的流行，佛、道二教之间的关系愈趋紧张。《后汉书》有"或言老子入夷狄为浮屠"的话，《魏略》有"浮屠所载与中国老子经相出入，盖以为老子西出关，过西域，之天竺，教胡浮屠弟子、别号合有二十九"的记载。到了西晋，道士王浮撰《老子化胡经》，说道教的始祖老子，曾西游天竺教化胡人，而佛教创始人释迦牟尼，就是老子的化身。以上这些,其目的显然都在于颂道抑佛。其实关于"老子化胡"的传说,并非始自王浮。大概自东汉以来这类传说就早已有了。

我们简单地叙述了在佛教正式传入中国之后的东汉、曹魏、西晋时期,在国都洛阳,在第一古刹白马寺,翻译佛经,传播佛教,传戒受戒等方面的概况。进入南北朝时期,佛教在东土大地进一步发展,北魏迁洛阳后,出现了空前的崇佛热潮。延及隋唐,佛教发展到鼎盛阶段,中国化的佛教正式形成。在佛教传入中国后的长时期里,经过和中国传统文化的相互研撞、消化吸收,成为中国传统文化的重要组成部分,对中国的哲学思想如宇宙观、人生观、道德观,文学如小说、诗歌、戏曲,艺术如建筑、雕刻、绘画、音乐、舞蹈、戏剧,科学技术如天文、地理、数学、医学、音韵学、语言学,民俗及社会风尚方面如岁时节日、婚丧嫁娶、游艺娱乐、衣食住行等诸多方面,都产生了广泛而深刻的影响。

佛教之外,祆教、景教、摩尼教也是沿着丝绸之路传入我国的。

西域的杂技、音乐、舞蹈艺术也曾对我国产生过重要影响。早在汉代,拂菻的杂技幻术已经传入中国。《旧唐书》卷二十九《乐志》云:"大抵《散乐》杂戏多幻术,幻术皆出西域,天竺尤甚。"道世《法苑珠林》卷七十六《十恶篇》说:"至显庆已来,王玄策等数有使人向五印度,西国天王为汉使设乐,或有腾空走索,履屐绳行,另女相避,歌戏如常。或有女人手弄三杖、刀、槊枪等,掷空手接,绳走不落。或有截舌自缚,解伏依旧,不劳人功。如是幻戏,种种难述。"

至于西域乐舞,早在北朝时已陆续传入我国。隋文帝定七部乐,隋炀帝定九部乐,至唐太宗时定为十部乐。其中除燕乐、清商两部原为汉族乐舞以及高丽一部外,其余天竺、龟兹、安国、疏勒、康国、高昌、西凉七部均来自西域或融有西域成分。史籍还常见有西域一些国家"献乐舞人"、"献胡旋舞女"的记载,都说明西域乐舞对我国乐舞艺术的影响。与乐舞同时传入的还有西域的一些乐器。源于康国的泼寒胡戏,也叫乞寒泼胡。舞者骑骏马,着胡服,鼓舞跳跃,以水相泼。或裸身赤足,成群结队,用冷水相互泼洒,乞求严寒。据《旧唐书·张说传》说:自武则天末年季冬为泼寒胡戏,唐中宗尝御楼观看。后因有人批评此种乐舞有失汉官威仪,效法夷狄等,在玄宗开元年间　禁断。因唐代又称泼寒胡戏为苏莫遮,故其乐典也叫苏莫遮曲。

《魏书》卷一百二《西域传》载,北魏初年,太武帝拓跋焘时,西域大月氏"商贩京师,自云能铸石为五色瑠璃,于是采矿山中,于京师铸之。既成,光泽乃美于西方来者。乃诏为行殿,容百余人,光色映彻,观者见之,莫不惊骇,以为神明所作。自此中国瑠璃遂贱,人不复珍之"。由西域传入我国的玻璃(琉璃)生产技术和玻璃制品,与我国的玻璃(琉璃)生产技术和玻璃制品有很大区别。它的传入,促进了我国古代玻璃制造业的发展。大约自隋代开始,印度的历算书传入我国内地。唐代,有瞿昙罗、迦叶波、鸠摩罗等印度历数家来长安。《隋书·经籍志》载有《龙树菩萨药方》、《西域诸仙所说药方》等印度医书。唐太宗时,王玄策曾招天竺方士那罗迩娑婆寐,进奉延年药给唐太宗;高宗时,曾遣东天竺卢伽逸多求长生不老药,遣中天竺僧福生,那提赴南海诸国采集异药;开元十七年(729年)六月,北天竺国三藏沙门僧密多曾献质汗等药等,说明西域的历算、医学等也和我国有所交流。

余   论

　　河洛文化在中外文化交流史上所发挥的重大作用,奠定了河洛地区在世界历史上的崇高地位。正因为在相当长的历史时期,河洛地区不断地以开放的态势出现在世界文化舞台上,因而吸引了周边地区的国家和地区以河洛地区作为交流的中心之一,与河洛地区建立了广泛的联系。这种广泛联系尽管在不同历史时期的表现方式不一样,但其所显示的历史发展灵魂是一样的,这就是河洛地区以其长久的吸引力,持续地影响到周边地区和国家,并不断吸收融合周边文化的优长之处,变为自己的文化优势。而后又将融合形成的具有全新内涵的文化散播出去,反过来带动相关国家和地区不断向前推进发展,构成了历史上数千年河洛文化对外交流发展的基本模式。

　　从政治层面来看,河洛地区作为中国历史上率先进入文明时代的地区,中国社会政治制度的框架也最早在河洛地区形成,并影响了相当长的历史时期。即使在封建制度确立以后,河洛地区也是最先实现封建制度的地区,然后由此推向全国各地的。这一地区的政治制度在与周边地区和国家交往过程中,也影响或传播到了这些地区。虽然在传播到周边地区和国家之后,经过改良或者变通而得以推行,但其基本框架没有变化。总的来看,河洛地区的政治制度对周边地区的影响虽然有时间早晚的差异,但从总的层面来讲,都开始为周边地区所建立的政权所移植和采用,从朝鲜半岛早期国家雏形的出现,到日本列岛大规模模仿隋唐的政治制度,以及东南亚地区开始借鉴秦汉政治体制,都体现出文化影响的长久魅力。而周边地区和国家的客观形势,对河洛地区政治制度的发展也产生了回馈式的影响,为了管理周边地区和国家的交往事务,从先秦以来的政府,都设置了专门的机构,不仅发挥了管理职能,而且这些通过对周边地区和国家有了更加深刻的认识。

从交通层面来讲,以河洛地区为中心的中外交通网络建设,在中国历史的发展进程中长期走在时代的前列,从早期的中西交通线路的开辟,到丝绸之路的延续,无不谱写了辉煌的诗篇。中外交通有其自身的发展规律,虽然在中外交通线路初期的探索过程中,先民们付出了艰辛的代价,但随着时代的推移,生产力的进步,人们认识水平的提高,加速了中外交通线路的开辟趋于成熟,不仅陆路交通线路日趋广泛,就是水路交通也更为便利。而交通工具的演进也显示出河洛地区走在历史的前列,许多出自河洛地区的交通工具,被运用到中外交往过程中,进而传到域外,成为中外交往的重要工具。新的航路开辟,使河洛地区与日本列岛的交通由近海交通开始发展成为远海交通,直至唐代海上交通线路也更为普遍。海上交通因为生产力发展水平的限制,虽然艰辛异常,但新的对外线路的开辟,改善了旧的交通的困境,为以河洛地区为中心的交通建设提供了新的目标。

从经济层面来看,以河洛地区为中心的经济交往,占据了河洛地区对外交往的主流,虽然我们在评价河洛地区对外影响的历史地位时,充分考虑了文化的影响力,但河洛地区的经济地位以及河洛地区对外经济交往作为文化交往的载体,更多的是体现了文化的内涵,这既是我们关注这一历史问题所应当持有的态度,也是我们研究经济交往的目的。只有这样才能够把握历史的真谛,充分估价河洛地区对外经济交往的历史地位和影响,认识到在经济交往中所蕴含的文化因素。从河洛地区对外交往的历史来看,以河洛地区本地的土产对外流传较多,其他国家和地区也用其本地的物产与河洛地区进行交流,而前者占据主导地位。河洛地区对外经济交往的形式有时是以使节往来进行的,有时是以贸易的形式进行的,而其中客商往来是经济交往的主流,往来的客商将内地的物产带到遥远的国度,也将异域的物产运回到河洛地区。这种经济形式的交往既丰富了河洛地区的社会生活内容,也给河洛地区的经济注入了新的活力,同时扩大了河洛地区的影响,使河洛地区以更高的声望在世界范围内产生影响。这既反映了经济交往的特色,也体现了经济的基础作用。

从文化层面来分析,随着中外信使的往来,更多域外信息被带进河洛地区、河洛地区的社会文化被传到域外,通过这些沟通双方增进了了解,也更加认识到交往的必要,从而以更高的热情探索中西交往的渠道。随着中外交往的增多,各个国家和地区的文化及其文化原典也开始流传到河洛地区,相关的文化内容虽然有些今天已经湮没无闻,但是,历史所遗留的痕迹从仅存的历史典籍中我们也可以窥其大概。东西方史学著作中所披露的信息,有时虽然一鳞半爪,但追寻历史的真相,弄清历史的真面目,对于我们充分认识中华民族文化对全人类的贡献都是颇有裨益的,也是我们研究选题的应有之意。

以河洛地区为中心的对外交往也给我们许多有益的历史启迪。

首先,对外交往应当持开放的胸襟。只有以博大的胸怀,广纳百川,才能真正吸收其同国家和地区有用的东西为我所用。具体到河洛地区而言,数千年的历史沧桑,洗却了首善之区的风尘,昔日东亚地区的中外文化交流中心,因为地处内陆,在新中国改革开始之初,失去了许多先机,但随着中原崛起的历史机遇,如何抓住问题的根本,完成历史赋予我们的重任,是我们面临的重大抉择。只有借鉴历史,认识现实,重振雄风,再现往日河洛地区的辉煌也应当是指日可待的事情。

其次,对外交往应当建立在自身经济发展的基础之上。通过多练内功,通过发展当地经济,树立河洛地区良好的声望。众所周知,经济的发展有其自身的规律可循,一个地区的经济与当地的自然环境、自然资源、人文因素,都有着密切的关系,经济发展中最活跃的人的因素则占据着重要地位。在自身经济发展的过程中,在扩大对外交往,关注经济活力因素的同时,还应发挥人的主观能动性,促进经济向前发展,这就要求我们以积极的态度发展经济,只有在提高自身经济活力的同时,才能够吸引外资,促使地区经济更快的发展。具体到河洛地区的经济发展。我们应当站在一定的高度,以开放的心态发展当地的经济,并且要根据当地的自然环境、矿产资源因素以及人力资源等具体情况,大力发展特色经济,才能够在国际经济发展中显现出自身的作用。

其三,将河洛地区的发展纳入国际循环的大环境中,成为全球经济的重要组成部分,这就是人们常说的与国际接轨。就是以国际经济发展为大背景,来确定河洛地区的经济发展。因为在经济的全球化国际氛围之下,一个地区如果经济发展没有自身的特色,并且加以定位,那么其自身的经济发展在国际大环境中的竞争就显然没有什么优势,只有将国际经济的发展脉络认真加以考量,确定河洛地区在国际经济发展中的定位,才能使河洛地区找准位置,认清形势,从而更加全面地促使河洛地区的经济发展。

其四,在河洛地区的对外交往过程中,应当充分把握交往的内涵。因为交往的双方不同的经济发展环境、人文环境因素,决定了其自身经济发展的水平,在对外交往过程中持有公正的心态,才能够赢得经济发展的良好机遇,才能够确立自身的经济地位。不但要引进外国先进的经济发展模式,而且要学习发展经济的理念,并且根据河洛地区的环境发展经济。同时,还要考虑河洛地区特色经济的对外输出问题,因为在当地经济发展的基础之上,必然要面临产品的外销等许多问题,将这些方面加以关注,必将使河洛地区在对外交往过程中赢得更加广泛的发展空间。文化的传播也同样如此,我们在引进外国先进的文化,丰富我们生活的同时,也应当关注自身文化的发展,只有融合外国先进的文化,形成我们自身的文化,才能使我们的文化内涵更为丰富,文化的活力更加充足。此外,还应当关注河洛地区新形势之下的文化对外传播问题,如果河洛地区的文化仅仅成为自娱自乐的文化,那么这种文化的活力是无法体现的,只有将当地的特色文化传播出去,成为全人类共享的文化,才能体现出这种文化的特征和优越性。

其五,在河洛地区对外交往过程中,应当充分认识到文化交流的双向性问题。这就要求我们在对外交往过程中,既要考虑河洛地区引进外来优秀的文化,丰富自身文化内涵的问题,同时,还应当考虑将河洛地区优秀的传统文化传播出去。那种在文化传播过程中单方面的文化传播只能阻碍文化的发展,不利于文化多样色彩的形成。对河洛文化的对外交往也应如此。我们要时刻铭记,弘扬传播河洛文化应当是任重而道远的。

后　　记

作为国家社会科学规划基金特别委托项目的重要组成部分,本书写作过程采用了分工合作的方式。稿件完成后,我又作了统编,通顺了文字,调和了结构。三人合写一本书,是我多年来没有做过的事情,总是担心每个人的思路不同,写作风格出现差异,全书难以协调一致。即使到现在书中也还有这样的问题,虽然在后期我们曾经努力改变这一弊病,但要真正实现本书的文风统一,仍然有一定的难度。不过就内容而言,基本上囊括了我们所要研究的主要问题。这一点应当没有太多遗憾。

本书的写作任务分工如下:

薛瑞泽设计了本书的框架,承担绪论、第五章和余论的撰写任务,并进行全书的统稿。

许智银负责第一章至第四章的撰写任务。

徐金星负责第六章的撰写任务。

徐金星研究员,河南偃师人,早年毕业于河南大学,曾任汉魏故城文物保管所所长,长期从事洛阳历史和文物的保护与研究。主编有《洛阳市志·文物志》,《洛阳市志·白马寺志》,以及《洛阳白马寺》、《河洛史话》、《洛阳佛教圣迹》、《河洛文化通论》等,发表学术论文数十篇。他的参与使本书增色不少。

许智银副教授,女,现任教于河南科技大学人文学院,山东师范大学齐鲁文化研究中心博士生。近年来主要从事唐代离别诗研究,完成科研课题多项,先后发表学术论文40余篇。除了参与本书撰写外,目前还承担有河南省社会科学规划项目《都城文化视阈下的河洛文学研究》以及《山东文化世家研究丛书·临淄段氏》等科研任务。

　　书稿写作过程中,承蒙丛书总主编赵金昭先生、史善刚先生的多次督促、指导和审查,经过我们三人的努力最终完成了本书的撰写任务,尽管有些地方,由于我们的水平限制,难于达到总主编对我们的高标准要求,不能不有令人遗憾之处,但我们的抛砖引玉之意是很明显的。另外在书稿编辑过程中,责任编辑杨光同志花费了颇多精力,在此一并表示感谢!

　　书中的错讹不足之处还望同仁予以斧正,以期共同进步。

薛瑞泽

2010 年 5 月 11 日于河南科技大学